DR. GORDON NEUFELD
DR. GABOR MATÉ

UNSERE KINDER BRAUCHEN UNS!

DR. GORDON NEUFELD
DR. GABOR MATÉ

UNSERE KINDER BRAUCHEN UNS!

WIE ELTERN SICH IHRE ROLLE ZURÜCKEROBERN

Impressum

Dr. Gordon Neufeld
Dr. Gabor Maté
Unsere Kinder brauchen uns!
Wie Eltern sich ihre Rolle zurückerobern

1. Auflage 2022
2. Auflage 2023
3. Auflage 2025
ISBN 978-3-96257-263-1

Titel der Originalausgabe:
HOLD ON TO YOUR KIDS: Why Parents Need to Matter More Than Peers

Published in Canada by Vintage Canada, a division of Random House of Canada Limited, Toronto, in 2013. Originally published in hardcover in Canada by Alfred A. Knopf Canada, a division of Random House of Canada Limited, in 2004. Distributed by Random House of Canada Limited.
This translation published by arrangement with Alfred A. Knopf Canada, a division of Penguin Random House Canada Limited

Übersetzt aus dem Englischen von
Annegret Hunke-Wormser

Cover und Satz: Narayana Verlag GmbH
Coverabbildung: shutterstock: 105550106 ©Nikola m, 123685771 ©Eladora

Herausgeber: Unimedica im Narayana Verlag GmbH, Blumenplatz 2, 79400 Kandern, Tel.: +49 7626 974970-0
E-Mail: info@unimedica.de,
www.unimedica.de

Wir widmen dieses Buch unseren Kindern sowie den jetzigen und den zukünftigen Kindern unserer Kinder.

–

Sie haben uns zu diesen Erkenntnissen inspiriert und uns guten Grund gegeben, diese auch zur Sprache zu bringen.

–

Tamara, Natasha, Bria, Shay und Braden
&
Daniel, Aaron und Hannah
&
Kiara, Julian und Sinead

„Jegliches Handeln hat nur im Kontext von Beziehung Sinn und ohne Verständnis der Beziehung wird es auf allen Ebenen nur zu Konflikten führen. Ein Verständnis der Beziehungen ist viel, viel wichtiger als die Suche nach einem Handlungsplan."

J. KRISHNAMURTI

An den Leser

Gordon Neufeld und ich kennen uns seit vielen Jahren. Wir sind uns zum ersten Mal begegnet, als meine Frau Rae und ich ihn mit unserem ältesten Sohn aufsuchten und um Rat baten. Unser Sohn war damals acht Jahre alt, und wir dachten, wir hätten es mit einem Problemkind zu tun. Gordon hat uns in kurzer Zeit gezeigt, dass es weder mit unserem Kind noch mit uns selbst ein Problem gab, sondern mit unserer Herangehensweise an unsere Beziehung zu ihm. Einige Jahre später waren wir besorgt, als unser zweiter Sohn als junger Heranwachsender unsere Autorität nicht mehr zu akzeptieren schien und nicht einmal mehr in unserer Nähe sein wollte. Wieder baten wir Gordon um Rat, dessen Antwort war, wir müssten diesen Sohn von seinen Altersgenossen abwerben und wieder in eine Beziehung zu uns zurückholen. Da habe ich zum ersten Mal von Dr. Neufelds Konzept der Orientierung an Gleichaltrigen gehört. Dieses Konzept besagt, dass Gleichaltrige die Eltern als wichtigste Einflussgeber im Leben unserer Kinder ersetzt haben und dass diese in unserer modernen Gesellschaft weitverbreitete Verlagerung viele negative Folgen hat. Ich habe seit damals viele gute Gründe gehabt, für die Erkenntnisse, die Rae und ich damals gewonnen haben, dankbar zu sein.

Gordon und ich haben *Unsere Kinder brauchen uns!* in der radikalen Absicht geschrieben, die natürlichen Elterninstinkte der Menschen zu neuem Leben zu erwecken. Wenn unser Buch diesen Zweck erfüllt, werden viele der heute gängigen Meinungen, wie Kinder erzogen und unterrichtet werden sollten, auf den Kopf gestellt werden. Unser Hauptaugenmerk liegt nicht darauf, was Eltern tun sollten, sondern darauf, wer sie für ihre Kinder sein müssen. Es geht hier darum, nicht nur das Kind zu verstehen, sondern auch die kindliche Entwicklung, und die Hindernisse zu erkennen, die heute einer gesunden Entwicklung unserer Kinder im Wege stehen.

Aus diesem Verständnis und dem von Herzen kommenden Engagement, das Eltern in die Aufgabe der Erziehung ihrer Kinder einbringen, entsteht die spontane und mitfühlende Weisheit, die die Quelle einer erfolgreichen elterlichen Erziehung ist.

Die moderne Besessenheit, elterliche Erziehung würde aus einer Sammlung von Fähigkeiten bestehen, die von Experten empfohlen werden und genau befolgt werden müssen, ist in Wahrheit das Ergebnis des Verlusts elterlicher Intuition und einer verloren gegangenen Beziehung zu unseren Kindern, welche die Generationen vor uns noch für selbstverständlich halten konnten. Elternschaft ist genau das – eine Beziehung. Die Biologie, eine Ehe oder eine Adoption legen vielleicht den Beginn dieser Beziehung fest, aber nur eine wechselseitige Verbindung mit unserem Kind kann sie auch sichern. Ist unsere Elternschaft gesichert, werden unsere natürlichen Instinkte aktiviert, die weitaus klüger als jeder Experte vorgeben, wie wir für die Kinder in unserer Obhut sorgen und sie unterrichten sollen. Das Geheimnis liegt darin, unserer Beziehung zu unseren Kindern in all unseren Interaktionen mit ihnen Respekt entgegenzubringen.

Aus Gründen, die wir deutlich machen werden, werden die Elternschaft und die elterliche Erziehung in der Welt von heute untergraben. Wir haben es mit einer hinterlistigen Konkurrenz zu tun, die unsere Kinder immer weiter von uns entfernt, während wir gleichzeitig immer mehr unserer Rolle als Eltern beraubt werden. Wir verfügen nicht mehr über die wirtschaftlichen und gesellschaftlichen Grundlagen für eine Kultur, die unsere Elternschaft unterstützen und ihren Auftrag schützen könnte. Wir haben heute nicht mehr den Luxus wie in früheren Kulturen, dass die Bindung der Kinder zu ihren Eltern gefestigt und von Dauer ist. Als moderne Eltern müssen wir uns bewusst werden, was uns fehlt – wie und warum so viele Dinge in der elterlichen Erziehung und in der Bildung unserer Kinder und Jugendlichen nicht funktionieren. Diese Erkenntnis wird uns auf die Herausforderung vorbereiten, eine Beziehung zu unseren Kindern aufzubauen, in der *wir*, die für sie verantwortlichen Erwachsenen, wieder die Zügel in die Hand nehmen, ohne uns auf Zwang und künstlich kreierte Konsequenzen verlassen zu müssen, um Bereitschaft zum Miteinander, Gehorsam und Respekt zu gewinnen. In der Beziehung zu uns werden unsere Kinder ihre von der Entwicklung vorgesehene Bestimmung erreichen. Das heißt, sie werden zu unabhängigen, selbstmotivierten und reifen Menschen heranwachsen, die ihren eigenen Selbstwert und die Gefühle, die Rechte und die Menschenwürde anderer achten.

Unsere Kinder brauchen uns! ist in fünf Teile gegliedert. Im ersten Teil wird erklärt, was die Gleichaltrigenorientierung ist und auf welche Weise sie zu einer so beherrschenden Dynamik unserer Kultur werden konnte. Im zweiten und dritten Teil werden die zahlreichen negativen Auswirkungen beschrieben, die sich aus der Gleichaltrigenorientierung für unsere Erziehungsfähigkeit und die Entwicklung unserer Kinder ergeben. In den ersten drei Teilen wird darüber hinaus eine gesunde kindliche Entwicklung der durch die Gleichaltrigenkultur geförderten widernatürlichen Entwicklung gegenübergestellt. Im vierten Teil wird ein Programm zur Bildung einer dauerhaften Bindung zu unseren Kindern vorgestellt, einer Beziehung, die als sicherer Kokon für ihren Reifungsprozess dienen wird. Im fünften und letzten Teil wird erklärt, wie wir die Verführung unserer Kinder durch die Welt der Gleichaltrigen abwenden können.

Dr. Neufelds beruflicher Hintergrund und seine Erfahrung als Psychologe sowie seine herausragende eigene Arbeit sind die Quelle der zentralen These und der Ratschläge in diesem Buch. In diesem Sinne ist er der einzige Urheber dieses Werkes. Viele der Eltern und Pädagogen, die in den letzten Jahren in großer Zahl an seinen Seminaren teilgenommen haben, haben ihn mit einer gewissen Ungeduld gefragt: „Wann erscheint Ihr Buch?“ Dass die Vorbereitung und Veröffentlichung von *Unsere Kinder brauchen uns!* nicht mehr auf später verschoben werden darf, ist mein Beitrag. Wir haben das Buch gemeinsam geplant, geschrieben und gestaltet.

Ich bin stolz darauf, dazu beigetragen zu haben, dass Gordon Neufelds transformierende Ideen einer viel breiteren Öffentlichkeit zugänglich werden. Das war längst überfällig und wir sind beide dankbar, dass eine Freundschaft und Arbeitsgemeinschaft entstanden ist, welche die Entstehung dieses Buches möglich gemacht hat. Wir hoffen – und mehr noch, wir sind zuversichtlich –, dass auch der Leser unsere Zusammenarbeit für gelungen halten wird.

Unsere Anerkennung gilt auch unseren beiden Lektorinnen Diane Martin in Toronto und Susanna Porter in New York. Diane hat die Möglichkeiten dieser Arbeit von Anfang an erkannt und hat sie während der gesamten Zeit mit viel Wärme unterstützt. Susanna hat sich geduldig und fachkundig durch ein etwas bombastisches und schwerfälliges Manuskript gekämpft und hat uns mit ihren geschickten Vorschlägen den Weg zu einer leichteren und besser strukturierten Version geebnet, in der unsere Botschaft klarer zum Ausdruck kommt. Das Ergebnis ist ein Buch, das den Lesern mehr zusagen wird und mit dem die Autoren auf jeden Fall zufriedener sind.

GABOR MATÉ, M. D.

INHALTSVERZEICHNIS

TEIL I

Das Phänomen der Gleichaltrigenorientierung

KAPITEL 1

Warum Eltern heute wichtiger sind als je zuvor

Der 12-jährige Jeremy ist über die Tastatur gebeugt, seine Augen sind gebannt auf den Bildschirm gerichtet. Es ist acht Uhr abends und seine Hausaufgaben sind noch lange nicht fertig, aber die wiederholten Ermahnungen seines Vaters, jetzt „endlich weiterzumachen", stoßen auf taube Ohren. Jeremy chattet mit seinen Freunden über das Internet: Sie tratschen darüber, wer wen mag, klären, wer Freund ist und wer Feind, streiten darüber, wer heute in der Schule was zu wem gesagt hat, tauschen aus, wer gerade angesagt ist und wer nicht. „Hör auf, mich zu nerven", herrscht er seinen Vater an, der ihn noch einmal an die Hausaufgaben erinnert. „Wenn du tun würdest, was du sollst", schießt der Vater mit vor Frustration bebender Stimme zurück, „würde ich dich nicht nerven!" Der Schlagabtausch eskaliert, der Ton wird schärfer und nach kürzester Zeit schreit Jeremy: „Du verstehst nichts", und knallt die Tür zu.

Der Vater ist aufgebracht und wütend auf Jeremy, aber vor allem auf sich selbst. „Ich habe es wieder einmal vermasselt", denkt er. „Ich weiß einfach nicht, wie ich mit meinem Sohn reden soll." Er und seine Frau machen sich Sorgen um Jeremy: Er war früher kooperativ, ist heute aber unmöglich zu kontrollieren und nimmt keinen Rat mehr von ihnen an. Seine Aufmerksamkeit scheint ausschließlich auf den Kontakt mit seinen Freunden fokussiert zu sein. Zu Hause spielt sich das gleiche konfliktgeladene Szenario mehrmals in der

Woche ab und weder das Kind noch die Eltern sind in der Lage, mit irgendwelchen neuen Gedanken oder Taten zu reagieren, um aus der Sackgasse herauszukommen. Die Eltern fühlen sich hilflos und machtlos. Sie haben nie viel von Strafen gehalten, aber jetzt neigen sie mehr und mehr dazu, „härter durchzugreifen". Doch wenn sie das tun, wird ihr Sohn nur verbitterter und aufsässiger.

Sollte Erziehung so schwierig sein? War sie das schon immer? Ältere Generationen haben sich in der Vergangenheit oft darüber beklagt, dass die Jugend weniger respektvoll und weniger diszipliniert ist als früher, aber heute wissen viele Eltern intuitiv, dass irgendetwas nicht stimmt. Kinder sind heute irgendwie anders, als wir es in unserer Erinnerung waren. Sie wollen ihre Signale nicht mehr von Erwachsenen bekommen und haben weniger Angst, in Schwierigkeiten zu geraten. Sie wirken zudem weniger unschuldig und naiv – es hat den Anschein, als würde es ihnen an diesem großen Staunen fehlen, das Kinder dazu bringt, sich für die Welt zu begeistern und die Wunder der Natur oder der menschlichen Kreativität zu erforschen. Viele Kinder wirken unangemessen altklug, in gewisser Weise sogar übersättigt, vorzeitig pseudoreif. Sie scheinen sich schnell zu langweilen, wenn sie nicht mit ihren Freunden zusammen sind oder vor dem Computer sitzen können. Allein kreativ zu spielen scheint ein Relikt aus der Vergangenheit zu sein. „Als Kind war ich unendlich fasziniert von dem Lehm, den ich aus einem Graben in der Nähe unseres Hauses ausgrub", erinnert sich eine 41 Jahre alte Mutter. „Ich liebte es, den Lehm zu fühlen, ihn zu formen oder einfach mit meinen Händen zu kneten. Und doch kann ich meinen 6-jährigen Sohn nicht dazu bewegen, allein zu spielen, es sei denn es sind Computer-, Nintendo- oder Videospiele."

Auch das Elternsein scheint sich verändert zu haben. Unsere Eltern waren zuversichtlicher, selbstsicherer und hatten größeren Einfluss auf uns – im Guten wie im Schlechten. Für viele fühlt sich das Erziehen heute nicht mehr natürlich an.

Die Eltern von heute lieben ihre Kinder genauso, wie Eltern dies immer getan haben, aber die Liebe dringt nicht immer zu ihnen durch. Wir haben genauso viel an unsere Kinder weiterzugeben, aber unsere Fähigkeit, unser Wissen zu vermitteln, ist in gewisser Weise weniger geworden. Wir haben das Gefühl, nicht die Macht zu haben, unsere Kinder so zu lenken, dass sie ihr Potenzial voll entfalten können. Manchmal leben und handeln sie, als hätte ein Sirenengesang, den wir nicht hören können, sie von uns weggelockt. Wir fürchten, wenn auch nur vage, dass die Welt weniger sicher für sie geworden ist und dass wir sie nicht beschützen können. Der Graben, der sich zwischen Kindern und Erwachsenen auftut, kann bisweilen unüberbrückbar erscheinen.

Wir mühen uns ab, um unserer Vorstellung davon, was *Elternschaft* sein sollte, gerecht zu werden. Wenn die Ergebnisse nicht unseren Wünschen entsprechen, flehen wir unsere Kinder an, wir überreden, bestechen, belohnen oder bestrafen sie. Wir hören uns in einem Ton mit ihnen reden, der selbst uns hart und unserem eigentlichen Wesen fremd erscheint. Wir spüren, wie wir in kritischen Situationen kalt werden, und zwar genau dann, wenn wir eigentlich unsere bedingungslose Liebe zeigen wollen. Wir sind als Eltern verletzt und fühlen uns zurückgewiesen. Wir geben uns die Schuld, bei der Erziehung zu versagen, oder unseren Kindern, weil sie aufsässig sind, oder dem Fernsehen, weil es sie ablenkt, oder dem Schulsystem, weil es nicht streng genug ist. Wenn unsere Ohnmacht unerträglich wird, greifen wir zu einfachen autoritären Methoden, die dem Do-it-yourself/Quick-Fix-Ethos unserer Zeit entsprechen.

Die eigentliche Bedeutung der elterlichen Erziehung für die Entwicklung und den Reifeprozess junger Menschen wird in Frage gestellt. „Do Parents Matter?“ (Sind Eltern wichtig?) war im Jahr 1998 der Titel eines Leitartikels im US-Nachrichtenmagazin *Newsweek*. „Um Erziehung wird viel zu viel Wind gemacht“, war in einem Buch zu lesen, das im selben Jahr internationale Aufmerksamkeit erregte. „Man hat Sie glauben lassen, Sie hätten mehr Einfluss auf die Persönlichkeit Ihres Kindes, als Sie tatsächlich haben.“[1]

Die Frage des elterlichen Einflusses wäre vermutlich nicht so entscheidend, wenn es keine Probleme mit unseren Kindern gäbe. Die Tatsache, dass unsere Kinder nicht auf uns zu hören scheinen oder dass sie unsere Werte nicht bereitwillig zu ihren eigenen machen, wäre vielleicht noch akzeptabel, wenn sie wirklich selbstständig und selbstbestimmt in sich selbst ruhen würden, wenn sie ein positives Selbstwertgefühl und eine klare Vorstellung davon hätten, welche Richtung ihr Leben nehmen und wie es aussehen soll. Wir erleben aber, dass so vielen Kindern und jungen Erwachsenen diese Eigenschaften fehlen. Junge heranwachsende Menschen haben zu Hause, in der Schule, in einer Gemeinschaft nach der anderen ihren Ankerplatz verloren. Vielen mangelt es an Selbstbeherrschung und viele von ihnen sind zunehmend anfällig für Entfremdung, Drogenmissbrauch, Gewalt oder einfach eine allgemeine Ziellosigkeit. Sie sind weniger leicht zu unterrichten und schwerer zu lenken als noch vor einigen Jahrzehnten. Viele haben ihre Adaptionsfähigkeit verloren sowie die Fähigkeit, aus negativen Erfahrungen zu lernen und daran zu reifen. Eine nie dagewesene Zahl von Kindern und Jugendlichen bekommt Medikamente gegen Depressionen, Angstzustände oder eine Vielzahl anderer Diagnosen. Die Krise der jungen Leute äußert sich in bedrohlicher Weise in dem immer größer werdenden Problem des Mobbings in Schulen und, im Extremfall, in der Ermordung von Kindern durch andere Kinder. Solche Tragödien kommen zwar nicht häufig vor, sind aber nur die Spitze eines weitverbreiteten Missstandes, einer aggressiven Grundstimmung, die in der heutigen Jugendkultur weitverbreitet ist.

Engagierte und verantwortungsbewusste Eltern sind frustriert. Trotz unserer liebevollen Fürsorge scheinen Kinder unter starkem Stress zu stehen. Eltern und andere ältere Menschen scheinen der Jugend heute nicht mehr als natürliche Mentoren zu dienen, so wie es früher der Fall war und auch heute noch bei anderen Spezies in ihren natürlichen Lebensräumen üblich ist. Ältere Generationen, Eltern, Großeltern oder die Gruppe der Babyboomer begegnen uns mit Unverständnis. „Wir haben früher keine Ratgeber für die Erziehung gebraucht, wir haben es einfach gemacht“, sagen sie dann, womit sie zum Teil recht haben, die Lage aber auch missverstehen.

Das Ganze ist ziemlich paradox, wenn man bedenkt, dass man heute über die Entwicklung des Kindes mehr weiß als jemals zuvor und dass wir mehr Zugang zu Kursen und Büchern über Kindererziehung haben als irgendeine der Elterngenerationen vor uns.

Der fehlende Kontext für die elterliche Erziehung

Was also ist anders geworden? Das Problem ist, um es kurz zu machen, der *Kontext.* Egal wie gut wir es meinen, wie geschickt oder mitfühlend wir auch sein mögen, Erziehung können wir nicht jedem beliebigen Kind angedeihen lassen. Erziehung erfordert einen Kontext, um effektiv zu sein. Ein Kind muss aufnahmefähig sein, wenn wir es erfolgreich umsorgen, trösten, lenken und leiten wollen. Kinder räumen uns nicht automatisch die Autorität ein, sie zu erziehen, nur weil wir erwachsen sind, weil wir sie lieben oder denken zu wissen, was gut für sie ist, oder weil wir die besten Absichten haben. Stiefeltern sehen sich häufig diesem Problem gegenüber, genau wie andere, die sich um Kinder kümmern, die nicht ihre eigenen sind, ob es nun Pflegeeltern, Babysitter, Kinderfrauen, Tagesmütter oder Lehrer sind. Selbst bei den eigenen

Kindern kann die natürliche elterliche Autorität verloren gehen, wenn der Kontext dafür untergraben wird.

Wenn die Fähigkeiten als Eltern oder sogar die Liebe zum Kind nicht ausreichen, was wird dann gebraucht? Es gibt eine unentbehrliche besondere Art der Bindung, ohne die der Erziehung ein solides Fundament fehlt. Entwicklungsforscher – Psychologen und andere Wissenschaftler, die die Entwicklung des Menschen erforschen – nennen dieses Fundament *Bindungs*beziehung. Damit ein Kind empfänglich dafür sein kann, von einem Erwachsenen erzogen zu werden, muss es sich aktiv an diesen Erwachsenen binden und den Kontakt sowie die Nähe zu ihm wollen. Am Lebensanfang ist dieser Drang nach Bindung physischer Natur – der Säugling klammert sich buchstäblich an die Mutter oder den Vater und muss gehalten werden. Wenn sich alles nach Plan entwickelt, entsteht aus der Bindung eine *emotionale Nähe* und schließlich ein Gefühl der innigen Vertrautheit. Kindern, denen diese Art von Verbundenheit mit den für sie verantwortlichen Menschen fehlt, sind sehr schwer zu erziehen und häufig sogar schwer zu unterrichten. Nur die Bindungsbeziehung kann für den richtigen Kontext für die Kindererziehung sorgen.

Das Geheimnis der elterlichen Erziehung liegt nicht darin, was ein Elternteil *tut*, sondern vielmehr darin, wer der Elternteil für ein Kind *ist*. Wenn ein Kind Kontakt und Nähe zu uns sucht, werden wir als fürsorglicher Erzieher, Tröster, Lenker, Vorbild, Lehrer oder Coach in unserer Autorität gestärkt. Für ein Kind, das sich uns eng verbunden fühlt, sind wir die Basis, von der aus es sich in die Welt wagt, der Rückzugsort, an den es immer wieder zurückkehren kann, die Quelle der Inspiration. Alle erzieherischen Fähigkeiten der Eltern können eine fehlende Bindungsbeziehung nicht ausgleichen. Alle Liebe der Welt kann nichts bewirken ohne die psychische Nabelschnur, die durch die Bindung des Kindes entsteht.

Die Bindungsbeziehung eines Kindes zu einem Elternteil muss mindestens so lange Bestand haben, wie ein Kind erzogen werden muss. Und genau das wird in der Welt von heute zunehmend schwieriger. Eltern haben sich nicht verändert – sie sind nicht weniger kompetent oder weniger hingebungsvoll als früher. Die grundlegende Natur von Kindern hat sich ebenso wenig verändert – sie sind nicht weniger abhängig oder widerstandsfähiger geworden. Was sich verändert hat, ist die Kultur, in der wir unsere Kinder großziehen. Die Bindung der Kinder zu den Eltern wird nicht mehr, wie es erforderlich wäre, von der Kultur und der Gesellschaft unterstützt. Sogar Eltern-Kind-Beziehungen, die am Anfang stark und in vollem Umfang nährend sind, können geschwächt werden, wenn unsere Kinder in eine Welt hinausziehen, in der diese Bindung nicht mehr geschätzt und gestärkt wird. Kinder gehen zunehmend Bindungen ein, die mit der Bindung zu ihren Eltern konkurrieren, mit dem Ergebnis, dass uns der angemessene Kontext für die elterliche Erziehung immer weniger zur Verfügung steht. Es geht hier nicht um einen Mangel an Liebe oder an elterlichem Know-how, sondern um die Schwächung des Bindungskontexts, die unsere Erziehung ineffektiv macht.

Die Auswirkungen der Gleichaltrigenkultur

Die vorrangige und schädlichste der konkurrierenden Bindungen, die die elterliche Autorität und Liebe untergräbt, ist die zunehmend stärker werdende Bindung zwischen unseren Kindern und ihrer Gruppe von Altersgenossen. Die These dieses Buches ist, dass die Ursache der Störung, von der Generationen von in der heutigen Zeit aufwachsenden Kindern und Jugendlichen betroffen sind, in der verloren gegangenen *Orientierung* von Kindern an den für sie verantwortlichen Erwachsenen zu suchen ist. Wir wollen hier mit Sicherheit nicht von einer weiteren medizinisch-psychischen Störung sprechen – das Letzte, was die verunsicherten Eltern von heute gebrauchen können – und verwenden das Wort *Störung* in seiner grundlegendsten Bedeutung: ein Zusammenbruch der natürlichen Ordnung der Dinge. Zum ersten Mal in der Geschichte wenden sich junge Menschen nicht an Mütter, Väter, Lehrer und andere verantwortliche Erwachsene, um Anleitung, Vorbilder und Lenkung zu finden, sondern an Menschen, die von der Natur nicht für die Elternrolle vorgesehen sind – an ihre gleichaltrigen Freunde. Es ist nicht leicht, mit ihnen umzugehen, sie sind nicht unterrichtbar oder werden nicht reif, weil sie sich nicht mehr an Erwachsenen orientieren. Stattdessen werden Kinder von unreifen Personen erzogen, die sie unmöglich zur eigenen Reife führen können. Sie erziehen sich gegenseitig.

Der Begriff *Gleichaltrigenorientierung* scheint dieses Phänomen treffender als jeder andere zu beschreiben. Es ist die Gleichaltrigenorientierung, die unsere elterlichen Erziehungsinstinkte zum Schweigen gebracht hat, unsere natürliche Autorität ausgehöhlt und uns dazu gebracht hat, nicht mit dem Herzen, sondern mit dem Kopf zu erziehen – mithilfe von Handbüchern, den Ratgebern von „Experten“ und den konfusen Erwartungen der Gesellschaft.

Doch was ist Gleichaltrigenorientierung?

Die Orientierung, der dringliche Wunsch, sich zurechtzufinden und mit seiner Umgebung vertraut zu machen, ist fundamentaler *Instinkt* und Bedürfnis des Menschen. Orientierungslosigkeit gehört zu den am wenigsten erträglichen psychischen Erfahrungen. Bindung und Orientierung sind untrennbar miteinander verwoben. Menschen und andere Lebewesen orientieren sich automatisch, indem sie Hinweise von denen einholen, zu denen sie eine Bindung haben.

Wie die Jungen aller Warmblüter haben auch Kinder einen angeborenen Orientierungsinstinkt: Sie müssen die Richtung von jemandem vorgegeben bekommen. Genau wie sich eine Magnetnadel automatisch zum Nordpol dreht, haben Kinder ein angeborenes Bedürfnis sich zurechtzufinden, indem sie sich an eine Quelle der Autorität, des Kontakts und der Wärme wenden. Kinder können das Fehlen einer solchen Quelle nicht ertragen: Sie verlieren die Orientierung. Sie können das, was ich eine *Orientierungslücke* nenne, nicht ertragen.* Eltern oder ersatzweise andere Erwachsene sind für das Kind der von der Natur vorgegebene Orientierungspol, genau wie erwachsene Tiere orientierungsgebend für ihre Jungen sind.

Der Orientierungsinstinkt des Menschen ähnelt deshalb stark dem Instinkt eines Entenkükens. Kaum ist das Küken aus dem Ei geschlüpft, richtet es sich nach der Entenmutter – es folgt ihr überall hin, eifert ihrem Beispiel nach und befolgt ihre Anweisungen, bis es reif genug und unabhängig ist. So wäre es der Natur am liebsten. Ist jedoch die Entenmutter abwesend, folgt das Entenküken dem nächstgelegenen sich bewegenden Objekt – einem Menschen, einem Hund oder sogar einem mechanischen Spielzeug. Natürlich sind weder der Mensch noch der Hund oder das Spielzeug so geeignet wie die Entenmutter, um dieses Entenküken erfolgreich zu einer erwachsenen Ente aufzuziehen. Wenn kein verantwortlicher Erwachsener verfügbar ist, orientiert sich auch das Menschenkind an demjenigen, der gerade in der Nähe ist. Die gesellschaftlichen, ökonomischen und kulturellen Entwicklungen der letzten Jahrzehnte haben Eltern von der für sie vorgesehenen Position als Orientierungsgeber verdrängt. Die Gruppe der Gleichaltrigen ist – mit bedauerlichen Folgen – in diese Orientierungslücke vorgedrungen.

Wie wir zeigen werden, können Kinder sich nicht gleichzeitig an Erwachsenen und an anderen Kindern orientieren. Man kann nicht zwei gegensätzlichen Richtungsangaben gleichzeitig folgen. Das Gehirn des Kindes muss automatisch zwischen den Werten der Eltern und denen der Gleichaltrigen wählen, es muss sich für die Lenkung der Eltern oder

---

*Wenn nicht anders angegeben, bezieht sich die erste Person Singular in diesem Buch auf Gordon Neufeld.

die Lenkung der Gleichaltrigen, für die Kultur der Eltern oder die der Gleichaltrigen entscheiden, wann immer diese sich widersprechen.

Sagen wir damit, dass Kinder keine Freunde ihres Alters haben oder mit anderen Kindern Verbindungen aufnehmen sollten? Im Gegenteil, solche Freundschaften sind natürlich und können einem gesunden Zweck dienen. In erwachsenenorientierten Kulturen, in denen die reiferen Generationen die richtungsweisenden Prinzipien und Werte vorgeben, gehen die Kinder Bindungen zu anderen Kindern ein, ohne die Orientierung zu verlieren oder die Führung ihrer Eltern abzulehnen. In unserer Gesellschaft ist dies nicht mehr der Fall. Bindungen zu Gleichaltrigen haben Beziehungen mit Erwachsenen als vorrangige Quelle der Orientierung ersetzt. Unnatürlich ist hierbei nicht der Kontakt zu Gleichaltrigen, sondern dass Kinder die Entwicklung anderer Kinder tonangebend beeinflussen.

Normal, aber nicht natürlich oder gesund

Die Gleichaltrigenorientierung ist in unserer heutigen Zeit so allgegenwärtig, dass sie zur Norm geworden ist. Nicht nur viele Psychologen und Erzieher, auch Laien sehen sie inzwischen als natürlich an, oder, noch häufiger, erkennen darin nicht einmal etwas Besonderes, das es zu erkennen gilt. Sie wird einfach als selbstverständlich angesehen – so ist es eben. Aber was „normal" ist, im Sinne von „einer Norm entsprechend", ist nicht unbedingt dasselbe wie „natürlich" oder „gesund". Gleichaltrigenorientierung ist weder gesund noch natürlich. Diese Konterrevolution gegen die natürliche Ordnung hat sich erst in jüngerer Zeit in den fortschrittlichsten Industrieländern durchgesetzt und zwar aus Gründen, die wir noch näher beleuchten werden (Kapitel 3). In indigenen Gesellschaften, ja sogar an vielen Orten in der westlichen Welt abseits der „globalisierten" urbanen Zentren, ist die Gleichaltrigenorientierung auch heute noch ein unbekanntes Phänomen. Im Laufe der gesamten menschlichen Evolution, bis etwa zum Zweiten Weltkrieg, war die Erwachsenenorientierung die Norm in der menschlichen Entwicklung. Wir, die Erwachsenen – Eltern und Lehrer –, die am Hebel sitzen sollten, haben erst in jüngster Zeit unseren Einfluss verloren, ohne uns auch nur dessen bewusst geworden zu sein.

Gleichaltrigenorientierung scheint natürlich zu sein oder bleibt unentdeckt, weil wir uns von unserer *Intuition* distanziert haben und weil wir uns unabsichtlich selbst an Gleichaltrigen orientieren. All jene, die der Nachkriegsgeneration angehören und in England, Nordamerika sowie vielen Teilen der industrialisierten Welt geboren wurden, macht das eigene gedankliche Kreisen um Gleichaltrige blind für die Ernsthaftigkeit des Problems.

Bis vor Kurzem wurde Kultur immer vertikal weitergegeben, von einer Generation an die nächste. Jahrtausendelang, so schrieb Joseph Campbell, waren das Studium, die Erfahrung und das Verständnis traditioneller kultureller Formen ausschlaggebend „für die Erziehung der Jugend und die Weisheit der Alten". Erwachsene spielten eine entscheidende Rolle bei der Übermittlung von Kultur – sie gaben das, was ihre eigenen Eltern mitgegeben hatten, an ihre Kinder weiter. Die Kultur, in die *unsere* Kinder eingeführt werden, ist vermutlich jedoch eher die Kultur ihrer gleichaltrigen Freunde als die ihrer Eltern. Kinder erschaffen ihre eigene Kultur, die sich von der Kultur ihrer Eltern erheblich unterscheidet und dieser in gewisser Weise auch sehr fremd ist. Statt vertikal weitergegeben zu werden, wird Kultur horizontal in den Reihen der jüngeren Generation vermittelt.

Von wesentlicher Bedeutung für jede Kultur sind ihre Gebräuche, ihre Musik, ihre Kleidung, ihre Feste und ihre Geschichten. Die Musik, die Kinder hören, hat nicht viel Ähnlichkeit mit der Musik ihrer Großeltern. Ihr Look wird eher vom Look anderer Kinder diktiert als vom kulturellen Erbe ihrer Eltern. Ihre Geburtstagspartys und Übergangsriten werden von den Praktiken anderer Kinder in ihrer Umgebung beeinflusst, nicht von den Sitten und Gebräuchen ihrer Eltern. Wenn uns das alles als normal erscheint, dann liegt das einzig und allein an unserer eigenen Gleichaltrigenorientierung. Eine spezielle Jugendkultur, die anders ist als die der Erwachsenen, gibt es erst seit etwa 70 Jahren. Obwohl ein rund dreiviertel Jahrhundert in der Geschichte der Menschheit ein relativ kurzer Zeitraum ist, steht es in einem Menschenleben für eine ganze Ära. Die meisten Leser dieses Buches werden bereits in einer Gesellschaft aufgewachsen sein, in der die Weitergabe von Kultur eher horizontal als vertikal stattgefunden hat. In jeder neuen Generation gewinnt dieser für zivilisierte Gesellschaften möglicherweise zerstörerische Prozess an Macht und Schnelligkeit. Eltern scheinen sogar in den 22 Jahren zwischen meinem ersten und meinem fünften Kind an Boden verloren zu haben.

Der umfangreichen internationalen Studie unter der Leitung des britischen Kinderpsychiaters Sir Michael Rutter und des Kriminologen David Smith zufolge ist eine Kinderkultur erst nach dem Zweiten Weltkrieg entstanden – sie gehört zu den dramatischsten und unheilvollsten gesellschaftlichen

Phänomenen des 20. Jahrhunderts.[2] Diese Studie, an der führende Forscher aus 16 Ländern mitgewirkt haben, brachte die Eskalation antisozialen Verhaltens mit dem Zusammenbruch der vertikalen Weitergabe der Mainstreamkultur in Verbindung. Mit der Entstehung einer Kinderkultur, die sich von der Mainstreamkultur abgrenzt und unterscheidet, war eine Zunahme der Jugendkriminalität, der Gewalt, des Mobbings und der Straffälligkeit zu verzeichnen.

Parallel zu solchen allgemeinen kulturellen Entwicklungen können ähnliche Muster in der Entwicklung unserer Kinder als Individuen beobachtet werden. Wer wir sein wollen und wie wir sein wollen, wird durch unsere Orientierung festgelegt, und zwar dadurch, wen wir zu unserem Vorbild dafür bestimmen, wie wir sein und wie wir handeln wollen – dadurch, mit wem wir uns identifizieren. In der aktuellen psychologischen Literatur wird die Rolle der Gleichaltrigen bei der Bildung des Identitätsgefühls eines Kindes hervorgehoben.[3] Wenn Kinder sich selbst definieren sollen, beziehen sie sich häufig nicht auf ihre Eltern, sondern eher auf Werte und Erwartungen anderer Kinder sowie der Gleichaltrigengruppen, denen sie angehören. Hier hat eine signifikante systemische Verlagerung stattgefunden. Heute haben für viel zu viele Kinder Gleichaltrige die Eltern ersetzt, wenn es um die Bildung des Kerns ihrer Persönlichkeit geht.

Noch vor wenigen Generationen nahmen die Eltern den wichtigsten Platz im Leben ihrer Kinder ein. Carl Jung deutete darauf hin, dass nicht das, was in der Eltern-Kind-Beziehung passiert, den stärksten Einfluss auf das Kind hat. Das, was in dieser Beziehung fehlt, hinterlässt die größte Narbe in der Persönlichkeit des Kindes – „dass nichts passiert, wenn etwas Sinnvolles hätte passieren können", sagte der bedeutende britische Kinderpsychiater D. W. Winnicott. Ein angsteinflößender Gedanke. Wenn Gleichaltrige die Eltern als wichtigste Bezugspersonen ersetzt haben, kommt der noch beunruhigendere Gedanke auf, dass das, was in diesen Gleichaltrigenbeziehungen fehlt, tiefgreifende Auswirkungen haben wird. Was in Gleichaltrigenbeziehungen vollständig fehlt, sind bedingungslose Liebe und Akzeptanz, der Wunsch nach Zuwendung, die Fähigkeit, sich für den anderen zu verausgaben, die Bereitschaft, für das Wachstum und die Entwicklung des anderen Opfer zu bringen. Wenn wir sehen, was in der Beziehung zu Gleichaltrigen im Vergleich zu der Beziehung zu den Eltern fehlt, scheinen die Eltern Heilige zu sein. Die Folgen sind für viele Kinder katastrophal.

Parallel zur ständig zunehmenden Gleichaltrigenorientierung in unserer Gesellschaft ist ein erschreckender und dramatischer Anstieg der Selbstmordrate unter Kinder zu verzeichnen. Sie hat sich in Nordamerika in den letzten 70 Jahren in der Altersgruppe der 10- bis 14-Jährigen vervierfacht. Die Selbstmordrate in dieser Gruppe nimmt am schnellsten zu – allein zwischen 1980 und 1992 um 120 Prozent. In den Innenstädten, in denen Gleichaltrige vermutlich am ehesten an die Stelle der Eltern treten, ist die Selbstmordrate sogar noch stärker gestiegen.[4] Die Ursachen für diese Selbstmorde sind äußerst aufschlussreich. Wie viele andere Studenten, die sich mit der menschlichen Entwicklung beschäftigen, hatte ich immer angenommen, die Ablehnung der Eltern sei der wichtigste Auslöser. Heute, nachdem ich eine Zeit lang mit jugendlichen Straftätern gearbeitet habe, weiß ich es besser. Zu meinen Aufgaben gehörte die Erforschung der psychologischen Dynamik bei Kindern und Jugendlichen, die einen Selbstmordversuch unternommen hatten, ob erfolgreich oder nicht. Ich war sehr entsetzt und überrascht festzustellen, dass der Hauptauslöser für die große Mehrheit der Selbstmorde war, wie die Kinder von Gleichaltrigen, nicht von ihren Eltern, behandelt worden waren. Die wachsende Zahl von Berichten über Selbstmorde, die durch Ablehnung und Mobbing von Gleichaltrigen ausgelöst werden, bestätigt, dass ich mit meiner Erfahrung nicht allein war. Je wichtiger Gleichaltrige werden, desto mehr nehmen sich Kinder das unsensible Verhalten ihrer Altersgenossen, das Gefühl, nicht dazuzugehören, Ablehnung oder Ausgrenzung zu Herzen.

Keine Gesellschaft, keine Kultur ist immun. In Japan zum Beispiel sind die traditionellen Werte, die von den Älteren an die Jungen weitergegeben werden, der Verwestlichung und dem Aufkommen einer Jugendkultur gewichen. In diesem Land gab es bis vor Kurzem fast keine Jugendkriminalität oder Schulprobleme, heute dagegen sind die schlimmsten Folgen der Gleichaltrigenorientierung einschließlich Gesetzlosigkeit, Kinderselbstmord und eine steigende Anzahl von Schulabbrechern deutlich spürbar. Das *Harper's Magazine* veröffentlichte kürzlich eine Auswahl von Abschiedsbriefen japanischer Kinder: Die meisten von ihnen gaben als Grund für ihre Entscheidung, aus dem Leben zu scheiden, unerträgliches Mobbing durch ihre Altersgenossen an.[5]

Die Auswirkungen der Gleichaltrigenorientierung treten am deutlichsten bei Teenagern zutage, ihre frühen Anzeichen sind aber bereits in der zweiten oder dritten Klasse erkennbar. Ihre Entstehung reicht sogar bis in die Zeit vor dem Kindergarten zurück und muss von allen Eltern verstanden werden, vor allem von den Eltern kleiner Kinder, die das Problem vermeiden oder ihm entgegenwirken wollen, sobald es auftritt.

Ein Weckruf

Die erste Warnung kam bereits vor 40 Jahren. Die Lehrbücher, die ich in meinen Kursen in Entwicklungspsychologie und Eltern-Kind-Beziehungen verwendete, enthielten Hinweise auf einen US-amerikanischen Forscher, der in den frühen 1960er-Jahren Alarm schlug, dass Eltern als wichtigste Quelle von Signalen für Verhaltensweisen und Werte zunehmend durch Gleichaltrige ersetzt würden. Im Rahmen einer Studie mit 7000 jungen Menschen stellte Dr. James Coleman fest, dass Beziehungen zu Freunden wichtiger waren als die zu den Eltern. Er zeigte sich besorgt, dass in der US-amerikanischen Gesellschaft ein grundlegender Wandel stattgefunden hatte.[6] Die Wissenschaft blieb jedoch skeptisch, indem sie darauf hinwies, es handele sich hierbei um Chicago und nicht um das durchschnittliche Nordamerika. Man vermutete optimistisch, dass dieser Zustand vermutlich auf die durch den Zweiten Weltkrieg verursachte Zerrüttung der Gesellschaft zurückzuführen war und wieder verschwinden würde, sobald der Normalzustand wieder erreicht worden sei. Seine Kritiker behaupteten, die Idee, Gleichaltrige hätten einen vorrangigen Einfluss auf ein Kind, stamme von untypischen Fällen am Rande der Gesellschaft. James Colemans Besorgnis wurde als Schwarzseherei abgetan.

Auch ich habe den Kopf in den Sand gesteckt, bis meine eigenen Kinder mich jäh aufgeweckt haben. Ich hatte nie damit gerechnet, meine Kinder an ihre Altersgenossen zu verlieren. Zu meiner Bestürzung stellte ich fest, dass sich meine beiden älteren Töchter, als sie in die Pubertät kamen, auf ihre Freunde fokussierten, ihrem Vorbild folgten, ihre Sprache imitierten und ihre Werte verinnerlichten. Es wurde immer schwieriger, sie wieder auf Kurs zu bringen. Was auch immer ich tat, um meine Wünsche und Erwartungen durchzusetzen, machte alles nur noch schlimmer. Es war, als hätte sich der elterliche Einfluss, den meine Frau und ich für selbstverständlich gehalten hatten, plötzlich in Luft aufgelöst. Unsere Kinder mit anderen zu teilen, ist eine Sache, ersetzt zu werden, eine ganz andere. Ich dachte, meine Kinder wären immun: Sie zeigten keinerlei Interesse an Banden oder Straftaten, wuchsen in einem Umfeld relativer Stabilität und einer großen Familie auf, die sie von Herzen liebte, lebten in einer verlässlichen familienorientierten Gemeinschaft und hatten eine friedliche Kindheit ohne größeren Krieg erlebt. Colemans Ergebnisse schienen für mein Familienleben einfach nicht von Bedeutung zu sein. Als ich jedoch anfing, die einzelnen Teile des Puzzles zusammenzusetzen, stellte ich fest, dass das, was mit meinen Kindern geschah, eher typisch als außergewöhnlich war.

„Aber sollen wir unsere Kinder nicht loslassen?“, fragen viele Eltern. „Sollen unsere Kinder nicht unabhängig von uns werden?“ Absolut, doch erst dann, wenn unser Job erledigt ist, und nur dann, um sie sie selbst sein zu lassen. Die Anpassung an die unreifen Erwartungen von Gleichaltrigen führt nicht dazu, dass Kinder zu unabhängigen, sich selbst respektierenden Erwachsenen werden. Durch die Schwächung der natürlichen Bande der Bindung und Verantwortung untergräbt die Gleichaltrigenorientierung eine gesunde Entwicklung.

Kinder wissen vielleicht, was sie wollen, aber die Annahme, sie wüssten, was sie brauchen, ist gefährlich. Für Kinder, die sich an ihren Altersgenossen orientieren, scheint es nur natürlich zu sein, den Kontakt mit Freunden der Nähe zur Familie vorzuziehen, mit ihnen so viel wie möglich zusammen zu sein und ihnen so ähnlich wie eben möglich zu sein. Ein Kind weiß es nicht besser. Eine Erziehung, die sich von den Vorlieben des Kindes leiten lässt, kann dazu führen, dass man schon lange, bevor der Job erledigt ist, nichts mehr zu tun hat. Wenn wir für unsere Kinder sorgen wollen, müssen wir sie zurückgewinnen und dafür Sorge tragen, ihre Bindungsbedürfnisse zu erfüllen.

Extreme Erscheinungsformen der Gleichaltrigenorientierung ziehen die Aufmerksamkeit der Medien auf sich: heftiges Mobbing, Morde an Gleichaltrigen, Kinderselbstmorde. Obwohl wir alle von derartigen grauenvollen Ereignissen schockiert sind, haben die meisten von uns das Gefühl, sie würden uns nicht direkt betreffen. Und sie stehen nicht im Fokus dieses Buches. Solche Kindheitstragödien sind jedoch nur die dramatischsten Anzeichen der Gleichaltrigenorientierung, ein Phänomen, das nicht mehr nur im Betondschungel und den großen urbanen Zentren wie Chicago, New York, Toronto oder Los Angeles zu finden ist. Sie ist in Wohngegenden für Familien angekommen – Communitys der Mittelschicht mit guten Schulen. Der Fokus dieses Buches liegt nicht darauf, was weit weg passiert, sondern auf dem, was direkt vor unserer Haustür geschieht.

Für uns, die beiden Verfasser dieses Buches, kam der persönliche Weckruf mit der zunehmenden Gleichaltrigenorientierung unserer eigenen Kinder. Wir hoffen, dass *Unsere Kinder brauchen uns!* als Weckruf für alle Eltern und für die Allgemeinheit dienen kann.

Die gute Nachricht

Wir sind vielleicht nicht in der Lage, die sozialen, kulturellen und wirtschaftlichen Kräfte, die die Gleichaltrigenorientierung vorantreiben, umzukehren, aber wir können in unserem eigenen Zuhause und in den Klassenzimmern viel tun, um nicht vor der Zeit ersetzt zu werden. Da die Kultur unseren Kindern nicht mehr die richtige Richtung vorgibt – zu echter Unabhängigkeit und Reife –, sind Eltern und andere mit der Kindererziehung betraute Erwachsene wichtiger als jemals zuvor.

Es geht um nicht weniger als darum, die Eltern-Kind-(und Erwachsenen-Kind-)Beziehung wieder zurück auf ihr natürliches Fundament zu stellen. So wie die Beziehung der Kern unserer gegenwärtigen Schwierigkeiten in der Erziehung und in der Schule ist, ist sie auch der Kern der Lösung. Erwachsene, die ihre elterliche Erziehung auf das Fundament einer soliden Beziehung zu dem Kind stellen, erziehen es intuitiv. Sie müssen nicht auf Techniken und Handbücher zurückgreifen, sondern handeln verständnisvoll und mit Einfühlungsvermögen. Wenn wir wissen, wie wir mit unseren Kindern umgehen und wer wir für sie sein können, benötigen wir weitaus weniger Ratschläge, was wir tun sollen. Praktische Ansätze ergeben sich spontan aus unserer eigenen Erfahrung, sobald die Beziehung wiederhergestellt ist.

Die gute Nachricht ist, dass die Natur auf unserer Seite ist. Unsere Kinder wollen zu uns gehören, selbst wenn sie das nicht so empfinden und ihre Worte oder Taten das Gegenteil zu signalisieren scheinen. Wir können unsere Rolle als Unterstützer und Mentor zurückfordern. In Teil IV dieses Buches stellen wir ein detailliertes Programm vor, wie wir unsere Kinder in unserer Nähe behalten können, bis sie erwachsen sind, und wie wir die Beziehung wiederherstellen können, wenn sie schwach geworden oder verloren gegangen ist. Wir können immer etwas tun. Obwohl es bei keinem Ansatz eine Garantie dafür gibt, dass er auch funktionieren wird, gibt es viel mehr Erfolge als Fehlschläge, wenn Eltern einmal verstanden haben, worauf sie ihre Bemühungen richten müssen. Aber das Heilmittel hängt wie immer von der Diagnose ab. Wir werden zunächst beleuchten, was fehlt und wie sich die Dinge in die falsche Richtung entwickelt haben.

KAPITEL 2

Verzerrte Bindungen, untergrabene Instinkte

Die Eltern der 14 Jahre alten Cynthia waren verwirrt und verzweifelt. Aus ihnen unerklärlichen Gründen hatte sich das Verhalten ihrer Tochter im vergangenen Jahr verändert. Sie war unhöflich, verschlossen und manchmal sogar feindselig geworden. Sie war mürrisch, wenn sie mit ihnen zusammen war, aber reizend im Umgang mit ihren Freunden. Sie war wie besessen, wenn es um ihre Privatsphäre ging, und bestand darauf, ihr Leben gehe ihre Eltern nichts an. Ihre Mutter und ihr Vater fanden es schwierig, mit ihr zu reden, ohne ihr das Gefühl zu geben, sich ihr aufdrängen zu wollen. Ihre zuvor liebevolle Tochter schien sich in ihrer Gesellschaft immer weniger wohlzufühlen. Cynthia schien keine Freude mehr an gemeinsamen Mahlzeiten zu haben und verließ den Tisch bei der erstbesten Gelegenheit. Es war unmöglich, ein längeres Gespräch mit ihr zu führen. Die Mutter konnte ihre Tochter nur dann dazu bewegen, gemeinsam etwas zu unternehmen, wenn sie ihr vorschlug, shoppen zu gehen. Das Mädchen, das sie zu kennen glaubten, war ihnen jetzt ein Rätsel geworden.

In den Augen ihres Vaters war Cynthias neues besorgniserregendes Benehmen lediglich ein Verhaltensproblem. Er wollte einige Tipps, wie er sie wieder zurück auf Kurs bringen konnte, da die üblichen Disziplinierungsmaßnahmen nicht gefruchtet hatten – Sanktionen, Hausarrest, Zeitsperren. Sie hatten nur zu noch größeren Problemen geführt. Die Mutter ihrerseits fühlte sich von ihrer Tochter ausgenutzt, ja sogar missbraucht. Ihr war Cynthias Verhalten völlig unverständlich. War das die normale Aufsässigkeit eines Teenagers? Waren die Hormone der Pubertät verantwortlich? Mussten sie als Eltern sich Sorgen machen? Wie sollten sie reagieren?

Die Ursache für Cynthias rätselhaftes Verhalten wird nur dann klar, wenn wir uns das gleiche Szenario in der Erwachsenenwelt vorstellen. Nehmen Sie einmal an, Ihr Ehepartner oder Freund beginnt plötzlich, sich merkwürdig zu verhalten: Er sieht Ihnen nicht mehr in die Augen, lehnt Körperkontakt ab, redet gereizt und einsilbig mit Ihnen, geht Ihren Annäherungen aus dem Weg und meidet Ihre Gesellschaft. Und jetzt stellen Sie sich vor, sie würden Ihre Freunde um Rat fragen. Würden diese dann zu Ihnen sagen: „Hast du es schon mit einer Auszeit probiert? Hast du Grenzen gesetzt und klar gemacht, was du erwartest?" Es würde für jeden auf der Hand liegen, dass es sich im Kontext einer Interaktion unter Erwachsenen nicht um ein *Verhaltensproblem*, sondern um ein *Beziehungsproblem* handelt. Und der erste Verdacht wäre vermutlich, dass Ihr Partner eine Affäre hat.

Was uns in der Welt der Erwachsenen so offensichtlich erscheint, bringt uns aus dem Konzept, wenn es zwischen Eltern und Kind geschieht. Cynthia hatte nur noch Augen und Ohren für ihre Altersgenossen. Ihr unbeirrbares Bestreben, mit ihnen in Kontakt zu sein, konkurrierte mit ihrer Bindung zu ihrer Familie. Es war, als hätte sie eine Affäre.

Der Vergleich mit einer Affäre passt in vielerlei Hinsicht, nicht zuletzt die Gefühle der Frustration, der Verletzung, der Zurückweisung und des Verrats, die Cynthias Eltern durchmachten. Menschen können viele Bindungen eingehen – zur Arbeit, zur Familie, zu Freunden, zu einer Sportmannschaft, einer kulturellen Ikone, einer Religion –, aber *konkurrierende Bindungen* können wir nicht ertragen. Wenn in einer Ehe eine Bindung – egal welche Bindung – die Nähe zum Ehepartner und die Verbundenheit mit ihm stört, wird dieser Ehepartner diesen Zustand im emotionalen Sinne des Wortes wie eine Affäre erfahren. Ein Mann, der seine Ehefrau meidet und zwanghaft viel Zeit im Internet verbringt, wird bei ihr Gefühle der Verlassenheit und der Eifersucht hervorrufen. In unserer heutigen Kultur konkurrieren Gleichaltrigenbeziehungen mit den Bindungen der Kinder zu ihren Eltern. Ziemlich unschuldig, aber mit katastrophalen Auswirkungen werden Kinder untereinander in *Bindungsaffären* verwickelt.

Warum wir uns Bindung bewusst werden müssen

Was ist Bindung? Mit einfachen Worten ausgedrückt ist sie eine Anziehungskraft zwischen zwei Körpern. Sie ist, ob nun in physikalischer, elektrischer oder chemischer Form, die stärkste Kraft im Universum. Für uns ist sie im alltäglichen Leben zu einer Selbstverständlichkeit geworden. Sie sorgt dafür, dass wir mit unseren Füßen auf dem Boden bleiben und unser Körper nicht in seine Einzelteile zerfällt. Sie hält die Teilchen der Atome zusammen und die Planeten in der Umlaufbahn um die Sonne. Sie gibt dem Universum seine Form.

In der Welt der Psychologie bildet die Bindung den Kern von Beziehungen und des sozialen Funktionierens. Im Leben der Menschen ist Bindung das Streben nach und die Bewahrung von Nähe, Vertrautheit und Verbundenheit in Bezug auf die Physis, das Verhalten, die Emotionen und die Psyche. Wie in der materiellen Welt ist sie auch hier unsichtbar und doch von grundlegender Bedeutung für unsere Existenz. Eine Familie kann ohne sie keine Familie sein. Wenn wir ihre kompromisslosen Lehrsätze ignorieren, geraten wir in Schwierigkeiten.

Wir sind Geschöpfe, die Bindungen brauchen, ob wir uns nun dessen bewusst sind oder nicht. Idealerweise sollten wir uns der Bindung nicht bewusst werden. Wir sollten in der Lage sein, ihre Kräfte als selbstverständlich anzusehen: wie die Schwerkraft unsere Füße am Boden hält, wie die Planeten in der Umlaufbahn bleiben, wie unsere Kompassnadel zum Nordpol zeigt. Man muss Bindung nicht verstehen oder nicht einmal wissen, dass sie existiert, um von ihrem Wirken und ihrer Kraft zu profitieren. So wie man auch nicht verstehen muss, wie ein Computer funktioniert, um ihn zu benutzen, oder etwas über Motoren wissen muss, um ein Auto zu fahren. Erst wenn die Dinge nicht mehr funktionieren, ist dieses Wissen erforderlich. Es ist in erster Linie die Bindung, die die Instinkte eines Kindes ebenso wie die der Eltern arrangiert. Solange Bindungen funktionieren, können wir uns erlauben, einfach unseren Instinkten zu folgen – automatisch und ohne nachzudenken. Wenn die Bindungen verzerrt sind, sind es auch unsere Instinkte. Glücklicherweise können wir Menschen verzerrte Instinkte kompensieren, indem wir unser Bewusstsein dafür schärfen, was in die falsche Richtung gelaufen ist.

Warum müssen wir uns heute der Bedeutung von Bindung bewusst werden? Weil wir nicht mehr in einer Welt leben, in der wir ihr Wirken für selbstverständlich halten können. Die wirtschaftlichen und kulturellen Gegebenheiten der heutigen Zeit sorgen nicht mehr für den Kontext, in dem Kinder eine natürliche Bindung zu ihren Eltern haben können. Wenn es um Bindung geht, können wir wirklich sagen, dass wir als Gesellschaft in historisch beispiellosen Zeiten leben. Im nächsten Kapitel werden wir erörtern, wie das soziale, wirtschaftliche und kulturelle Fundament für gesunde

Eltern-Kind-Bindungen ausgehöhlt wurde. Wenn wir zu einer natürlichen Elternschaft und Erziehung, die der gesunden Entwicklung eines Kindes am besten dient, zurückfinden wollen, müssen wir uns der Bindungsdynamik voll und ganz bewusst werden. In einer Welt zunehmender kultureller Unruhen ist das Bewusstsein für die Bindung vermutlich das wichtigste Wissen, das man als Eltern haben kann. Aber es reicht nicht aus, Bindung von außen zu verstehen. Wir müssen sie verinnerlichen. Die beiden Arten der Gewissheit – *das Wissen darüber* und *die persönliche Erfahrung* – müssen zusammenkommen. Wir müssen die Bindung sozusagen in unseren Knochen spüren.

Bindung ist im Kern unseres Wesens, ist als solche aber auch weit von unserem Bewusstsein entfernt. In diesem Sinne ist es wie mit dem Gehirn selbst: Je tiefer man in es eindringt, desto weniger Bewusstsein findet man. Wir sehen uns selbst gern als intellektuelle Geschöpfe: *Homo sapiens* nennen wir unsere Spezies, der „wissende Mensch". Und doch ist der denkende Teil unseres Gehirns nur eine dünne Schicht, während ein viel größerer Teil unserer zerebralen Schaltkreise für die psychische Dynamik zuständig ist, die der Bindung dient. In diesem System, das treffend als *Bindungssystem im Gehirn* bezeichnet wurde, sitzen unsere unbewussten *Emotionen* und Instinkte. Wir Menschen teilen diesen Bereich unseres Gehirns mit vielen anderen Lebewesen, aber nur wir haben die Fähigkeit, uns des Bindungsprozesses bewusst zu werden.

Im psychischen Leben des jungen, sich entwickelnden menschlichen Gehirns – und auch für viele Erwachsene, wenn wir ehrlich sind – spielen Bindungen die wichtigste Rolle. Für Kinder sind sie eine absolute Notwendigkeit. Sie sind unfähig, selbstständig zu funktionieren, und müssen über eine Bindung zu einem Erwachsenen verfügen. Die körperliche Bindung im Mutterleib ist erforderlich, bis unser Nachwuchs lebensfähig ist und geboren werden kann. Ebenso müssen unsere Kinder emotional an uns gebunden sein, bis sie fähig sind, auf eigenen Füßen zu stehen, für sich selbst zu denken und zu bestimmen, welche Richtung sie einschlagen wollen.

Bindung und Orientierung

Die Bindung, die eng mit dem im vorherigen Kapitel erörterten Orientierungsinstinkt verbunden ist, ist von entscheidender Bedeutung für Elternschaft, Erziehung und Übermittlung von Kultur. Wie die Bindung ist auch der Orientierungsinstinkt in unserer Natur verankert, selbst wenn wir uns dessen nur selten bewusst sind. Orientierung in ihrer konkretesten und körperlichsten Form bedeutet, seine eigene Position in Raum und Zeit zu orten. Wenn wir hierbei Schwierigkeiten haben, werden wir ängstlich. Wenn wir beim Aufwachen nicht sicher sind, wo wir sind oder ob wir noch träumen, wird die Lokalisierung in Raum und Zeit zur obersten Priorität. Wenn wir uns bei einer Wanderung verirrt haben, werden wir keine Pause einlegen, um Blumen und Tiere zu bewundern oder um über unsere Lebensziele oder auch nur über das Abendessen nachzudenken. Die Orientierung wird unsere gesamte Aufmerksamkeit in Anspruch nehmen und einen Großteil unserer Energie verbrauchen.

Unser Orientierungsbedürfnis ist nicht nur physischer Natur. Die psychische Orientierung ist für die menschliche Entwicklung nicht weniger wichtig. Wenn Kinder heranwachsen, haben sie immer mehr das Bedürfnis, sich zu orientieren: Ein Gefühl dafür zu haben, wer sie sind, was real ist, warum etwas geschieht, was gut ist, was die Dinge bedeuten. Sich nicht orientieren zu können, bedeutet, desorientiert zu sein, in psychischer Hinsicht verloren zu sein – ein Zustand, den unser Gehirn um fast jeden Preis vermeiden will. Kinder sind vollkommen unfähig, sich selbstständig zu orientieren. Sie benötigen Unterstützung.

Die Bindung gibt ihnen diese Unterstützung. Die erste Aufgabe der Bindung besteht darin, den Menschen, zu dem man eine Bindung hat, zu einem *Orientierungspunkt* werden zu lassen. Solange sich das Kind in Bezug auf diesen Orientierungspunkt wiederfinden kann, wird es sich nicht verloren fühlen. Die im Kind aktivierten Instinkte bewirken, dass es diesen funktionierenden Orientierungspunkt immer in seiner Nähe haben will. Die Bindung ermöglicht Kindern, sich Erwachsenen anzuvertrauen, von denen sie annehmen, dass sie besser dazu in der Lage sind, sich zu orientieren und den Weg zu finden als sie selbst.

Was Kinder mehr als alles andere fürchten, einschließlich körperlicher Schäden, ist das Gefühl, verloren zu gehen. Für sie bedeutet das Verlorengehen den Kontakt zu ihrem Orientierungspunkt zu verlieren. *Orientierungslücken*, Situationen, in denen wir nichts und niemanden finden, um uns zu orientieren, sind für das menschliche Gehirn absolut unerträglich. Selbst Erwachsene, die relativ unabhängig sind, können sich verloren fühlen, wenn sie keine Verbindung zu dem Menschen in ihrem Leben haben, der als ihr Orientierungspunkt dient. Wenn wir uns als Erwachsene bei einer Trennung von unseren Bindungsfiguren orientierungslos fühlen können, wie stark ist dieses Gefühl dann erst bei Kindern. Ich weiß noch, wie völlig verlassen ich mich gefühlt habe, als Mrs.

Ackerberg, meine Lehrerin in der ersten Klasse, die ich sehr mochte, nicht mehr da war: wie eine verlorene Seele, hilf- und ziellos.

Für ein Kind ist ein Elternteil der bei Weitem beste *Orientierungspunkt* – oder ein anderer Erwachsener, zum Beispiel ein Lehrer, der als Elternersatz dient. Wer jedoch zum Orientierungspunkt wird, ist eine Frage der Bindung, und die kann, wie wir alle wissen, unbeständig sein. Mit der äußerst wichtigen Orientierungsfunktion kann auch jemand betraut werden, der für diese Aufgabe ungeeignet ist – zum Beispiel die Altersgenossen eines Kindes. Wenn ein Kind sich so stark an seine Altersgenossen bindet, dass es lieber mit ihnen zusammen ist und auch so sein möchte wie sie, werden seine Altersgenossen, ob es nun ein Einzelner oder eine Gruppe ist, zu seinem Orientierungspunkt. Es sind dann die Altersgenossen, denen es nahe sein will. Es wird sich an Gleichaltrigen orientieren, um zu erfahren, wie es sich verhalten, was es anziehen, wie es aussehen, was es sagen und was es tun soll. Seine Altersgenossen haben das letzte Wort darüber, was gut ist, was geschehen soll, was wichtig ist und sogar, wie es sich selbst definiert. Genau das war auch mit Cynthia geschehen: In ihrem emotionalen Universum hatten ihre Altersgenossen ihre Eltern als wichtigstes Zentrum ersetzt. Sie waren zu ihrem Lebensinhalt geworden – eine vollständige Umkehrung der natürlichen Ordnung der Dinge.

Die psychischen Bindungsmuster von Kindern sind erst in den letzten Jahren sorgfältig aufgezeichnet und verstanden worden. Vollständig klar ist, dass Kinder um ihre Eltern und die anderen Erwachsenen, die für sie verantwortlich sind, kreisen sollten, genau wie die Planeten um die Sonne kreisen. Und doch kreisen heute immer mehr Kinder umeinander.

Kinder sind nicht nur weit davon entfernt, irgendjemandem als Orientierungspunkt zu dienen, sie sind nicht einmal fähig, sich im realistischen Sinne des Wortes selbst zu orientieren. Wir wollen nicht, dass unsere Kinder von ihren Altersgenossen abhängig sind. Sie sind nicht diejenigen, die unseren Kindern ein Selbstgefühl geben sollen, die ihnen zeigen sollen, was richtig und was falsch oder was eine Tatsache und was Fantasie ist, die entscheiden, was funktioniert und was nicht, die ihnen sagen, wohin sie gehen sollen und welchen Weg sie nehmen sollen.

Welchen Nutzen haben Kinder davon, sich aneinander zu orientieren? Stellen wir uns noch einmal vor, wir wären auf einem dunklen, verschlungenen Pfad in der Wildnis unterwegs, der uns völlig unbekannt ist. Wenn wir allein sind, können wir große Angst oder sogar Panik bekommen. Wenn ein Führer vorausgeht, der den Weg zu kennen scheint, oder wenn wir glauben, dass er ihn kennt, würden wir vertrauensvoll weitergehen. Nichts würde in uns einen Alarm auslösen, es sei denn, unser Anführer würde seine eigene Angst erkennen lassen.

Indem Kinder sich gegenseitig als Orientierungspunkt benutzen, schützen sie sich vor der alptraumhaften Angst, eine Orientierungslücke zu erleben. Auf der bewussten Ebene können sie vermeiden, sich verloren oder verwirrt zu fühlen. Kinder, die sich an Gleichaltrigen orientieren, sind bemerkenswert frei von diesen Gefühlen. Darin liegt die Ironie: Sie sehen aus wie Blinde, die Blinde anführen, wie ein Schwarm von Fischen, die umeinander kreisen, aber sie *fühlen* sich gut. Es scheint keine Rolle zu spielen, dass ihre operativen Orientierungspunkte unangemessen, unbeständig und unzuverlässig sind. Diese Kinder sind verloren und orientierungslos, ohne bewusst verwirrt zu sein.

Für Kinder, die Erwachsene durch ihre Altersgenossen ersetzt haben, reicht es aus, mit den anderen zusammen zu sein, selbst wenn sie völlig die Orientierung verloren haben. Sie akzeptieren keine Führung von Erwachsenen und bitten nicht um Rat. Sie frustrieren uns mit ihrer scheinbaren Sicherheit, dass alles in Ordnung ist, egal wie klar wir sehen, dass sie in die falsche Richtung laufen oder überhaupt keine Richtung haben. Viele Eltern haben die leidvolle Erfahrung gemacht, einem Teenager die Realität vor Augen führen zu wollen, dessen Welt ein Scherbenhaufen ist, der aber munter und hartnäckig darauf besteht, alles sei in bester Ordnung.

Oberflächlich betrachtet könnte man sagen, dass ihre Hinwendung zu Gleichaltrigen zuträglich für sie ist, wenn diese sie davon abhält, sich verloren und verwirrt zu fühlen. In Wirklichkeit rettet sie sie nicht davor, verloren zu gehen, sondern nur davor, sich verloren zu *fühlen*.

Die sechs Arten der Bindung

Wenn wir unsere Kinder erfolgreich erziehen wollen oder wenn wir wollen, dass sie sich wieder an uns orientieren, nachdem sie von der Gleichaltrigenkultur verführt wurden, müssen wir uns mit der Bindung auseinandersetzen. Die folgende Erörterung soll Eltern helfen, die Grundzüge dieser äußerst wichtigen Dynamik zu verstehen. „Wenn du dein Kind nicht verstehst“, sagte eine Mutter bei einem Interview, das ich mit ihr für dieses Buch geführt habe, „dann kannst du für dein Kind nicht einstehen.“ Das Verständnis von Bindung ist der absolut wichtigste Faktor, wenn man Kinder von Grund auf verstehen will. Es ermöglicht uns auch, die Warnsignale zu erkennen, wenn ein Kind sich zunehmend an Gleichaltrigen orientiert.

Wir können sechs Arten von Bindung feststellen, von denen jede einzelne Aufschluss über das Verhalten unserer Kinder gibt – und häufig auch über unser eigenes Verhalten. Diese sechs Bindungsarten sind hier – beginnend mit den einfacheren bis hin zu den komplexeren – aufgeführt. Zu beachten ist dabei, dass Kinder, die sich an Gleichaltrigen orientieren, sich in der Regel nur der einfachsten Bindungsarten bedienen.

Sinne

Physische Nähe ist das Ziel der ersten Bindungsart. Das Kind muss die Person, zu der es eine Bindung hat, wahrnehmen, ob durch Riechen, Sehen, Hören oder Berühren. Es wird alles in seiner Macht Stehende tun, um den Kontakt zu dieser Person aufrechtzuerhalten. Wenn die Nähe bedroht oder unterbrochen ist, wird es Alarm schlagen und heftig protestieren.

Obwohl er bereits im Säuglingsalter einsetzt, bleibt der Hunger nach körperlicher Nähe immer bestehen. Je unreifer ein Mensch ist, desto mehr baut er auf diese fundamentale Art der Bindung. Gleichaltrigenorientierte Kinder wie Cynthia sind vorrangig damit beschäftigt, zusammen zu sein, den gleichen Raum einzunehmen, abzuhängen und in Kontakt zu bleiben. Wenn die Bindung so elementar ist, können die Gespräche aus Geschnatter und Unsinn bestehen. „Meine Freunde und ich reden stundenlang miteinander, ohne irgendetwas zu sagen", sagt der 15-jährige Peter. „Es geht nur um Sachen wie: ‚Was ist gerade los', ‚Was geht ab, Mann', ‚Hast du eine Zigarette', ‚Wohin gehen wir' und ‚Wo ist soundso'." Bei diesen Gesprächen geht es nicht um Kommunikation. Es handelt sich um ein Bindungsritual, das einzig und allein dazu da ist, über das Hören Kontakt aufzunehmen. Gleichaltrigenorientierte Kinder haben keine Ahnung, was sie so intensiv antreibt. Für sie fühlt es sich absolut natürlich und sogar unbedingt notwendig an, immer in der Nähe der anderen sein zu wollen. Sie folgen nur ihren verzerrten Instinkten.

Gleichsein

Die zweite Art ist in der Regel bei Kindern gut zu erkennen. Ein Kind versucht, denen, zu denen es die größte Nähe spürt, ähnlich zu sein und sich durch Nachahmen und Nacheifern die gleiche Form der Existenz oder des Ausdrucks anzueignen. Diese Art der Bindung spielt beim Erwerb der Sprache und der Übermittlung von Kultur eine zentrale Rolle. Man hat festgestellt, dass sich der Wortschatz von Kindern nach dem Zweiten Weltkrieg im

Durchschnitt signifikant verringert hat. Warum? Weil Kinder ihre Sprache heute von anderen Kindern lernen. Kinder, die sich an Gleichaltrigen orientieren, ahmen auch deren Art zu gehen und zu sprechen, deren Vorlieben und Gesten, deren Erscheinungsbild und Verhalten nach.

Eine weitere Möglichkeit der Bindung durch Gleichsein ist die *Identifikation*. Sich mit jemandem oder etwas zu identifizieren, bedeutet, mit dieser Person oder Sache eins zu sein. Das eigene Selbstgefühl verschmilzt mit dem Identifikationsobjekt. Dies kann ein Elternteil, ein Held, eine Gruppe, eine Rolle, ein Land, eine Sportmannschaft, ein Rock-Star, eine Idee oder sogar die eigene Arbeit sein. Extremer Nationalismus und Rassismus basieren auf der Identifikation des Selbstgefühls mit dem eigenen Land oder der eigenen ethnischen Gruppe. Je abhängiger ein Kind oder eine Person ist, desto intensiver wird die Identifikation vermutlich ausfallen. In unserer Gesellschaft haben Gleichaltrige – oder die in der Welt der Gleichaltrigen angesagten Pop-Ikonen – mittlerweile die Eltern oder die herausragenden Persönlichkeiten der Geschichte und Kultur als Identifikationsobjekte ersetzt.

Zugehörigkeit und Loyalität

Auch die dritte Bindungsart nimmt im Kindesalter ihren Anfang – sofern sich alles so entwickelt, wie es sollte. Jemandem nahe zu sein, bedeutet, diese Person sein Eigen zu nennen. Das Kleinkind wird auf alles und jeden, zu dem es eine Bindung eingegangen ist – ob Mama, Papa, Teddybär oder kleine Schwester – Anspruch erheben. Auf die gleiche Weise sind gleichaltrigenorientierte Kinder eifersüchtig darauf bedacht, einander zu besitzen und sich vor Verlust zu schützen. Durch Besitzansprüche entstandene Konflikte können heimtückisch und intensiv werden. Wer wessen bester Freund oder Freundin ist, wird für viele Jugendliche zu einer Frage auf Leben und Tod. Diese unreife Form der Bindung überwiegt in den meisten Interaktionen gleichaltrigenorientierter Kinder, insbesondere bei Mädchen.

Auf die Zugehörigkeit folgt die Loyalität – Treue und Gehorsam gegenüber den gewählten Bindungsfiguren. Gleichaltrigenorientierte Kinder folgen lediglich ihren natürlichen Bindungsinstinkten, wenn sie die Geheimnisse der anderen für sich behalten, sich auf die Seite des jeweils anderen stellen und tun, was andere von ihnen verlangen. Die Loyalität kann sehr stark ausgeprägt sein, sie folgt aber nur der Bindung. Ändert sich die Bindung eines Kindes, so ändern sich auch das Gefühl der Zugehörigkeit und die Loyalität.

Kinder mit starker Gleichaltrigenorientierung verhalten sich bekanntermaßen loyal, wenn es um den jeweils anderen und ihre Clique geht. Über den Tod der Reena Virk, einer Jugendlichen aus Victoria, British Columbia, wussten viele Jugendliche Bescheid. Erwachsene erfuhren jedoch erst nach einigen Tagen davon – ein Vorfall, der internationale Bekanntheit erlangte.

Bedeutsamkeit

Die vierte Art, nach Nähe und Verbundenheit zu streben, ist die Suche nach *Bedeutsamkeit,* das heißt danach, jemandem etwas zu bedeuten. Es liegt in der menschlichen Natur, an dem festzuhalten, was wir wertschätzen. Wenn wir jemandem lieb und teuer sind, gewährleistet dies Nähe und Verbundenheit. Das sich bindende *Kind unter 7* will sehnlichst gefallen und anerkannt werden. Es reagiert extrem empfindlich auf missbilligende Blicke und Ablehnung. Solche Kinder leben für den glücklichen Gesichtsausdruck der Menschen, mit denen sie sich verbunden fühlen. Gleichaltrigenorientierte Kinder sind nicht anders, nur dass es bei ihnen das Gesicht ihrer Altersgenossen ist, das strahlen soll. „Nett" sind für sie in der Regel diejenigen, von denen sie gemocht und angenommen werden, selbst wenn diese „nette" Person sich anderen gegenüber scheußlich verhält.

Problematisch an dieser Art der Bindung ist, dass sie ein Kind für Verletzungen anfällig macht. Der Wunsch, jemandem etwas zu bedeuten, bedeutet zu leiden, wenn wir das Gefühl haben, dieser bestimmten Person überhaupt nicht wichtig zu sein. Jemanden für sich gewinnen zu wollen, bedeutet verletzte Gefühle bei Missfallen. Ein empfindsames Kind kann schnell niedergeschmettert sein, wenn die Augen – ob die eines Elternteils oder eines Altersgenossen –, die es nach Zeichen der Wärme und des Wohlwollens absucht, in seiner Gegenwart nicht aufleuchten. Obwohl die meisten Eltern nicht perfekt sind, ist die Wahrscheinlichkeit, dass sie ihre Kinder wiederholt auf diese Weise verletzen, weitaus geringer als bei Gleichaltrigen.

Gefühle

Eine fünfte Art, Nähe zu finden, sind *Gefühle:* Gefühle wie Wärme, Liebe und Zuneigung. Bindungen haben immer auch etwas mit Gefühlen zu tun, aber bei einem Kind unter 7, das zutiefst empfindsam und verletzlich sein kann, ist das Streben nach *emotionaler Nähe* besonders intensiv. Kinder, die auf diese Weise Verbundenheit suchen, verlieben sich häufig in diejenigen, an die sie sich binden. Ein Kind, das emotionale Nähe zu einem Elternteil erfährt, kann eine physische Trennung viel eher hinnehmen und sich trotzdem dem Elternteil nahe fühlen. Wenn die Bindung über die Sinne – die erste und elementarste Form – der kurze Arm der Bindung ist, dann wäre die Liebe der lange Arm. Das Kind trägt das Bild des liebenden und geliebten Elternteils in sich und findet darin Halt und Trost.

Jetzt begeben wir uns allerdings auf gefährliches Terrain. Wer sein Herz verschenkt, riskiert, dass es gebrochen wird. Einige Menschen entwickeln nie die Fähigkeit, emotional offen und verletzlich zu sein, weil sie vermutlich früh Ablehnung oder Verlassenheit erfahren haben. Wer geliebt hat und verletzt wurde, greift vielleicht auf weniger verletzliche Arten der Bindung zurück. Wie wir noch zeigen werden, ist Verletzlichkeit etwas, dem sich gleichaltrigenorientierte Kinder entziehen wollen. Wenn tiefere Bindungsarten riskant erscheinen, werden weniger verletzende Arten die Oberhand gewinnen. Emotionale Nähe kommt bei gleichaltrigenorientierten Kindern viel seltener vor als bei Kindern, die sich an ihren Eltern orientieren.

Im Wesen erkannt werden

Die sechste Art der Bindung besteht darin, *im Wesen erkannt* zu werden. Die ersten Anzeichen dieser letzten Bindungsform sind gewöhnlich in der Zeit erkennbar, in der ein Kind in die Schule kommt. Sich jemandem nahe zu fühlen, bedeutet, von diesem im Wesen erkannt zu werden. In gewisser Weise ist dies eine Wiederaufnahme der Bindungsart über die Sinne, nur dass hier das Erlebnis, gesehen und gehört zu werden, auf psychischer statt auf rein physischer Ebene stattfindet. Strebt ein Kind nach Nähe, teilt es seine Geheimnisse mit anderen. So wird Nähe auch häufig anhand der geteilten Geheimnisse definiert. Elternorientierte Kinder haben ungern Geheimnisse vor ihren Eltern, weil das zu einem Verlust der Nähe führt. Für ein gleichaltrigenorientiertes Kind sind die besten Freunde diejenigen, vor denen es keine Geheimnisse hat. Viel verletzlicher, als sich psychisch zu exponieren, kann man kaum werden. Sich jemandem anzuvertrauen und dann falsch verstanden oder zurückgewiesen zu werden, ist für viele ein Risiko, das sich nicht lohnt. Daher ist dies die seltenste Form der Nähe und der Grund, warum so viele von uns selbst mit den Menschen, die wir lieben, nur widerwillig unsere tiefsten Sorgen und Unsicherheiten über unsere eigene Person teilen. Und doch gibt es keine größere Nähe als das Gefühl, in seinem Wesen erkannt worden zu sein und gemocht, akzeptiert, willkommen geheißen und angenommen zu werden.

Wenn wir unsere Kinder dabei beobachten, wie sie eifrig Geheimnisse austauschen, könnte man leicht annehmen, sie würden sich gegenseitig der *Verletzlichkeit* aussetzen. Tatsächlich sind die Geheimnisse, die sie miteinander teilen, jedoch meistens Klatsch und Tratsch über andere. Echte psychische Nähe ist vermutlich aufgrund des zu hohen Risikos unter gleichaltrigenorientierten Kindern die Ausnahme. Kinder, die ihren Eltern ihre Geheimnisse mitteilen, werden von eher gleichaltrigenorientierten Freunden für ein wenig merkwürdig gehalten. „Meine Freunde können nicht glauben, dass ich dir so viel erzähle", sagte eine 14-Jährige auf einem ihrer Spaziergänge zu ihrem Vater. „Sie sagen, das sei verrückt."

Alle sechs Bindungsarten beruhen auf dem Streben nach Verbundenheit. Bei einer gesunden Entwicklung werden diese sechs Stränge zu einem starken Seil der Verbundenheit verwoben, das Nähe selbst unter den widrigsten Umständen bewahren kann. Ein sicher gebundenes Kind hat selbst bei körperlicher Trennung viele Möglichkeiten, Nähe zu fühlen und aufrechtzuerhalten. Je unreifer ein Kind ist, desto einfacher – das heißt, eher wie bei einem Säugling oder Kleinkind – wird sein Bindungsstil sein. Nicht alle Kinder – am wenigsten die, die sich an Gleichaltrigen orientieren – erkennen ihr Bindungspotenzial. Aus Gründen, die wir später (in Kapitel 8 und 9) noch erörtern werden, bleiben gleichaltrigenorientierte Kinder mit größerer Wahrscheinlichkeit unreif und gehen eher emotionale Beziehungen ein, die so angelegt sind, dass eine bewusste Verletzlichkeit vermieden wird. Kinder, die sich an Gleichaltrigen orientieren, leben in einem Universum stark eingeschränkter und oberflächlicher Bindungen. Da sie sich mit dem Streben nach Gleichsein am wenigsten einer verletzlichen Bindung aussetzen, wird von Kindern meistens diese Bindungsart gewählt, um mit ihren Altersgenossen Kontakt aufzunehmen. Daher ihr Drang, einander so ähnlich wie möglich zu sein: Aussehen, Verhalten, Denken, Geschmack und Werte sollen gleich sein.

Im Vergleich zu anderen Kindern mit einer gesunden Elternbindung stehen gleichaltrigenorientierten Kindern häufig nur zwei oder drei Arten zur Verfügung, um Verbindungen herzustellen und aufrechtzuerhalten. Kinder mit eingeschränkten Bindungsmöglichkeiten sind in hohem Maße von diesen Arten abhängig, genau wie Blinde stärker auf ihre anderen Sinne angewiesen sind, um ihre Welt zu erfassen. Wenn es nur eine Möglichkeit gibt, an einer Bindung festzuhalten, wird dieses Festhalten vermutlich intensiv und verzweifelt sein. Und genau auf diese Weise binden sich gleichaltrigenorientierte Kinder aneinander – intensiv und verzweifelt.

Wenn wichtige Bindungen miteinander konkurrieren

Angesichts der zentralen Bedeutung der Bindung in der Psyche des Kindes, wird derjenige, an den sich das Kind am stärksten gebunden fühlt, den größten Einfluss auf sein Leben haben.

Ist es nicht möglich, dass Kinder zu ihren Eltern und Lehrern, gleichzeitig aber auch zu ihren Altersgenossen Bindungen aufrechterhalten können? Dies ist nicht nur möglich, sondern sogar wünschenswert, solange diese unterschiedlichen Bindungen nicht miteinander konkurrieren. Was nicht funktioniert, und auch nicht funktionieren kann, ist die Koexistenz konkurrierender *Primär*bindungen, das heißt Orientierungsbindungen mit widersprüchlichen Werten und Botschaften, die miteinander im Wettstreit liegen. Wenn Primärbindungen miteinander konkurrieren, wird eine von ihnen ins Hintertreffen geraten. Und es ist nicht schwer zu verstehen, warum dies so ist. Ein Seemann, der auf seinen Kompass angewiesen ist, wäre verloren, wenn es zwei Nordpole gäbe. Ebenso wenig kann ein Kind gleichzeitig sowohl Gleichaltrige als auch Erwachsene als funktionierende Orientierungspunkte nutzen. Das Kind wird sich entweder an den Werten der Welt der Gleichaltrigen oder an den Werten der Eltern orientieren, aber nicht an beiden. Entweder die Gleichaltrigenkultur dominiert oder die Kultur der Eltern übernimmt die Richtungsvorgabe. Das Bindungssystem im Gehirn unreifer Kinder kann zwei gleich starke Orientierungseinflüsse, zwei nicht übereinstimmende Botschaften, nicht tolerieren. Es muss sich zwischen den beiden entscheiden. Ansonsten wären die Emotionen unklar, die Motivation gelähmt und das Handeln beeinträchtigt. Das Kind würde nicht wissen, welchen Weg es einschlagen soll. Liegt bei einem Säugling eine Fehlstellung der Augen vor, sodass er doppelt sieht, unterdrückt das Gehirn auf die gleiche Weise automatisch die visuellen Informationen von einem der Augen. Das vernachlässigte Auge erblindet dann.

Im Vergleich zu Erwachsenen – das heißt, reifen Erwachsenen – werden Kinder viel intensiver von ihren Bindungsbedürfnissen angetrieben. Erwachsene können ebenfalls ein starkes Bindungsbedürfnis haben, wie viele von uns schon erfahren haben, aber mit der wahren Reife geht auch die Fähigkeit einher, diese Bedürfnisse nüchtern zu betrachten. Kinder sind dazu nicht in der Lage. Investiert ein Kind seine Energie in eine Beziehung, die mit seiner Bindung zu den Eltern konkurriert, hat dies dramatische Auswirkungen auf seine Persönlichkeit und sein Verhalten. Zu ihrem großen Leidwesen mussten auch Cynthias Eltern die starke Anziehungskraft von Beziehungen zwischen Gleichaltrigen erfahren.

Viele Eltern sind dann verärgert und frustriert, aber unterschwellig auch verletzt, als hätte man sie verraten. Doch in der Regel ignorieren wir diese innere Warnung oder berücksichtigen sie nicht. Wir versuchen, unser Unbehagen zu lindern, indem wir die Angelegenheit auf Verhaltensprobleme, Hormone oder „die normale Teenagerrebellion" herunterspielen. Solche pseudo-biologischen Erklärungen oder psychologischen Vermutungen lenken uns von dem echten Problem der unvereinbaren, konkurrierenden Bindungen ab. Hormone gehörten immer schon zur normalen physiologischen Ausstattung des Menschen, sie haben aber nicht immer zu der massiven Entfremdung von Eltern geführt, deren Zeuge wir heute sind. Ungehaltene und unhöfliche Verhaltensweisen sind immer nur oberflächliche Bekundungen tiefer liegender Probleme. Der Versuch, Verhaltensweisen zu bestrafen oder zu kontrollieren, ohne die Auseinandersetzung mit der zugrunde liegenden Dynamik, ist vergleichbar mit einem Arzt, der etwas gegen Symptome verschreibt, deren Ursachen aber ignoriert. Wie wir in diesem Buch noch zeigen werden, sind Eltern, wenn sie ihre Kinder besser verstehen lernen, in der Lage, mit „schlechtem Benehmen" auf wirklich wirksame Weise besser umzugehen. Was die „normale" Rebellion von Teenagern betrifft, so hat – wie wir später noch sehen werden – der zwanghafte Drang unserer Kinder, Teil einer Clique zu sein, sich auf Kosten ihrer eigenen echten *Individualität* einzufügen und anzupassen, nichts mit einem gesunden Reifungsprozess zu tun.

Das Grundproblem, mit dem wir als Eltern uns auseinandersetzen müssen, sind die konkurrierenden Bindungen, die unsere Kinder unserer liebevollen Fürsorge entzogen haben.

Wenn sich die Bindung gegen uns wendet

Wir verstehen zwar jetzt, wie Cynthias Altersgenossen ihre Eltern ersetzt haben, bleiben aber immer noch mit der beunruhigenden Frage zurück, wie sich ihr feindseliges Verhalten gegenüber ihrer Mutter und ihrem Vater erklären lässt. Viele Eltern von Jugendlichen und sogar jüngeren Kindern sind heutzutage schockiert, wie unhöflich und aggressiv ihre Kinder mit ihnen reden. Warum führt die Vorrangstellung von Beziehungen zwischen Gleichaltrigen zu einer Entfremdung des Kindes von den Eltern?

Die Antwort liegt in der bipolaren Natur der Bindung. Die menschliche Bindung ähnelt ihren physikalischen Gegenstücken in der materiellen Welt, zum Beispiel dem Magnetismus. Jeder Magnet hat zwei Pole – der eine Pol zieht die Nadel in einem Kompass an, der andere stößt sie ab. Der Begriff *bipolar* bedeutet also, dass zwei Pole gleichzeitig vorhanden sind. Diese Bipolarität ist keinesfalls anormal, sondern die wesentliche Natur der Bindung.

Je mehr man sich dem Nordpol der Erde nähert, desto weiter entfernt man sich vom Südpol. Dies trifft auch auf die Persönlichkeit des Menschen zu, vor allem auf die von Kindern und unreifen Menschen. Ein Kind, das die Nähe zu einer Person sucht, wird wahrscheinlich jeden abwehren, den es als Konkurrenz zu dieser Person wahrnimmt, genau wie ein Erwachsener, der sich frisch verliebt hat, seinen ehemaligen Partner plötzlich unerträglich finden kann. Dabei haben sich nur die Bindungen verändert, nicht aber der ehemalige Partner. Dieselben Menschen können erwünscht sein oder abgelehnt werden, je nachdem in welche Richtung die Nadel des Bindungskompasses zeigt. Verschiebt sich die primäre Bindung, kann ein Mensch, dem wir bisher nahestanden, plötzlich zu einer Person werden, die wir verachten und von uns stoßen. Solche Veränderungen können erstaunlich schnell eintreten: Viele Eltern haben schon erlebt, dass ihr Kind weinend nach Hause kommt, verbittert und entmutigt, weil sein „bester Freund" sich unerwartet von ihm abgewandt hat.

Die meisten von uns haben intuitiv ein Gespür für die bipolare Natur der Bindung. Wir wissen, wie schnell Nähe in Distanz, Sympathie in Abscheu, Zuneigung in Verachtung und Liebe in Hass umschlagen kann. Aber nur wenige sind sich bewusst, dass solche starken Emotionen in Wirklichkeit die Kehrseiten derselben Medaille sind.

Es ist von entscheidender Bedeutung, dass Eltern die Bipolarität von Bindungen verstehen. Mit der beständig zunehmenden Orientierung an Gleichaltrigen nehmen auch die Entfremdung von den Eltern und die damit einhergehenden Probleme zu. In der heutigen Zeit wenden sich Kinder nicht nur ihren Altersgenossen zu, sondern wenden sich aktiv und mit Nachdruck von ihren Eltern ab. Da Bindungen nicht neutral sein können, werden Beziehungen in dem Maße, in dem das Kind von der Bindung beherrscht wird, auch emotionsgeladen sein. Bindungen teilen die Welt des Kindes in die Menschen, die es mag, und in die, denen es neutral gegenübersteht, in solche, die es anziehend und solche, die es abstoßend findet, in solche, deren Nähe es sucht, und solche, die es meidet. In der Welt von heute sind Eltern und Gleichaltrige in Bezug auf die Bindung allzu oft Konkurrenten – wie Liebende, die um denselben geliebten Menschen konkurrieren. Wie viele Eltern zu ihrem großen Leidwesen erfahren haben, können Kinder sich nicht gleichzeitig an ihrer Clique und ihren Eltern orientieren.

Die entfremdete Haltung des Kindes gegenüber seinen Eltern hat nichts mit Charakterschwäche, angeborener Unhöflichkeit oder Verhaltensproblemen zu tun. Sie ist die Folge fehlgeleiteter Bindungsinstinkte.

Unter normalen Umständen dient die *bipolare Natur der Bindung* dem guten Zweck, das Kind in der Nähe der fürsorglichen Erwachsenen zu halten. Sie zeigt sich erstmals im frühen Kindesalter und wird dann häufig als *Fremdeln* bezeichnet. Je stärker die Bindung eines Babys zu bestimmten Erwachsenen ist, desto mehr wird es sich gegen Kontakt zu fremden Menschen sträuben. Sucht ein Baby die Nähe zu Ihnen, und jemand, zu dem es keine Verbindung hat, nähert sich, wird es vor dem Eindringling zurückschrecken und sich instinktiv an Sie schmiegen. Nichts könnte natürlicher sein, als Abstand von Fremden zu suchen, die einem zu nahekommen. Und doch haben wir alle schon Eltern erlebt, die bereits ihre Babys für dieses Fremdeln schelten und sich bei den Erwachsenen für die „Unhöflichkeit" ihres Kindes entschuldigen.

Erwachsene halten diese Reaktionen bei Kleinkindern für noch weniger annehmbar und bei älteren Kindern für völlig inakzeptabel. Die Gleichaltrigenorientierung führt dazu, dass sich diese natürlichen, instinktiven Reaktionen des Fremdelns gegen die eigenen Eltern richten. Der Ausdruck umgekehrter Bindung zeigt sich bei einem Jugendlichen vielleicht nicht so deutlich wie bei einem Kleinkind, das anderen die Zunge herausstreckt, aber es gibt andere, nicht weniger wirksame Gesten der Entfremdung – der abweisende Blick, der versteinerte Gesichtsausdruck, die Weigerung zu lächeln, das Augenverdrehen, die Weigerung andere anzusehen, die Verweigerung von Kontakt und Verbindung.

Manchmal können wir die Verschiebung der Polarität förmlich spüren. Stellen Sie sich vor, Sie wären die Mutter von Rachel, die in die dritte Klasse geht. Sie haben die wunderbare Erfahrung gemacht, sie seit dem Kindergarten jeden Tag an die Hand zu nehmen und zu begleiten. Bei der Verabschiedung nehmen Sie sie immer in den Arm, küssen sie und geben ihr leise ein, zwei liebevolle Worte mit auf den Weg. Aber in letzter Zeit sind Gleichaltrige für Rachel wichtiger geworden und sie will ständig mit ihnen zusammen sein. Wenn sie nach Hause kommt, hat sie immer etwas von ihnen im Gepäck: ihre Gesten, ihre Sprache, ihre Vorlieben für bestimmte Kleidungsstücke, sogar ihr Lachen. Eines Tages dann sind sie wie immer Hand in Hand und mit dem auf Gegenseitigkeit beruhenden Wunsch nach Nähe und Verbundenheit auf dem Weg zur Schule, als Klassenkameraden Ihren Weg kreuzen. Irgendetwas verändert sich. Sie halten immer noch ihre Hand, aber ihr Griff wird weniger stark erwidert. Sie scheint einen halben Schritt vor oder hinter Ihnen zu gehen, nicht mehr auf gleicher Höhe. Als weitere Kinder hinzukommen, wird die Kluft breiter. Plötzlich lässt sie Ihre Hand los und läuft voraus. Als Sie Ihr Ziel erreicht haben, beugen Sie sich zu ihr herunter, um sie wie immer zu umarmen, aber sie weicht zurück, als ob ihr das peinlich wäre. Statt liebevoller Umarmung werden Sie auf Abstand gehalten. Sie winkt Ihnen zum

Abschied lediglich kurz zu, ohne Sie wirklich anzusehen. Es ist, als hätten Sie ihre Urinstinkte verletzt. Was sie wirklich erlebt haben, ist die dunkle Kehrseite der Bindung – taucht eine neue Beziehung mit höherem Stellenwert auf, wird das, was früher in der Nähe gehalten wurde, abgelehnt. Im Klartext heißt das, dass unsere Kinder uns für ihre Altersgenossen einfach sitzenlassen.

Dieser negative Bindungspol zeigt sich auf verschiedene Weise. Die Ablehnung des Gleichseins ist eine davon. Das Streben nach Gleichsein spielt bei der Bildung der Persönlichkeit und des Verhaltens des Kindes eine entscheidende Rolle. Kinder mit starker Elternbindung, wollen so sein wie diese. Zumindest bis zur Pubertät macht es ihnen große Freude, wenn anderen Menschen Ähnlichkeiten und Gemeinsamkeiten auffallen, ob es nun der gleiche Sinn für Humor ist, die gleichen Vorlieben beim Essen, die gleichen Gedanken zu einem bestimmten Thema, die gleichen Reaktionen auf einen Film oder der gleiche Musikgeschmack. (Manche Leser werden diese Behauptung vielleicht ungläubig als hoffnungslos idealistisch und nicht mehr zeitgemäß abtun. Wenn dies der Fall ist, dann ist das lediglich ein Zeichen dafür, wie gleichaltrigenorientiert die Erwachsenen im Laufe der letzten Jahrzehnte geworden sind und in welchem Maße diese Gleichaltrigenorientierung als Norm akzeptiert wird.)

Kinder, die sich an ihren Altersgenossen orientieren, fühlen sich von Ähnlichkeiten mit ihren Eltern abgestoßen und wollen sich so stark wie möglich von diesen unterscheiden. Da Gleichsein Nähe bedeutet, ist das Bestreben, anders zu sein, eine Möglichkeit, sich zu distanzieren. Solche Kinder werden oft alles tun, um den entgegengesetzten Standpunkt einzunehmen und entgegengesetzte Vorlieben zu entwickeln. Sie haben fast immer konträre Meinungen und Urteile.

Dieses zwanghafte Bedürfnis, anders zu sein als die Eltern, könnte mit der Suche des Kindes nach Individualität verwechselt werden. Dies würde einer Fehleinschätzung der Situation gleichkommen. Echte *Individuation* würde in allen Beziehungen des Kindes zum Ausdruck kommen, nicht nur in denen zu Erwachsenen. Ein Kind, das wirklich es selbst sein will, besteht auf seinem Selbstsein und trotzt jeglicher Art von Druck, sich anzupassen. Viele dieser „stark individualistischen" Kinder hingegen sind völlig davon eingenommen, in ihre Clique einzutauchen, und sind entsetzt über alles, was sie dort anders erscheinen lassen könnte. Das Verhalten, das von Erwachsenen als *Individualismus* des Kindes interpretiert wird, verdeckt den intensiven Drang, sich den Altersgenossen anzupassen.

Eine der eher befremdlichen Verhaltensweisen von uns Menschen besteht darin, diejenigen, von denen wir uns distanzieren wollen, zu verspotten und nachzuäffen. Dieses Verhalten scheint sich durch alle Kulturen zu ziehen, was ein Zeichen für seine tiefen instinktiven Wurzeln ist. Der Instinkt zu verspotten ist das genaue Gegenteil unserer Versuche, durch Nachahmen und Nacheifern Nähe zu erzeugen. Imitiert zu werden, ist vielleicht das größte Kompliment, aber verspottet und nachgeäfft zu werden, gehört zu den übelsten Beleidigungen.

Je mehr ein Kind danach strebt, durch Gleichsein seinen Altersgenossen nahezukommen, desto wahrscheinlicher wird sich sein verspottendes Verhalten gegen Erwachsene richten. Von den eigenen Schülern oder dem eigenen Kind verspottet zu werden, trifft uns bis ins Mark und lässt uns völlig verstört zurück. Richtet sich ein derart befremdliches Verhalten gegen die, die für das Kind verantwortlich sind, ist das ein deutliches Anzeichen für eine Gleichaltrigenorientierung. Ebenso sind Verachtung und Geringschätzung die Gegenpole von Zuneigung und Akzeptiertwerden. Wenn Kinder beginnen, sich an Gleichaltrigen zu orientieren, werden Eltern häufig zur Zielscheibe von Verachtung und Spott, Beschimpfungen und Herabsetzung. Kinder lästern zunächst hinter dem Rücken der Eltern, häufig, um bei ihren Altersgenossen zu punkten, aber wenn die Gleichaltrigenorientierung intensiver wird, können die Angriffe auch offener werden. Eine derart feindselige Haltung sollte unseren Feinden vorbehalten sein, zu denen wir alle Brücken abbrechen wollen. Von unseren Kindern wie Feinde behandelt zu werden, ergibt keinen Sinn, nicht für uns, nicht für sie und nicht für unsere Beziehung. Es kann für Kinder nicht gut sein, die Hand zu beißen, die sie füttert. Doch das gleichaltrigenorientierte Kind tut nur, was ihm ziemlich natürlich erscheint und seinen Instinkten entspricht. Auch hier sind es die Instinkte, die in die falsche Richtung gehen, das Verhalten ist lediglich die Folge davon. Genau das geschieht, wenn Bindungen miteinander konkurrieren und polarisiert werden.

Manchmal geschieht die Verleugnung passiv. Dann verhalten sich gleichaltrigenorientierte Kinder, vor allem untereinander, oft so, als hätten sie keine Eltern. Eltern werden weder gutgeheißen noch wird über sie gesprochen. Bei schulischen Veranstaltungen werden Eltern oft ignoriert.

Jesus hat die Unvereinbarkeit konkurrierender Bindungen und auch die bipolare Natur der Bindung erfasst, als er sagte: „Niemand kann zwei Herren gleichzeitig dienen. Wer dem einen richtig dienen will, wird sich um die Wünsche des anderen nicht kümmern können. Er wird sich für den einen einsetzen und den anderen vernachlässigen" (Matthäus 6:24). Will unser Kind Gleichaltrigen gegenüber loyal sein, so wird es sich für es falsch anfühlen, auf unserer Seite zu sein und unsere Anweisungen zu befolgen. Kinder sind uns gegenüber nicht absichtlich illoyal. Sie folgen lediglich ihren Instinkten. Ihre Instinkte wurden jedoch aus Gründen, die weit jenseits ihrer Kontrolle liegen, untergraben.

KAPITEL 3

Warum sich das Band gelöst hat

Wie kommt es, dass Kinder in der heutigen Welt ihre Bindungen so bereitwillig von Erwachsenen auf ihre Altersgenossen übertragen? Die Ursache liegt nicht im individuellen Versagen der Eltern, sondern in einem beispiellosen kulturellen Scheitern, das unsere Instinkte nicht angemessen kompensieren können.

Unsere Gesellschaft wird den Entwicklungsbedürfnissen unserer Kinder nicht gerecht. Gerade erst hatten Forscher im 20. Jahrhundert die Schlüsselrolle von Bindungen für ein gesundes psychisches Wachstum entdeckt, da blieb durch subtile gesellschaftliche Veränderungen die Erwachsenenorientierung junger Menschen auf der Strecke. Wirtschaftliche Kräfte und kulturelle Trends, die in den letzten Jahrzehnten vorherrschend waren, haben den sozialen Kontext für das natürliche Funktionieren sowohl der elterlichen Instinkte von Erwachsenen als auch der Bindungstriebe von Kindern außer Kraft gesetzt.

Obwohl junge Menschen von einem starken genetischen Bedürfnis nach Bindung geleitet werden, gibt es keinen Archetypus der Eltern- oder Lehrerfigur, der irgendwo im Gehirn eines Kindes verankert wäre. Dieses Gehirn ist nur darauf programmiert, sich zu orientieren, sich zu binden und schließlich den Kontakt zu demjenigen aufrechtzuerhalten, der zum aktiven Orientierungspunkt wird. Nichts veranlasst das Kind, sich nur an jemandem zu orientieren, der wie Mama oder Papa aussieht oder der fürsorglich, kompetent und reif erscheint. Es gibt keine angeborene Präferenz für die Wahl des Verantwortlichen, keinen Respekt im primitiven Bindungssystem im Gehirn vor einer Person, die staatlich geprüft oder für die Kindererziehung ausgebildet wurde. Es gibt keine angeborenen Schaltkreise, die gesellschaftlich zugewiesene Rollen erkennen oder dafür sorgen, dass Lehr- und Betreuungskräfte oder letztlich sogar die Eltern gehört, respektiert und in der Nähe gehalten werden „sollten".

In der Vergangenheit war eine solche Programmierung auch nie erforderlich. Wie bei allen Säugetieren und vielen anderen Lebewesen entsprach es einfach der natürlichen Ordnung der Dinge, dass der angeborene Bindungstrieb die Jungen bis zu ihrer Reife an die erwachsenen Exemplare ihrer Spezies band. Auf diese Weise stellt die Natur das Überleben der Jungtiere bis zum Erwachsenenalter sicher. Dies ist der Rahmen, in dem die Jungen ihr genetisches Potenzial voll ausschöpfen und in dem sich ihre Instinkte am besten entfalten können.

In unserer Gesellschaft wurde diese natürliche Ordnung untergraben. Von klein auf drängen wir unsere Kinder in zahllose Situationen und Interaktionen, welche die Orientierung an Gleichaltrigen begünstigen. Unbewusst untergraben wir dadurch langfristig die einzige solide Grundlage für eine gesunde Entwicklung: Die Bindung des Kindes zu den Erwachsenen, die für seine Erziehung verantwortlich sind. Unsere Kinder in eine Position zu bringen, in der ihre Bindungs- und Orientierungsinstinkte auf Gleichaltrige gerichtet sind, ist ein Irrweg. Wir sind darauf nicht vorbereitet. Unsere Gehirne sind nicht so organisiert, dass sie sich erfolgreich an eine derartige Verzerrung der natürlichen Abläufe anpassen könnten.

John Bowlby, ein britischer Psychiater und bedeutender Pionier der Bindungsforschung, schrieb, dass „die Verhaltensanlagen einer Spezies für das Leben in einer bestimmten Umgebung hervorragend geeignet sein können und in einer anderen nur zu Unfruchtbarkeit und Tod führen." Jede Spezies hat ihre ideale „Umwelt der Angepasstheit", wie Bowlby es nannte, das bedeutet, jene Umstände, an die ihre Anatomie, Physiologie und psychologischen Fähigkeiten am besten angepasst sind. In jeder anderen Umgebung ist nicht zu erwarten, dass es dem entsprechenden Organismus oder der Spezies genauso gut ergeht, und diese können sogar ein Verhalten an den Tag legen, „das bestenfalls ungewöhnlich und schlimmstenfalls für das Überleben absolut ungünstig ist."[1] In der postindustriellen Gesellschaft ermutigt die Umwelt unsere Kinder nicht mehr dazu, sich anhand natürlicher Bindungsmuster zu entwickeln.

Eine Kultur der Bindungsarmut

Die Kontraste zwischen traditionellen Mehrgenerationenkulturen und der heutigen nordamerikanischen Gesellschaft sind frappierend. Im modernen, urbanisierten Nordamerika – und in anderen Industriestaaten, in denen der „American Way of Life" mittlerweile zur Norm geworden ist – finden sich Kinder allenthalben in *Bindungslücken* wieder, das heißt in Situationen, in denen ihnen eine beständige und tiefe Verbindung zu fürsorglichen Erwachsenen fehlt. Viele Faktoren begünstigen diesen Trend.

Zu den Folgen der wirtschaftlichen Veränderungen seit dem Zweiten Weltkrieg gehört, dass Kinder sehr früh, manchmal schon kurz nach der Geburt, in Umgebungen aufwachsen, in denen sie einen Großteil des Tages in der Gesellschaft anderer Kinder verbringen. Die meisten Kontakte haben sie zu Gleichaltrigen, nicht zu den maßgeblichen Erwachsenen in ihrem Leben. Sie verbringen viel weniger Zeit damit, zu Eltern und Erwachsenen eine Bindung aufzubauen, und wenn sie älter werden, verstärkt sich diese Tendenz noch.

Die Gesellschaft hat den wirtschaftlichen Druck erzeugt, beiden Elternteilen die Arbeit außer Haus aufzuerlegen, wenn die Kinder noch sehr klein sind, sie hat jedoch kaum Vorkehrungen für die Befriedigung der Bedürfnisse der Kinder nach emotionaler Zuwendung getroffen. Auch wenn es überrascht, erfahren Erzieher, Lehrer und Psychologen – ganz zu schweigen von Ärzten und Psychiatern – während ihrer Ausbildung nur selten etwas über das Thema Bindung. In unseren Einrichtungen für Kinderbetreuung und -erziehung existiert kein kollektives Bewusstsein für die zentrale Bedeutung von Bindungsbeziehungen. Obwohl viele Betreuer und Lehrer intuitiv die Notwendigkeit erkennen, eine Beziehung zu den Kindern aufzubauen, geraten diese Personen nicht selten in Konflikt mit einem System, das ihren Ansatz nicht unterstützt.

Da die Betreuung von Kindern in unserer Gesellschaft unterbewertet wird, erhalten Kindertagesstätten keine ausreichenden finanziellen Mittel. Für eine nicht verwandte Person ist es schwierig, den Bindungs- und Orientierungsbedürfnissen des einzelnen Kindes in vollem Umfang gerecht zu werden, vor allem, wenn mehrere andere Säuglinge und Kleinkinder um die Aufmerksamkeit der Betreuungsperson wetteifern. Obwohl viele Kindertagesstätten gut geführt werden und trotz schlechter Bezahlung engagierte Betreuende beschäftigen, sind die Standards bei Weitem nicht überall zufriedenstellend. So verlangt der Bundesstaat New York beispielsweise, dass nicht mehr als sieben Kleinkinder von einer einzigen Person betreut werden dürfen – eine hoffnungslos überhöhte Quote. Die Bedeutung des Kontakts zu Erwachsenen wird falsch eingeschätzt. Kinder haben in solchen Situationen kaum eine andere Möglichkeit, als Bindungsbeziehungen zueinander aufzubauen.

Es ist nicht die Berufstätigkeit beider Elternteile, die so großen Schaden anrichtet. Das Hauptproblem ist die mangelnde Berücksichtigung von Bindungen bei der Gestaltung der Kinderbetreuung. In der Mainstreamgesellschaft gibt es keine kulturellen Gepflogenheiten, die es für Tagesmütter und -väter sowie für Erzieherinnen und Erzieher zur ersten Pflicht machen, eine Beziehung zu den Eltern aufzubauen und dann durch freundliches Kennenlernen eine funktionale Bindung zum Kind herzustellen. Sowohl die Eltern als auch die Fachkräfte werden ihrer eigenen Intuition überlassen, die häufig nicht vorhanden ist. Aufgrund eines Mangels an kollektivem Bewusstsein folgen die meisten Erwachsenen einfach den gängigen Praktiken, die nicht auf die Förderung der Bindungen abzielen. Der früher vielerorts verbreitete Brauch, dass Betreuer und Lehrer ihre zukünftigen Schützlinge zu Hause besuchten, wurde weitgehend abgeschafft, ausgenommen vielleicht in finanzstarken Privatschulen. Den Verantwortlichen für staatliche Budgetkürzungen konnte niemand angemessen erklären, welche wichtige Funktion dieser Brauch hatte. Wirtschaftliche Interessen sind viel leichter zu begreifen als Bindungen.

Der Kern des Problems ist nicht der gesellschaftliche Wandel an sich, sondern der fehlende Ausgleich für diesen Wandel. Wenn wir die Aufgabe, unsere Kinder zu erziehen, mit anderen teilen wollen, müssen wir den angemessenen Rahmen dafür schaffen. Möglich wäre dies in einem – wie ich es nenne – *Bindungsdorf*, einer Gruppe achtsamer, erwachsener Bezugspersonen, die das ersetzen, was wir verloren haben. Dies kann auf verschiedene Arten gelingen, wie ich in Kapitel 18 zeigen werde.

Nach der Kita und dem Kindergarten kommen unsere Kinder in die Schule. Sie werden nun die meiste Zeit des Tages in der Gesellschaft von Gleichaltrigen verbringen, in einem Umfeld, in dem Erwachsene immer mehr in den Hintergrund treten. Gäbe es die bewusste Absicht, Gleichaltrigenorientierung zu fördern, so wäre die Schule, wie sie derzeit organisiert ist, sicherlich unser effektivstes Instrument. In großen Klassen mit überforderten Lehrern finden die Kinder untereinander Anschluss. Regeln und Vorschriften sorgen dafür, dass sie vor Unterrichtsbeginn nicht ins Klassenzimmer gelangen und ohne viel Kontakt zu Erwachsenen auf sich allein gestellt sind. Sie verbringen die großen und kleinen Pausen in der Gesellschaft der anderen Kinder. In der

Lehrerausbildung wird das Thema Bindung völlig außer Acht gelassen; die Pädagogen lernen zwar eine Menge über die Vermittlung des *Lernstoffes*, nicht aber über die wesentliche Bedeutung von *Beziehungen* für den Lernprozess junger Menschen. Anders als noch vor einigen Jahrzehnten mischen sich die Lehrer von heute nicht mehr auf dem Flur oder auf dem Pausenhof unter ihre Schüler, und persönliche Interaktionen sind nicht willkommen. Im Gegensatz zu traditionelleren Gesellschaften geht die große Mehrheit der Schüler in Nordamerika nicht nach Hause, um die Mittagspause mit ihren Eltern zu verbringen.

„500 Schüler besuchen die Schule, auf die meine Kinder gehen", sagt Christina, die Mutter von zwei Kindern in der dritten beziehungsweise siebten Klasse. „Ich hole sie jeden Tag zum Mittagessen ab, aber sie sind zwei von nur zehn dieser 500 Schüler, die zum Mittagessen nach Hause gehen. Die Lehrer üben sogar Druck aus, damit sie bleiben dürfen. Sie scheinen zu denken, dass ich irgendwie seltsam bin, so eine Art übereifrige Glucke. Aber ich finde diese Zeit wichtig. Meine Kinder haben mir so viel zu erzählen, so viel zu besprechen, was in der Schule passiert ist, was sie schwierig fanden, worüber sie sich gefreut haben." „Meine Tochter kam immer zum Auto gerannt", sagt eine andere Mutter, die ihr Kind jeden Tag zum Mittagessen abholte. „Sie hat mir erzählt, was passiert war, wie sie sich dabei gefühlt hat, wie es für sie war, wenn sie etwas ‚falsch' gemacht hat oder etwas besonders gut lief." Wenn man diese beiden Mütter hört, fragt man sich, welche Vielzahl von Erfahrungen und Gefühlen bei vielen anderen Kindern unausgesprochen und unverarbeitet bleiben.

Im Allgemeinen konzentrieren wir uns mehr darauf, unsere Kinder satt zu bekommen, als auf die Essensrituale, die uns miteinander verbinden. In seinem bahnbrechenden Buch *Die kindliche Gesellschaft* beschreibt der US-amerikanische Schriftsteller Robert Bly zahlreiche Erscheinungsformen der Gleichaltrigenorientierung und gibt Hinweise auf deren Ursachen. Obwohl Bly das Phänomen nicht vollständig analysiert, hätten seine Erkenntnisse mehr Beachtung finden müssen. „Gemeinsame Mahlzeiten, Gespräche, gemeinsames Lesen finden nicht mehr statt", schreibt Bly. „Was die Jugendlichen brauchen – Stabilität, Anwesenheit, Aufmerksamkeit, Ratschläge, gute seelische Nahrung, unverfälschte Geschichten – ist genau das, was die kindliche Gesellschaft ihnen nicht bieten kann."[2]

In der heutigen Gesellschaft sind Bindungslücken weitverbreitet. Eine besonders klaffende Lücke ist durch den Verlust der Großfamilie entstanden. Kindern fehlt es oft an engen Beziehungen zu älteren Generationen – zu

Menschen, die während eines Großteils der Menschheitsgeschichte oft besser als Eltern selbst in der Lage waren, bedingungslose, liebevolle Akzeptanz als Grundlage für emotionale Sicherheit zu bieten. Die beruhigende, beständige Präsenz von Großeltern, Tanten und Onkeln, die schützende Umarmung der Mehrgenerationenfamilie dürfen in unserer heutigen Zeit nur noch wenige Kinder erleben.

Ein starker Einfluss, der die Orientierung an Gleichaltrigen begünstigt, ist unsere zunehmende Mobilität, da sie die kulturelle Kontinuität unterbricht. Kultur entwickelt sich über Generationen von Menschen, die in der gleichen Gemeinschaft leben. Wir leben nicht mehr in Dörfern und sind daher nicht mehr mit den Menschen verbunden, die neben uns leben. Die ständige Umsiedlung hat uns anonym werden lassen und das Gegenteil eines Bindungsdorfes geschaffen. Unsere Kinder können nicht von Menschen miterzogen werden, deren Namen wir kaum kennen.

Aufgrund der geografischen Unbeständigkeiten und der häufigen Umzüge sowie der zunehmenden Orientierung der Erwachsenen an ihren eigenen Altersgenossen ist es für die Kinder von heute viel unwahrscheinlicher, dass sie in den Genuss der Gesellschaft älterer Menschen kommen, die sich für ihr Wohlergehen und ihre Entwicklung einsetzen. Dieser Mangel geht über die Familie hinaus und kennzeichnet praktisch alle sozialen Beziehungen. Generell fehlen Bindungen zu Erwachsenen, die eine gewisse Verantwortung für das Kind übernehmen. Ein Beispiel für eine gefährdete Spezies ist der Hausarzt, eine Person, die Generationen einer Familie kannte und eine stabile und emotional präsente Figur im Leben der Familie war, sei es in Krisenzeiten oder in Zeiten des Glücks. Der unbekannte, ständig wechselnde Arzt in der ambulanten Klinik ist da kaum ein Ersatz. Ebenso sind der Ladenbesitzer, der Kaufmann und der Handwerker aus der Nachbarschaft längst durch Unternehmen ersetzt worden, die keinen Bezug und keine persönlichen Verbindungen zu den Gemeinschaften haben, in denen sie tätig sind. Der allseits beliebte Herr Huber aus der „Sesamstraße“ ist heute nur noch liebenswürdige Fiktion. Es geht hier um weit mehr als nur um wirtschaftliche Fragen; sie berühren den Kern dessen, worum es in einem Bindungsdorf geht. Wo sind die Ersatzgroßeltern, die Ersatzonkel und -tanten, die in der Vergangenheit die Kern- und Großfamilie ergänzten und, wenn nötig, ersetzten? Wo ist das Auffangnetz erwachsener Bezugspersonen, wenn die Eltern nicht zu erreichen sind? Wo sind die erwachsenen Mentoren, die unsere Heranwachsenden anleiten könnten? Unsere Kinder wachsen mit vielen Gleichaltrigen und wenigen Erwachsenen auf.

Eine weitere Bindungslücke ist durch die Säkularisierung der Gesellschaft entstanden. Von der Religion ganz unabhängig waren die Kirche, der Tempel, die Moschee oder die Synagoge eine wichtige Stütze für die Eltern und ein Ort der Bindung für die Kinder. Die Säkularisierung hat mehr als nur den Verlust des Glaubens oder der spirituellen Wurzeln zur Folge. Sie hat auch den Verlust der kirchlichen Gemeinschaft mit sich gebracht. Darüber hinaus ist die Interaktion zwischen Gleichaltrigen für viele Kirchen ebenfalls zu einem Schwerpunkt ihrer Arbeit geworden. So teilen viele Gemeinden die Familie schon beim Betreten der Kirche auf und gruppieren die Mitglieder nach Alter statt nach Familie. Es gibt Kindergärten und Teenagergruppen, Jugendkirchen und sogar Seniorengruppen. Für diejenigen, die sich der Bedeutung der Bindung und der Gefahren der Orientierung an Gleichaltrigen nicht bewusst sind, scheint es nur selbstverständlich zu sein, dass Menschen zu ihresgleichen gehören. Große religiöse Organisationen haben nur noch die Jugendlichen oder jungen Erwachsenen im Fokus, was ungewollt den Verlust von Mehrgenerationenbeziehungen fördert.

Zerrissene Familienbande

Die Kernfamilie gilt als elementare gesellschaftliche Struktur, steht aber unter enormem Druck. Die Scheidungsraten sind sprunghaft angestiegen. Eine Scheidung ist für Kinder eine doppelte Belastung, weil sie Bindungslücken und konkurrierende Bindungen erzeugt. Kinder möchten natürlich, dass all ihre aktiven Bindungen unter einem Dach sind. Die Zweisamkeit der Eltern ermöglicht es ihnen, ihr Bedürfnis nach Nähe und Kontakt zu beiden gleichzeitig zu befriedigen. Außerdem sind viele Kinder an ihre Eltern als *Paar* gewöhnt. Wenn sich die Eltern scheiden lassen, wird es unmöglich, beiden gleichzeitig nahe zu sein, zumindest körperlich. Kinder, die reifer sind und eine stärker entwickelte Bindung zu ihren Eltern haben, sind besser in der Lage, beiden nahe zu sein, auch wenn die Eltern getrennt sind – zu beiden zu gehören, beide zu lieben und von beiden wahrgenommen zu werden. Aber vielen Kindern, auch älteren, gelingt das nicht. Eltern, die mit dem anderen Elternteil konkurrieren oder ihn als Persona non grata behandeln, bringen das Kind (oder, genauer gesagt, das Bindungssystem im Gehirn des Kindes) in eine unmögliche Lage: Um dem einen nahe zu sein, muss sich das Kind vom anderen lösen, sowohl physisch als auch psychisch.

Das Problem der konkurrierenden Bindungen kann sich noch verschärfen, wenn die Eltern neue Partner haben. Hier werden Kinder oft instinktiv den Kontakt zum Stiefelternteil meiden, um die Nähe zum ursprünglichen Elternteil zu bewahren. Die Herausforderung sowohl für die biologischen Eltern als auch für die Stiefeltern besteht darin, eine neue Bindung zu ermöglichen, die nicht in Konkurrenz zur bestehenden Beziehung steht, sondern diese sogar unterstützt. Nur wenn die Beziehungen sich gegenseitig ergänzen, kann das Bindungssystem im kindlichen Hirn die Fäuste senken und für Annäherungsversuche von beiden Seiten empfänglich werden.

Aufgrund der Ehekonflikte, die einer Scheidung vorausgehen, können sich Bindungslücken schon lange vor der Scheidung entwickeln. Wenn Eltern die emotionale Unterstützung des jeweils anderen verlieren oder mit ihrer Beziehung zueinander überfordert sind, werden sie für ihre Kinder weniger zugänglich, und ohne emotionalen Kontakt zu den Erwachsenen wenden sich die Kinder ihren Altersgenossen zu. Auch für die Eltern selbst ist es in Stresssituationen verlockend, sich von der Betreuungsverantwortung zu befreien. Eine der einfachsten Möglichkeiten, dies zu tun, besteht in der Förderung der Interaktion mit Gleichaltrigen. Wenn Kinder unter sich sind, stellen sie weniger Ansprüche an uns.

Studien über Scheidungskinder haben ergeben, dass sie als Gruppe anfälliger für Probleme in der Schule und für Aggressionen sind. Sie neigen auch eher zu Verhaltensauffälligkeiten.[3] Diese Studien konnten jedoch nicht genau feststellen, woran das liegt. Das tiefere Verständnis von Bindungsbeziehungen zeigt uns, dass diese Symptome das direkte Ergebnis des Verlustes der elterlichen emotionalen Bindung und des übermäßigen Vertrauens in die Beziehungen zu Gleichaltrigen sind.

Damit soll nicht gesagt sein, dass es für die betroffenen Kinder besser wäre, wenn die Eltern in konfliktreichen Ehen ausharren würden.[4] Doch wir müssen uns der Auswirkungen des elterlichen Streits auf die Bindungen unserer Kinder bewusster werden. Unabhängig davon, ob wir aufgrund von ehelichen Spannungen oder einer Scheidung weniger zugänglich sind, täten wir gut daran, andere Erwachsene zu involvieren, die sich der Kinderbetreuung annehmen. Anstatt die Altersgenossen unserer Kinder zu benutzen, um uns von elterlichen Pflichten zu befreien, sollten wir unsere Verwandten und Freunde auffordern, in die Bresche zu springen und ein Sicherheitsnetz für unsere Kinder zu schaffen.

Selbst intakte Kernfamilien sind anfällig für Bindungslücken. Heutzutage müssen oft beide Elternteile Vollzeit arbeiten, um den Lebensstandard zu sichern, den vor 30 oder 40 Jahren ein Erwerbstätiger allein bieten konnte. Die sich verschärfenden sozialen Spannungen und das wachsende Gefühl wirtschaftlicher Unsicherheit, selbst inmitten relativen Wohlstands, haben ein Milieu geschaffen, in dem eine ruhige, bindungsorientierte Elternschaft immer schwieriger wird. Gerade in einer Zeit, in der Eltern und andere Erwachsene stärkere Bindungen zu ihren Kindern aufbauen müssten als je zuvor, haben sie weniger Zeit und Energie dafür.

Robert Bly stellt fest, dass „im Jahr 1935 der durchschnittliche Arbeiter vierzig Stunden pro Woche frei hatte, den Samstag eingeschlossen. Im Jahr 1990 waren es nur noch 17 Stunden. Die 23 Stunden Freizeit pro Woche, die seit 1935 verloren gegangen sind, sind genau die Stunden, in denen der Vater ein fürsorglicher Vater sein und eine gewisse Balance in sich selbst finden könnte, und es sind die Stunden, in denen die Mutter das Gefühl haben könnte, tatsächlich einen Ehemann zu haben.“[5] Diese Muster kennzeichnen nicht nur die frühen Jahre der Elternschaft, sondern die gesamte Kindheit. Obwohl viele Väter heute gewissenhafter sind und einen Teil der elterlichen Verantwortung übernehmen, untergraben der Stress unseres modernen Alltags mit seinem chronischen Zeitmangel ihre besten Absichten.

Unsere Gesellschaft misst dem Konsumdenken einen höheren Stellenwert bei als der gesunden Entwicklung unserer Kinder. Aus wirtschaftlichen Gründen wird die natürliche Bindung der Kinder zu den Eltern aktiv unterdrückt. Als Hausarzt befand sich mein Koautor oft in der absurden Lage, Briefe an Arbeitgeber schreiben zu müssen, in denen er die Entscheidung einer Frau, nach der Geburt ihres Kindes einige Monate länger zu Hause zu bleiben, um stillen zu können, mit „gesundheitlichen“ Gründen rechtfertigen musste – ein wesentliches physiologisches Bedürfnis des Säuglings, aber auch ein elementarer natürlicher Bindungsprozess bei allen Säugetierarten, insbesondere beim Menschen. Es sind wirtschaftliche Gründe, die dafür sorgen, dass Elternschaft nicht die Wertschätzung erfährt, die ihr gebührt. Dass wir dort leben, wo wir leben, und nicht dort, wo unsere natürlichen Bezugspersonen sind – Freunde, die erweiterte Familie, unsere Herkunftsgemeinschaften –, hat wirtschaftliche Gründe, die sich oft der Kontrolle der Eltern entziehen, etwa wenn ganze Industriezweige stillgelegt oder umgesiedelt werden. Aus wirtschaftlichen Gründen bauen wir Schulen, die für die Entstehung von Gemeinschaften zu groß sind, und wir bilden Schulklassen, in denen für eine individuelle Betreuung zu viele Kinder sind.

Wie wir in Teil 3 sehen werden, verursacht die Gleichaltrigenorientierung immense Kosten für die Gesellschaft, indem sie Aggression und Kriminalität schürt, Schüler weniger unterrichtbar macht und einen ungesunden Lebensstil begünstigt. Würden wir den wahren Wert des wirtschaftlichen Verlusts für die Gesellschaft bemessen, der durch die Orientierung an Gleichaltrigen in den Bereichen Justiz, Bildung und Gesundheit entsteht, gäbe es nicht den geringsten Zweifel an unserer gegenwärtigen Kurzsichtigkeit. Einige Länder haben das bereits erkannt. Sie gewähren Steuernachlässe und sogar direkte Unterstützung, damit Eltern nach der Geburt oder Adoption eines Kindes länger zu Hause bleiben können, bevor sie wieder ins Berufsleben zurückkehren.

Rasanter technologischer Wandel

Mehr als alles andere sind uns die kulturellen Bräuche und Traditionen abhandengekommen, die Großfamilien zusammenführen, die Erwachsene und Kinder in fürsorglichen Beziehungen miteinander verbinden und die den erwachsenen Freunden der Eltern einen Platz im Leben ihrer Kinder einräumen. Es ist eine der Funktionen von Kultur, Verbindungen zwischen Abhängigen und Verlässlichen zu fördern und das Entstehen von Bindungslücken zu verhindern. Unter den vielen Gründen, aus denen diese Kultur versagt, sind zwei besonders hervorzuheben.

Der erste ist das erschreckend hohe Entwicklungstempo in den Industriegesellschaften des 20. Jahrhunderts. Es braucht Zeit, um Sitten und Gebräuche zu entwickeln, die den Bedürfnissen nach Bindung dienen, Hunderte von Jahren, um eine Arbeitskultur zu schaffen, die einem spezifischen sozialen und geografischen Umfeld angepasst ist. Unsere Gesellschaft hat sich viel zu schnell verändert, als dass sich die Kultur angemessen hätte mitentwickeln können. Der Psychoanalytiker Erik H. Erikson widmete in seinem mit dem Pulitzer-Preis ausgezeichneten Buch *Kindheit und Gesellschaft* ein Kapitel seinen Überlegungen über die amerikanische Identität. „Dieses dynamische Land", schrieb er, „setzt seine Bewohner im Laufe einer einzigen Generation weit stärkeren Kontrasten und abrupteren Veränderungen aus, als dies bei anderen großen Nationen für gewöhnlich der Fall ist."[6] Diese Tendenzen haben sich seit Eriksons Beobachtung im Jahr 1950 noch verschärft. Binnen eines Jahrzehnts verändert sich heute mehr als früher in einem Jahrhundert. Wenn sich die Umstände schneller ändern als sich unsere Kultur anpassen kann, lösen sich Bräuche und Traditionen auf. Es ist nicht verwunderlich, dass die heutige Kultur in ihrer traditionellen Funktion, nämlich die Bindung zwischen Erwachsenen und Kindern zu unterstützen, versagt.

Teil dieses rapiden Wandels ist die elektronische Übermittlung von Informationen, die es ermöglicht, dass kommerziell gemischte und verpackte kulturelle Inhalte in unsere Häuser und in die Köpfe unserer Kinder gelangen. Die Instant-Kultur hat das ersetzt, was früher durch Bräuche und Traditionen von Generation zu Generation weitergegeben wurde. „Fast jeden Tag muss ich gegen diese Kaugummikultur ankämpfen, der meine Kinder ausgesetzt sind", sagte ein frustrierter Vater in einem Interview für dieses Buch. Nicht nur die Inhalte sind dem kulturellen Horizont der Eltern oftmals fremd – zunehmend bewirkt der Wandel der Übermittlungsprozesse auch noch, dass die Großeltern gar nicht mehr auf dem Laufenden bleiben können und sie sich zu ihrem Bedauern abgehängt fühlen. Auch die Spiele, die schon immer ein kulturelles Mittel waren, um Menschen miteinander zu verbinden, insbesondere Kinder mit Erwachsenen, sind elektronisch geworden. Jetzt sind Spiele zu einer einsamen Aktivität geworden, die parallel zu Sportübertragungen im Fernsehen oder isoliert am Computer stattfindet.

Die wichtigste Veränderung in jüngster Zeit betrifft die Kommunikationstechnologie – zuerst das Telefon und dann das Internet mit E-Mail und Instant Messaging. Wir sind von der Kommunikationstechnologie gefesselt, ohne uns darüber im Klaren zu sein, dass eine ihrer Hauptfunktionen darin bestehen sollte, Bindungen zu erleichtern. Wir haben sie ahnungslos in die Hände von Kindern gelegt, die sie natürlich nutzen, um mit Gleichaltrigen in Kontakt zu treten. Aufgrund ihres ausgeprägten Bindungsbedürfnisses macht der Kontakt in hohem Maße süchtig und wird oft zu einer Hauptbeschäftigung. Unsere Kultur war nicht in der Lage, die entsprechenden Sitten und Bräuche zu entwickeln, um diese Entwicklung einzudämmen, und so sind wir alle wieder einmal auf uns allein gestellt. Diese wunderbare neue Technologie wäre ein äußerst positives Instrument, wenn sie eingesetzt würde, um die Beziehungen zwischen Kindern und Erwachsenen zu erleichtern –, wie es beispielsweise der Fall ist, wenn sie eine unkomplizierte Kommunikation zwischen Schülern, die nicht zu Hause wohnen, und ihren Eltern ermöglicht. Bleibt sie aber unkontrolliert, fördert sie die Gleichaltrigenorientierung.

Bindungskultur am Werk

Die Mängel unserer westlichen Kultur werden uns schnell klar, wenn wir eine Gesellschaft unter die Lupe nehmen, in der traditionelle Bindungen noch geschätzt werden. Ich hatte die Gelegenheit dazu, als ich zusammen mit meiner Frau Joy und unseren Kindern in dem Dorf Rognes in der Provence war.

Die Provence weckt bei mir sofort Bilder einer zeitlosen Kultur. Das sonnige Klima, die Weintrauben, der Charme der alten Welt und das Essen beschwören ein Gefühl der Nostalgie herauf. Es ist sehr lehrreich, die provenzalische Gesellschaft auch aus einem anderen Blickwinkel zu betrachten, um zu verstehen, was sie uns über Bindungsbeziehungen lehren kann. Wie wir in unserem letzten Kapitel sehen werden, ist es nicht unmöglich, einige der Lektionen anzuwenden, wenn wir unser eigenes Bindungsdorf, wie ich es so gerne nenne, in der völlig andersartigen Umgebung des postindustriellen Nordamerikas aufbauen.

Als wir das erste Mal in der Provence waren, erwartete ich, dass ich eine andere Kultur kennenlernen würde. In Bezug auf Bindungen wurde mir schnell klar, dass es hier um viel mehr ging, als einfach nur eine andere Kultur – ich wurde nicht nur Zeuge, wie eine Kultur funktioniert, sondern auch, *dass* sie funktioniert. Kinder begrüßten Erwachsene und Erwachsene begrüßten Kinder. Die sozialen Begegnungen umfassten ganze Familien, nicht Erwachsene mit Erwachsenen und Kinder mit Kindern. Im Dorf fand immer nur jeweils eine Aktivität statt, sodass die Familien nicht auseinandergerissen wurden. Der Sonntagnachmittag war für Familienspaziergänge in der Natur vorgesehen. Selbst am Dorfbrunnen, dem örtlichen Treffpunkt, mischten sich Jugendliche mit Senioren. Feste und Feiern, von denen es viele gab, waren allesamt Familienveranstaltungen. Die Musik und das Tanzen brachten die Generationen zusammen, anstatt sie zu trennen. Die Kultur hatte Vorrang vor materiellen Interessen. Man konnte nicht einmal ein Baguette kaufen, ohne vorher den entsprechenden Begrüßungsritualen gerecht zu werden. Die Dorfläden blieben mittags für drei Stunden geschlossen, während sich die Schulen leerten und die Familien wieder zusammenkamen. Das Mittagessen wurde in gemütlicher Runde eingenommen, bei der mehrere Generationen an einem Tisch saßen, sich unterhielten und das Essen miteinander teilten.

Ebenso beeindruckend waren die Bindungsgewohnheiten an der Grundschule des Dorfes. Die Kinder wurden von ihren Eltern oder Großeltern persönlich zur Schule begleitet und abgeholt. Das Schulgelände war eingezäunt und konnte nur durch einen einzigen Eingang betreten werden. Am

Tor standen die Lehrer und warteten darauf, dass ihnen ihre Schüler übergeben wurden. Auch hier schrieb die Kultur zunächst eine Bestätigung der Verbindung vor, die durch eine entsprechende Begrüßung zwischen den erwachsenen Begleitern und den Lehrern, sowie zwischen den Lehrern und den Schülern hergestellt wurde. Manchmal, wenn die Klasse versammelt war, aber die Schulglocke noch nicht geläutet hatte, führte die Lehrerin oder der Lehrer die Klasse über den Pausenhof – wie eine Gänsemutter, mit ihren Gänseküken im Schlepptau. Während dies aus nordamerikanischer Sicht wie ein Kindergartenritual und sogar absurd erscheinen mag, war es in der Provence ein selbstverständlicher Teil der natürlichen Ordnung der Dinge. Nach dem Unterricht wurden die Kinder nacheinander, eine Klasse nach der anderen und mit dem Lehrer an der Spitze, aus der Schule entlassen. Der Lehrer wartete mit den Schülern am Tor, bis alle von ihren erwachsenen Begleitpersonen abgeholt worden waren. Ihre Lehrer waren ihre Lehrer, ob auf dem Schulgelände, auf dem Markt oder beim Dorffest. Kaum ein Riss im System, durch welche die Leere hineingefunden hätte. Die provenzalische Kultur reduzierte die Entstehung von Bindungslücken auf ein Minimum.

Ich habe versucht, Fragen zu stellen, um herauszufinden, warum sie dieses oder jenes taten. Nie bekam ich eine Antwort. Ich hatte das Gefühl, dass meine Fragen unangebracht waren, als wäre die Analyse von Sitten und Gebräuchen irgendwie tabu. Die Kultur sollte befolgt und nicht in Frage gestellt werden. Die Bindungsweisheit lag offensichtlich in der Kultur selbst begründet, nicht im Bewusstsein der Menschen. Wie konnte die provenzalische Gesellschaft die traditionelle Macht der älteren Generationen bewahren und dabei ihren Kindern ihre Kultur und Werte vermitteln? Warum waren die Jugendlichen auf dem französischen Land in der Lage, Bindungen zu Gleichaltrigen aufzubauen, die nicht mit ihren Bindungen zu Erwachsenen zu konkurrieren schienen? Die Antworten haben viel mit der Art und Weise zu tun, wie eine Bindung zu Gleichaltrigen entsteht.

Die natürliche Art des Bindungsaufbaus

Bindungen entstehen im Allgemeinen auf zwei Arten. Sie sind entweder die natürliche Folge bereits bestehender Bindungen oder sie entstehen, wenn eine Bindungslücke unerträglich wird. Die erste Variante zeigt sich bereits im Säuglingsalter. Im Alter von sechs Monaten zeigen die meisten Kinder einen Widerstand gegen Kontakt und Nähe zu Personen, zu denen sie keine Bindung haben. Um dies zu überwinden, ist eine bestimmte Art der Interaktion zwischen der funktionierenden Bindung des Kindes und der „fremden" Person erforderlich. Wenn die Mutter zum Beispiel eine Zeit lang freundlichen Kontakt mit dem Fremden aufnimmt und dabei darauf achtet, das Kind nicht zu drängen, sondern es einfach beobachten zu lassen, wird der Widerstand in der Regel geringer und das Kind wird empfänglich für eine Verbindung mit dem Neuankömmling. Es muss eine freundliche Annäherung stattfinden, sozusagen „der Segen gegeben werden". Sind die Bindungsinstinkte des Säuglings erst einmal aktiviert und folgt eine Zeit stabilisierter Nähe, wird das Kind in der Regel den Kontakt zu der neuen Person annehmen und sich von ihr betreuen lassen. Der zuvor „fremde" Erwachsene – zum Beispiel eine Freundin der Familie oder ein Babysitter – hat nun die „Erlaubnis" des Kindes erhalten, eine Bezugsperson zu werden.

Dieses Konzept ist genial. Wenn eine neue Bindung aus den bestehenden funktionierenden Beziehungen des Kindes entsteht, ist die Wahrscheinlichkeit, dass diese zu einer konkurrierenden Kraft wird, viel geringer. Die Bindung zum Elternteil wird mit sehr viel größerer Wahrscheinlichkeit gewahrt. Der Elternteil wird als Hauptorientierungspunkt beibehalten, und die Beziehung zum Elternteil hat weiterhin höchste Priorität. Kontakte mit Geschwistern, Großeltern, der erweiterten Familie und Freunden der Familie führen das Kind viel seltener von den Eltern weg, selbst wenn Gleichaltrige beteiligt sind.

Das Vermögen funktionierender Bindungen, neue Beziehungen entstehen zu lassen, ermöglicht die Schaffung des bereits erwähnten natürlichen Bindungsdorfes, dessen Mittelpunkt die Eltern und ihre Bindungsfiguren sind. Die Bindungen der Eltern werden letztlich zu denen des Kindes und bilden einen Kontext, in dem das Kind aufwachsen kann. Aus diesem Grund scheinen die Bindungen der Kinder in Rognes zu Gleichaltrigen nicht mit den Bindungen zu ihren Eltern zu konkurrieren, und deshalb waren die Kinder dort auch empfänglich dafür, von fast jedem Erwachsenen im Dorf miterzogen zu werden.

Aus einer Lücke entstandene Bindungen

In der amerikanischen Gesellschaft – und in anderen Gesellschaften, die nach dem amerikanischen Modell funktionieren – entstehen die meisten Bindungen zu Gleichaltrigen nicht auf natürliche Weise. Sie entspringen der Unfähigkeit der Jugendlichen, eine Bindungslücke zu ertragen – die Lücken, die entstehen, wenn traditionelle Bindungen untergraben werden und das Kind über keinen natürlichen Orientierungspunkt mehr verfügt. In einer solchen Situation ist das Gehirn darauf programmiert, einen Ersatz zu suchen, jemanden, der als funktionierende Bindungsfigur verfügbar ist. Für ein bedürftiges Kind hat diese Suche die höchste Priorität.

Wie wir aus Geschichten und Legenden wissen, sind Bindungen, die aus der Not heraus entstanden sind, im Grunde wahllos und zufällig – sie sind das Ergebnis von Zufall und Chaos. Die Zwillinge Romulus und Remus, die nach der Mythologie Rom gegründet haben, wurden in einen Abgrund ohne menschliche Bindungen geworfen und dann von einer Wölfin aufgezogen. Tarzan erlitt das gleiche Schicksal, wurde aber von Affen adoptiert. Im Kinderbuchklassiker *Frühling des Lebens* von Majorie Kinnan Rawlings wird ein verwaistes Rehkitz von einem kleinen Jungen aufgezogen. Eine Gazelle kann sich an einen Löwen binden. Eine Katze kann sich einem Hund anschließen. Mein Haustier, ein Zwerghahn, ist auf die Harley-Davidson meines Bruders fixiert.

Bindungslücken, das heißt Situationen, in denen die natürlichen Bindungen des Kindes fehlen, sind gerade deshalb so gefährlich, weil ihre Folgen so willkürlich sind. Wie bereits weiter oben erwähnt wird ein gerade geschlüpftes Entenküken, wenn die Entenmutter nicht in der Nähe ist, eine Bindung zum nächsten sich bewegenden Objekt aufbauen. Bei Kindern ist der Prägungsprozess weitaus komplexer, aber ihr Orientierungspunkt wird höchstwahrscheinlich die erste Person sein, die ihr Bindungsbedürfnis zu stillen scheint. Die menschliche Bindungsprogrammierung ist blind für Faktoren wie Verlässlichkeit, Verantwortung, Sicherheit, Reife und Fürsorge. Die Ersatzsuche erfolgt frei von jeder Intelligenz. Viele unserer Bindungen, selbst als Erwachsene, sind ein trauriges Zeugnis dieser Tatsache. Beim Kind findet kein Gesprächsprozess statt, nicht einmal eine innere Infragestellung. Die wichtigen Fragen der Bindung dringen nie bis in das Bewusstsein des Kindes vor: Ist dieser potenzielle Orientierungspunkt einer Meinung mit meinen Eltern? Werde ich beiden gleichzeitig nahe sein können? Kann ich mich auf diese Person verlassen? Kann mir diese Beziehung bedingungslose, liebevolle Akzeptanz bieten? Kann ich auf die Führung und Lenkung dieser Person vertrauen? Werde ich ermutigt, so zu sein, wie ich bin – mich authentisch auszudrücken? Allzu oft werden die fürsorglichen Erwachsenen zugunsten der Clique der Gleichaltrigen verdrängt. Was als zeitweiser Ersatz in spezifischen Situationen etabliert wird, in denen eine Orientierungslücke besteht, wird schließlich zum dauerhaften Ersatz.

Die Wahrscheinlichkeit, dass eine Bindung zu einer „Affäre" wird, die mit der Bindung zu den Eltern konkurriert, ist viel größer, wenn sie aus einem Vakuum heraus entsteht und nicht aus einer bestehenden funktionierenden Beziehung. Beziehungen zu Gleichaltrigen sind am sichersten, wenn sie die natürliche Folge von Bindungen zu den Eltern sind. Leider entstehen sie meist nicht aus Prozessen der Bindung, sondern aus solchen fehlender Verbindungen.

Je mehr unsere Kinder Bindungen zu Gleichaltrigen aufbauen, die keine Verbindung zu uns haben, desto größer wird die Wahrscheinlichkeit, dass die Bindungen unvereinbar sein werden. Das Ergebnis ist eine stetig wachsende Spirale der Gleichaltrigenorientierung. Unsere Eltern waren weniger gleichaltrigenorientiert als wir es sind, und unsere Kinder werden es wahrscheinlich mehr sein als wir – es sei denn, wir sind in der Lage, etwas dagegen zu tun.

Die aktuelle Zuwanderung in Nordamerika veranschaulicht auf dramatische Weise, wie die Orientierung an Gleichaltrigen althergebrachte kulturelle Verbindungen untergräbt. Die Bindungslücken, die Einwandererkinder erfahren, sind gravierend. Die hart arbeitenden Eltern sind darauf konzentriert, ihre Familien wirtschaftlich zu unterstützen, und sind, da sie mit der Sprache und den Gepflogenheiten ihrer neuen Gesellschaft nicht vertraut sind, nicht in der Lage, ihren Kindern mit Autorität und Zuversicht Orientierung zu bieten. Gleichaltrige sind oft die einzigen Personen, an denen sich diese Kinder orientieren können. In eine auf Gleichaltrigenorientierung ausgerichtete Kultur gedrängt, können Einwandererfamilien schnell auseinanderbrechen. Die Kluft zwischen Kind und Eltern kann so groß werden, dass sie unüberbrückbar wird. Die Eltern dieser Kinder verlieren ihre Würde, ihre Autorität und ihren Einfluss. Gleichaltrige ersetzen schließlich die Eltern und Banden ersetzen zunehmend die Familien. Noch einmal, auch hier sind nicht die Einwanderung oder die notwendige Umsiedlung von Menschen, die durch Krieg oder wirtschaftliche Not vertrieben wurden, das Problem. In die von Beziehungen zu Gleichaltrigen geprägte nordamerikanische Gesellschaft verpflanzt, gehen die traditionellen Kulturen unter. Wir lassen unsere Einwanderer im Stich, weil unsere eigene Gesellschaft es versäumt hat, die Beziehungen zwischen Kindern und Eltern zu bewahren.

In einigen Teilen des Landes sieht man immer noch Familien, oft aus Asien, die sich in Mehrgenerationengruppen zu Ausflügen treffen. Eltern, Großeltern und sogar gebrechliche Urgroßeltern mischen sich unter ihre Kinder und deren Nachkommen, lachen und pflegen Kontakte. Leider sieht man dies nur bei relativ zeitnah zugezogenen Einwanderern. Mit der Eingliederung der Jugendlichen in die nordamerikanische Gesellschaft schwinden die Beziehungen zu den Älteren. Die Jugendlichen distanzieren sich von ihren Familien. Ihre Ikonen werden die künstlich erzeugten und hypersexualisierten Figuren, die von Hollywood und der US-Musikindustrie massenhaft vermarktet werden. Sie entfremden sich rasch von den Kulturen, die ihren Vorfahren über Generationen hinweg eine Stütze waren. Wenn wir uns die rasche Auflösung von Einwandererfamilien unter dem Einfluss der gleichaltrigenorientierten Gesellschaft ansehen, werden wir wie im Schnelldurchlauf Zeuge des kulturellen Zusammenbruchs, den wir selbst im Laufe des letzten Jahrhunderts erlitten haben.

Die Annahme, dass sich andere Teile der Welt dem Trend zur Gleichaltrigenorientierung erfolgreich widersetzen werden, würde Mut machen. Das Gegenteil ist wahrscheinlich der Fall, da die globale Wirtschaft ihre zersetzenden Einflüsse auf traditionelle Kulturen auch auf anderen Kontinenten einbringt. Probleme mit der Entfremdung von Teenagern sind heute in all jenen Ländern weitverbreitet, die sich am stärksten am US-amerikanischen Modell orientiert haben – Großbritannien, Australien und Japan. Ähnliche Entwicklungen sind aufgrund wirtschaftlicher Umstrukturierungen und massiver Bevölkerungsverlagerungen auch anderswo zu erwarten. So nehmen zum Beispiel stressbedingte Störungen bei russischen Kindern immer mehr zu. Einem Bericht der *New York Times* zufolge hat seit dem Zusammenbruch der Sowjetunion fast ein Drittel der schätzungsweise 143 Millionen Einwohner Russlands – etwa 45 Millionen Menschen – den Wohnort gewechselt. Die Orientierung an Gleichaltrigen droht zu einem der unbeliebtesten aller US-amerikanischen Kulturexporte zu werden.

TEIL II

Sabotage: Wie die Orientierung an Gleichaltrigen die elterliche Erziehung untergräbt

KAPITEL 4

Die Macht zu erziehen entgleitet uns

Kirsten war sieben Jahre alt, als ihre Eltern mich zum ersten Mal aufsuchten. Sie waren bestürzt und besorgt, weil ihre Tochter sich plötzlich verändert hatte. Sie tat gern das Gegenteil von dem, was von ihr erwartet wurde, und konnte, vor allem wenn Freunde dabei waren, sehr unhöflich zu ihren Eltern sein. Die Eltern waren verwirrt. Kirsten, die älteste von drei Schwestern, war bis zur zweiten Klasse liebevoll, anhänglich und bemüht gewesen, ihnen jeden Wunsch zu erfüllen. „Kirstens Eltern zu sein war eine wunderbare Erfahrung", erinnerte sich die Mutter. Jetzt war das Kind widerspenstig und sehr schwer zu lenken. Bei den harmlosesten Bitten verdrehte sie schon die Augen und alles endete in einem Kampf. Die Mutter entdeckte eine Seite an sich, die ihr völlig neu war: Sie wurde wütend und sogar richtig zornig. Sie hörte sich selbst schreien und war schockiert, Worte aus ihrem eigenen Mund zu hören, die ihr Angst machten. Für den Vater war die Atmosphäre so angespannt und die Reibereien waren so zermürbend, dass er sich zunehmend in seine Arbeit flüchtete. Wie viele andere Eltern in dieser Situation verlegten sie sich mehr und mehr aufs Schimpfen, Drohen und Bestrafen – alles ohne Erfolg.

Es mag überraschen zu hören, dass Erziehung relativ leicht sein sollte. Wenn wir unser Kind dazu bewegen wollen, unsere Hinweise zu beachten, unseren Anweisungen zu folgen oder unsere Werte zu respektieren, sollten weder Druck noch Kampf oder Zwang und nicht einmal die Aussicht auf zusätzliche Belohnungen erforderlich sein. Wenn Druck ausgeübt werden muss, ist etwas nicht in Ordnung. Kirstens Eltern hatten auf Druck gesetzt, da sie, ohne sich dessen bewusst zu sein, ihre *Macht zu erziehen* verloren hatten.

Die unterstützende Kraft der Macht zu erziehen ist bei der elterlichen Erziehung eingeplant. In dieser ähnelt sie den Luxusfahrzeugen von heute, die mit einer Servolenkung, Bremskraftverstärkern und Fensterhebern ausgestattet sind. Würde die Technik versagen, könnten wir viele dieser Fahrzeuge nicht mehr lenken. Kinder zu lenken, wenn uns unsere elterliche Macht abhandengekommen ist, ist ebenfalls nahezu unmöglich, und doch versuchen Millionen von Eltern genau das. Aber während es relativ einfach ist, bei Störungen am Auto einen guten Automechaniker zu finden, wird das Problem von den Experten, an die sich Eltern mit Erziehungsproblemen wenden, selten richtig eingeschätzt. Allzu oft wird den Kindern die Schuld dafür gegeben, schwierig zu sein, oder den Eltern dafür, unfähig zu sein oder unpassende Erziehungsmethoden anzuwenden. Eltern und Experten erkennen im Allgemeinen nicht, dass die Wurzel des Problems nicht die Unfähigkeit der Eltern ist, sondern deren Ohnmacht – sie sind im wahrsten Sinne des Wortes ohne Macht.

Was hier fehlt ist die Macht, nicht die Liebe, das Wissen, das Engagement oder die Fähigkeit. Unsere Vorfahren hatten viel mehr Macht als die Eltern von heute. Unsere Großeltern hatten bei der Erziehung ihrer Kinder mehr Macht, als unsere Eltern auf uns ausüben konnten oder wir über unsere Kinder zu haben scheinen. Wenn diese Entwicklung so weitergeht, werden unsere Kinder große Schwierigkeiten haben, ihre eigenen Kinder zu erziehen. Die Macht zu erziehen entgleitet uns.

Die instinktive Autorität zu erziehen

Elterliche Ohnmacht ist schwer zu erkennen und sie ist schmerzlich einzugestehen. Wir greifen gern zu akzeptableren Erklärungen: Unsere Kinder brauchen uns nicht mehr, unsere Kinder sind besonders schwierig oder uns fehlen die richtigen erzieherischen Fähigkeiten.

Viele Menschen wehren sich heute gegen das Machtkonzept. Als Kinder haben einige von uns die Macht der Eltern nur zu gut kennengelernt und sind sich ihres Missbrauchspotenzials schmerzlich bewusst geworden. Wir sind uns bewusst, dass Macht zu Versuchungen führt, und haben die Erfahrung gemacht, dass man denen, die Macht über andere ausüben wollen, nicht trauen kann. Macht ist in gewisser Weise zu einem Schimpfwort geworden, wie etwa in Machtstreben und Machthunger. Es ist nicht verwunderlich, dass viele das Wort vermeiden, eine Einstellung, der ich häufig bei Eltern und Pädagogen begegne.

Viele Menschen verwechseln Macht auch mit Zwang, aber das ist nicht der Sinn, in dem wir das Wort *Macht* in diesem Buch verwenden. In der vorliegenden Diskussion um elterliche Erziehung und Bindung bedeutet Macht die *instinktive Autorität zu erziehen.* Diese instinktive Autorität baut nicht auf Druck oder Zwang auf, sondern ist das Ergebnis einer angemessen justierten Beziehung zum Kind. Die Macht zu erziehen ergibt sich, wenn eine natürliche Ordnung der Dinge vorherrscht, und sie entsteht ohne Anstrengung, ohne Getue und ohne Drängen. Erst wenn es uns an dieser Macht fehlt, flüchten wir uns mit großer Wahrscheinlichkeit in die Ausübung von Druck. Je mehr Macht Eltern haben, desto weniger müssen sie im Erziehungsalltag zu Druckmitteln greifen. Andererseits, je weniger Macht wir besitzen, desto mehr sind wir genötigt, unsere Stimme zu erheben, Härte zu zeigen, Drohungen auszustoßen und Druckmittel zu finden, damit unsere Kinder unseren Forderungen nachkommen. Der Machtverlust der Eltern von heute hat dazu geführt, dass es in Erziehungsratgebern in erster Linie um Techniken geht, die in fast jedem anderen Umfeld als Bestechung und Bedrohung wahrgenommen würden. Wir tarnen und beschönigen solche Zeichen der Ohnmacht mit Begriffen wie „Belohnungen" und „natürliche Folgen".

Für die Erziehungsaufgabe ist Macht unabdingbar. Warum brauchen wir Macht? Weil wir die Verantwortung tragen. Elterliche Erziehung ohne die Macht, der damit einhergehenden Verantwortung nachzukommen, war nie beabsichtigt. Die Dynamik der Erziehung kann man nur verstehen, wenn man die Machtfrage nicht außer Acht lässt.

Die Macht, die wir verloren haben, ist die Macht, die Aufmerksamkeit unserer Kinder einzufordern, ihren guten Willen zu wecken, ihren Respekt wachzurufen und ihre Kooperation sicherzustellen. Ohne diese vier Fähigkeiten bleiben uns nur Zwang oder Bestechung. Dieses Problem hatten auch Kirstens Eltern, als sie mich besorgt wegen der neu entwickelten Aufsässigkeit ihrer Tochter aufsuchten. Ich werde anhand von Kirstens Beziehung zu ihren Eltern den Verlust der natürlichen Autorität zu erziehen, erläutern und werde zwei weitere Fälle beschreiben, die ebenfalls die Bedeutung der elterlichen Macht aufzeigen. In diesen Szenarien begegnen wir neun Personen – drei Elternpaaren und drei Kindern. Ihre Geschichten sind typisch für das Dilemma, in dem sich viele Familien heute befinden.

Die Eltern des 9-jährigen Sean waren geschieden. Keiner von beiden hatte wieder geheiratet und sie verstanden sich weiterhin gut genug, um gemeinsam Hilfe zu suchen. Ihre Schwierigkeiten, Sean zu erziehen, hatten zu ihrer Trennung beigetragen. Die ersten Jahre mit Sean waren verhältnismäßig unkompliziert gewesen, aber in den letzten beiden Jahren war alles aus dem Ruder gelaufen. Er beschimpfte seine Eltern und war körperlich aggressiv seiner jüngeren Schwester gegenüber. Obwohl er sehr intelligent war, konnte ihn kein noch so gutes Argument dazu bewegen, zu tun, was man ihm sagte. Die Eltern hatten bereits mehrere Experten aufgesucht und viele Bücher über verschiedene Ansätze und Methoden gelesen. Bei Sean schien alles vergeblich zu sein. Die üblichen Sanktionen machten alles nur noch schlimmer. Ihn in sein Zimmer zu schicken, bewirkte überhaupt nichts. Obwohl die Mutter von körperlicher Züchtigung nichts hielt, war sie manchmal so verzweifelt, dass sie ihm einen Klaps gab. Die Eltern hatten es aufgegeben, Sean zu so einfachen Dingen wie dem gemeinsamen Abendessen am Familientisch bewegen zu wollen. Sie schafften es nicht, ihn dazu zu bringen, seine Hausaufgaben zu machen. Vor dem Zerbrechen der Ehe war die Atmosphäre durch Seans mürrische Widerspenstigkeit getrübt. Sie waren mittlerweile beide emotional so ausgelaugt, dass weder die Mutter noch der Vater ein Gefühl der Wärme oder Zuneigung für ihren Sohn aufbringen konnten.

Melanie war dreizehn Jahre alt. Ihr Vater konnte seinen Ärger kaum zurückhalten, wenn er über seine Tochter sprach. Das Leben mit Melanie hatte sich verändert, nachdem ihre Großmutter gestorben war, als sie in der sechsten Klasse war. Bis zu diesem Zeitpunkt war Melanie zu Hause hilfsbereit, eine gute Schülerin und für ihren drei Jahre älteren Bruder eine liebevolle Schwester gewesen. Jetzt schwänzte sie den Unterricht und die Hausaufgaben interessierten sie überhaupt nicht. Sie stahl sich regelmäßig aus dem Haus und weigerte sich, mit ihren Eltern zu sprechen. Sie erklärte, sie hasse sie und wolle einfach nur in Ruhe gelassen werden. Auch sie weigerte sich, zu den Mahlzeiten mit ihren Eltern an einem Tisch zu sitzen, und aß allein in ihrem Zimmer. Die Mutter war traumatisiert. Sie verbrachte einen Großteil ihrer Zeit damit, ihre Tochter zu bitten, „nett" zu sein, rechtzeitig zu Hause zu sein und sich nicht mehr aus dem Haus zu schleichen. Der Vater konnte Melanies Unverschämtheiten nicht ertragen.

Für ihn bestand die Lösung darin, ein Machtwort zu sprechen und seiner Tochter eine „Lektion zu erteilen, die sie nie vergessen würde." Seiner Meinung nach konnten sie Melanies inakzeptables Verhalten nur noch mit einem harten Kurs in den Griff bekommen, alles andere würde alles nur noch schlimmer machen. Er war besonders aufgebracht, weil Melanie bis zu dieser abrupten Veränderung ihrer Persönlichkeit Papas niedlicher, gehorsamer Liebling gewesen war.

Drei individuelle Szenarien, drei unterschiedliche Lebensumstände und drei sehr unterschiedliche Kinder – und doch ist keines von ihnen ein Einzelfall. Die Frustrationen, die diese Eltern bei der Erziehung ihrer Kinder erfahren haben, sind vielen Vätern und Müttern vertraut. Wie sich die Schwierigkeiten äußern, ist bei jedem Kind anders, aber der Refrain ist immer der gleiche: Kindererziehung ist viel schwieriger als erwartet. Die Litanei von elterlichen Klagen ist heute Alltag geworden: „Die Kinder von heute scheinen nicht mehr den Respekt vor Autorität zu haben, den wir als Kinder hatten. Ich kann mein Kind nicht dazu bewegen, seine Hausaufgaben zu machen, sein Bett zu machen, im Haushalt zu helfen, sein Zimmer aufzuräumen." Oder die oft gehörte spöttische Klage: „Wenn Kindererziehung so wichtig ist, sollten sie mit einer Bedienungsanleitung auf die Welt kommen!"

Das Geheimnis der elterlichen Macht zu erziehen

Viele Menschen sind zu dem Schluss gekommen, dass man von Eltern nicht erwarten kann, ohne spezielle Ausbildung zu wissen, was zu tun ist. Es gibt heute alle möglichen Elternkurse, sogar solche, in denen Eltern lernen können, ihren Kleinkindern Kinderreime vorzulesen. Doch auch Experten können Eltern nicht beibringen, was für eine effektive Erziehung am wichtigsten ist. Die Macht zu erziehen ergibt sich nicht aus noch so gut gemeinten Methoden, sondern aus der Bindungsbeziehung. In den drei genannten Beispielen war diese Macht nicht vorhanden.

Das Geheimnis der elterlichen Macht ist die Abhängigkeit des Kindes. Kinder kommen völlig hilflos zur Welt und sind unfähig, sich allein in der Welt zurechtzufinden. Da sie als eigenständige Wesen nicht überleben können, sind sie vollständig auf andere angewiesen, wenn es um ihre Versorgung geht, um Lenkung und Orientierung, Unterstützung und Zustimmung, ein Gefühl von Heimat und Verbundenheit. Dieser Zustand der Abhängigkeit macht die Elternschaft überhaupt erst notwendig. Wenn unsere Kinder uns nicht brauchen würden, bräuchten wir auch keine Macht zu erziehen.

Auf den ersten Blick scheint mit der Abhängigkeit von Kindern alles klar auf der Hand zu liegen. Das Problem ist allerdings, dass abhängig zu sein keine Garantie für die Abhängigkeit von den entsprechenden Bezugspersonen ist. Jedes Kind kommt mit dem Bedürfnis nach Fürsorge zur Welt, aber im Baby- und Kleinkindalter suchen nicht alle Kinder unbedingt bei ihren Eltern danach. Unsere Macht zu erziehen beruht nicht darauf, wie abhängig unser Kind ist, sondern darauf, wie sehr unser Kind speziell von uns abhängig ist. Die Macht, unsere elterlichen Aufgaben zu erfüllen, liegt nicht in der Bedürftigkeit unserer Kinder, sondern darin, dass sie sich an uns wenden, um ihre Bedürfnisse zu erfüllen.

Wir können uns nicht wirklich um ein Kind kümmern, das nicht darauf zählt, dass wir uns um es kümmern, sondern lediglich in Bezug auf Nahrung, Kleidung, Unterkunft und andere materielle Bedürfnisse von uns abhängt. Wir können ein Kind nicht emotional unterstützen, wenn es sich in Bezug auf seine psychischen Bedürfnisse nicht auf uns verlässt. Es ist frustrierend, ein Kind zu lenken, das unsere Führung nicht annimmt, und es ist unerfreulich und aussichtslos, einem Kind zu helfen, das unsere Hilfe nicht will.

In genau dieser Situation befanden sich die Eltern von Kirsten, Sean und Melanie. Kirsten baute hinsichtlich ihrer Bindungsbedürfnisse und wenn es darum ging, wie sie sich verhalten oder was sie tun sollte, nicht mehr auf ihre Eltern. Sie hatte im zarten Alter von sieben Jahren aufgehört, sich von ihnen trösten und umsorgen zu lassen. Seans Haltung ging darüber hinaus: Er hatte einen tief sitzenden Widerstand dagegen entwickelt, von seinem Vater und seiner Mutter abhängig zu sein. Seans und Melanies Widerstand richtete sich sogar gegen das Essen – genauer gesagt, gegen das Ritual, die Mahlzeiten gemeinsam am Familientisch einzunehmen. Als Melanie in die Pubertät kam, fühlte sie sich bei ihren Eltern nicht mehr zu Hause und spürte keine Verbindung mehr zu ihnen. Sie hatte nicht mehr den Wunsch, von ihnen verstanden oder im Wesen erkannt zu werden. Keines dieser drei Kinder hatte das Gefühl, von seinen Eltern abhängig zu sein, und genau das war die Wurzel der Frustrationen, der Schwierigkeiten und Fehlschläge, die all diese Mütter und Väter erlebt hatten.

Natürlich sind alle Kinder am Anfang ihres Lebens von ihren Eltern abhängig.

Für diese drei Kinder hatte sich jedoch, wie heute für viele Kinder, irgendwann etwas verändert. Es ist nicht so, dass sich niemand mehr um sie kümmern musste. Solange ein Kind nicht eigenständig sein kann, braucht es andere Menschen, von denen es abhängig ist. Ganz gleich, was diese Kinder gedacht oder gefühlt haben mögen, sie waren nicht annähernd reif genug, um auf eigenen Füßen zu stehen. Sie waren noch abhängig – nur hatten sie nicht mehr das Gefühl, von ihren Eltern abhängig zu sein. Sie waren immer noch von anderen abhängig, nur waren es jetzt andere Menschen, von denen sie abhängig waren. Die Macht zu erziehen wird auf die Person übertragen, auf die das Kind sich stützt, ob diese Person nun wirklich zuverlässig, geeignet, verantwortungsbewusst oder mitfühlend ist – und sogar unabhängig davon, ob diese Person nun erwachsen ist oder nicht.

Im Leben dieser drei Kinder hatten Gleichaltrige die Eltern als Objekte der emotionalen Abhängigkeit ersetzt. Kirsten hatte eine verschworene Gruppe aus drei Freundinnen, die ihr als Orientierung und Rückzugsort dienten. Sean entwickelte zu seiner Peergroup insgesamt eine funktionierende Bindung und fühlte sich ihr statt seinen Eltern verbunden. Seine Werte, Interessen und Motivationen waren auf seine gleichaltrigen Freunde und die Kultur der Gleichaltrigen gerichtet. Bei Melanie wurde die durch den Tod ihrer Großmutter entstandene Bindungslücke durch eine Freundin gefüllt. In allen drei Fällen konkurrierten die Beziehungen zu Altersgenossen mit der Bindung zu den Eltern, und in jedem der Fälle gewann die Verbindung zu den Gleichaltrigen schließlich die Oberhand.

Eine derartige Machtverschiebung bedeutet doppelten Ärger für uns Eltern. Wir stehen nicht nur ohne die Macht da, unsere Kinder lenken zu können, sondern unbeteiligte und inkompetente Thronräuber erlangen die Macht, unsere Kinder auf Abwege zu führen. Die Altersgenossen unserer Kinder haben diese Macht nicht aktiv gesucht – aber die Macht geht mit der Abhängigkeit einher. Diese unheilvolle Beschneidung der elterlichen Macht passiert häufig dann, wenn wir am wenigsten darauf gefasst sind, und zu einer Zeit, in der wir am meisten auf unsere natürliche Autorität angewiesen sind. Der Keim der Abhängigkeit wird in der Regel schon in den ersten Schulklassen gelegt, aber erst in den mittleren Klassen wirkt sich die zunehmende Unvereinbarkeit von Gleichaltrigen- und Elternbindungen verheerend auf unsere Macht zu erziehen aus. Gerade während der Pubertät unserer Kinder, in der wir mehr lenken müssen als je zuvor, und genau dann, wenn unsere körperliche Überlegenheit immer mehr schwindet, entgleitet uns diese Macht.

Was für uns wie Unabhängigkeit aussieht, ist in Wirklichkeit nur eine übertragene Abhängigkeit. Wir haben es so eilig mit der Selbstständigkeit unserer Kinder, dass wir einfach nicht sehen, wie abhängig sie in Wirklichkeit sind. Genau wie Macht hat auch das Wort Abhängigkeit einen üblen Beigeschmack bekommen. Wir wollen, dass unsere Kinder ihre eigene Richtung finden, sich selbst motivieren, kontrollieren und orientieren können, dass sie selbstbewusst und selbstsicher sind. Wir legen so viel Wert auf Unabhängigkeit, dass wir aus den Augen verlieren, was Kindheit eigentlich bedeutet. Eltern beklagen sich häufig über das oppositionelle und abweisende Verhalten ihrer Kinder, bemerken aber selten, dass ihre Kinder sich nicht mehr an sie wenden, wenn sie Zuspruch, Trost und Unterstützung brauchen. Sie sind verwirrt, wenn ihr Kind ihren nachvollziehbaren Erwartungen nicht entspricht, sind sich aber allem Anschein nach nicht bewusst, dass ihr Kind ihre Zuneigung, Zustimmung oder Wertschätzung nicht mehr zu brauchen scheint. Sie bemerken nicht, dass ihr Kind Unterstützung, Verbundenheit und Zugehörigkeit bei Gleichaltrigen sucht. Wenn die Bindung verlagert wird, verlagert sich auch die Abhängigkeit und mit ihr die Macht zu erziehen.

Die ultimative Herausforderung für die Eltern von Kirsten, Sean und Melanie bestand nicht darin, Regeln durchzusetzen, Gefügigkeit zu erreichen oder dieser oder jener Verhaltensweise ein Ende zu setzen, sondern darin, ihre Kinder zurückzugewinnen und die Kraft der Bindung wieder auf ihre Seite zu ziehen. Sie mussten in ihren Kindern die Abhängigkeit – die Quelle der Macht zu erziehen – fördern. Wollten sie ihre natürliche Autorität zurückgewinnen, mussten sie den Thronräubern – den Freunden ihrer Kinder – die unrechtmäßig erworbene Zuständigkeit entziehen und deren Platz einnehmen. Zwar ist es in der Theorie vermutlich einfacher, die Bindung zu seinen Kindern wiederherzustellen, als in der Praxis, aber es ist die einzige Möglichkeit, die Macht zu erziehen wiederzuerlangen. Ein großer Teil meiner Arbeit mit Familien und viele der Ratschläge, die in diesem Buch zu finden sind, sollen Eltern dabei helfen, ihre natürliche Position als Autoritätspersonen zurückzugewinnen.

Was versetzt Gleichaltrige in die Lage, Eltern zu verdrängen, wenn doch diese Verdrängung das Gegenteil von dem zu sein scheint, was gebraucht wird? Wie immer hat auch hier die natürliche Ordnung der Dinge ihre Logik. Die Fähigkeit eines Kindes, sich an andere Menschen als seine biologischen Eltern zu binden, erfüllt eine wichtige Funktion, da die Anwesenheit der leiblichen Eltern keineswegs immer gewährleistet ist. Sie können sterben oder verschwinden. Unsere Programmierung für Bindung setzt die Flexibilität voraus, Ersatzpersonen zu finden, an die wir uns binden und von denen wir abhängig sein können. Diese Übertragbarkeit von Bindungen kommt nicht nur bei Menschen vor. Einige Tiere eignen sich genau deshalb so gut als Haustiere, weil sie die Bindung von ihren Eltern auf den Menschen übertragen können, sodass wir uns um sie kümmern und sie lenken können.

Da Menschen über einen langen Zeitraum abhängig sind, müssen Bindungen von einer Person auf eine andere übertragbar sein – von den Eltern auf Verwandte, Nachbarn und Stammes- oder Dorfälteste. All diese wiederum sollen dazu beitragen, dem Kind zu helfen, seine volle Reife erlangen zu können. Diese bemerkenswerte Anpassungsfähigkeit, die für Eltern und Kinder über die Jahrtausende von Vorteil war, hat sich in jüngster Zeit zu unserem Nachteil entwickelt, da sie Gleichaltrige in die Lage versetzt, die Eltern zu ersetzen.

Die meisten Eltern können den Machtverlust spüren, wenn ihr Kind sich immer mehr an Gleichaltrigen orientiert, selbst wenn sie nicht erkennen können, warum dies so ist. Die Aufmerksamkeit eines solchen Kindes ist schwerer zu erlangen, sein Respekt nimmt ab und die Autorität der Eltern wird untergraben. Die Eltern der drei Kinder in unseren Fallbeispielen konnten bei gezielter Nachfrage angeben, wann ihre Macht zu erziehen angefangen hatte zu schwinden. Diesen Verlust der natürlichen Autorität nehmen Eltern zunächst nur als beunruhigendes Gefühl wahr, dass irgendetwas nicht mehr so ist, wie es sein sollte.

Was gibt uns die Fähigkeit zu erziehen?

Für eine funktionierende Erziehung sind drei Komponenten erforderlich: ein hilfsbedürftiges Wesen, das Fürsorge nötig hat, ein Erwachsener, der bereit ist, Verantwortung zu übernehmen, und eine gut funktionierende Bindung des Kindes zu diesem Erwachsenen. Die wichtigste unter ihnen ist auch die, die am häufigsten übersehen und vernachlässigt wird: die Bindung des Kindes zu dem Erwachsenen. Viele Eltern und andere Menschen, die es gerne wären, hängen immer noch dem Irrglauben an, die Elternrolle einfach von jetzt auf gleich übernehmen zu können, ob nun als Adoptiv-, Pflege- oder Stiefeltern oder auch als biologische Eltern. Wir erwarten, dass das Bedürfnis des Kindes, umsorgt zu werden, und unsere Bereitschaft, ihm diese Fürsorge zukommen zu lassen, ausreichen. Wir sind überrascht und verletzt, wenn Kinder sich gegen unsere Erziehung auflehnen.

Da viele Experten erkannt haben, dass das Verantwortungsbewusstsein der Eltern allein für eine erfolgreiche Kindererziehung nicht ausreicht, sie sich aber immer noch nicht bewusst sind, welche wichtige Rolle die Bindung hierbei spielt, nehmen sie an, das Problem müsse im elterlichen Know-how zu suchen sein. Wenn die Erziehung nicht gut funktioniert, liegt das daran, dass die Eltern Fehler machen. Nach dieser Denkweise reicht es nicht aus, die Rolle zu übernehmen, sondern Eltern brauchen gewisse Fähigkeiten, um effektiv erziehen zu können. Allem Anschein nach muss die Elternrolle nach Ansicht vieler Experten mit allen möglichen Erziehungsmethoden aufgebessert werden.

Auch viele Eltern kommen zu ungefähr folgender Schlussfolgerung: Wenn andere ihre Kinder dazu bewegen können, das zu tun, was sie von ihnen wollen, mir dies aber nicht gelingt, dann muss das darauf zurückzuführen sein, dass ich nicht über die erforderlichen Fähigkeiten verfüge. All ihre Fragen setzen ein einfaches Fehlen von Wissen voraus, das mit Know-how-Ratschlägen für jede denkbare Problemsituation behoben werden kann: Wie kann ich mein Kind dazu bewegen, auf mich zu hören? Wie kann ich mein Kind dazu bewegen, seine Hausaufgaben zu erledigen? Was muss ich tun, damit mein Kind sein Zimmer aufräumt? Was ist das Geheimnis, ein Kind dazu zu bewegen, im Haushalt zu helfen? Was kann ich tun, damit mein Kind mit uns am Tisch sitzt? Unsere Vorfahren hätten sich vermutlich geschämt, derartige Fragen zu stellen oder deshalb einen Elternkurs zu besuchen. Den Eltern von heute scheint es viel leichter zu fallen, Inkompetenz statt Machtlosigkeit einzugestehen, vor allem dann, wenn man seine fehlenden Fähigkeiten auf eine fehlende Ausbildung oder den Mangel an angemessenen Vorbildern in unserer eigenen Kindheit schieben kann. Das Ergebnis ist eine milliardenschwere Industrie – von Experten, die für Auszeiten und Belohnungspunkte am Kühlschrank plädieren, bis hin zu einer Flut von Büchern über effektive Erziehung. Experten für Kindererziehung und Verlage liefern den Eltern, wonach sie verlangen, anstatt der Einsicht, die sie so dringend nötig hätten. Die schiere Menge der angebotenen Ratschläge verstärkt eher das Gefühl der Unzulänglichkeit, das heißt, seinen Aufgaben nicht gewachsen zu sein. Die Tatsache, dass diese Methoden nicht funktionieren, hat die Flut der Ratgeber nicht eingedämmt.

Wenn wir die elterliche Erziehung erst einmal für eine Reihe zu erlernender Fähigkeiten halten, fällt es uns schwer, diese Einstellung zu ändern. Wann immer ein Problem auftaucht, geht man davon aus, dass ein weiteres Buch gelesen, ein weiterer Kurs belegt und eine weitere Fähigkeit erlernt werden muss. In der Zwischenzeit gehen alle in unserer Umgebung, die uns unterstützen, weiterhin davon aus, dass wir die Macht haben, unsere Aufgabe zu erfüllen. Lehrer tun so, als könnten wir unsere Kinder dazu bewegen, ihre Hausaufgaben zu machen. Nachbarn erwarten, dass wir unsere Kinder im Griff haben, und unsere eigenen Eltern ermahnen uns, bei der Erziehung unserer Kinder mehr Strenge walten zu lassen. Experten gehen davon aus, dass auch Gehorsam nur die Folge einer weiteren, von den Eltern erlernbaren Fähigkeit ist. Die Gerichte machen uns für das Verhalten unserer Kinder verantwortlich. Niemand scheint zu verstehen, dass unsere Kinder uns immer mehr entgleiten.

Die Argumente, die elterliche Erziehung als eine Reihe von Fähigkeiten definierten, schienen hinreichend logisch zu sein, waren aber im Nachhinein ein schlimmer Fehler, der zu einer künstlichen Abhängigkeit von Experten geführt hat, Eltern ihres natürlichen Selbstvertrauens beraubt und sie häufig mit dem Gefühl zurückgelassen hat, unwissend und unzulänglich zu sein. Wir neigen zu der Annahme, dass unsere Kinder nicht auf uns hören, weil wir nicht wissen, wie wir es ihnen beibringen sollen; dass unsere Kinder nicht folgsam sind, weil wir die richtigen Tricks noch nicht kennen; dass Kinder Autoritäten nicht ausreichend respektieren, weil wir sie Respekt nicht gelehrt haben. Wir übersehen dabei den wesentlichen Punkt, dass es nicht auf die Fähigkeiten der Eltern ankommt, sondern auf die Beziehung des Kindes zu dem Erwachsenen, der für dieses Kind verantwortlich ist.

Wenn wir uns einzig und allein darauf konzentrieren, was wir tun sollten, werden wir blind für die Bindungsbeziehung zu unseren Kindern und dafür, wie unzulänglich diese ist. Elternschaft ist in erster Linie eine Beziehung, keine Fähigkeit, die erworben werden sollte. Eine Bindung ist kein Verhalten, das man erlernen kann, sondern eine Verbindung, die man anstreben sollte.

Die *elterliche Machtlosigkeit* ist schwer zu erkennen, weil die Macht, die Eltern früher besaßen, diesen nicht bewusst war. Sie war automatisch, unsichtbar, eine zwangsläufige Komponente des Familienlebens und auf Traditionen basierender Kulturen. Im Großen und Ganzen konnten die Eltern von früher ihre Macht für selbstverständlich ansehen, weil sie in der Regel für die zu erledigende Aufgabe ausreichte. Aus Gründen, die wir zu untersuchen begonnen haben, ist dies nicht mehr der Fall. Wenn man die Quelle der eigenen Mühelosigkeit nicht kennt, kann man auch die Wurzel der eigenen Schwierigkeiten nicht ausmachen. Aufgrund unserer kollektiven Unwissenheit, wenn es um Bindung geht, aufgrund unserer Schwierigkeiten, elterliche Machtlosigkeit zu erkennen, und aufgrund unserer Abneigung gegen Macht an sich, sind wir immer noch auf der Suche nach einer Erklärung für die häufigste Zwangslage, die die Elternschaft mit sich bringen kann.

Die Suche nach Etiketten

Die naheliegende Alternative zur Schuldzuweisung an die Eltern ist die Schlussfolgerung, dass mit dem Kind etwas nicht in Ordnung ist oder ihm etwas fehlt. Wenn wir in Bezug auf unsere Erziehung keine Zweifel hegen, gehen wir davon aus, dass das Kind die Ursache unserer Schwierigkeiten sein muss. Wir weisen unserem Kind die Schuld zu und flüchten uns in den Gedanken, dass nicht wir versagt haben, sondern dass unsere Kinder es nicht geschafft haben, den erwarteten Standards gerecht zu werden. Unsere Einstellung zeigt sich in Fragen und Forderungen wie: „Warum passt du nicht auf?“, „Hör endlich auf mit deinen Sperenzchen!“ oder „Warum kannst du nicht einfach tun, was man dir sagt?“

Erziehungsschwierigkeiten führen häufig dazu, dass wir unbedingt herausfinden wollen, was mit unseren Kindern nicht stimmt. Wir erleben heute eine verzweifelte Suche nach Etiketten, um die Probleme unseres Kindes zu erklären. Eltern suchen Fachleute auf, um eine formale Diagnose zu erhalten, oder greifen zu informellen Etiketten – so gibt es zum Beispiel Bücher über die Erziehung „schwieriger“ oder „lebhafter“ Kinder. Je frustrierender die Erziehung wird, desto eher werden Kinder als schwierig empfunden und desto intensiver wird nach Etiketten gesucht, um eine Erklärung zu finden. Es ist kein Zufall, dass die ständige Beschäftigung mit Diagnosen parallel zur wachsenden Gleichaltrigenorientierung in unserer Gesellschaft immer mehr zunimmt. Die Verhaltensprobleme von Kindern werden zunehmend unterschiedlichen medizinischen Syndromen wie oppositionellem Trotzverhalten oder einer Aufmerksamkeitsdefizitstörung zugeschrieben. Diese Diagnosen haben zumindest den Vorteil, dass sie das Kind freisprechen und den

Eltern die Bürde der Schuld abnehmen, aber sie verschleiern die umkehrbaren Dynamiken, die Kinder in erster Linie dazu bringen, sich schlecht zu benehmen. Medizinische Erklärungen sind hilfreich, weil sie von Schuld befreien, aber sie sind auch hinderlich, weil sie Probleme auf zu einfache Konzepte reduzieren. Man nimmt an, dass die vielschichtigen Verhaltensprobleme vieler Kinder genetische Ursachen haben oder durch falsch verbundene Schaltkreise im Gehirn erklärt werden können. Ignoriert wird hierbei, dass wissenschaftlich belegt ist, dass das menschliche Gehirn von Geburt an und im Laufe des gesamten Lebens durch die Umgebung geformt wird und dass Bindungsbeziehungen der wichtigste Aspekt der kindlichen Umgebung sind. Darüber hinaus werden Schmalspurlösungen wie Medikamente angeordnet, ohne Rücksicht auf die Beziehungen des Kindes zu Gleichaltrigen und zur Welt der Erwachsenen. In der Praxis dienen sie dazu, die Macht der Eltern weiter zu schmälern.

Wir wollen damit nicht sagen, dass die Physiologie des Gehirns nicht an einigen Störungen bei Kindern beteiligt ist oder dass Medikamente immer nutzlos sind. Mein Koautor zum Beispiel behandelt viele Kinder und Erwachsene mit ADS – eine Erkrankung, bei der die Funktion des Gehirns physiologisch von der Norm abweicht – und verschreibt Medikamente, wenn diese gerechtfertigt erscheinen. Wir sind jedoch nicht damit einverstanden, Kindheitsprobleme auf medizinische Diagnosen und Behandlungen zu reduzieren und die vielen psychischen, emotionalen und sozialen Faktoren, die zur Entstehung dieser Probleme beitragen, nicht zu beachten. Selbst bei ADS und anderen Kinderkrankheiten, bei denen medizinische Diagnosen und Behandlungen wertvoll sein können, muss die Bindungsbeziehung zu den Eltern das Hauptanliegen und der bevorzugte Weg zur Heilung bleiben.*

Seans Eltern waren bereits auf die Suche nach Etiketten gegangen und hatten drei verschiedene Diagnosen von drei verschiedenen Experten – zwei Psychologen und einem Psychiater – bekommen. Ein Fachmann stufte ihn als zwanghaft ein, ein anderer als oppositionell trotzig und wieder ein anderer attestierte eine Aufmerksamkeitsdefizitstörung. Seine Eltern waren sehr erleichtert, als sie erfuhren, dass mit Sean wirklich etwas nicht stimmte und sie selbst für die Schwierigkeiten nicht verantwortlich waren. Zudem

*Eine umfassende Diskussion dieser Fragen findet sich in *Unruhe im Kopf: Über Entstehung und Heilung von Aufmerksamkeitsdefizitstörungen,* von Gabor Maté (Narayana Verlag, 2021).

war Sean durch die Diagnosen der Experten entlastet – er konnte nichts dafür. Die Etiketten beendeten die Schuldzuweisungen und das war gut so.

Ich hatte mit keinem dieser Etiketten ein Problem, da sie sein Verhalten ziemlich gut beschrieben. Er war sehr zwanghaft, resistent und unaufmerksam. Darüber hinaus haben diese drei Syndrome gemeinsam, dass die mit diesen Diagnosen versehenen Kinder auch impulsiv und unfähig zur *Adaption* sind. Impulsive Kinder (oder Erwachsene) können ihre Impulse nicht von ihrem Tun trennen und leben aus, was immer ihnen in den Sinn kommt. Fehlende Adaptionsfähigkeit bedeutet, sich nicht anzupassen, wenn etwas schiefgeht, von Missgeschicken nicht zu profitieren und aus negativen Folgen nicht zu lernen. Diese Ausfälle haben zur Folge, dass Eltern sich mit noch mehr unangemessenem Verhalten auseinandersetzen müssen und gleichzeitig weniger Möglichkeiten haben, das Verhalten ihres Kindes zu lenken. So sind zum Beispiel negative Methoden wie Vorwürfe, Beschämen, Sanktionen, Konsequenzen und Bestrafungen nutzlos, wenn ein Jugendlicher daraus nichts lernen kann. In gewissem Sinne würde es also der Wahrheit entsprechen, wenn man sagen würde, dass die Tatsache, dass mit Sean etwas nicht stimmte, die Ursache für die großen Schwierigkeiten seiner Eltern war. Dies enthält zwar ein Körnchen Wahrheit, aber eine Wahrheit kann oft eine noch größere Wahrheit verbergen, in diesem Fall ein Beziehungsproblem.

Die medizinischen Etikettierungen führten dazu, dass Seans Eltern abhängig wurden von Experten. Anstatt ihrer eigenen Intuition zu vertrauen, aus ihren eigenen Fehlern zu lernen und ihren eigenen Weg zu finden, fingen sie an, Hinweise für die Erziehung bei anderen zu suchen. Sie befolgten ohne nachzudenken die Ratschläge anderer und wendeten unnatürliche Methoden der Verhaltenskontrolle an, die die Bindungsbeziehung völlig außer Acht ließen. Es habe sich, so sagten sie, manchmal so angefühlt, als hätten sie es mit einem Syndrom, nicht mit einer Person zu tun. Anstatt Antworten zu finden, fanden sie so viele Meinungen, wie es Experten gibt, die diese propagieren.

Noch besorgniserregender an Etiketten – selbst solchen informellen wie „das schwierige Kind" oder so unverfänglichen wie „das sensible Kind" – ist die Tatsache, dass sie den Eindruck erwecken, die Wurzel des Problems sei entdeckt worden. Sie verdecken die wahre Ursache der Schwierigkeiten. Wenn bei der Beurteilung eines Problems die tiefer liegenden Beziehungsfaktoren außer Acht gelassen werden, verzögert dies die Suche nach echten Lösungen.

Dass Sean schwierig war, stand außer Frage. Seine Impulsivität machte es zweifellos noch schwerer, mit ihm umzugehen. Die meisten Impulse werden jedoch durch Bindungen ausgelöst, und es waren Seans Bindungen, die auf Irrwege geraten waren. Es war nicht seine Impulsivität, sondern die Tatsache, dass diese Impulse gegen die Eltern arbeiteten, die für Probleme sorgte. Es widersprach Seans natürlichen Instinkten, von seinen Eltern abhängig zu sein, ihnen nahe zu sein oder sich nach ihnen zu richten. Die Ursache hierfür war seine Orientierung an Gleichaltrigen, nicht irgendeine medizinische Störung. Seine verzerrten Bindungsinstinkte erklärten auch sein oppositionelles Verhalten und zeigten den Weg zu einer Heilung auf. Das Problem der Gleichaltrigenorientierung erklärte nicht die Gesamtheit seiner Aufmerksamkeitsprobleme, aber die Wiederherstellung einer gesunden Bindung zu seinen Eltern war die Grundlage, um mit ihnen umgehen zu können. Das hervorstechendste Problem, das seine Eltern in den Griff bekommen mussten, bestand nicht darin, was mit Sean nicht stimmte, sondern darin, was in Seans Beziehung zu ihnen fehlte. Obwohl weder Kirstens noch Melanies Eltern sich um formale Diagnosen bemüht hatten, fragten sie sich ebenfalls, ob ihre Kinder „normal" waren oder ob ihre Erziehungsmethoden das Problem waren. Bei genauerem Hinsehen stellte ich zwar fest, dass Melanie für ihr Alter sehr unreif war, aber auch das erklärte nicht die Erziehungsschwierigkeiten. Das entscheidende Problem war ihre Abhängigkeit von Gleichaltrigen, was in Anbetracht ihrer psychischen Unreife einen vernichtenden Schlag für die Erziehung bedeutete.

Zum Glück ist eine Gleichaltrigenorientierung nicht nur vermeidbar, sondern in vielen Fällen auch umkehrbar – die Teile IV und V sind diesen Themen gewidmet. Wir müssen zunächst jedoch das Problem von Grund auf verstehen. Elterliche Erziehung sollte natürlich und intuitiv sein, was aber nur möglich ist, wenn das Kind eine Bindung zu uns hat. Wollen wir die Macht zu erziehen zurückgewinnen, müssen wir erreichen, dass unsere Kinder wieder in jeder Hinsicht von uns abhängig werden, und zwar nicht nur physisch, sondern auch psychisch und emotional, wie es die Natur von jeher vorgesehen hat.

KAPITEL 5

Aus der Stütze wird ein Hemmschuh: Wenn die Bindung gegen uns arbeitet

Der Komiker Jerry Seinfeld hat mit 47 Jahren als frischgebackener Vater den entnervenden Moment kommentiert, wenn ein menschliches Wesen einem fröhlich in die Augen schaut und sich dabei gleichzeitig in die Hosen macht. „Stellen Sie sich vor", sagte Seinfeld, „er tut das, während er Sie direkt anblickt!" Was Eltern bei der Stange hält, ist Bindung. Engagement und Werte können viel bewirken, aber wenn das alles wäre, würde die Erziehung zur reinen Fleißarbeit werden. Ohne Bindung wären viele Eltern nicht in der Lage, das Wechseln der Windeln zu ertragen, den unterbrochenen Schlaf zu verzeihen, das lärmende Geschrei zu tolerieren und all die Aufgaben zu erledigen, die nicht im Geringsten gewürdigt werden. Ebenso wenig könnten sie später die Belastungen ertragen, die der Umgang mit den irritierenden und sogar unausstehlichen Verhaltensweisen ihres Nachwuchses mit sich bringt.

Bindungen sind, wie wir festgestellt haben, im Verborgenen am Werk. Menschen, die aus reinem Instinkt heraus eine gute Bindungsbeziehung zu ihrem Kind aufgebaut haben, werden gute und kompetente Eltern sein, auch wenn sie nie eine einzige „elterliche Fähigkeit" formell erlernt haben.

Die Bindung unterstützt auf sieben entscheidende Arten eine effektive Elternschaft. Sie gewährleistet die Abhängigkeit des Kindes von den Eltern – die wahre Quelle der elterlichen Macht. Bedauerlicherweise können diese sieben Faktoren die elterliche Autorität auch unterminieren, wenn die Bindungen des Kindes aus dem Ruder laufen. Der Leser wird diese Liste hilfreich finden, wenn er sich der Aufgabe stellt, seine Bindung zu seinen Kindern wiederherzustellen.

Allen ratsuchenden Eltern möchte ich nochmals sagen, dass ein geduldiges und aufrichtiges Verständnis von Bindungsbeziehungen die wichtigste Voraussetzung ist. Meine Erfahrung mit Tausenden von Eltern und Kindern hat mich davon überzeugt, dass unsere Lösungsansätze, so gut sie auch gemeint sein mögen, das Problem nur verschlimmern, wenn wir nicht von Grund auf verstehen, warum die Dinge nicht funktionieren – und auch nicht, wie sie eigentlich funktionieren sollten.

Durch Bindung entsteht eine Hierarchie zwischen Eltern und Kind

Die erste Aufgabe der Bindungsbeziehung besteht darin, Erwachsene und Kinder in einer hierarchischen Ordnung zu organisieren. Wenn Menschen eine Beziehung eingehen, gliedert das Bindungssystem in ihrem Gehirn die Beteiligten automatisch in eine Rangfolge der *Dominanz*. In unserem angeborenen Denkapparat sind archetypische Positionen verankert, die uns grob in Herrschende und Abhängige, Fürsorgegebende und Fürsorgesuchende, Gebende und Empfangende einteilen. Dies gilt sogar für Beziehungen zwischen Erwachsenen, beispielsweise in der Ehe, obwohl in gesunden wechselseitigen Beziehungen ein häufiger Wechsel zwischen den Modi des Gebens und des Empfangens stattfindet, abhängig von den Umständen und auch davon, wie die Ehepartner ihre Aufgaben aufgeteilt haben. Kinder sollten sich bei Erwachsenen in der abhängigen, fürsorgebedürftigen Position befinden.

Ein Kind ist empfänglich dafür, umsorgt und gelenkt zu werden, solange es sich selbst in einem abhängigen Modus erlebt. Kinder, die in der Bindungshierarchie den angemessenen Platz einnehmen, wollen instinktiv umsorgt werden. Sie blicken intuitiv zu ihren Eltern auf, wenden sich an sie, wenn sie Fragen haben, und ordnen sich ihnen unter. Diese Dynamik liegt in der Natur der Bindung. Sie ermöglicht es uns, unseren Job zu machen.

Ohne dieses Gefühl der Abhängigkeit ist das kindliche Verhalten nur schwer zu steuern.

Die Gleichaltrigenorientierung aktiviert dieselbe Programmierung, allerdings mit negativen Folgen. Sie unterwandert die instinktive Funktionsweise des Bindungssystems im Gehirn, das auf die Bindung zwischen Kind und Erwachsenem ausgelegt ist. Anstatt ein Kind in einer gesunden Beziehung zu seinen Bezugspersonen zu halten, erzeugt die Dominanz-/Abhängigkeitsdynamik ungesunde Ausformungen von Dominanz und Unterwerfung unter unreife Gleichaltrige.

Ein Kind, dessen Bindungssystem im Gehirn einen dominanteren Modus wählt, wird die Macht über seine Altersgenossen übernehmen und sie herumkommandieren. Wenn dieses dominante Kind mitfühlend ist und Verantwortung für andere übernimmt, wird es auch fürsorglich und einfühlsam handeln. Ist es aber frustriert, aggressiv und egozentrisch, haben wir es mit einem Tyrannen zu tun – was wir in späteren Kapiteln über Aggression und Mobbing noch untersuchen werden. Der größte Schaden, den die Orientierung an Gleichaltrigen anrichtet, besteht jedoch darin, dass sie die natürliche Eltern-Kind-Hierarchie abflacht. Die Eltern verlieren den Respekt der Kinder sowie die Autorität, die in der natürlichen Ordnung eigentlich Teil ihrer dominanten Rolle ist.

Ein Kind, das sich an Gleichaltrigen orientiert, hat kein inneres Gespür für Ordnung oder Rang, kein Verlangen danach, dass die Eltern wichtiger sind als es selbst oder über ihm stehen. Ganz im Gegenteil: Eine entsprechende Haltung der Eltern wirkt auf das an Gleichaltrigen orientierte Kind unnatürlich und aufgesetzt, als versuchten die Eltern es zu beherrschen oder zu erniedrigen.

Die drei Kinder im vorigen Kapitel wurden alle durch die Gleichaltrigenorientierung von ihren elterlichen Bindungen entfremdet. Obwohl Kirsten erst sieben Jahre alt war, hatten ihre Eltern ihre dominante Position in der Bindungsordnung verloren. Das war der Grund für ihre Unhöflichkeit und ihren Mangel an Respekt, vor allem wenn Gleichaltrige in der Nähe waren. Das Gleiche gilt für Sean und Melanie. Mit der Schwächung der Bindung zu den Eltern war die hierarchische Ordnung, welche die Erziehung begünstigen sollte, zusammengebrochen – was Melanies Vater so deutlich zu spüren bekam und worauf er so vehement reagierte. Melanie behandelte ihre Eltern wie Gleichgestellte, die nicht das Recht hatten, sie herumzukommandieren und zu versuchen, über ihr Leben zu bestimmen. Instinktiv versuchte Melanies Vater, sie in ihre Schranken zu weisen. Leider kann einem Elternteil dies ohne die

Stütze der Bindung nicht gelingen. Dann gelingt es den Eltern höchstens, das Kind zum Gehorsam zu zwingen, was der Beziehung und der langfristigen Entwicklung des Kindes schweren Schaden zufügt.

Die Orientierung an Gleichaltrigen ist nicht die einzige Ursache für die Umkehrung der Bindungsordnung. Diese kann zum Beispiel auch stattfinden, wenn die Eltern ungelöste Probleme haben, die sie auf das Kind projizieren. In unseren jeweiligen beruflichen Praxen als Psychologe und Arzt haben wir beide Eltern erlebt, die ihre Kinder zu Vertrauenspersonen machten und sich bei ihnen über Probleme mit ihrem Ehepartner beklagten. Das Kind wird zu einem Auffangbecken für den emotionalen Kummer der Eltern. Anstatt seinen Eltern seine eigenen Schwierigkeiten anvertrauen zu können, lernt es, seine Bedürfnisse zu unterdrücken und wird zum Adressaten der emotionalen Nöte Dritter. Eine solche Umkehrung der Bindungshierarchie ist ebenfalls schädlich für eine gesunde Entwicklung. In *Bindung*, dem ersten Band seiner klassischen Trilogie über den Einfluss der Eltern-Kind-Beziehung auf die Persönlichkeitsentwicklung, schreibt der Psychiater John Bowlby: „Die Umkehrung der Rollen zwischen Kind oder Jugendlichem und Elternteil ist, sofern sie nicht nur vorübergehend erfolgt, fast immer nicht nur ein Indiz für eine pathologische Verhaltensweise des Elternteils, sondern auch eine Ursache für eine solche beim Kind."[1] Der Rollentausch mit einem Elternteil verzerrt die Beziehung des Kindes zu seiner gesamten Umwelt und ist eine ergiebige Quelle für späteren psychischen und physischen Stress.

Kurz gesagt, das Bindungssystem im Gehirn eines Kindes, das sich an Erwachsenen orientiert, macht es empfänglich für einen Elternteil, der die Verantwortung für das Kind übernimmt und es lenkt. Für ein solches Kind fühlt es sich richtig an, dass der Elternteil die dominante Position innehat. Wenn das Arrangement umgekehrt ist oder aufgrund der Orientierung an Gleichaltrigen scheitert, widerspricht es den Instinkten des Kindes, von einem Elternteil erzogen zu werden, egal wie groß sein Bedürfnis danach auch sein mag.

Bindung weckt die elterlichen Instinkte und erhöht die elterliche Toleranz

Wie Jerry Seinfelds geistreiche Bemerkung verdeutlicht, versetzt die Bindung nicht nur Kinder in die Lage, sich umsorgen zu lassen, sondern weckt auch die Fürsorgeinstinkte der Erwachsenen. Übungen oder Schulungen können niemals das leisten, was Bindung vermag: Den Instinkt wecken, sich zu kümmern. Bindung öffnet unsere Herzen für unsere Kinder. Sie erhöht unsere Toleranz gegenüber den Entbehrungen der Elternschaft und den unabsichtlichen Verletzungen, die wir dabei erleiden können.

Es gibt nichts Schöneres als das Bindungsverhalten eines Säuglings – die Augen, die uns anblicken, das Lächeln, das unser Herz aufgehen lässt, die ausgestreckten Arme, die Art sich anzuschmiegen, wenn wir ihn auf den Arm nehmen. Ein Mensch müsste schon völlig abgestumpft sein, um dabei nichts von seinen Bindungsmechanismen zu spüren. Das Bindungsverhalten dient dazu, den Elternteil in uns zu wecken. Es wird nicht vom Säugling gesteuert, sondern von *Bindungsreflexen*, die automatisch und spontan sind. Wenn es den Elternteil in uns berührt, werden wir feststellen, dass wir uns ihm nähern und ihn halten wollen und dass wir bereit sind, Verantwortung zu übernehmen. Wir erleben hautnah, wie Bindungsmechanismen funktionieren: Das impulsive Bindungsverhalten des Säuglings weckt die Bindungsinstinkte eines potenziellen Elternteils.

Solche bezaubernden und einnehmenden Verhaltensweisen können mit zunehmendem Alter des Kindes schwächer werden, aber die Wirkung des kindlichen Bindungsverhaltens auf die Eltern bleibt für die Dauer der Kindheit bestehen. Wenn unsere Kinder durch ihr Verhalten oder mit Worten den Wunsch ausdrücken, sich an uns zu binden, macht sie das liebenswerter und den Umgang mit ihnen leichter. Da sind Hunderte von kleinen Gesten und Gesichtsausdrücken, allesamt unbewusst, die dazu dienen, uns zu erweichen und uns in ihren Bann zu ziehen. Wir werden nicht vom Kind manipuliert, sondern von den Kräften der Bindung beeinflusst, und das aus sehr gutem Grund. Elternschaft ist anstrengend, und wir brauchen irgendetwas, um die Last ein wenig leichter tragen zu können.

Die Orientierung an Gleichaltrigen stellt all das auf den Kopf. Die Körpersprache der Bindung, welche diese magnetische Anziehungskraft erzeugt, ist nicht mehr auf uns gerichtet. Die Augen sprechen nicht mehr zu uns, der Gesichtsausdruck ist nicht mehr liebenswürdig und das Lächeln, das uns früher das Herz erwärmte, ist irgendwie eingefroren und lässt uns jetzt kalt oder schmerzt uns. Unser Kind reagiert nicht mehr auf unsere Berührungen. Umarmungen werden oberflächlich und einseitig. Es wird zunehmend schwieriger, unser Kind zu mögen. Wenn wir nicht durch die Bindung unserer Kinder zu uns gerüstet sind, müssen wir uns allein auf unsere Liebe und unser Engagement sowie auf unser Verantwortungsgefühl als Eltern verlassen. In manchen Fällen mag das ausreichen; in vielen tut es das allerdings nicht.

Für Melanies Vater reichte es nicht aus. Melanie hatte ihm immer nahegestanden, aber als sie ihre Aufmerksamkeit und ihre Zuneigung auf Gleichaltrige richtete, erkaltete das Herz ihres Vaters. Er war jemand gewesen, der sich weit mehr Mühe gab als die meisten Eltern, um seine Tochter glücklich zu sehen, aber wie sich herausstellte, war dies eher auf die Tiefe seiner natürlichen Verbundenheit zurückzuführen als auf seinen eigenständigen Charakter. Seine Sprache spiegelte seinen Sinneswandel wider. „Ich habe genug, ich kann das nicht mehr ertragen", „Niemand sollte sich so einen Mist gefallen lassen müssen." Bald folgten die Ultimaten. Melanies Vater fühlte sich benutzt, misshandelt, für selbstverständlich erachtet und ausgebeutet.

Tatsächlich werden alle Eltern benutzt, misshandelt, für selbstverständlich erachtet und ausgebeutet. Der Grund dafür, dass uns das normalerweise nicht auffällt, ist wiederum das Werk der Bindung. Nehmen wir zum Beispiel eine Katzenmutter mit ihren Jungen. Das Muttertier wird getreten, gebissen, gekratzt, geschubst und gestoßen, bleibt aber größtenteils bemerkenswert tolerant. Wird jedoch ein fremdes Kätzchen in den Wurf gesetzt, ist es mit der Toleranz vorbei – es sei denn, es entsteht eine Bindung. Die Mutterkatze wird das Kätzchen für den kleinsten Fehltritt körperlich züchtigen, ganz gleich, wie unvermeidlich er war. Unsere Reife als menschliche Eltern und unser Verantwortungsbewusstsein können uns helfen, solche instinktiven Reaktionen zu überwinden, aber wir haben immer noch viel mit anderen Geschöpfen gemeinsam. Auch wir lassen uns eher aus der Ruhe bringen, wenn die Bindung geschwächt ist. Das Fehlen einer spontanen wechselseitigen Bindung ist wahrscheinlich der Grund dafür, dass Stiefeltern in Kindermärchen einen so schlechten Ruf haben.

Die meisten von uns brauchen die Unterstützung der Bindung, um die Belastung zu ertragen, der wir bei der Ausübung unserer elterlichen Pflichten ausgesetzt sind. Die Kinder haben im Allgemeinen keine Vorstellung davon, wie sehr sie unser Leben verändert haben, welche Verletzungen sie uns zugefügt oder welche Opfer wir für sie gebracht haben. Das sollten sie auch nicht – zumindest nicht, bis sie es durch ihre eigene mündige Reflexion begreifen. Es ist Teil der Aufgabe der Elternschaft, als selbstverständlich zu gelten. Was das Ganze lohnenswert macht, ist die Geste der Zuneigung, das Zeichen der Verbundenheit, der Wunsch nach Nähe – nicht unbedingt aus Wertschätzung für unsere Hingabe und Mühe, sondern aus reiner Verbundenheit. Wenn diese Zuneigung jedoch in eine andere Richtung gelenkt wird, kann die Belastung unerträglich werden. Geht es jedoch um

Kinder, die sich an Gleichaltrigen orientieren, haben viele von uns das Gefühl, ihre elterlichen Instinkte seien stumpf geworden. Die natürliche Wärme, die wir unseren Kindern gegenüber empfinden möchten, kühlt ab, und wir fühlen uns vielleicht sogar schuldig, weil wir unsere Kinder „nicht genug lieben“.

Auf dem unnatürlichen Schauplatz der Gleichaltrigenbeziehungen geht dieselbe Macht der Bindung, die uns eine schlechte Behandlung ertragen lässt, nach hinten los. Sie soll die Erziehungsarbeit erleichtern und die Eltern bei der Stange halten – unter Gleichaltrigen aber fördert sie den Missbrauch. Kinder tolerieren die Übergriffe, die sie durch Gleichaltrige erfahren. Eltern sind oft bestürzt darüber, dass ihre Kinder, die zu Hause nicht einmal auf die geringste Kritik oder Kontrolle reagieren, sich mit den Zumutungen von Gleichaltrigen abfinden und sogar akzeptieren, von ihnen schlecht behandelt zu werden. Das Kind ist nicht in der Lage zu erkennen, dass ein Freund oder Klassenkamerad sich nicht genug um seine Gefühle schert, und drückt ein Auge zu oder findet eine Ausrede, um die Bindung aufrechtzuerhalten.

Bindung gebietet über die Aufmerksamkeit des Kindes

Es ist ungeheuer frustrierend, mit einem Kind umzugehen, das uns keinerlei Beachtung schenkt. Ein Kind dazu zu bringen, uns anzuschauen und uns zuzuhören, ist die Grundlage für jede Erziehung. Die Eltern in unserer neunköpfigen Gruppe hatten alle Schwierigkeiten, die Aufmerksamkeit ihrer Kinder zu erringen. Melanies Mutter beklagte sich, dass sie sich manchmal so fühlte, als würde sie gar nicht existieren. Die Eltern von Sean waren es leid, ignoriert zu werden. Kirstens Eltern hatten Schwierigkeiten, ihren 7-jährigen Sohn dazu zu bringen, ihnen zuzuhören und sie ernst zu nehmen.

Die Probleme dieser Gruppe, die Aufmerksamkeit ihrer Kinder zu gewinnen, sind nicht ungewöhnlich. In Wahrheit kann kein Mensch über die Aufmerksamkeit eines anderen *bestimmen*. Das kindliche Gehirn legt nach einer Dynamik, die größtenteils unbewusst abläuft, Prioritäten für seine Aufmerksamkeit fest. Wenn der Hunger überwiegt, wird das in den Fokus rücken. Wenn das Bedürfnis nach Orientierung das dringlichste Problem ist, wird das Kind das Vertraute suchen. Wenn das Kind beunruhigt ist, wird seine Aufmerksamkeit von der Suche nach möglichen Missständen in Beschlag genommen. Die Bindung steht in der Welt des Kindes jedoch an erster Stelle und spielt daher bei der Organisation seiner Aufmerksamkeit eine zentrale Rolle.

Im Grunde wird die Aufmerksamkeit von der Bindung diktiert. Je stärker die Bindung ist, desto leichter ist es, die Aufmerksamkeit des Kindes zu gewinnen. Wenn die Bindung schwach ist, wird dies entsprechend schwierig sein. Eines der typischen Anzeichen für eine kindliche Tendenz zur Unaufmerksamkeit ist, dass ein Elternteil ständig seine Stimme erheben oder Dinge wiederholen muss. Einige der hartnäckigsten Forderungen, die wir als Eltern stellen, haben mit der Aufmerksamkeit des Kindes zu tun: „Hör mir mal zu", „Schau mich an, wenn ich mit dir rede", „Schau mal her", „Was habe ich gerade gesagt?" oder ganz einfach: „Pass auf".

Wenn Kinder sich an Gleichaltrigen orientieren, richtet sich ihre Aufmerksamkeit instinktiv auf ihresgleichen. Es widerspricht dem natürlichen Instinkt eines gleichaltrigenorientierten Kindes, auf Eltern oder Lehrer zu reagieren. Die von den Erwachsenen ausgehenden Geräusche werden von den Aufmerksamkeitsmechanismen des Kindes als Lärm und Interferenzen wahrgenommen, denen es an Sinn und Relevanz für die Bindungsbedürfnisse fehlt, die sein Gefühlsleben bestimmen.

Die Gleichaltrigenorientierung führt zu Defiziten in der Aufmerksamkeit des Kindes gegenüber Erwachsenen, weil Erwachsene in der Aufmerksamkeitshierarchie dieser Kinder nicht an erster Stelle stehen. Es ist kein Zufall, dass die Aufmerksamkeitsdefizitstörung ursprünglich als ein Schulproblem angesehen wurde – ein Kind, das dem Lehrer keine Aufmerksamkeit schenkt. Es ist ebenfalls kein Zufall, dass die explosionsartige Zunahme der diagnostizierten Fälle von ADS in unserer Gesellschaft parallel zur Entwicklung der Gleichaltrigenorientierung verlief und dort am gravierendsten ist, wo diese am stärksten ausgeprägt ist – in städtischen Zentren und an innerstädtischen Schulen. Damit soll nicht gesagt sein, dass alle Aufmerksamkeitsprobleme auf diese Ursache zurückzuführen sind und dass es keine anderen Faktoren gibt, die bei ADS eine Rolle spielen. Allerdings würde man der Realität vieler mit ADS diagnostizierter Kinder nicht gerecht werden, wenn man die grundlegende Rolle der Bindungsbeziehungen bei der Regulierung der Aufmerksamkeit ignorieren würde. Defizite in der Bindung zu Erwachsenen tragen wesentlich zu Defiziten in der Aufmerksamkeit gegenüber Erwachsenen bei. Wenn die Bindung gestört ist, wird auch die Aufmerksamkeit leiden.

Bindung hält das Kind in der Nähe der Eltern

Dies ist die vielleicht offensichtlichste Aufgabe der Bindung. Wenn das Kind sein Bedürfnis nach Nähe körperlich erfährt – wie dies bei sehr kleinen Kindern der Fall ist –, wirkt die Bindung wie eine unsichtbare Leine. Unser Nachwuchs hat dies mit vielen anderen Lebewesen gemeinsam, die stets einen Elternteil in Sicht-, Hör- oder Riechweite haben müssen.

Manchmal empfinden wir dieses Bedürfnis nach Nähe als etwas erdrückend, vor allem wenn das Kleinkind oder Kind unter 7 in Panik gerät, wenn wir nur die Badezimmertür schließen. Größtenteils verschafft uns diese Bindungsprogrammierung jedoch viel Freiheit. Anstatt das Kind ständig im Auge behalten zu müssen, können wir es uns leisten, die Führung zu übernehmen und auf seine Instinkte zu vertrauen, damit es uns folgt. Wie eine Bärenmutter mit ihrem Jungen, eine Katzenmutter mit ihren Kätzchen oder eine Gänsemutter mit ihren Gänseküken können wir es der Bindung überlassen, unsere Jungen in der Nähe zu halten, anstatt sie ständig zusammentreiben oder in ein Gehege sperren zu müssen.

Dieser instinktive Drang nach Nähe kann uns in die Quere kommen und uns frustrieren. Wir sind von Wirkung von Bindung wenig begeistert, wenn wir uns nach Abstand sehnen, sei es für die Arbeit, die Schule, den Sex, die Nerven oder den Schlaf. Unsere Gesellschaft ist dermaßen auf den Kopf gestellt, dass wir die Trennungsbereitschaft des Kindes irgendwann vielleicht sogar mehr schätzen als seinen Wunsch nach Nähe. Leider können wir nicht beides haben. Eltern, deren Kleinkinder nicht ausreichend an sie gebunden sind, sehen sich mit einem Albtraumszenario konfrontiert, das Kind nur in Sichtweite halten zu wollen. Wir sollten dankbar sein für jede Unterstützung, die uns die Bindung gewähren kann, damit unsere Kinder uns nahe bleiben. Wenn wir das alles ohne sie leisten müssten, kämen wir niemals mit all den anderen Aufgaben zurecht, die Elternschaft noch mit sich bringt. Wir müssen lernen, im Einklang mit diesem Konzept zu erziehen, anstatt dagegen anzukämpfen.

Wenn alles gut geht, entwickelt sich der Drang nach körperlicher Nähe zu den Eltern allmählich zu einem Bedürfnis nach emotionaler Verbundenheit und sozialem Kontakt. Der Drang, die Eltern stets in Sichtweite zu halten, wandelt sich zu dem Bedürfnis, immer zu wissen, wo die Eltern gerade sind. Selbst Heranwachsende, die eine starke Bindung zu ihren Eltern entwickelt haben, werden oft fragen: „Wo ist Papa?“ und „Wann kommt Mama nach Hause?“, und oft reagieren sie mit einem gewissen Grad an Nervosität, wenn sie nicht in der Lage sind, Kontakt aufzunehmen.

Die Orientierung an Gleichaltrigen beeinträchtigt diese Instinkte. Bei Kindern, die sich an Gleichaltrigen orientieren, ist das Bedürfnis nach Verbindung und Kontakt nicht weniger stark ausgeprägt, es wird nur auf andere Kinder verlagert. Jetzt ist es der Aufenthaltsort des Ersatzes, um den sich das Kind Sorgen macht. Als Gesellschaft haben wir leistungsfähige Technologien entwickelt, um in Kontakt zu bleiben, von Handys über E-Mail bis hin zu Chats im Internet. Die 13-jährige Melanie, die von Kontakten zu Gleichaltrigen geradezu besessen war, war nur noch damit beschäftigt. Dieses dringende Bedürfnis, in Kontakt zu bleiben, beeinträchtigt nicht nur die gemeinsame Zeit mit der Familie, sondern auch das Lernen des Kindes, die Entwicklung seiner Talente und ganz sicher auch das kreative Alleinsein, das für die Persönlichkeitsentwicklung so wichtig ist. (Siehe Kapitel 9 für weitere Informationen zu Persönlichkeitsentwicklung und kreativem Alleinsein.)

Bindung macht Eltern zu Vorbildern

Erwachsene sind oft überrascht und sogar verletzt, wenn die Kinder in ihrer Obhut in puncto Verhalten und Lebensweise nicht ihrem Vorbild folgen. Diese Enttäuschung rührt von dem Irrglauben her, dass Eltern und Lehrer automatisch ein Vorbild für ihre Kinder und Schüler sind. In Wirklichkeit nimmt das Kind nur diejenigen als Vorbilder an, zu denen es eine starke Bindung hat. Es ist nicht unser Leben, das uns zu Vorbildern macht, wie vorbildlich wir auch sein mögen, und es ist auch nicht unser Verantwortungsgefühl gegenüber dem Kind oder unsere Rolle als Ernährer des Kindes. Es ist die Bindung, die ein Kind dazu bringt, wie eine andere Person sein zu wollen und deren Eigenschaften zu übernehmen. Kurz gesagt: Die Vorbildfunktion basiert auf der Bindungsdynamik. Indem das Kind die Bezugsperson nachahmt, bewahrt es die psychische Nähe zu dieser Person.

Der Wunsch nach Gleichheit mit wichtigen Bezugspersonen führt zu einigen der bedeutsamsten und spontansten kindlichen Lernerfahrungen, auch wenn die zugrunde liegende Motivation nicht das Lernen, sondern die Nähe ist. Dieses Lernen findet statt, ohne dass die Eltern die Absicht des Lehrens oder das Kind die Absicht des Lernens verfolgen. Fehlt die Bindung, ist das Lernen mühsam und das Unterrichten gezwungen. Stellen Sie sich vor, wie viel Arbeit damit verbunden wäre, wenn jedes Wort, das ein Kind sich aneignet, von den Eltern bewusst gelehrt, jedes Verhalten gezielt geformt und jede Geisteshaltung gezielt eingeimpft werden müsste. Die Last der Elternschaft wäre erdrückend. Bindung bewältigt diese Aufgaben automatisch, mit relativ wenig Aufwand für Eltern und Kind. Bindung ermöglicht unterstütztes Lernen – wie viele Menschen haben schon erlebt, wie schön es ist, eine neue Sprache zu lernen, wenn man in die charmante Lehrerin verliebt ist! Als Eltern und Lehrer, ob uns dies bewusst ist oder nicht, sind wir in hohem Maße auf die Bindung angewiesen, um uns zu Vorbildern werden zu lassen.

Wenn Gleichaltrige die Eltern als dominante Bezugspersonen ablösen, werden sie zu den Vorbildern unserer Kinder, wobei sie natürlich keinerlei Verantwortung für das Ergebnis übernehmen. Unsere Kinder kopieren die Sprache, Gesten, Handlungen, Meinungen und Vorlieben der anderen. Der Lernprozess ist genauso effektiv, aber der Inhalt liegt nicht mehr in unserer Hand. Der Schulhof ist oft der zentrale Schauplatz dieser Lernprozesse. Was auf diese Weise gelernt wird, kann akzeptabel sein, wenn die gewählten Vorbilder sich entsprechend verhalten, werden aber Kinder mit zweifelhaften Verhaltensweisen oder Wertvorstellungen zu Vorbildern, ist das sehr beunruhigend.

Schlimmer noch, die Erziehung, die wir unseren Kindern bieten wollen, wird nun mühsam, künstlich und quälend langwierig. Die Aufgabe der Elternschaft wird unermesslich verkompliziert, wenn wir nicht das Vorbild sind, dem unser Kind nacheifert.

Bindung bestimmt Eltern zu den primären Signalgebern

Eine der grundlegenden Aufgaben der Elternschaft besteht darin, unseren Kindern Orientierung und Anleitung zu geben. Jeden Tag erklären wir ihnen, was funktioniert und was nicht, was gut ist und was schlecht, was erwartet wird und was unangemessen ist, was sie anstreben und was sie vermeiden sollten. Solange das Kind noch nicht in der Lage ist, sich selbst zu orientieren und inneren Impulsen zu folgen, braucht es jemanden, der ihm den Weg weist. Kinder suchen ständig nach Hinweisen, wie sie sich verhalten und was sie tun sollen.

Entscheidend ist nicht, wie gut unsere Lehrmethoden sind, sondern wen die Bindungsprogrammierung des Kindes als Ratgeber auswählt. Es ist wichtig, dass wir gut darin sind, Anweisungen zu geben, aber es spielt keine Rolle, wie weise oder verständlich wir uns ausdrücken, wenn wir nicht diejenigen sind, an denen sich das Kind orientieren will. An diesem Punkt hat die Erziehungsliteratur versagt. Die unausgesprochene Prämisse, dass Kinder sich an Erwachsenen orientieren und ihre Anregungen automatisch von Eltern oder Lehrern entgegennehmen, ist nicht länger haltbar. Der Schwerpunkt dieser Literatur liegt auf der Frage, wie man Kindern Hinweise und Orientierung geben kann – zum Beispiel indem man klare Erwartungen formuliert, klar definierte und vernünftige Grenzen setzt, Regeln aufstellt, Konsequenzen ausnahmslos umsetzt und missverständliche Aussagen vermeidet. Wenn Kinder unseren Anweisungen nicht folgen, liegt die Vermutung nahe, dass das Problem entweder in der Kommunikation unserer Erwartungen oder in der Fähigkeit der Kinder liegt, unsere Botschaften zu verstehen. Das mag in manchen Fällen zutreffen, aber viel wahrscheinlicher ist, dass das Problem wesentlich tiefer liegt: Aufgrund der verloren gegangenen Bindung hat das Kind kein Interesse mehr an unserer Führung.

Orientierung und Anleitung zu geben, sollte keine mühsame Aufgabe sein, die mit Frustration verbunden ist. Es kann und sollte spontan geschehen. Derjenige, der dem Kind als Orientierungspunkt dient, wird ihm auch als Signalgeber dienen. Das ist Teil des Orientierungsreflexes. Das Gehirn des Kindes sucht automatisch nach Signalen von der Person, an die das Kind primär gebunden ist. Wenn das Bindungssystem im Gehirn eines Kindes auf die Eltern ausgerichtet ist, erhält es diese Signale vom Gesichtsausdruck der Eltern, den Reaktionen, den Werten, der Kommunikation und den Gesten der Eltern. Die Eltern werden aufmerksam gelesen und auf Indizien geprüft, die Hinweise darauf liefern, was erwünscht oder erwartet sein könnte. Bindung macht es leicht, Anweisungen zu geben – manchmal ein bisschen zu leicht.

Wenn wir nicht in Bestform sind und uns auf eine Art und Weise verhalten oder reden, auf die wir nicht gerade stolz sind, wünschen wir uns möglicherweise, dass unsere Kinder nicht ganz so automatisch und genau unserem Beispiel folgen würden. Diese Macht mag manchmal belastend sein, aber irgendjemand wird über sie verfügen. Wenn nicht wir, wer dann? Zumindest haben wir als Erwachsene und zuständige Eltern die Fähigkeit und das Verantwortungsbewusstsein, über unser Handeln nachzudenken und gegebenenfalls den Schaden zu beheben, den wir verursacht haben. Wenn Gleichaltrige die Macht haben, übernehmen sie weder Verantwortung noch haben sie jemals ein schlechtes Gewissen angesichts der negativen Folgen, die sie verursachen. Im Gegensatz zu den Eltern kämpfen sie nicht darum, in die Rolle hineinzuwachsen, die ihnen die Bindung zugewiesen hat. Selbst wenn wir unreif und unzulänglich handeln, ist es ein starker Anreiz, uns selbst weiterzuentwickeln und erwachsen zu werden, wenn man uns die große Verantwortung überträgt, ein Vorbild zu sein und Maßstäbe zu setzen.

Wenn Gleichaltrige die Eltern als Bezugspersonen ersetzen, wird das Kind den Erwartungen der Gleichaltrigen folgen, seiner eigenen Wahrnehmung gemäß. Ein solches Kind wird den Forderungen der Gleichaltrigen, so wie es sie wahrnimmt, genauso bereitwillig folgen, wie es den Anweisungen der Eltern gehorchen würde, wenn es erwachsenenorientiert wäre.

Manche Eltern scheuen sich vielleicht davor, Anweisungen zu geben, in dem naiven Glauben, dass sie dem Kind Raum lassen müssen, um seine eigene innere Stimme zu entwickeln. So funktioniert es aber nicht. Nur geistige Reife kann echte Selbstbestimmung bewirken. Zwar ist es für die Entwicklung von Kindern wichtig, dass sie die ihrem Alter und ihrer Reife entsprechenden Entscheidungen treffen können, aber Eltern, die es aus Prinzip vermeiden, Anweisungen zu geben, entziehen sich damit ihrer Elternrolle. In Ermangelung elterlicher Anweisungen suchen die meisten Kinder nach einer Ersatzquelle – vermutlich sind dies dann am ehesten Gleichaltrige.

Es ist schon schwierig genug, mit einem Kind umzugehen, das unseren Anweisungen nicht folgt, aber ein Kind zu erziehen, das unter dem Kommando einer anderen Person steht, ist nahezu unmöglich. Was uns als Eltern eines Tages ersetzen soll, ist kein anderer Mensch, der Befehle erteilt, sondern die Reife des erwachsenen Individuums, Entscheidungen zu treffen und die beste Handlungsweise für sich selbst zu wählen.

Bindung führt dazu, dass das Kind für die Eltern ein gutes Kind sein will

Die letzte wichtige Form der Unterstützung, die uns durch die Bindung unseres Kindes zuteilwird, ist die bedeutendste von allen: Der Wunsch des Kindes, gut zu sein. Er verdient eine genaue Betrachtung.

Der Drang des Kindes, den Anweisungen der Eltern zu folgen, verleiht diesen eine enorme Macht. Fehlt dieser Drang, sind die daraus entstehenden Schwierigkeiten ebenso gewaltig. Wir können den Drang, gut zu sein, am Eifer von Hunden erkennen, die ihrem Herrchen oder Frauchen bereitwillig folgen, den Befehlen von Fremden gegenüber jedoch völlig gleichgültig bleiben. Der Versuch, einen Hund zu etwas zu bewegen, der nicht daran interessiert ist, uns zu gefallen, lässt erahnen, worauf wir uns gefasst machen müssen, wenn diese Motivation bei einem emotional viel komplexeren und verletzlicheren Wesen wie einem Kind nicht vorhanden ist.

Dieser Wunsch, gut zu sein, gehört zu den ersten Dingen, auf die ich bei Kindern achte, deren Eltern Erziehungsschwierigkeiten haben. Es kann eine Reihe von Gründen dafür geben, warum ein Kind nicht gut ist, aber der bei Weitem wichtigste ist das Fehlen des Wunsches, gut zu sein. Leider können manche Kinder den Erwartungen ihrer Eltern nie gerecht werden, weil die geforderten Standards hoffnungslos unrealistisch sind. Wenn aber der Wunsch beim Kind selbst nicht vorhanden ist, spielt es keine große Rolle, ob die Erwartungen realistisch sind oder nicht. Als ich die Eltern von Sean, Melanie und Kirsten befragte, berichteten sie alle, dass es ihrem Kind an dieser Motivation fehle. Allerdings konnten sich alle Eltern an eine Zeit in der nicht allzu fernen Vergangenheit erinnern, in der der Drang, gut zu sein, viel stärker ausgeprägt gewesen war.

Bei der Kindererziehung besteht die wichtigste Errungenschaft einer funktionierenden Bindung darin, dem Kind den Wunsch zu vermitteln, gut sein zu wollen. Wenn wir von einem bestimmten Kind sagen, dass es „gut" ist, denken wir, dass wir damit eine angeborene Eigenschaft des Kindes beschreiben. Dabei übersehen wir, dass es die Bindung des Kindes zu den Erwachsenen ist, die dieses Gutsein bewirkt. Insofern sind wir für die Macht der Bindung blind. Wenn wir glauben, dass die angeborene Persönlichkeit des Kindes seinen Wunsch, gut zu sein, verursacht hat, besteht die Gefahr, dass wir es tadeln und beschämen – wir sehen es als „schlecht" an –, wenn wir feststellen, dass dieser Wunsch nicht vorhanden ist. Der Drang, gut zu sein, ergibt sich weniger aus dem Charakter des Kindes als aus der Beschaffenheit seiner Beziehungen. Wenn ein Kind „schlecht" ist, müssen wir die Beziehung verbessern, nicht das Kind.

Die Bindung weckt den Wunsch, gut zu sein, auf unterschiedliche Arten, von denen jede für sich genommen bedeutsam ist. Zusammen ermöglichen sie die generationenübergreifende Vermittlung von Werten und Normen für akzeptables Verhalten. Eine Quelle des kindlichen Wunsches, gut zu sein, nenne ich das *Bindungsgewissen* – eine Art inneres Alarmsystem. Es warnt das Kind vor Verhaltensmustern, welche die Missbilligung der Eltern hervorrufen würden. Nicht von ungefähr ist das Wort *Gewissen* mit dem Verb „wissen" verwandt. Ich verwende es hier in dieser grundlegenderen Bedeutung, nicht im Kontext eines Moralkodex, sondern im Sinne eines inneren Gespürs, das vor einem Zerwürfnis mit den Eltern bewahren soll.

Die Essenz des Bindungsgewissens ist die Trennungsangst. Weil Bindung so wichtig ist, arbeiten elementare Nervenzentren im Bindungshirn wie Alarmanlagen, die ein Gefühl unangenehmer Erregung erzeugen, wenn wir uns von den Menschen trennen müssen, zu denen wir eine Bindung haben. Am Anfang ist es die Vorahnung der physischen Trennung, die diese Reaktion beim Kind hervorruft. Mit zunehmender psychischer Verbundenheit wird die Vorstellung einer emotionalen Trennung immer beunruhigender. Das Kind fühlt sich schlecht, wenn es die Missbilligung oder Enttäuschung des Elternteils erwartet oder erfährt. Jedes Verhalten des Kindes, das den Elternteil möglicherweise verärgert, ihn wegstößt oder entfremdet, löst beim Kind Angst aus. Das Bindungsgewissen sorgt dafür, dass sich das Verhalten des Kindes innerhalb der von den Eltern gesetzten Grenzen bewegt.

Das Bindungsgewissen kann sich letztendlich zum moralischen Gewissen des Kindes entwickeln, aber seine ursprüngliche Funktion besteht darin, die Verbindung zu der Person aufrechtzuerhalten, die als primäre Bezugsperson agiert. Wenn die primäre Bezugsperson eines Kindes wechselt, wird das Bindungsgewissen häufig neu kalibriert, um alles zu vermeiden, was in der neuen Beziehung zu Unfrieden oder Distanz führen würde. Erst wenn ein Kind ein Selbstbewusstsein entwickelt hat, das stark genug ist, um unabhängige Werte und Urteile zu bilden, entwickelt sich ein reiferes und autonomes Gewissen, das in allen Situationen und Beziehungen einheitlich reagiert.

Zwar ist es für ein Kind letztendlich von Vorteil, sich schlecht zu fühlen, wenn es den Verlust der Verbindung zu denjenigen erwartet, die seinem Wohlergehen und seiner Entwicklung zugetan sind – allerdings ist es für Eltern von entscheidender Bedeutung zu verstehen, dass dieses Gewissen niemals ausgenutzt werden darf. Wir sollten ein Kind niemals absichtlich dazu veranlassen, sich schlecht und schuldig zu fühlen oder sich zu schämen, um es zum Bravsein zu veranlassen. Der Missbrauch des Bindungsgewissens ruft in dem Kind tiefe Unsicherheiten hervor und kann es dazu bewegen, dieses aus Angst vor Verletzungen abzuschalten. Die negativen Folgen sind die kurzfristigen positiven Verhaltensziele nicht wert.

Das Bindungsgewissen kann auch aus anderen Gründen als der Gleichaltrigenorientierung in seiner Funktion gestört sein, aber die häufigste, dem falschen Zweck dienende Ursache besteht in der Orientierung an Gleichaltrigen und der Abwendung von den Eltern. In diesem Fall ist das Gewissen zwar noch funktionsfähig, aber sein natürlicher Zweck ist untergraben. Daraus ergeben sich zwei unerwünschte Konsequenzen. Die Eltern verlieren die Unterstützung dieses Gewissens bei der Beeinflussung des Verhaltens ihrer Kinder, und zugleich wird das Bindungsgewissen so umprogrammiert, dass es den Beziehungen zu Gleichaltrigen dient. Wenn wir schockiert sind über die Verhaltensänderungen, die sich aus der Orientierung an Gleichaltrigen ergeben, dann deshalb, weil deren Vorstellungen von akzeptablem Verhalten sich drastisch von den Vorstellungen der Eltern unterscheiden. Gleichermaßen ist das, was Gleichaltrige befremdlich finden, weit von dem entfernt, was für Eltern befremdlich ist. Das Bindungsgewissen dient einem neuen Herrn.

Wenn ein Kind versucht, bei Gleichaltrigen statt bei den Eltern Anerkennung zu finden, sinkt seine Motivation, für die Eltern gut zu sein, erheblich. Unterscheiden sich die Werte der Gleichaltrigen von denen der Eltern, wird sich auch das Verhalten des Kindes entsprechend anpassen. Diese Verhaltensänderung zeigt, dass die Werte der Eltern nie wirklich verinnerlicht und zu den eigenen geworden sind. Sie dienten vor allem als Instrument, den Eltern zu gefallen.

Kinder verinnerlichen Werte erst in der Pubertät. Daher bedeuten die Veränderungen im Verhalten eines an Gleichaltrigen orientierten Kindes nicht, dass sich seine Werte geändert haben, sondern nur, dass sich die Richtung seines Bindungsinstinkts gewandelt hat. Elterliche Werte wie Bildung, Zielstrebigkeit, Ehrgeiz, Respekt vor der Gesellschaft, Verwirklichung des eigenen Potenzials, Entfaltung von Talenten, Vertiefung individueller Leidenschaften und Wertschätzung der Kultur werden oft durch Werte der Gleichaltrigen ersetzt, die viel unmittelbarer und kurzlebiger sind. Aussehen, Spaß, Gruppenzugehörigkeit, gemeinsame Aktivitäten, Anpassung an die Subkultur und der Umgang miteinander werden höher bewertet als Bildung und die Entfaltung des persönlichen Potenzials. Eltern geraten oftmals mit ihren Kindern in Streit über Werte, ohne sich bewusst zu machen, dass die Werte ihrer an Gleichaltrigen orientierten Kinder ganz andere sind: Sie bestehen aus Normen, die sie erfüllen müssen, um von der Gruppe der Gleichaltrigen akzeptiert zu werden.

So kommt es, dass wir unseren Einfluss genau dann im Leben unserer Kinder verlieren, wenn es für uns am angebrachtesten und notwendigsten ist, ihnen unsere Werte zu vermitteln und sie zu ermutigen, das zu verinnerlichen, woran wir glauben. Die Förderung von Werten erfordert Zeit und Gespräche. Die Gleichaltrigenorientierung beraubt die Eltern dieser Möglichkeit und bremst damit die moralische Entwicklung unserer Kinder.

Der Impuls, schlecht zu sein, ist das Gegenstück des Wunsches, gut zu sein. Sogar unserem Kind zu sagen, dass uns dies oder jenes gefallen würde oder dass uns etwas, was unser Kind getan hat, stolz oder glücklich gemacht hat, kann das Gegenteil bewirken. Die zweipolige Natur der Bindung, die in Kapitel 2 besprochen wurde, kann, wenn die negativen Aspekte am Werk sind, ein Verhalten hervorrufen, das im totalen Gegensatz zum Gewünschten steht. Das war bei Melanie und ihrer Mutter zweifelsohne der Fall. Wenn ein Kind sich dem Kontakt mit uns widersetzt, anstatt uns gefallen zu wollen, sagt ihm sein Instinkt, uns von sich zu stoßen und zu verunsichern. Melanie gab sich große Mühe, ihre Mutter zu ärgern. Es mag den Anschein haben, als würde das auf Gleichaltrige ausgerichtete Kind versuchen, uns auf die Palme zu bringen, und in gewisser Weise stimmt das auch, allerdings geschieht das instinktiv und unbeabsichtigt. Bindungswesen sind Instinkt- und Impulskreaturen. Es fühlt sich weder gut noch richtig oder angemessen an, um die Gunst derer zu werben, von denen man sich distanzieren möchte. Wenn man die Anerkennung Gleichaltriger sucht, ist es fast unerträglich, bei Erwachsenen beliebt zu sein.

Eine Warnung zum Schluss. Der Wunsch eines Kindes, gut für die Eltern zu sein, ist eine starke Motivationsquelle und erleichtert die Erziehung erheblich. An dieser Stelle sind sorgfältige Fürsorge und Vertrauen gefordert. Es ist eine Verletzung der Beziehung, nicht an den Wunsch des Kindes zu glauben, wenn dieser tatsächlich besteht, zum Beispiel dem Kind böse Absichten zu unterstellen, wenn wir sein Verhalten missbilligen. Solche Anschuldigungen können beim Kind leicht Abwehrreaktionen auslösen, der Beziehung schaden und ihm das Gefühl geben, schlecht zu sein. Es ist auch zu riskant für das Kind, weiterhin gut sein zu wollen für einen Elternteil oder eine Lehrerin, der/die kein Vertrauen in seine guten Absichten hat, und deshalb denkt, das Kind müsse mit Bestechungsgeldern gelockt oder mit Sanktionen bedroht werden. Es entsteht ein Teufelskreis. Externe Motivationshilfen wie Belohnungen und Strafen können die wertvolle innere Motivation zerstören, sodass der Einsatz solcher künstlichen Mittel zwangsläufig notwendig wird. Eine der besten Investitionen in eine unkomplizierte Erziehung ist das Vertrauen in den Wunsch des Kindes, für uns ein gutes Kind sein zu wollen.

Viele aktuelle Methoden der Verhaltenskontrolle, die sich auf von außen auferlegte Motivationen stützen, treten diesen empfindlichen Impuls mit Füßen. Die Lehre von den sogenannten logischen Konsequenzen ist ein Beispiel dafür. Mit dieser Disziplinierungsmethode soll dem Kind vermittelt werden, dass bestimmte Fehlverhaltensweisen spezifische, von den Eltern festgelegte Sanktionen nach sich ziehen, und zwar nach einer Logik, die vielleicht für die Eltern, aber nur selten für das Kind nachvollziehbar ist. Was die Eltern als natürlich ansehen, wird vom Kind als willkürlich empfunden. Wenn die Konsequenzen wirklich natürlich sind, warum müssen sie dem Kind dann aufgezwungen werden?

Für manche Eltern hat Vertrauen etwas mit Ergebnissen zu tun, nicht mit der Grundmotivation. In ihren Augen ist Vertrauen eher etwas, das man sich verdienen muss, als eine zu tätigende Investition. „Wie kann ich dir vertrauen", sagen sie vielleicht, „wenn du nicht tust, was du versprochen hast, oder wenn du mich anlügst?" Selbst wenn ein Kind nie in der Lage wäre, unsere Erwartungen zu erfüllen oder seine eigenen Absichten zu verwirklichen, wäre es dennoch wichtig, darauf zu vertrauen, dass es uns wohlgesonnen ist. Wenn wir ihm dieses Vertrauen entziehen, nehmen wir ihm den Wind aus den Segeln und verletzen es tief. Wenn der Wunsch, gut für uns zu sein, nicht gewürdigt und gefördert wird, verliert das Kind die Motivation, sich weiter zu bemühen. Es ist der Wunsch der Kinder, es uns recht zu machen, der unser Vertrauen rechtfertigt, nicht ihre Fähigkeit, unsere Erwartungen zu erfüllen.

KAPITEL 6

Gegenwille: Warum Kinder ungehorsam werden

„Ihr seid nicht mein Boss", sagte die 7-jährige Kirsten von jetzt auf gleich zu ihren verblüfften Eltern, wann immer diese sie um etwas baten. Sean, neun Jahre alt und ebenfalls zunehmend aufmüpfig, hängte ein großes Verbotsschild mit der Aufschrift „Betreten verboten" an seine Tür. Die jugendliche Melanie kommunizierte mit ihren Eltern fast ausschließlich über trotzige Gesten: Ein mürrischer Gesichtsausdruck, ein Achselzucken, ein Grinsen, das umso geringschätziger wurde, wenn ihr Vater ihr wütend, aber ohne Erfolg befahl, „endlich mit diesem Grinsen aufzuhören".

Wie ich im vorherigen Kapitel bereits gezeigt habe, wendet sich bei einer Gleichaltrigenorientierung unserer Kinder die Bindung gegen uns und wir verlieren die Macht zu erziehen. Mit diesen Schwierigkeiten hatten die Eltern von Kirsten, Melanie und Sean bereits genug zu kämpfen, aber die Geschichte ist hier noch nicht zu Ende. Es gibt noch einen weiteren Instinkt, der sich bei einer Verzerrung durch die Gleichaltrigenorientierung verheerend auf die Eltern-Kind-Beziehung auswirkt und jedem verantwortlichen Erwachsenen das Leben schwer macht. Dieser Instinkt wurde von dem einfühlsamen österreichischen Psychologen Otto Rank treffend als *Gegenwille* bezeichnet.

Der Gegenwille ist ein instinktiver, automatischer Widerstand gegen jedes Gefühl des Zwangs. Er wird immer dann ausgelöst, wenn eine Person sich kontrolliert oder unter Druck gesetzt fühlt, den Anordnungen einer anderen

Person Folge zu leisten. Er zeigt sich am dramatischsten rund um den zweiten Geburtstag, in einer Phase, die als Trotzphase oder auch Phase der „Terrible Twos" bezeichnet wird. (Wenn Zweijährige solche Bezeichnungen erfinden könnten, würden sie ihre Eltern vielleicht die „Terrible Thirties" nennen.) Der Gegenwille tritt während der Pubertät wieder verstärkt in Erscheinung, kann aber in jedem Alter aktiviert werden – viele Erwachsene machen diese Erfahrung.

Rank stellte bereits in der ersten Hälfte des 20. Jahrhunderts fest, dass der Gegenwille die größte Herausforderung darstellt. Er schrieb dies zu einer Zeit, als die Bindungen von Kindern im Großen und Ganzen noch auf Erwachsene ausgerichtet waren. Der Gegenwille ist also nicht anormal bei einem Kind, er wurde aber, wie ich in Kürze erläutern werde, unter dem Einfluss der Gleichaltrigenorientierung anormal verstärkt.

Niemandem gefällt es, herumgestoßen zu werden, auch Kindern nicht – oder, korrekter ausgedrückt, *besonders* Kindern nicht. Obwohl wir alle uns dieser instinktiven Reaktion in uns selbst ziemlich bewusst sind, übersehen wir diese im Umgang mit unseren Kindern. Den Gegenwillen zu verstehen, kann Eltern viel unnötige Verwirrung und Konflikte ersparen, insbesondere wenn es darum geht, die Einstellungen und das Verhalten eines gleichaltrigenorientierten Kindes zu verstehen.

Der Gegenwille kann auf Tausende von Arten in Erscheinung treten. Er kann sich als reaktives „Nein" des Kleinkindes zeigen, als „Du bist nicht mein Boss" des jüngeren Kindes, als Störrischkeit, wenn zur Eile ermahnt wird, als Ungehorsam oder als Trotz. Bei einem Heranwachsenden ist er in der Körpersprache zu erkennen. Der Gegenwille kann sich auch in Passivität äußern, in zögerlichem Verhalten oder darin, dass genau das Gegenteil von dem getan wird, was erwartet wird. Er kann als Faulheit oder fehlende Motivation zum Ausdruck kommen sowie in einer negativen Haltung, Streitsucht oder Streitlust, die von Erwachsenen häufig als Unverschämtheit gedeutet werden. Bei vielen, vom Gegenwillen angetriebenen Kindern lässt sich eine Faszination für die Überschreitung von Tabus und antisoziales Verhalten beobachten. Ganz gleich, wie es nach außen wirkt, die zugrunde liegende Dynamik ist schlicht instinktiver Widerstand gegen Zwang.

Die Einfachheit dieser Dynamik steht in krassem Widerspruch zu der Vielzahl und Vielschichtigkeit der Probleme, die sie erzeugt – für Eltern, für Lehrer und für alle, die mit Kindern zu tun haben. Allein die Tatsache, dass wir etwas für wichtig halten, kann bewirken, dass unsere Kinder weniger geneigt sind, es zu tun. Je mehr wir unsere Kinder dazu drängen, ihr Gemüse aufzuessen, ihr Zimmer aufzuräumen, ihre Zähne zu putzen, ihre Hausaufgaben zu erledigen, auf ihr Verhalten zu achten oder sich mit ihren Geschwistern zu vertragen, desto weniger werden sie bereit sein, unseren Aufforderungen nachzukommen. Je nachdrücklicher wir ihnen verbieten, Junk Food zu essen, desto eher werden sie es tun. „Jedes Mal, wenn du mir sagst, mein Gemüse zu essen, habe ich weniger Lust, es auch zu tun", sagte ein 14-Jähriger, der sich über sein Verhalten voll und ganz im Klaren war, zu seinem Vater. Je deutlicher wir zum Ausdruck bringen, was wir erwarten, desto mehr fokussieren sich unsere Kinder auf ihren Widerstand. All dies kann sogar der Fall sein, wenn alles völlig normal und natürlich verläuft – das heißt, wenn Kinder eine gute Bindung zu den für sie verantwortlichen Erwachsenen haben. Wenn Kinder keine aktive Bindung zu diesen Erwachsenen haben, empfinden sie deren Bemühungen um die Aufrechterhaltung ihrer Autorität als „Herumkommandieren". Da die Gleichaltrigenorientierung an die Stelle der natürlichen Bindungen des Kindes tritt, verstärkt sie den Widerstand über alle Maßen. Der Instinkt des Gegenwillens kann dann ziemlich ausufern.

Mit schwindender Bindung nimmt der Gegenwille zu

Der fundamentale menschliche Widerstand gegen Zwang wird gewöhnlich durch die Bindung gemäßigt, wenn nicht gänzlich verhindert. Auch dies kennen wir aus eigener Erfahrung: Wenn wir verliebt sind, halten wir kaum eine Erwartung der geliebten Person für unvernünftig. Wir schrecken viel eher vor den Anforderungen von jemandem zurück, mit dem wir uns nicht verbunden fühlen. Ein Kind, das uns nahe sein möchte, wird unsere Erwartungen vermutlich als Chance sehen, diese auch erfüllen zu können. Hinweise, wie ein Kind sein und was es tun sollte, helfen ihm, den Eltern zu gefallen.

Ohne die Bindungsdynamik sieht die Sache ganz anders aus, vor allem für diejenigen, die nicht reif genug sind um zu wissen, was sie selbst wollen. Erwartungen sind dann eine Quelle des Drucks. Wenn man gesagt bekommt, was man tun soll, hat man das Gefühl, herumkommandiert zu werden. Würde man gehorchen, hätte man das Gefühl zu kapitulieren. Selbst relativ reife Erwachsene können so reagieren, ganz zu schweigen von einem heranwachsenden Kind. Erteilt man einem Kind unter 7, zu dem man keine Beziehung hat, einen Befehl, lädt man es dazu ein, sich zu widersetzen oder bestenfalls von ihm ignoriert zu werden. Ein kleines Kind ist nicht geneigt, jemandem zu gehorchen, mit dem es sich nicht verbunden fühlt. Für ein Kind fühlt es sich nicht richtig an, Fremden, zu denen es keine Bindung hat, zu gehorchen.

Bei unreifen Heranwachsenden ist die Dynamik genau dieselbe, auch wenn ihre Ausdrucksformen vermutlich weitaus weniger „niedlich unschuldig“ sind. In Situationen, in denen ihnen ständig von Personen, zu denen sie keinerlei Bindung haben, gesagt wird, was sie tun sollen, kann sich der Gegenwille schnell zu ihrer grundlegenden Reaktion auf die Erwachsenenwelt etablieren. Eine 14-Jährige, die sich stark an Gleichaltrigen orientierte, war auf ein Internat geschickt worden, weil ihr Gegenwille den Umgang mit ihr unmöglich machte, und musste schließlich die Schule aus genau diesem Grund wieder verlassen. Ich fragte sie, warum sie einige der grässlichen Dinge, die man ihr nachsagte, getan hatte. Sie antwortete darauf mit einem Achselzucken und einem sachlichen: „Weil wir sie nicht tun sollten.“ Diese Notwendigkeit lag in ihren Augen so klar auf der Hand, dass meine Frage ihrer Meinung nach kaum eine Antwort verdiente.

Fragt man gleichaltrigenorientierte und vom Gegenwillen bestimmte Kinder danach, was für sie am wichtigsten ist, lautet ihre Antwort häufig: „dass niemand uns herumkommandiert.“ Ihr Gegenwille ist so beherrschend und stark, dass Erwachsene den Eindruck haben, sie seien unverbesserlich und unmöglich zu lenken. Kliniker diagnostizieren dann bei solchen Kindern häufig eine oppositionelle Verhaltensstörung. Hier ist jedoch nicht die Oppositionalität – der Gegenwille – gestört, sondern es sind die Bindungen des Kindes. Diese Kinder hören nur auf ihren Instinkt, wenn sie sich Menschen widersetzen, zu denen sie keine Bindung spüren. Je gleichaltrigenorientierter ein Kind ist, desto stärker wird es sich den zuständigen Erwachsenen widersetzen. Was wir bei einzelnen Kindern als Verhaltensstörung bezeichnen, ist in Wirklichkeit ein Zeichen für eine gesellschaftliche Störung.

Der Instinkt des Gegenwillens steht im Widerspruch zu unseren Vorstellungen davon, wie Kinder sein sollten. Wir erwarten, dass Kinder generell für die Anweisungen der für sie verantwortlichen Erwachsenen empfänglich sein sollten. Es trifft zu, dass Kinder von Natur aus folgsam sind, aber nur im Kontext einer Verbindung und nur, wenn die Bindung stark genug ist.

Dadurch, dass die Gleichaltrigenorientierung die Bindung eines Kindes zu den Eltern untergräbt, lenkt sie den instinktiven Gegenwillen genau gegen die Menschen, die dem Kind als Orientierungshilfe und zur Richtungsvorgabe dienen sollten. Kinder, die sich an ihren Altersgenossen orientieren, widersetzen sich instinktiv sogar den vernünftigsten Erwartungen der Eltern. Sie sträuben sich, „machen Dienst nach Vorschrift“, widersprechen, sind anderer Meinung oder tun genau das Gegenteil von dem, was von ihnen erwartet wird.

Eltern müssen kein einziges Wort sagen, um den Gegenwillen in einem gleichaltrigenorientierten Kind zu wecken. Wenn irgendjemand in unseren Gedanken lesen kann, was wir von ihnen erwarten, dann sind das unsere Kinder. Wenn wir, die Eltern, durch Gleichaltrige ersetzt werden, geht dieses Wissen, was wir von ihnen wollen, nicht verloren. Verloren geht die Bindung zu uns, die unseren Willen für sie akzeptabel machen würde. Der Wunsch, folgsam zu sein, wird durch das Gegenteil ersetzt. Ein gleichaltrigenorientiertes Kind fühlt sich bedrängt, unter Druck gesetzt oder manipuliert, ohne dass die Eltern auch nur ein einziges Wort sagen müssten.

Hinter den Schwierigkeiten, mit denen die Eltern von Kirsten, Sean und Melanie zu kämpfen hatten, steckte diese Gegenwillendynamik, die durch die Gleichaltrigenorientierung verzerrt und noch verstärkt wurde. Eine einfache Bitte führte dazu, dass diese Kinder sauer wurden. Die Situation eskalierte. Erwartungen erwiesen sich als Eigentor. Je wichtiger etwas für die Eltern war, desto weniger waren die Kinder geneigt, auch zu liefern. Je mehr Befehle Melanies Vater erteilte, desto rebellischer wurde seine Tochter. Es ging weniger darum, dass die Eltern etwas falsch machten, als darum, dass der instinktive Gegenwille ihrer Kinder durch die Gleichaltrigenorientierung allgegenwärtig, ja sogar abnormal geworden war.

Der natürliche Zweck des Gegenwillens

So unerfreulich der Umgang mit einem oppositionellen Kind für Erwachsene auch sein mag, der Gegenwille erfüllt – wie alle natürlichen Instinkte in ihrem natürlichen Kontext – einen positiven, ja sogar notwendigen Zweck. Er besitzt für die Entwicklung des Kindes eine doppelte Funktion. In erster Linie dient er der Abwehr von Aufforderungen und Einflüssen von Personen, die sich außerhalb des Kreises der kindlichen Bindungen befinden. Er schützt das Kind davor, von Fremden verleitet und zu etwas gezwungen zu werden.

Der Gegenwille fördert darüber hinaus das Wachstum des inneren Willens und der Autonomie des jungen Menschen. Wir alle sind zu Beginn unseres Lebens völlig hilflos und abhängig, aber das Ergebnis der natürlichen Entwicklung ist die Reife eines selbstmotivierten und selbstregulierten Individuums mit einem echten eigenen Willen. Der lange Weg vom Säuglings- zum Erwachsenenalter beginnt mit den ersten zaghaften Versuchen des noch sehr kleinen Kindes, sich von den Eltern zu lösen. Der Gegenwille zeigt sich erstmals beim Kleinkind, um es bei dieser Aufgabe der Individuation zu unterstützen. Im Wesentlichen errichtet das Kind eine Mauer aus Neins. Hinter dieser Mauer kann das Kind nach und nach lernen, was es mag und was nicht, welche Abneigungen und welche Vorlieben es hat, ohne von dem weitaus stärkeren Willen der Eltern niedergedrückt zu werden. Der Gegenwille kann mit dem kleinen Gatter verglichen werden, mit dem man einen frisch gepflanzten Rasen einzäunt, um ihn vor dem Betreten zu schützen. Da das Wachstum anfangs noch zart und zögerlich ist, muss ein Schutzwall vorhanden sein, bis die eigenen Ideen, Meinungen, Initiativen und Perspektiven des Kindes tief genug verwurzelt und stark genug sind, um mit Füßen getreten werden zu können, ohne zerstört zu werden. Ohne diesen schützenden Zaun kann der im Entstehen begriffene Wille des Kindes nicht überleben. In der Pubertät dient der Gegenwille demselben Ziel, indem er den Jugendlichen dabei unterstützt, seine psychische Abhängigkeit von der Familie allmählich zu lösen. Dies geschieht in einer Zeit, in der das Gefühl für das Selbst aus dem Kokon der Familie heraustreten muss. Um herausfinden zu können, was wir wollen, müssen wir zunächst die Freiheit haben, nicht zu wollen. Indem er die Erwartungen und Anforderungen der Eltern unberücksichtigt lässt, schafft der Gegenwille Raum für das Wachstum der eigenen kindlichen Motivationen und Neigungen. Demzufolge ist der Gegenwille eine normale menschliche Dynamik, die allen Kindern zu eigen ist, selbst denjenigen, die über gute Bindungen verfügen.

Für die meisten Kinder mit starker Bindung bleibt der Gegenwille eine sich wiederholende, aber flüchtige Erfahrung, die auf Situationen beschränkt ist, in denen der Druck, den der Erwachsene ausübt, um das Kind in die richtigen Bahnen zu lenken, stärker ist als die Macht der Bindung, die der Erwachsene in dieser bestimmten Situation besitzt. Solche Momente können in der Kindererziehung nicht vermieden werden. Kluge und einfühlsame Eltern werden versuchen, sie auf ein erforderliches Minimum zu beschränken, auf Zeiten, in denen die Umstände oder das Wohlergehen des Kindes es erforderlich machen, dass Eltern ihren Willen offen durchsetzen. Wenn wir uns weder der Dynamik der Bindung noch der des Gegenwillens bewusst sind, haben wir vielleicht nicht genug Verständnis dafür, wo genau die Grenze liegt. Wir überschreiten sie aus Unachtsamkeit, selbst wenn keine Notwendigkeit dafür besteht.

So glauben wir zum Beispiel, unser Kind sei dickköpfig oder eigensinnig und wir müssten seinem aufsässigen Verhalten Einhalt gebieten. Bei kleinen Kindern kann man jedoch kaum von einem eigenen Willen sprechen, wenn damit die Fähigkeit eines Menschen gemeint ist, zu wissen, was er will, und trotz Rückschlägen oder Ablenkungen an diesem Ziel auch festzuhalten. Viele Eltern beharren jedoch darauf, ihr Kind habe einen starken Willen. „Wenn es etwas unbedingt haben will, macht es so lange weiter, bis ich nicht mehr Nein sagen kann oder sehr wütend werde." Was hier wirklich beschrieben wird, ist nicht der Wille, sondern ein unbeugsames, zwanghaftes Festhalten an dem einen oder anderen Wunsch. Ein Zwang mag genauso beständig sein wie ein Wille, hat aber nichts mit diesem gemein. Seine Kraft kommt aus dem Unbewussten und beherrscht das Individuum, während ein Mensch mit echtem Willen seine Vorsätze unter Kontrolle hat. Die Oppositionalität eines Kindes ist keine Willensbekundung. Sie kennzeichnet die Abwesenheit des Willens, die dem Menschen lediglich erlaubt zu reagieren, aber nicht aus einem freien und bewussten Prozess des Wählens heraus zu agieren.

Der Gegenwille eines Kindes wird häufig für Stärke gehalten, für den zielstrebigen Versuch des Kindes, seinen Willen durchzusetzen. Stark ist hier nicht das Kind, sondern die Abwehrreaktion. Je schwächer der Wille, desto stärker der Gegenwille. Würde das Kind tatsächlich so stark in seinem Selbst ruhen, würde es sich von den Eltern nicht so bedroht fühlen. Nicht das Kind bedrängt die anderen, sondern es hat selbst das Gefühl, bedrängt zu werden. Seine Unverschämtheit entstammt nicht echter Unabhängigkeit, sondern dem Mangel daran.

Der Gegenwille *passiert* eher dem Kind, als dass er von ihm *ausgelöst* wird. Er kann das Kind ebenso überraschen wie die Eltern und ist in Wirklichkeit die Manifestation des universellen Prinzips, dass es für jede Kraft auch eine Gegenkraft gibt. Dasselbe Gesetz findet zum Beispiel in der Physik Anwendung, wo es für jede Zentripetalkraft eine Zentrifugalkraft geben muss. Da der Gegenwille eine Gegenkraft ist, rufen wir ihn jedes Mal wach, wenn unser Wunsch, unser Kind zu etwas zu zwingen, größer ist als sein Wunsch, sich mit uns zu verbinden.

Der beste Grund für Kinder, die Erfahrung des Gegenwillens zu machen, ist, wenn dieser nicht als automatische Oppositionalität auftritt, sondern als gesunder Drang nach Unabhängigkeit. Das Kind will sich nicht bei etwas helfen lassen, um es selbstständig und allein zu tun, es will sich nicht sagen lassen, was es tun soll, um seine eigenen Gründe zu finden, es zu tun. Es widersetzt sich Anweisungen, um seinen eigenen Weg zu finden, seinen eigenen Geist zu entdecken und seine eigenen Impulse sowie seinen eigenen Antrieb zu finden. Das Kind wehrt sich gegen das „du solltest“ der Eltern, um seine eigenen Vorlieben zu entdecken. Die Entwicklung hin zu einer echten Unabhängigkeit kann jedoch, wie ich später noch erläutern werde, nur dann stattfinden, wenn ein Kind sich in seiner Bindung zu den Erwachsenen in seinem Leben absolut sicher fühlt (siehe Kapitel 9).

Ein Fünfjähriger, der in seiner Beziehung zu seinen Eltern sicheren Halt hat, mag auf die Feststellung „Der Himmel ist blau“ hartnäckig behaupten, er sei es nicht. Dies kann bei den Eltern den Anschein erwecken, das Kind würde unverfroren das Gegenteil behaupten oder versuchen, schwierig zu sein. In Wirklichkeit blockiert das Gehirn des Kindes einfach alle Ideen oder Gedanken, die nicht in ihm selbst entstanden sind. Alles Fremde wird abgelehnt, um Raum für eigene Ideen zu schaffen. Das Ergebnis wird höchstwahrscheinlich dasselbe sein – der Himmel ist blau –, aber wenn es darum geht, seine eigene Persönlichkeit zu entwickeln, zählt vor allem Originalität.

Dient der Gegenwille dem Streben nach Autonomie, funktioniert er ähnlich wie ein psychologisches Immunsystem, das mit Abwehr auf alles reagiert, was nicht in dem Kind selbst entstanden ist. Solange die Eltern dem Kind Raum geben, es selbst zu werden, und sie sein Bedürfnis sowohl nach Autonomie als auch nach Bindung fördern, wird es sich weiterentwickeln. Otto Rank wies darauf hin, dass selbst dieser Gegenwille nicht leicht zu handhaben sein kann, aber er ist nicht immer und überall vorhanden – er verzerrt nicht die meisten Interaktionen mit unserem Kind – und er dient sicherlich einem guten Zweck, das heißt, dem ultimativen Ziel der Entwicklung einer reifen Unabhängigkeit.

Wenn die Entwicklung einen optimalen Verlauf nimmt und das Kind auf dem Weg zu seiner eigenen Persönlichkeit voranschreitet, schwindet das Bedürfnis nach Bindung. Das Kind wird dann sogar noch empfindlicher auf Zwang reagieren und sich noch weniger herumkommandieren lassen. Ein solches Kind fühlt sich erniedrigt, wenn man es behandelt, als hätte es keine eigenen Gedanken und Ansichten, Grenzen, Werte und Ziele, Entscheidungen und Ambitionen. Sein Widerstand wird hartnäckig sein, wenn es nicht als eigenständige Person anerkannt wird. Auch das ist eine gute Sache. Der Gegenwille dient dem Zweck, das Kind davor zu schützen, die Verlängerung einer anderen Person, selbst der Eltern, zu werden. Er trägt zum Werden eines autonomen, aufstrebenden und unabhängigen Wesens bei, das voller Lebenskraft steckt und in der Lage ist, außerhalb von Bindungen zu funktionieren.

Mit der Entstehung echter Unabhängigkeit und Reife beginnt der Gegenwille zu schwinden. Mit zunehmender Reife gewinnt der Mensch die Fähigkeit, gemischte Gefühle zu ertragen und sich gleichzeitig in widersprüchlichen Gemütszuständen zu befinden: Zum Beispiel, unabhängig sein zu wollen, aber auch entschlossen zu sein, die Bindungsbeziehung aufrechtzuerhalten. Letztlich muss sich der wirklich reife Mensch, der einen echten eigenen Willen hat, nicht automatisch dem Willen eines anderen widersetzen: Er kann es sich leisten, dem anderen Willen Beachtung zu schenken, wenn es sinnvoll ist, oder seinen eigenen Weg zu gehen, wenn es nicht sinnvoll ist.

Die vermeintliche Unabhängigkeit des gleichaltrigenorientierten Kindes

Wie immer sabotiert auch hier die Orientierung an Gleichaltrigen das natürliche Entwicklungsmuster. Anstatt die Autonomie zu fördern, dient der Gegenwille nur dem einfacheren Zweck, das Kind davor zu schützen, von Menschen herumkommandiert zu werden, denen es nicht nahe sein möchte. Für gleichaltrigenorientierte Kinder sind wir diese Menschen – ihre Eltern und Lehrer. Anstatt den Weg zu echter Unabhängigkeit zu ebnen, schützt der Gegenwille die Abhängigkeit von Gleichaltrigen. Und hierin liegt die eigentliche Ironie: Eine Dynamik, die ursprünglich Raum für unabhängiges, eigenständiges Handeln schaffen soll, zerstört unter dem Einfluss der Gleichaltrigenorientierung das eigentliche Fundament der Unabhängigkeit – die gesunde Beziehung des Kindes zu seinen Eltern.

In unserer Gesellschaft wird dieser durch Gleichaltrige verzerrte Gegenwille häufig fälschlicherweise als echtes, gesundes menschliches Streben nach Autonomie verstanden. Wir nehmen an, dass die oppositionellen Reaktionen des gleichaltrigenorientierten Heranwachsenden ein typisches Zeichen für die Teenagerrebellion ist. Diese beiden kann man leicht verwechseln. Es gibt die üblichen Zeichen der Auflehnung: Widerworte, Verweigerung der Zusammenarbeit, pausenlose Streitgespräche, Versäumnisse, Revierkämpfe, Barrikaden, damit die Eltern das eigene Zimmer nicht betreten, antisoziales Verhalten, Botschaften wie: „Du kannst mich nicht kontrollieren.“ Der Gegenwille, der für die Bindungen zu Gleichaltrigen arbeitet, unterscheidet sich jedoch erheblich von dem natürlichen Gegenwillen, der echte Unabhängigkeit fördert. Der Wunsch nach Bindung und das Streben nach Autonomie vermengen sich bei einem heranreifenden Kind und schaffen damit eine Vielzahl gemischter Gefühle. Zeiten des reaktiven Gegenwillens halten sich mit Zeiten der Suche nach Nähe die Waage. Ist der Gegenwille ein Ergebnis der Gleichaltrigenorientierung, ist der Widerstand offenkundiger und wird durch keinerlei Suche nach Nähe zu den Eltern unterbrochen. Das Kind ist sich selten widersprüchlicher Impulse bewusst – es fühlt sich nur in eine Richtung, nämlich zu den Gleichaltrigen, hingezogen.

Es gibt eine absolut sichere Methode, um durch die Orientierung an Gleichaltrigen erzeugten Gegenwillen von echtem Autonomiestreben zu unterscheiden: Das heranreifende Kind auf dem Weg der Individuation widersetzt sich jeder Art von Zwang, egal von wem er ausgeübt wird, einschließlich des Drucks von Gleichaltrigen. Das Ziel einer gesunden Rebellion ist echte Unabhängigkeit. Man versucht nicht, sich von einer Person zu befreien, nur um sich dem Einfluss und dem Willen einer anderen zu unterwerfen. Wenn der Gegenwille das Ergebnis verzerrter Bindungen ist, ist die Freiheit, nach der das Kind strebt, nicht die Freiheit, es selbst zu sein, sondern die Möglichkeit, sich seinen Altersgenossen anzupassen. Um dies erreichen zu können, unterdrückt es seine eigenen Gefühle und verschleiert seine eigenen Ansichten, sollten diese von denen seiner Altersgenossen abweichen.

Wollen wir damit sagen, dass es nicht natürlich ist, wenn ein Teenager zum Beispiel bis spät in die Nacht mit seinen Freunden ausgehen möchte? Nein, der Teenager will vielleicht nicht mit seinen Freunden zusammen sein, weil die Gleichaltrigenorientierung ihn dazu treibt, sondern einfach nur, weil er gelegentlich Lust dazu hat. Die Frage ist, ob er bereit ist, mit seinen Eltern darüber zu sprechen. Respektiert er deren Sichtweise? Ist er in der Lage, seinen Freunden abzusagen, wenn er andere Verpflichtungen hat, wenn Familienveranstaltungen stattfinden oder wenn er einfach nur allein sein möchte? Der gleichaltrigenorientierte Teenager duldet keine Hindernisse und ist zutiefst frustriert, wenn sein Bedürfnis nach Kontakt mit seinen Altersgenossen vereitelt wird. Er ist unfähig, sich gegenüber den Erwartungen seiner Altersgenossen zu behaupten und wird sich entsprechend über die Wünsche seiner Eltern ärgern und sich ihnen widersetzen.

Erwachsene, die diese primitive und pervertierte Form des Gegenwillens als gesunde Selbstbehauptung eines Teenagers missverstehen, könnten sich vorzeitig von der Elternrolle zurückziehen. Obwohl es klug ist, Heranwachsenden Raum zu geben, sie selbst zu sein, und ihnen zu erlauben, aus ihren eigenen Fehlern zu lernen, werfen viele Eltern einfach das Handtuch. Verzweifelt und frustriert ziehen sie sich zurück – gewöhnlich ohne Ankündigung und ohne viel Aufhebens. Wenn wir uns jedoch vorzeitig zurückziehen, lassen wir unabsichtlich ein Kind im Stich, das uns immer noch dringend braucht, aber nicht weiß, dass es das tut. Wenn wir gleichaltrigenorientierte Heranwachsende als die Abhängigen sehen würden, die sie wirklich sind, und wenn wir uns darüber im Klaren wären, wie dringend sie uns als Eltern brauchen, wären wir fest entschlossen, unsere Macht zu erziehen wiederzuerlangen. Wir sollten solche Kinder von ihren Altersgenossen abwerben.

Der Mythos des omnipotenten Kindes

Ein weiterer Irrtum besteht darin, die Opposition des Kindes als Machtspiel oder als Streben nach Omnipotenz zu interpretieren.* Es ist durchaus verständlich, dass wir auf das Kind einen Machtwillen projizieren, wenn wir uns selbst machtlos fühlen. Wenn ich nicht derjenige bin, der kontrolliert, dann muss es wohl das Kind sein. Wenn ich nicht die Macht habe, dann muss das Kind sie haben. Wenn ich nicht am Steuer sitze, dann muss es das Kind sein. Anstatt die Verantwortung für mein eigenes Gefühl der Schwäche zu übernehmen, sehe ich das Streben nach Kontrolle in meinem Kind. Im Extremfall kann man sogar sagen, dass Babys omnipotent sind, weil sie unseren Zeitplan kontrollieren, unsere Pläne sabotieren, uns den Schlaf rauben und der Herr im Haus sind.

Das Problem, wenn wir unsere Kinder als allmächtig ansehen, ist, dass wir übersehen, wie sehr sie uns wirklich brauchen. Selbst wenn ein Kind *tatsächlich* versucht, uns zu kontrollieren, geschieht dies aus einem Bedürfnis und der Abhängigkeit von uns heraus, dass die Dinge funktionieren. Wenn es wirklich die Macht hätte, hätte ein Kind es nicht nötig, uns dazu zu bewegen, seinen Forderungen nachzugeben.

---

*Ein Kinderpsychiater ging sogar so weit, ein Buch mit dem Titel *The Omnipotent Child* zu schreiben. Er meinte damit Kleinkinder!

Konfrontiert mit einem Kind, das sie als fordernd wahrnehmen, gehen einige Eltern in die Defensive und versuchen, sich selbst zu schützen. Als Erwachsene reagieren wir auf das Gefühl, zu etwas gezwungen zu werden, nicht viel anders als Kinder – wir schrecken zurück, widersetzen uns, halten dagegen und widersprechen. Unser eigener Gegenwille wird wachgerufen und führt damit zu einem Machtkampf mit unseren Kindern, der eigentlich mehr zu einem Kampf der Gegenwillen als einem Kampf der Willen wird. Traurig daran ist, dass das Kind den Elternteil verliert, den es dringend braucht. Unser Widerstand führt nur zu noch mehr Forderungen des Kindes und untergräbt die Bindungsbeziehung, die unsere größte und einzige Hoffnung ist.

Hält man den Gegenwillen für eine Darbietung der Stärke, ruft das die Anwendung psychischer Macht hervor und rechtfertigt diese. Wir sind bestrebt, wahrgenommener Stärke mit Stärke zu begegnen. Wir blähen uns auf, unsere Stimme wird lauter und wir setzen so viele Druckmittel wie eben möglich ein. Je mehr Gewalt wir dem Kind entgegenbringen, desto mehr Gegenwillen wird unsere Reaktion hervorrufen. Sollte unsere Reaktion Angst auslösen, die dem Kind als psychischer Alarm dient, dass eine wichtige Bindung bedroht ist, wird die Aufrechterhaltung von Nähe zu seinem wichtigsten Ziel. Das verängstigte Kind wird sich eiligst mit uns versöhnen und unsere Gunst zurückgewinnen wollen. Es mag den Anschein haben, wir hätten unser Ziel – das „gute Benehmen" des Kindes – erreicht, aber eine solche Kapitulation hat ihren Preis. Die Unsicherheit, die durch unseren Ärger und unsere Drohungen verursacht wird, schwächt die Beziehung. Je mehr Gewalt wir ausüben, desto mehr leidet die Beziehung. Je schwächer die Beziehung wird, desto leichter können wir ersetzt werden – heutzutage meistens durch Altersgenossen unseres Kindes. Die Gleichaltrigenorientierung ist nicht nur eine Hauptursache für den Gegenwillen, sondern auch unsere Reaktionen auf den Gegenwillen können die Orientierung an Gleichaltrigen bestärken.

Warum Gewalt und Manipulation nach hinten losgehen

Die Suche nach einem Hebel erfolgt instinktiv, wenn man feststellt, dass die Macht für eine bestimmte Aufgabe – ob es nun um das Bewegen eines Felsbrockens oder eines Kindes geht – nicht ausreicht. Die Bemühungen der Eltern, eine Hebelwirkung zu erzielen, nehmen im Allgemeinen zwei Formen an: Bestechung oder Zwang. Wenn eine einfache Aufforderung wie: „Ich möchte, dass du den Tisch deckst", nicht funktioniert, fügen wir einen Anreiz hinzu, zum Beispiel: „Wenn du für mich den Tisch deckst, bekommst du von mir dein Lieblingsdessert." Oder wenn es nicht ausreicht, das Kind an seine Hausaufgaben zu erinnern, drohen wir ihm damit, ihm irgendein Privileg zu entziehen. Oder wir lassen unsere Stimme schneidender werden oder legen ein autoritäreres Verhalten an den Tag. Die Suche nach einem Hebel oder Druckmittel ist endlos: Sanktionen, Belohnungen, Abschaffung von Privilegien. Die Nutzung des Computers wird verboten, Spielzeuge oder das Taschengeld werden entzogen. Die Trennung von einem Elternteil oder von Freunden wird angedroht, die Fernsehzeit wird gekürzt oder ganz verboten, Privilegien bei Autofahrten werden zurückgenommen und so weiter und so fort. Man hört nicht selten Eltern darüber klagen, dass ihnen die Ideen ausgehen, was man dem Kind noch wegnehmen könnte.

In dem Maße wie unsere Macht zu erziehen schwindet, nimmt unsere Suche nach Druckmitteln zu. Beschönigende Umschreibungen gibt es viele: Bestechungen werden wahlweise als Belohnung, als Anreiz und als positive Bestärkung bezeichnet. Drohungen und Strafen werden zu Warnungen, natürlichen Folgen und negativen Verstärkungen. Die Anwendung psychischer Gewalt wird häufig als Verhaltensänderung oder „Erteilen einer Lektion" bezeichnet. Hinter diesen Euphemismen verbergen sich Versuche, das Kind durch Druck von außen zu motivieren, weil seine innere Motivation für unzureichend erachtet wird. Eine Bindung ist etwas Natürliches und entsteht von innen heraus. Druckmittel sind etwas Konstruiertes und werden von außen auferlegt. In einer anderen Umgebung würden wir die Anwendung von Druckmitteln als Manipulation ansehen. Wenn es um die Erziehung von Kindern geht, werden solche Mittel, um ein Kind zum Gehorchen zu bewegen, von vielen als normal und angemessen angesehen.

Alle Versuche, Druckmittel zur Motivation eines Kindes einzusetzen, bringen die Anwendung psychischer Gewalt mit sich, ob diese nun „positiv" in Form von Belohnungen oder „negativ" in Form von Bestrafungen ist. Wir wenden immer dann Gewalt an, wenn wir uns die Vorlieben, Abneigungen und Unsicherheiten eines Kindes zunutze machen, um es dazu zu bewegen, uns zu gehorchen. Wir greifen auf Druckmittel zurück, wenn uns nichts anderes zur Verfügung steht – keine innere Motivation, die wir anzapfen können, keine Bindung, auf die wir uns stützen können. Solche Taktiken sollten, wenn überhaupt, ein Ausweg sein, keine erste Reaktion und schon gar nicht unsere übliche Vorgehensweise. Leider treibt die Verzweiflung uns Eltern zur Suche nach Druckmitteln, wenn unsere Kinder sich an Gleichaltrigen orientieren.

Mit Manipulation, ob in Form von Belohnungen oder Bestrafungen, kann es gelingen, ein Kind zeitweise zum Nachgeben zu bewegen, aber wir werden mit dieser Methode nicht erreichen, dass das gewünschte Verhalten zu einem festen Bestandteil der inneren Persönlichkeit von irgendjemandem wird. Ob es nun darum geht, sich zu bedanken oder zu entschuldigen, mit jemandem zu teilen, ein Geschenk oder eine Grußkarte zu basteln, ein Zimmer aufzuräumen, Wertschätzung zu äußern, Hausaufgaben zu machen oder Klavier zu üben, je mehr das Verhalten erzwungen wird, desto unwahrscheinlicher ist es, dass sich das Kind aus freiem Willen dafür entscheiden wird. Und je weniger dieses Verhalten spontan auftritt, desto eher sind Eltern und Lehrer geneigt, Druckmittel zu ersinnen. Dadurch entsteht ein spiralförmiger Kreislauf aus Gewalt und Gegenwille, der die Anwendung von mehr und mehr Druckmitteln erforderlich macht. Die echte Machtbasis für die Erziehung ist untergraben.

Nicht nur im Labor, sondern auch unter realen Bedingungen gibt es zahlreiche Belege dafür, dass der Gegenwille die Macht hat, oberflächliche, durch psychische Gewalt und Manipulation verfolgte Verhaltensziele zu sabotieren. In einem dieser Experimente ging es um Kinder unter 7, die besonders gern mit Filzstiften malten. Diese Kinder wurden in verschiedene Gruppen unterteilt: Der einen Gruppe wurde für das Malen mit den Stiften eine hübsche Urkunde versprochen, der anderen Gruppe wurde nichts versprochen, die Kinder wurden aber mit der gleichen Urkunde belohnt, wenn sie die Stifte benutzten, und der dritten Gruppe wurde weder etwas versprochen noch bekamen sie eine Urkunde. Bei einem Test, der einige Wochen später stattfand, ohne dass irgendwelche Belohnungen erwähnt wurden, waren die Kinder der beiden Gruppen, in denen positiver Zwang ausgeübt worden war, weitaus weniger geneigt, mit den Filzstiften zu malen.[1] Der instinktive Gegenwille sorgte dafür, dass die Ausübung von Gewalt nach hinten losging. Der Psychologe Edward Deci beobachtete in einem ähnlichen Experiment zwei Gruppen von Collegestudenten bei einem Rätselspiel, von dem alle ursprünglich gleichermaßen begeistert gewesen waren. Die eine Gruppe sollte für jedes gelöste Rätsel eine finanzielle Belohnung erhalten, die andere Gruppe bekam keinen externen Anreiz. Sobald die Zahlungen eingestellt wurden, war die Wahrscheinlichkeit, dass die bezahlte Gruppe aufhörte zu spielen, sehr viel höher als in der Gruppe der unbezahlten Studenten. „Belohnungen können die Wahrscheinlichkeit für bestimmte Verhaltensweisen erhöhen", schreibt Dr. Deci, „aber nur solange die Belohnungen auch beibehalten werden. Hört die Bezahlung auf, hört auch das Spiel auf."[2]

Der Gegenwille des Kindes kann leicht als Streben nach Macht missverstanden werden. Wir haben vermutlich nie alles in unserem Leben unter Kontrolle, aber Kinder großzuziehen und täglich mit ihrem Gegenwillen konfrontiert zu werden, bedeutet, dass wir unsere Machtlosigkeit ständig vor Augen geführt bekommen. In der heutigen Gesellschaft ist es weder überraschend noch ungewöhnlich, dass Eltern das Gefühl haben, tyrannisiert zu werden und machtlos zu sein. Mit dem Gefühl der Machtlosigkeit, das wir erleben, wenn die Bindung zwischen Kind und Erwachsenem nicht stark genug ist, fangen wir an, unsere Kinder für manipulativ, kontrollierend und sogar mächtig zu halten.

Wir müssen die Symptome überwinden. Wenn wir nur den Widerstand oder die Unverschämtheit wahrnehmen, werden wir mit Wut, Frustration und Gewalt reagieren. Wir müssen erkennen, dass das Kind lediglich instinktiv reagiert, wenn es das Gefühl hat, geschoben und gezogen zu werden. Hinter dem Gegenwillen müssen wir die geschwächte Bindung erkennen. Die Trotzhaltung ist nicht der Kern des Problems. Die tiefere Ursache ist die Gleichaltrigenorientierung, die dafür sorgt, dass der Gegenwille nach hinten – auf die Eltern – losgeht und er seines natürlichen Zwecks beraubt wird.

Wie wir in Teil IV erörtern werden, ist die beste Reaktion auf den Gegenwillen eines Kindes, die Beziehung zu den Eltern zu stärken und weniger auf Gewalt zu setzen.

KAPITEL 7

Die Verflachung der Kultur

Der folgende Text ist die wortwörtliche Kopie eines Austauschs zwischen zwei Teenagern über den MSN-Messenger (ihre MSN-Namen sind kursiv):

> *then she said RECTUM!! that's my sons name* sagt: „hey."
> *Crontasaurus and Rippitar Join The Barnyard Tai Chi Club* sagt: „sup?"
> *then she said RECTUM!! that's my sons name* sagt: „??"
> *Crontasaurus and Rippitar Join The Barnyard Tai Chi Club* sagt: „hey."
> *then she said RECTUM!! that's my sons name* sagt: „sup?"

Drei Merkmale dieses elektronischen Dialogs, der ganz typisch ist für die heutige Korrespondenz unter Jugendlichen, sind bemerkenswert. Erstens, die sorgfältige Konstruktion der langen und unsinnigen Pseudonyme, die einen Beigeschmack von Spott und Respektlosigkeit haben. Was zählt ist das Image, nicht der Inhalt. Zweitens, in lebhaftem Kontrast dazu, die Verkürzung der Sprache auf eine nahezu wortlose Einsilbigkeit. Und schließlich die völlige Leere dessen, was gesagt wird: Kontakt ohne echte Kommunikation. „Hey" ist die universelle Begrüßung. „Sup" [engl. Abkürzung von „What's up?"; Anm. d. Verlags] bedeutet „Was gibt's?" und ersetzt „Wie geht es dir?" oder „Wie läuft's?". Hier ist keiner der beiden daran interessiert, vom jeweils anderen Informationen zu bekommen, die wirklich von Bedeutung wären. Solche „Gespräche" können sich sehr lange hinziehen, ohne dass etwas Wesentliches gesagt wird. Es ist eine Stammessprache, die Erwachsenen fremd ist, und sie hat den impliziten Zweck, eine Verbindung herzustellen, während sie nichts von Bedeutung über die eigene Person verrät.

„Die Teenager von heute sind ein eigener Stamm", schrieb die Journalistin Patricia Hersch in ihrem Buch über die Jugend in Amerika, das 1999 erschienen ist. Wie es sich für einen Stamm gehört, haben Jugendliche ihre eigene Sprache, Werte, Symbolik, Musik, Kleiderordnung und Erkennungszeichen wie Piercings und Tattoos. Eltern mögen schon in früheren Zeiten das Gefühl gehabt haben, ihre Teenager wären außer Kontrolle geraten, aber das Stammesverhalten der heutigen Jugendlichen ist beispiellos. Wir können auch die Straßenkämpfe und Schlägereien der jungen Capulets und Montagues in *Romeo und Julia* als Stammeskriege bezeichnen. Und das waren sie auch, allerdings mit einem entscheidenden Unterschied zwischen Shakespeares jungen Helden und den heutigen Teenagern: Die Figuren bei Shakespeare identifizierten sich mit den Stämmen – den familiären Gruppierungen– ihrer Eltern und trugen ihre Feindseligkeiten entlang familiärer Linien aus. Auch der zentrale Konflikt in dem Stück fand nicht zwischen den Generationen statt: Die jungen Liebenden gehorchten ihren Eltern nicht, lehnten sie aber auch nicht ab, sondern wollten sie vielmehr um ihrer eigenen Liebe willen versöhnen. Unterstützt wurden sie dabei von Erwachsenen, wie dem Mönch, der ihre geheime Trauung vollzog. Die heutigen Teenagerstämme haben keine Verbindung zur Erwachsenengesellschaft. In Leonard Bernsteins *West Side Story*, der modernen amerikanischen Version der Geschichte von Romeo und Julia, sind die verfeindeten Teenager-Gangs völlig von der Welt der Erwachsenen isoliert und stehen ihr äußerst feindselig gegenüber.

Obwohl wir uns in dem Glauben gewiegt haben, bei dieser Tribalisierung der Jugend handele es sich um einen harmlosen Prozess, ist sie ein in historischer Hinsicht neues Phänomen mit einem zerstörerischen Einfluss auf das gesellschaftliche Leben. Sie ist der Grund für die Frustration vieler Eltern, die daran scheitern, ihre traditionellen Werte an ihre Kinder weiterzugeben.

In dem separaten Stamm, dem sich viele unserer Kinder angeschlossen haben, werden Werte und Kultur horizontal, von einer ungebildeten und unreifen Person zur nächsten, weitergegeben. Dieser Prozess, den man als *Verflachung der Kultur* bezeichnen kann, untergräbt vor unseren Augen eines der Fundamente des zivilisierten gesellschaftlichen Lebens. Ein gewisses Maß an Spannungen zwischen den Generationen ist ein natürlicher Bestandteil der Entwicklung, diese werden aber in der Regel so gelöst, dass die Kinder in Einklang mit der Kultur der Älteren heranwachsen können. Junge Menschen können sich frei entfalten, ohne universelle Werte zu vergessen oder zu missachten, die vertikal von einer Generation zur nächsten weitergegeben werden. Was wir heute erleben, ist jedoch etwas völlig anderes.

„Kinder in der gesamten westlichen Zivilisation", stellte ein MTV-Sprecher vor nicht allzu langer Zeit fest, „ähneln in ihrem Aussehen und in ihrem Verhalten immer mehr ihren Altersgenossen als ihren Eltern oder Großeltern." Obwohl es sich hierbei um eine prahlerische Äußerung des Senders im Rahmen einer Jubiläumssendung handelte, enthält sie doch ein Körnchen Wahrheit, das in seiner Tragweite alarmierend ist.

Die Weitergabe von Kultur sichert das Überleben der spezifischen Formen, die unsere Existenz und unsere Ausdrucksformen als menschliche Individuen ausmachen. Kultur geht weit über unsere Bräuche, Traditionen und Symbole hinaus und umfasst auch die Art und Weise, wie wir uns in Gesten und Sprache ausdrücken, wie wir uns kleiden und schmücken, was, wie und wann wir feiern. Sie definiert auch unsere Rituale rund um Kontakt und Verbundenheit, Begrüßung und Verabschiedung, Zugehörigkeit und Loyalität, Liebe und Vertrautheit. Im Mittelpunkt jeder Kultur steht das Essen – wie Essen zubereitet und gegessen wird, die Einstellung zum Essen und die Funktionen, die Essen erfüllt. Die Musik, die Menschen machen, und die Musik, die sie hören, ist ein wesentlicher Bestandteil jeder Kultur.

Die Weitergabe von Kultur ist normalerweise ein automatischer Bestandteil der Kindererziehung. Die Bindung erleichtert nicht nur die Geborgenheit, schirmt gegen äußeren Stress ab und führt zur Unabhängigkeit, sondern ist auch der Übermittler von Kultur. Solange das Kind eine stabile Bindung zu den verantwortlichen Erwachsenen hat, geht die Kultur auf das Kind über. Anders ausgedrückt, dem Kind mit einer guten Bindung zu Erwachsenen wird Kultur vermittelt, indem es die kulturellen Ausdrucksformen der Erwachsenen automatisch aufnimmt. Nach Howard Gardner, einem führenden amerikanischen Entwicklungsforscher, nimmt ein Kind in den ersten vier Lebensjahren spontan mehr kulturelle Informationen von den Eltern auf, als auf seinem gesamten restlichen Lebensweg.[1]

Wenn die Bindung funktioniert, ist für die Weitergabe von Kultur keine bewusste Unterweisung oder Belehrung seitens der Erwachsenen oder gar bewusstes Lernen seitens des Kindes erforderlich. Der Bindungshunger des Kindes und seine Neigung, nach Signalen der Erwachsenen zu verlangen, reichen völlig aus. Wenn dem Kind geholfen wird, echte Individualität und reife geistige Unabhängigkeit zu erlangen, ist die Übermittlung von Kultur von einer Generation zur nächsten kein Prozess der gedankenlosen Nachahmung oder des blinden Gehorsams. Kultur ist ein Medium für wahren persönlichen Ausdruck. Die Entfaltung der individuellen Kreativität findet im Kontext der Kultur statt.Wenn ein Kind anfängt, sich an Gleichaltrigen zu orientieren, sind die Übermittlungswege der Zivilisation gesperrt. Die neuen Vorbilder, denen es nachzueifern gilt, sind andere Kinder oder Gleichaltrige oder die neuesten Pop-Ikonen. Erscheinungsbild, Auftreten, Kleidung und Benehmen passen sich entsprechend an. Sogar die Sprache der Kinder verändert sich – sie verarmt, wird ausdrucksschwächer und ist weniger anschaulich und nuanciert, wenn es um die Formulierung von Beobachtungen und Erfahrungen geht.

Gleichaltrigenorientierte Kinder sind nicht kulturlos, aber die Kultur, die sie erfahren, wird durch ihre Orientierung an Gleichaltrigen erzeugt. Obwohl diese Kultur über Medien verbreitet wird, die von Erwachsenen kontrolliert werden, sind es die Kinder und Jugendlichen, deren Geschmack und Vorlieben es zu befriedigen gilt. Sie, die Jugendlichen, verfügen über die Kaufkraft, die über den Profit der Kulturindustrie bestimmt – auch wenn es das Einkommen der Eltern ist, das hierfür aufgewendet wird. Werbefachleute wissen nur zu gut, wie sie sich den Wunsch nach Nachahmung Gleichaltriger zunutze machen können, wenn sie über die elektronischen Massenmedien immer jüngere Kundengruppen ansprechen. Auf diese Weise ist es die Jugend, die Frisuren und Mode diktiert, die Jugend, der die Musik gefallen muss, die Jugend, die die Kassen klingeln lässt. Sie bestimmt die kulturellen Ikonen unserer Zeit. Die Erwachsenen, die die Bedürfnisse der gleichaltrigenorientierten Jugendlichen erfüllen, kontrollieren vielleicht den Markt und streichen die Profite ein, aber als Vermittler kultureller Inhalte bedienen sie lediglich den verzerrten Geschmack von Kindern, die keinen gesunden Kontakt zu Erwachsenen haben. Die Gleichaltrigenkultur geht von Kindern aus und entwickelt sich mit ihnen weiter, wenn sie älter werden. Aus Gründen, die ich in Teil III erläutern werde, führt die Orientierung an Gleichaltrigen zu Aggressionen und einer ungesunden, frühreifen Sexualität. Das Ergebnis ist die von den Massenmedien propagierte aggressiv-feindselige und hypersexualisierte Jugendkultur, der Kinder bereits in der frühen *Adoleszenz* ausgesetzt sind. Die heutigen Rockvideos schockieren sogar Erwachsene, die selbst unter dem Einfluss der „sexuellen Revolution“ aufgewachsen sind. Da die Gleichaltrigenorientierung immer früher einsetzt, entsteht auch die Kultur, die sie hervorbringt, immer früher. Das Pop-Phänomen der Spice Girls, die Ende der 1990er mit dem Hintern wackelten und den Bauchnabel entblößten, erscheint im Rückblick als nostalgisch unschuldiger kultureller Ausdruck im Vergleich zu den pornografisch erotisierten Pop-Idolen, die heute bereits Kindern vor die Nase gesetzt werden.

Obwohl sich bereits in den 1950er-Jahren Anfänge einer Jugendkultur abzeichneten, war die erste offenkundige und dramatische Manifestation einer durch Gleichaltrigenorientierung erzeugten Kultur die Hippie-Gegenkultur der 1960er- und 1970er-Jahre. Der kanadische Medientheoretiker Marshall McLuhan nannte sie „den neuen Tribalismus des elektronischen Zeitalters." Haare, Kleidung und Musik spielten eine wichtige Rolle bei der Herausbildung dieser Kultur, aber was sie mehr als alles andere definierte, war die Verherrlichung der Gruppenzugehörigkeit, die sie hervorbrachte. Freunde hatten Vorrang vor der Familie. Man suchte den physischen Kontakt und die Verbindung mit Gleichaltrigen, und die Bruderschaft des Pop-Stammes wurde erklärt, wie zum Beispiel in der generationsbasierten „Woodstock-Nation". Die Gleichaltrigengruppe war das wahre Zuhause. „Trau keinem über dreißig" wurde zum Schlagwort einer Jugend, die weit über eine gesunde Kritik an den Älteren hinausging und die Traditionen militant ablehnte. Entfremdung und Drogenkonsum auf der einen Seite sowie ihre Vereinnahmung für kommerzielle Zwecke durch genau die Mainstream-Institutionen, gegen die sie rebellierte, waren fast vorhersehbar und führten zu ihrem Verfall.

Die Weisheit gewachsener Kulturen hat sich über Hunderte und manchmal Tausende von Jahren angesammelt. Zu gesunden Kulturen gehören ebenfalls Rituale, Bräuche und Verhaltensweisen, die uns vor uns selbst schützen und lebenswichtige Werte bewahren, selbst wenn wir uns dieser Werte gar nicht bewusst sind. Eine gewachsene Kultur braucht Kunst und Musik, in die man hineinwachsen kann, Symbole, die dem Dasein einen tieferen Sinn geben, und Vorbilder, die zu Großem inspirieren. Vor allem aber muss eine Kultur ihre Essenz und ihre Fähigkeit, sich selbst zu reproduzieren, schützen – die Bindung der Kinder zu ihren Eltern. Die Kultur, die durch die Gleichaltrigenorientierung entsteht, enthält keine Weisheit, schützt ihre Mitglieder nicht vor sich selbst, schafft nur flüchtige Modeerscheinungen und betet Götzen an, die weder Wert noch Bedeutung haben. Sie symbolisiert lediglich das unentwickelte Ego der unreifen Jugend und zerstört die Bindungen zwischen Kindern und Eltern. Man kann förmlich dabei zusehen, wie die kulturellen Werte mit jeder neuen, an Gleichaltrigen orientierten Generation an Bedeutung verlieren. Trotz seiner Selbsttäuschung und seiner selbstgefälligen Isolierung von der Welt der Erwachsenen vertrat der Woodstock-„Stamm“ immer noch universelle Werte wie Frieden, Freiheit und Gemeinschaft. Bei den heutigen Musikfestivals geht es um wenig mehr als um Stil, Ego, Spaß und Geld.

Die durch die Gleichaltrigenorientierung entstandene Kultur ist im eigentlichen Sinne des Wortes steril: Sie ist nicht in der Lage, sich selbst zu reproduzieren oder Werte weiterzugeben, die künftigen Generationen zugutekommen können. Es gibt nur sehr wenige Hippies der dritten Generation. Trotz ihres nostalgischen Reizes hatte diese Kultur keinen langen Atem. Die Gleichaltrigenkultur ist kurzlebig, vergänglich und wird täglich neu erschaffen, sozusagen eine „culture du jour“. Der Inhalt der Gleichaltrigenkultur entspricht der Psychologie unserer an Gleichaltrigen orientierten Kinder und der Erwachsenen, die in ihrer eigenen Entwicklung steckengeblieben sind. In gewisser Weise ist es ein Glück, dass die Gleichaltrigenkultur nicht an künftige Generationen weitergegeben werden kann, denn ihr einziger positiver Aspekt ist, dass sie jedes Jahrzehnt aufs Neue entsteht. Sie erbaut und nährt uns nicht und ruft nicht im Entferntesten das Beste in uns oder in unseren Kindern wach.

Die Gleichaltrigenkultur, die sich nur mit dem beschäftigt, was gerade angesagt ist, hat keinerlei Sinn für Tradition und Geschichte. In dem Maße, wie die Orientierung an Gleichaltrigen zunimmt, schwindet die Wertschätzung der jungen Menschen für die Geschichte, selbst für die jüngste Geschichte. Für sie existieren Gegenwart und Zukunft in einem Vakuum, ohne Verbindung zur Vergangenheit. Die Auswirkungen einer solchen Unkenntnis auf eine fundierte politische und gesellschaftliche Meinungsbildung in der Zukunft sind alarmierend. Ein aktuelles Beispiel ist das heutige Südafrika, wo das Ende der Apartheid nicht nur politische Freiheit gebracht hat, sondern auch negative Folgen wie eine rasante und zügellose Verwestlichung sowie das Aufkommen einer globalisierten Gleichaltrigenkultur. Die Spannungen zwischen den Generationen haben sich bereits verschärft. „Unsere Eltern versuchen, uns über die Vergangenheit aufzuklären“, sagte ein südafrikanischer Teenager einem kanadischen Zeitungsreporter. „Wir müssen uns alles Mögliche über Rassismus und Politik anhören …“ Steve Mokwena, ein damals 36-jähriger Historiker und Veteran des Anti-Apartheid-Kampfes, wird von dem Journalisten als „Mensch aus einer anderen Welt als der der jungen Leute, mit denen er jetzt arbeitet“ beschrieben. „Sie werden mit einer Kost aus amerikanischem Pop-Müll zwangsernährt. Das ist sehr besorgniserregend“, sagt Mokwena – mit Mitte dreißig wohl kaum ein ergrauter Stammvater.[2]

Man könnte argumentieren, dass die Orientierung an Gleichaltrigen uns vielleicht zu einer echten Globalisierung der Kultur führen könnte, zu einer universellen Zivilisation, die die Welt nicht mehr in „wir und sie“ unterteilt. Hat nicht der MTV-Sprecher damit geprahlt, dass die Kinder in der ganzen Fernsehwelt mehr Ähnlichkeit miteinander als mit ihren Eltern und Großeltern haben? Könnte dies nicht der Weg in die Zukunft sein, ein Weg, die Kulturen, die uns trennen, zu überwinden und eine weltweite Kultur der Verbundenheit und des Friedens zu schaffen? Wir denken, dass dem nicht so ist.

Trotz der oberflächlichen Gemeinsamkeiten, die durch die globale Technologie erzeugt werden, fördert die Dynamik der Gleichaltrigenorientierung eher eine Spaltung als eine gesunde Universalität. Man muss sich nur die extreme Tribalisierung der Jugendbanden ansehen, die sozialen Formen, die von den am stärksten gleichaltrigenorientierten unter unseren Kindern angenommen werden. Der Wunsch, so zu sein wie ein bestimmter anderer, erzeugt sofort das Bedürfnis, anders zu sein als der Rest. In dem Maße, wie die Ähnlichkeiten innerhalb der gewählten Gruppe zunehmen, werden die Unterschiede zu denjenigen außerhalb dieser Gruppe bis hin zur Feindseligkeit betont. Jede Gruppe wird durch gegenseitiges Nacheifern und die Übernahme von Signalen gefestigt und gestärkt. Auf diese Weise haben sich Stämme seit Anbeginn der Zeit spontan gebildet. Der entscheidende Unterschied besteht darin, dass die traditionelle Stammeskultur weitergegeben werden konnte, während die Stämme von heute durch Barrieren zwischen den Generationen definiert und eingegrenzt sind.

Das Schulmilieu ist von dieser Dynamik stark geprägt. Wenn unreife Kinder, die von ihren erwachsenen Bezugspersonen abgeschnitten sind, miteinander Kontakt aufnehmen, kommt es schnell zu einer spontanen Gruppenbildung, die häufig entlang der offensichtlichen Trennlinien von Jahrgangsstufe, Geschlecht und ethnischer Gruppe erfolgt. Innerhalb dieser größeren Gruppen bilden sich dann bestimmte Subkulturen heraus: Manchmal geschieht dies aufgrund der Kleidung und des Erscheinungsbildes, manchmal aufgrund gemeinsamer Interessen, Meinungen oder Fähigkeiten, beispielsweise in Gruppen von Sportlern, Nerds und Computerfreaks. Manchmal kommt es auch zu einer Gruppenbildung innerhalb von gleichaltrigenorientierten Subkulturen, beispielsweise von Skateboardern, Bikern und Skinheads. Viele dieser Subkulturen werden durch die Medien gestärkt und geprägt und durch eigene Kultkleidung, Symbole, Filme, Musik und Sprache untermauert. Wenn die Spitze des Eisbergs der Gleichaltrigenorientierung aus Gangs und Möchtegern-Gangs besteht, dann bilden die Cliquen die Basis.

Wie die beiden MSN-Chatter am Anfang dieses Kapitels erfinden unreife Wesen, die umeinander kreisen, ihre eigene Sprache und Ausdrucksweise, die ihren Selbstausdruck verarmen lässt und sie von anderen abkapselt. Solche Phänomene mag es natürlich schon früher gegeben haben, aber nicht annähernd in dem Ausmaß, wie wir es heute erleben.

Das Ergebnis ist die von Patricia Hersch beschriebene Tribalisierung. Kinder, die aus ihren Familien vertrieben wurden, keine Beziehung zu ihren Lehrern haben und noch nicht reif genug sind, um als eigenständige Wesen miteinander in Beziehung zu treten, schließen sich automatisch zusammen, um ihren instinktiven Drang nach Bindung zu befriedigen. Die Kultur dieser Gruppe wird entweder erfunden oder aus der allgegenwärtigen Kultur der Gleichaltrigen übernommen. Es dauert nicht lange, bis Kinder wissen, zu welchem Stamm sie gehören, welche Regeln gelten, mit wem sie reden können und wen sie auf Abstand halten müssen. Trotz unserer Bemühungen, unseren Kindern Respekt vor individuellen Unterschieden beizubringen und ihnen ein Gefühl der Zugehörigkeit zu einer zusammenhängenden Zivilisation zu vermitteln, zerfällt die Gesellschaft in einem alarmierenden Tempo in ein Stammes-Chaos. Unsere eigenen Kinder gehören zu den Vorreitern. Die Zeit, die wir als Eltern und Erzieher damit verbringen, unseren Kindern soziale Toleranz, Akzeptanz und Umgangsformen beizubringen, wäre viel besser investiert, wenn wir sie nutzen würden, um die Verbindung mit ihnen zu stärken. In traditionellen Bindungshierarchien aufgewachsene Kinder sind nicht annähernd so anfällig für die wechselhaften Kräfte der Tribalisierung. Die sozialen Werte, die wir weitergeben wollen, können nur über vorhandene Bindungsstrukturen vermittelt werden.

Die durch Gleichaltrigenorientierung geschaffene Kultur lässt sich nicht gut mit anderen Kulturen vermischen. Da die Gleichaltrigenorientierung für sich selbst steht, gilt dies auch für die von ihr geschaffene Kultur. Sie funktioniert eher wie ein Kult als eine Kultur. Unreife Menschen, die sich die von der Gleichaltrigenorientierung geschaffene Kultur zu eigen machen, werden von den Menschen anderer Kulturen getrennt. Diese Jugend verherrlicht die Abschaffung traditioneller Werte und historischer Zusammenhänge. Menschen aus verschiedensten vertikal überlieferten Kulturen behalten die Fähigkeit, respektvoll miteinander umzugehen, auch wenn diese Fähigkeit in der Praxis oft von historischen oder politischen Konflikten überlagert wird. Jenseits der jeweiligen kulturellen Ausdrucksformen können sie einvernehmlich die Universalität der menschlichen Werte erkennen und den Reichtum der Vielfalt schätzen. Gleichaltrigenorientierte Kinder neigen dazu, ausschließlich mit ihresgleichen Zeit zu verbringen. Sie grenzen sich von denen ab, die nicht so sind wie sie. Wenn unsere Kinder das Jugendalter erreichen, haben viele Eltern das Gefühl, dass ihre eigenen Kinder mit ihrer Stammesmusik, ihrer Kleidung, ihrer Sprache, ihren Ritualen und ihrem Körperschmuck kaum wiederzuerkennen sind. „Tätowierungen und Piercings, die früher schockiert haben, sind heute nur noch generationelle Wegweiser in einer Kultur, in der die Grenze zwischen akzeptablem und unzulässigem Verhalten ständig neu gezogen wird", so ein kanadischer Journalist im Jahr 2003.[3]

Viele unserer Kinder wachsen ohne die universelle Kultur auf, die die zeitlosen Schöpfungen der Menschheit hervorgebracht hat: *die Bhagavad Gita*, die Schriften von Rumi und Dante, Shakespeare, Cervantes und Faulkner oder von den besten und innovativsten lebenden Autoren, die Musik von Beethoven und Mahler oder sogar die großen Bibelübersetzungen. Sie kennen nur das, was aktuell und populär ist, und schätzen nur das, was sie mit Gleichaltrigen teilen können.

Echte Universalität im positiven Sinne des gegenseitigen Respekts, der Neugier und der gemeinsamen menschlichen Werte erfordert keine globalisierte Kultur, die durch die Orientierung an Gleichaltrigen entsteht. Sie setzt geistige Reife voraus – eine Reife, die nicht durch belehrende Erziehung, sondern nur durch eine gesunde Entwicklung erreicht werden kann. Wie wir im Folgenden erörtern werden, können nur Erwachsene Kindern helfen, auf diese Weise aufzuwachsen. Und nur in gesunden Beziehungen zu erwachsenen Mentoren – Eltern, Lehrern, Senioren sowie künstlerischen, musikalischen und intellektuellen kreativen Köpfen – können Kinder ihr Geburtsrecht, das universelle und altehrwürdige kulturelle Erbe der Menschheit, in Empfang nehmen. Nur in solchen Beziehungen können sie ihre eigenen Fähigkeiten zu freiem, individuellem und neuem kulturellen Ausdruck voll entwickeln.

TEIL III

In Unreife gefangen: Wie die Orientierung an Gleichaltrigen eine gesunde Entwicklung hemmt

KAPITEL 8

Die gefährliche Flucht vor Gefühlen

Als ich vor Kurzem während der Mittagszeit durch die Flure der High School meines Sohnes ging, war ich sprachlos, dass mich ein ähnliches Gefühl überkam wie in den Fluren und Essräumen der Jugendgefängnisse, in denen ich früher gearbeitet hatte. Die Posen, die Gesten, der Tonfall, die Worte und der Umgang miteinander, die ich in dieser Schar von Teenagern beobachten konnte, ließen allesamt eine gespenstische Unverletzlichkeit erkennen. Diese Jugendlichen schienen unverwundbar zu sein. Ihr Verhalten zeugte von einem Selbstvertrauen, ja sogar einer Angeberei, die unerschütterlich, aber gleichzeitig auch oberflächlich wirkte.

Das höchste Gut in der Gleichaltrigenkultur ist „Coolness" – das vollständige Fehlen emotionaler Offenheit. Diejenigen, die in der Peergroup das höchste Ansehen haben, tragen ein beunruhigend gelassenes Auftreten zur Schau, zeigen wenig oder keine Angst, scheinen immun gegen Scham zu sein und murmeln gerne Dinge wie „ist doch unwichtig", „ist mir egal" und „meinetwegen" vor sich hin.

Die Wirklichkeit sieht jedoch anders aus. Wir Menschen sind die verletzlichsten aller Lebewesen. Wir sind nicht nur körperlich verletzlich, sondern auch psychisch. Was ist dann der Grund für diese Diskrepanz? Wie können junge Menschen, die in Wirklichkeit so verletzlich sind, so völlig anders wirken? Ist ihre Härte, ihre „Coolness" nur gespielt oder ist sie echt? Ist sie eine Maske, die abgelegt werden kann, wenn sie in Sicherheit sind, oder ist sie das wahre Gesicht der Gleichaltrigenorientierung?

Als ich dieser Subkultur der jugendlichen Unverletzlichkeit zum ersten Mal begegnet bin, habe ich angenommen, sie sei nur gespielt. Die menschliche Psyche ist in der Lage, gegen ein bewusstes Gefühl der Verletzlichkeit starke Abwehrmechanismen zu entwickeln, die sich dann in den emotionalen Schaltkreisen des Gehirns festsetzen. Ich zog es vor zu glauben, dass diese Kinder, gäbe man ihnen die Chance, ihre Rüstung ablegen und ihre sanftere, wirklich menschliche Seite zeigen würden. Gelegentlich hat sich diese Vermutung als richtig erwiesen, aber in den meisten Fällen entdeckte ich, dass die Unverletzlichkeit von Jugendlichen echt und nicht gespielt war. Viele dieser Kinder hatten keine verletzten Gefühle – sie empfanden keinen Schmerz. Das heißt nicht, dass sie nicht fähig waren, verletzt zu werden, aber was ihre bewusst erlebten Gefühle anging, gab es keine Maske, die sie hätten abnehmen können.

Kinder, die fähig sind, Gefühle der Trauer, der Angst, des Verlusts und der Ablehnung zu empfinden, verbergen solche Gefühle häufig vor ihren Altersgenossen, um sich nicht der Lächerlichkeit und Angriffen preiszugeben. Unverletzlichkeit ist ihre Tarnung, um in der Menge nicht aufzufallen, die sie aber schnell wieder ablegen, wenn sie mit Menschen zusammen sind, bei denen sie die Sicherheit haben, sie selbst sein zu können. Um diese Kinder mache ich mir nicht die größten Sorgen, obwohl es ohne Frage mein Anliegen ist, welche Auswirkungen eine Atmosphäre der Unverletzlichkeit auf ihr Lernen und ihre Entwicklung haben wird. In einem solchen Umfeld kann echte Neugier nicht gedeihen, Fragen können nicht freiheraus gestellt werden und natürliche Begeisterung für das Lernen kann nicht zum Ausdruck gebracht werden. Risiken können in einem solchen Umfeld nicht eingegangen werden und Lebensfreude und Kreativität können sich nicht voll entfalten.

Die Kinder, die am stärksten betroffen und dem größten Risiko ausgesetzt sind, psychische Schäden davonzutragen, sind diejenigen, die nicht nur in der Schule, sondern ganz allgemein hart und unverletzlich sein wollen. Diese Kinder können ihre Rüstung nicht nach Bedarf an- und ablegen. Die Abwehr ist nicht das, was diese Kinder tun, sondern sie bestimmt darüber, wer sie sind.

Diese emotionale Verhärtung tritt am deutlichsten bei jugendlichen Straftätern, Bandenmitgliedern und Straßenkindern zutage. Sie besitzt aber auch eine erhebliche Dynamik innerhalb der typischen nordamerikanischen Familien, die gewöhnlich von der Gleichaltrigenorientierung geprägt sind.

Gleichaltrigenorientierte Kinder sind verletzlicher

Für ein Kind besteht der einzige Grund, sich seiner eigenen Verletzlichkeit nicht bewusst zu sein, darin, dass es zu viel ertragen musste und seine Verletzungen zu schmerzhaft sind. Mit anderen Worten: Kinder, die in der Vergangenheit von emotionalem Schmerz überwältigt wurden, werden vermutlich zukünftig gegen diese Erfahrung abgehärtet sein.

Der Zusammenhang zwischen psychischen Verletzungen und der *Flucht vor Verletzlichkeit* ist bei Kindern, die tiefen emotionalen Schmerz empfunden haben, ziemlich offensichtlich. Diese extreme Form defensiver emotionaler Verhärtung entwickeln am ehesten Kinder aus Waisenhäusern oder mehreren unterschiedlichen Pflegefamilien sowie Kinder, die einen großen Verlust erlitten haben, die missbraucht oder vernachlässigt wurden. Angesichts des Traumas, das sie erleiden mussten, ist unschwer zu verstehen, warum solche Kinder starke unbewusste Abwehrmechanismen entwickelt haben.

Eher überraschend ist dagegen, dass viele Kinder, die sich eine Zeit lang an Gleichaltrigen orientiert haben, die gleiche Abwehrhaltung auch ohne ein vergleichbares Trauma zeigen können. Das Bedürfnis, sich vor Verletzlichkeit zu schützen, scheint bei gleichaltrigenorientierten Kindern genauso groß zu sein wie bei traumatisierten Kindern. Warum sollte dies so sein, wenn es doch offensichtlich keine ähnlichen Erfahrungen gibt?

Bevor wir die Gründe für die erhöhte Fragilität und emotionale Erstarrung gleichaltrigenorientierter Kinder erörtern, müssen wir die Bedeutung der Ausdrücke *Abwehr von Verletzlichkeit* und *Flucht vor Verletzlichkeit*, die nahezu gleichbedeutend sind, klären. Wir verstehen darunter die instinktiven Abwehrreaktionen des Gehirns, wenn es von einem Gefühl der Verletzlichkeit überwältigt wird. Diese unbewussten Abwehrreaktionen werden gegen ein Bewusstwerden der Verletzlichkeit heraufbeschworen, nicht gegen die Verletzlichkeit an sich. Das menschliche Gehirn ist nicht in der Lage, die Verletzung eines Kindes zu verhindern, es kann nur vor dem Gefühl, verletzt zu sein, schützen. Die Ausdrücke *Abwehr von Verletzlichkeit* und *Flucht vor Verletzlichkeit* fassen diese beiden Bedeutungen zusammen. Sie verdeutlichen, warum ein Kind die Verbindung zu seinen Gedanken und Gefühlen, die es verletzen würden, verliert und warum sein Bewusstsein für seine menschliche Anfälligkeit für emotionale Verletzungen nur noch verringert vorhanden ist. Jeder von uns kann diese emotionale Abschottung bisweilen erleben.

Ein Kind hat eine Abwehr gegen Verletzlichkeit entwickelt, wenn die Abschottung nicht mehr nur eine vorrübergehende Reaktion ist, sondern zu einem Dauerzustand geworden ist.

Es gibt vier Gründe, warum gleichaltrigenorientierte Kinder anfälliger für emotionale Verletzungen sind als Kinder, die sich an Erwachsenen orientieren. Der Nettoeffekt ist eine Flucht vor der Verletzlichkeit, die der emotionalen Verhärtung traumatisierter Kinder erschreckend ähnlich ist.

Gleichaltrigenorientierte Kinder verlieren ihren natürlichen Schutzschild gegen Stress

Der erste Grund, warum gleichaltrigenorientierte Kinder emotional hart werden müssen, ist, dass sie ihre natürliche Quelle von Kraft und Selbstvertrauen und gleichzeitig auch ihren natürlichen Schutzschild gegen unerträgliche Verletzungen und Schmerzen verloren haben.

Abgesehen von dem ständigen Ansturm von Tragödien und Traumata, die überall auf der Welt passieren, ist die persönliche Welt eines Kindes eine Welt intensiver Interaktionen und Ereignisse, die verletzen können: ignoriert zu werden, nicht wichtig zu sein, ausgeschlossen zu werden, nicht zu genügen, Missbilligung zu erfahren, nicht gemocht zu werden, nicht bevorzugt zu werden, beschämt und lächerlich gemacht zu werden. Was das Kind davor schützt, die ganze Wucht dieser Belastungen zu erleben, ist seine Bindung zu den Eltern. Die Bindung ist hier entscheidend: Solange das Kind keine Bindung zu denjenigen hat, die es herabsetzen, bleibt der Schaden relativ gering. Die Hänseleien können zu dem jeweiligen Zeitpunkt schmerzen und Tränen verursachen, aber die Wirkung wird nicht von Dauer sein. Wenn die Eltern die Orientierungspunkte sind, sind die Botschaften, die das Kind von Mutter oder Vater erhält, relevant. Wenn eine Tragödie oder ein Trauma sich ereignet, blickt das Kind auf den Elternteil, um Signale dafür zu bekommen, ob es sich Sorgen machen muss oder nicht. Solange die Bindungen von Kindern sicher sind, könnte der Himmel einstürzen und die Welt auseinanderbrechen, sie wären relativ gut davor geschützt, sich schwer verletzt zu fühlen. Roberto Benignis Film *Das Leben ist schön* über die Bemühungen eines jüdischen Vaters, seinen Sohn vor den Schrecken des Rassismus und des Völkermordes zu schützen, veranschaulicht diesen Punkt sehr eindringlich. Die Bindung schützt das Kind vor der Außenwelt.

Ein Vater erzählte mir, wie er die Macht der Bindung, einem Kind Sicherheit zu geben, erlebte, als sein Sohn, nennen wir ihn Braden, ungefähr fünf Jahre alt war. „Braden wollte im Verein vor Ort Fußball spielen. Gleich beim ersten Training machten ihm ein paar ältere Kinder das Leben schwer. Als ich hörte, wie sie ihn hänselten und sich über ihn lustig machten, wurde ich schnell zu einem beschützenden Bärenvater. Ich war fest entschlossen, diesen kleinen Rabauken eine Lektion zu ihrem Verhalten zu erteilen, als ich sah, wie Braden ihnen gegenübertrat, sich zu seiner vollen Größe aufrichtete, seine Hände in die Hüften stemmte und seine Brust so weit wie möglich herausstreckte. Ich hörte ihn etwas sagen wie: ‚Ich bin kein dummer kleiner Idiot. Mein Vater sagt, dass ich ein Fußballspieler bin.' Und das war's dann auch." Bradens Vorstellung davon, was sein Vater über ihn dachte, schützte ihn wirksamer, als sein Vater es jemals gekonnt hätte, wenn er selbst eingegriffen hätte. Wie sein Vater ihn sah, hatte für Braden Vorrang. Er konnte die Beleidigungen seiner Altersgenossen an sich abprallen lassen. Ein Kind hingegen, das sich an Gleichaltrigen orientiert und sein Selbstwertgefühl nicht mehr auf Erwachsene stützt, verfügt nicht über einen solchen Schutz.

Diese Dynamik hat natürlich auch ihre Kehrseite. In dem Maße, wie die Bindung des Jungen zu seinem Vater ihn vor verletzenden Interaktionen mit anderen schützt, macht sie ihn auch empfindlich für die Worte und Gesten des Vaters. Würde er, der Vater, ihn herabsetzen, beschämen oder geringschätzig behandeln, wäre Braden am Boden zerstört. Seine Bindung zu seinen Eltern macht ihn in der Beziehung zu ihnen sehr verletzlich, aber weniger verletzlich in der Beziehung zu anderen. Bindungen haben eine Innen- und eine Außenwirkung: Im Inneren machen sie verletzlich, nach außen hin unverletzlich. Bindung ist sowohl ein Schutzschild als auch ein Schwert. Bindungen teilen die Welt in diejenigen, die uns verletzen können, und in diejenigen, die dies nicht können. Bindung und Verletzlichkeit – diese beiden großen Themen der menschlichen Existenz – sind untrennbar miteinander verbunden.

Es liegt auf der Hand, dass es zu unseren Aufgaben als Eltern gehört, unsere Kinder vor körperlichen Verletzungen zu schützen. Auch wenn die Verletzungen im psychischen Bereich nicht immer so deutlich sichtbar sind, ist die Verletzlichkeit hier sogar noch größer. Selbst wir Erwachsenen, als relativ reife Lebewesen, können durch den emotionalen Schmerz über zerrissene Bindungen völlig aus der Bahn geworfen werden. Wenn wir als Erwachsene derart verletzt werden können, wie viel stärker können dann erst Kinder verletzt werden, die weitaus abhängiger und auf ihre Bindungen stärker angewiesen sind.

Das dringendste Bedürfnis eines Kindes und sein stärkster Antrieb ist die Bindung, und doch ist es die Bindung, die es am verletzlichsten macht. Wir können, wie bei den zwei Seiten einer Medaille, nicht das eine ohne das andere haben. Je stärker die Bindung eines Kindes ist, desto stärker kann es verletzt werden. Bindungen sind ein empfindliches Terrain. Und genau das führt uns zum zweiten Grund für die verstärke emotionale Abwehr bei Kindern, die sich an Gleichaltrigen orientieren.

Gleichaltrigenorientierte Kinder reagieren empfindlich auf Gefühllosigkeiten anderer Kinder

So wie ein Kind, das sich an Erwachsenen orientiert, in der Beziehung zu seinen Eltern und Lehrern verletzlicher ist, gilt dies für die Beziehungen von gleichaltrigenorientierten Kindern zu ihren Altersgenossen. Da sie ihren elterlichen Schutzschild verloren haben, reagieren sie sehr empfindlich auf das, was andere Kinder sagen und tun. Das Problem ist, dass die natürliche Interaktion von Kindern alles andere als achtsam, rücksichtsvoll und zivilisiert ist. Wenn Gleichaltrige die Eltern ersetzen, bekommt diese sorglose und verantwortungslose Interaktion eine Macht, die ihr nie zugedacht war. Befindlichkeiten und Empfindungen werden leicht erdrückt. Wir müssen uns nur vorstellen, wie wir als Erwachsene uns fühlen würden, wenn unsere Freunde uns der Art von sozialer Interaktion aussetzen würden, die Kinder tagtäglich ertragen müssen – die kleinen Vertrauensbrüche, die Ausgrenzung, die Geringschätzung, das Fehlen jeglicher Zuverlässigkeit. Es ist kein Wunder, dass gleichaltrigenorientierte Kinder sich aus Angst vor Verletzungen verschließen.

In der auf umfassender Forschungsarbeit beruhenden Literatur über die Auswirkungen, wenn Kinder von Gleichaltrigen abgelehnt werden, werden die negativen Folgen mit deutlichen Worten wie vernichtend, niederschmetternd und demütigend beschrieben.[1] Die Zahl der Selbstmorde unter Kindern steigt und die Literatur zeigt, dass die Ablehnung durch Gleichaltrige zunehmend die Ursache hierfür ist. Ich habe selbst beobachten können, wie das Leben zahlreicher Erwachsener und Kinder durch die Behandlung von Gleichaltrigen schweren Schaden genommen hat. Der allererste Patient in meiner Praxis als Psychologe war ein Erwachsener, der als Grundschulkind das Opfer von Missbrauch durch Gleichaltrige geworden war. Aus irgendeinem ihm unbekannten Grund wurde er zum Sündenbock einer ganzen

Reihe frustrierter Kinder, die ihn ständig schikanierten. Er entwickelte derart schwere Neurosen und Zwänge, dass er kein normales Leben führen konnte.

So konnte er es zum Beispiel nicht ertragen, wenn die Zahl 57 genannt wurde, weil das Jahr 1957 das Jahr war, in dem er am meisten unter seinen Altersgenossen gelitten hatte. Wenn er mit dieser Zahl in Berührung kam, musste er umfassende Reinigungsrituale durchführen, was ein normales Leben für ihn unmöglich machte. Die Ausgrenzung und der Missbrauch durch Gleichaltrige haben das Leben vieler Menschen, die in ihrer Kindheit zu Sündenböcken gestempelt wurden, stark beeinträchtigt. (Jüngste Studien belegen, dass solche Phänomene unter dem Einfluss der Gleichaltrigenorientierung schnell eskalieren. Wir werden uns in den Kapiteln 10 und 11 über Aggression und tyrannisches Verhalten näher mit diesen Phänomenen beschäftigen.)

Als Hauptursache wird die Ablehnung durch Gleichaltrige vermutet: Ausgrenzung, Ausschluss, Beschämen, Spott, Verhöhnung und Schikanen. Für einige Experten liegt die Schlussfolgerung nahe, dass die Akzeptanz von Gleichaltrigen für die emotionale Gesundheit und das Wohlergehen eines Kindes absolut erforderlich sind und dass es nichts Schlimmeres gibt, als von seinen Altersgenossen nicht gemocht zu werden. Es wird angenommen, dass die Ablehnung von Gleichaltrigen automatisch zu lebenslangen Selbstzweifeln verurteilt. Viele Eltern leben heute in der Angst, ihre Kinder könnten keine Freunde finden und von ihren Altersgenossen nicht geschätzt werden. Diese Denkweise lässt zwei grundlegende Fragen außer Acht: Wodurch kann ein Kind überhaupt erst so verletzlich werden? Und warum nimmt diese Verletzlichkeit zu?

Es trifft zweifellos zu, dass Kinder andere verächtlich abweisen, ignorieren, meiden, beschämen, verhöhnen und verspotten. Kinder haben dies schon immer getan, wenn sie nicht von den verantwortlichen Erwachsenen ausreichend beaufsichtigt wurden. Aber es ist die Bindung, nicht das unsensible Verhalten oder die Sprache der Gleichaltrigen, die Verletzlichkeit entstehen lässt. Die derzeitige Konzentration auf die Auswirkungen der Ablehnung und Akzeptanz durch Gleichaltrige lässt völlig außer Acht, welche Rolle die Bindung hierbei spielt. Hat das Kind eine primäre Bindung zu den Eltern, ist die elterliche Akzeptanz für seine emotionale Gesundheit und sein Wohlergehen von entscheidender Bedeutung. Von den eigenen Eltern nicht gemocht zu werden, ist ein vernichtender Schlag für das Selbstwertgefühl eines Kindes. Die Fähigkeit von Kindern, sich unmenschlich zu verhalten, hat sich vermutlich nicht geändert, aber die Forschung zeigt, dass die gegenseitigen Verletzungen unter unseren Kindern zunehmen. Wenn viele Kinder heutzutage durch die Gefühllosigkeit ihrer Altersgenossen Schaden nehmen, ist das nicht unbedingt darauf zurückzuführen, dass Kinder heute grausamer sind als früher, sondern darauf, dass sie durch die Gleichaltrigenorientierung anfälliger für die Hänseleien und emotionalen Angriffe der anderen Kinder geworden sind. Unser Scheitern, die Bindung unserer Kinder zu uns und zu anderen für sie verantwortlichen Erwachsenen aufrechtzuerhalten, hat ihnen nicht nur den Schutzschild genommen, sondern den Gleichaltrigen ein Schwert in die Hand gegeben. Wenn Gleichaltrige die Eltern ersetzen, verlieren Kinder ihren lebenswichtigen Schutz gegen die Rücksichtslosigkeit der anderen. Ein Kind kann dann unter solchen Umständen leicht tief verletzt werden. Der daraus resultierende Schmerz ist für viele Kinder mehr, als sie ertragen können.

Studien haben zweifelsfrei ergeben, dass der beste Schutz für ein Kind, sogar noch in der Pubertät, eine starke Bindung zu einem Erwachsenen ist. An der beeindruckendsten dieser Studien nahmen neunzigtausend Jugendliche aus 80 verschiedenen Gemeinden teil, die so ausgewählt wurden, dass die Stichprobe so repräsentativ wie möglich für die Vereinigten Staaten war. Die wichtigste Erkenntnis war, dass bei Teenagern mit starker emotionaler Bindung zu ihren Eltern viel seltener Drogen- und Alkoholprobleme, Selbstmordversuche, Gewalttätigkeit und frühe sexuelle Aktivitäten zu verzeichnen waren.[2] Solche Jugendliche waren, mit anderen Worten, einem erheblich geringeren Risiko ausgesetzt, die Probleme zu entwickeln, die aus der *Abwehrhaltung gegen Verletzlichkeit* entstehen. Ihre starken Bindungen zu ihren Eltern bewahrten sie vor Stress und schützten ihre emotionale Gesundheit. Zu diesem Schluss kam auch der berühmte US-amerikanische Psychologe Julius Segal, ein herausragender Pionier auf dem Gebiet der Erforschung, was junge Menschen widerstandsfähig macht. Aus einer Zusammenfassung von Studien aus der ganzen Welt folgerte er, dass „die Präsenz eines charismatischen Erwachsenen in ihrem Leben, eines Menschen, mit dem sie sich identifizieren und der ihnen Stärke gibt", für Kinder der wichtigste Faktor ist, um nicht von Stress überrollt zu werden.[3] Dr. Segal sagte auch: „Ohne eine unzerstörbare fürsorgliche Verbindung zwischen Eltern und Kind wird nichts funktionieren."

Gleichaltrige hätten niemals so wichtig werden dürfen – auf keinen Fall wichtiger als Eltern oder Lehrer oder andere erwachsene Bindungsfiguren. Hänseleien und Ablehnung von Gleichaltrigen schmerzen, das steht außer Frage, aber sie sollten nicht bis ins innerste Mark treffen und derart katastrophale Folgen haben. Die tiefe Niedergeschlagenheit eines ausgegrenzten

Kindes offenbart ein Bindungsproblem, das viel schwerer wiegt als das Problem der Ablehnung durch Gleichaltrige.

Als Reaktion auf die zunehmende Grausamkeit unter Kindern haben Schulen im ganzen Land eiligst Programme entwickelt, um Jugendlichen soziale Verantwortung einzuimpfen. Wir sind auf dem Holzweg, wenn wir versuchen, Kinder für andere Kinder verantwortlich zu machen. Meines Erachtens ist es völlig unrealistisch zu glauben, wir könnten auf diese Weise Ausgrenzung, Ablehnung und verletzende Kommunikation unter Gleichaltrigen ausmerzen. Wir sollten stattdessen daran arbeiten, solchen natürlichen Erscheinungsformen von Unreife den Stachel zu nehmen, indem wir die Macht der Erwachsenen, Kinder vor sich selbst und vor anderen Kindern zu schützen, wiederherstellen.

Bekundungen von Verletzlichkeit werden von Gleichaltrigen lächerlich gemacht und ausgenutzt

Gleichaltrigenorientierte junge Menschen sind also zwei schwerwiegenden psychischen Risiken ausgesetzt, die mehr als ausreichend sind, um die Verletzlichkeit unerträglich werden zu lassen und ihr Gehirn zu Abwehrmaßnahmen zu veranlassen: Zum einen haben sie den Schutzschild der elterlichen Bindung verloren, zum anderen schwingen unachtsame und verantwortungslose Kinder das mächtige Schwert der Bindung gegen sie. Ein dritter Schlag gegen tiefe und offen gezeigte Empfindungen – und der dritte Grund für die emotionale Abschottung gleichaltrigenorientierter Kinder – ist, dass jedes Anzeichen von Verletzlichkeit von den Kindern, die sich gegen Verletzlichkeit bereits abgeschottet haben, zu einem Angriff genutzt wird.

Bei meiner Arbeit mit gewalttätigen jungen Straftätern – um ein Beispiel vom extremen Ende des Spektrums zu nennen – bestand mein Hauptziel darin, ihre Abwehr gegen Verletzlichkeit aufzulösen, damit sie anfangen konnten, ihre Verletzungen zu spüren. Wenn eine Sitzung erfolgreich war, und ich ihnen helfen konnte, ihre Abwehrmechanismen abzubauen und zu einem tiefer liegenden Schmerz vorzudringen, wurden ihre Gesichter und Stimmen weich und ihre Augen füllten sich mit Tränen. Diese Tränen waren für die meisten dieser Kinder die ersten Tränen seit vielen Jahren. Vor allem, wenn jemand nicht gewohnt ist zu weinen, kann dies sein Gesicht und seine Augen merklich verändern. Ganz zu Anfang war ich so naiv, dass ich die Jugendlichen nach ihren Sitzungen zurück zu den anderen Insassen in die Haftanstalt geschickt habe. Man kann unschwer erraten, was passiert ist. Die Verletzlichkeit, die ihnen noch ins Gesicht geschrieben stand, zog die Aufmerksamkeit der anderen Mithäftlinge auf sich. Diejenigen, die eine Abwehr gegen ihre eigene Verletzlichkeit errichtet hatten, sahen sich zu einem Angriff genötigt und stürmten auf die Verletzlichkeit ein, als wäre sie der Feind. Ich lernte schnell, Maßnahmen zu ergreifen und meinen Klienten zu helfen, sicherzustellen, dass ihre Verletzlichkeit nicht mehr sichtbar war. Glücklicherweise lag in dem Gefängnis neben meinem Arbeitszimmer ein Waschraum. Manchmal ließen sich die Jugendlichen fast eine Stunde lang kaltes Wasser über das Gesicht laufen, um alle Spuren von Emotionen abzuwaschen, die sie hätten verraten könnten. Selbst wenn ihre Abwehr ein wenig aufgeweicht war, mussten sie die Maske der Unverletzlichkeit weiterhin tragen, um nicht noch mehr verletzt zu werden. Ein Teil meiner Arbeit bestand darin, ihnen dabei zu helfen, zwischen der Maske der Unverletzlichkeit, die sie an einem solchen Ort tragen mussten, um nicht zum Opfer zu werden, und der verinnerlichten Abwehr gegen Verletzlichkeit, die sie davon abhielt, tiefe und intensive Gefühle zu haben, zu unterscheiden.

Dieselbe Dynamik, wenn auch nicht so extrem, ist in der von gleichaltrigenorientierten Kindern dominierten Welt anzutreffen. Verletzlichkeit ist in der Regel ein Anlass zum Angriff, nicht mit Fäusten, aber mit Beschämen. Viele Kinder lernen schnell, jedes Zeichen von Schwäche, Empfindsamkeit und Unsicherheit ebenso wie Beunruhigung, Angst, Eifer, Hilfsbedürftigkeit oder sogar Neugier zu verbergen. Vor allen Dingen dürfen sie nie zeigen, dass die Hänseleien ins Schwarze getroffen haben.

Carl Jung hat erklärt, dass wir dazu neigen, bei anderen das anzugreifen, was uns bei uns selbst am unangenehmsten ist. Wenn Verletzlichkeit der Feind ist, wird sie angegriffen, egal bei wem sie wahrgenommen wird, sogar beim besten Freund. Anzeichen der Beunruhigung können zu verbalen Sticheleien wie „Angsthase" oder „Feigling" führen. Tränen rufen Spott hervor. Zeigt man seine Neugier, werden die Augen verdreht und man muss sich vorwerfen lassen, seltsam oder streberhaft zu sein. Bekundungen von Zärtlichkeit können zu ständigen Sticheleien führen. Es ist riskant, jemandem, der sich mit seiner eigenen Verletzlichkeit nicht wohl fühlt, zu zeigen, dass man verletzt ist oder etwas wirklich wichtig nimmt. In der Gesellschaft von abgestumpften Menschen wird vermutlich jede Art emotionaler Offenheit ins Visier genommen.

Gleichaltrigenbeziehungen sind von Natur aus unsicher

Es gibt noch eine vierte, noch grundlegendere Ursache, die gleichaltrigenorientierte Kinder dazu zwingt, ihrer erhöhten Anfälligkeit für emotionale Verletzungen zu entkommen.

Die durch die Gleichaltrigenorientierung verursachte Verletzlichkeit kann selbst dann übermächtig sein, wenn Kinder sich nicht gegenseitig verletzen. Diese Anfälligkeit für Verletzlichkeit liegt in der äußerst unsicheren Natur gleichaltrigenorientierter Beziehungen begründet. Verletzlichkeit hat nicht nur mit dem, was gerade geschieht, zu tun, sondern auch mit dem, was passieren könnte – mit der von Natur aus zu einer Bindung gehörenden Unsicherheit. Was wir haben, das können wir verlieren, und je wertvoller das, was wir haben, für uns ist, desto größer ist der mögliche Verlust. Wir sind vielleicht fähig, Nähe in einer Beziehung zu erreichen, aber wir können sie nicht so sichern, wie wir zum Beispiel ein Seil, ein Boot oder festverzinsliche Staatsanleihen sichern können. Wir haben sehr wenig Kontrolle über das, was in einer Beziehung geschieht sowie darüber, ob wir morgen noch gewollt oder geliebt werden.

Obwohl die Möglichkeit des Verlusts in jeder Beziehung vorhanden ist, bemühen wir uns als Eltern, unseren Kindern das zu geben, was sie sich gegenseitig von Natur aus nicht geben können: eine Verbindung, die nicht darauf beruht, dass sie uns gefallen, dass sie uns ein gutes Gefühl geben oder wir irgendetwas von ihnen zurückbekommen. Mit anderen Worten, wir bieten ihnen genau das, was in Gleichaltrigenbeziehungen fehlt: bedingungslose Akzeptanz.

Menschen wissen intuitiv wann der Punkt erreicht ist, an dem die Verletzlichkeit unerträglich wird. Gleichaltrigenbeziehungen bringen immer Verletzlichkeit aufgrund von Verlustangst mit sich. In Beziehungen zwischen Gleichaltrigen gibt es keine Reife, auf die man sich stützen kann, kein Engagement, auf das man sich verlassen kann, kein Gefühl der Verantwortung für einen anderen Menschen. Das Kind steht vor der nackten Realität einer unsicheren Bindung: Was ist, wenn ich keinen Kontakt zu meinen Altersgenossen bekomme? Was ist, wenn es mir nicht gelingt, dass wir uns gut verstehen? Was ist, wenn ich bei Sachen, die meine Freunde machen, nicht mitmachen will, wenn meine Mama mich nicht gehen lässt oder mein Freund ein anderes Kind lieber mag als mich? Das sind die immer präsenten Ängste von gleichaltrigenorientierten Kindern, die immer direkt unter der Oberfläche vorhanden sind. Gleichaltrigenorientierte Kinder sind davon besessen, wer wen mag, wer wen bevorzugt, wer mit wem zusammen sein will. Für Fehltritte, für gefühlte Illoyalität, Unstimmigkeiten, Meinungsverschiedenheiten oder Verweigerung ist kein Raum. Echte Individualität wird durch das Bedürfnis, die Beziehung um jeden Preis aufrechtzuerhalten, erdrückt. Wenn Gleichaltrige die Eltern ersetzen, kann trotz aller Bemühungen des Kindes das Gefühl der Unsicherheit eskalieren, bis es nicht mehr zu ertragen ist. Das ist häufig der Punkt, an dem die Taubheit und die Abwehr einsetzen und die Kinder unverletzlich erscheinen. Sie erstarren emotional, weil sie sich vor dem Verlustschmerz schützen wollen, selbst wenn dieser Schmerz noch nicht eingetreten ist. Eine ähnliche Dynamik kommt bei den sexuellen „Liebesbeziehungen" älterer Teenager ins Spiel.

In *Trennung,* dem zweiten Band seiner großartigen Trilogie über Bindung, schreibt John Bowlby über seine Beobachtungen von zehn kleinen Kindern in Kinderheimen, die nach einer Trennung von 12 bis 21 Tagen wieder mit ihren Müttern zusammengeführt wurden. Die Trennungen waren in allen Fällen auf Notfälle in der Familie und das Fehlen anderer Betreuungspersonen zurückzuführen und in keinem der Fälle auf eine Absicht der Eltern, das Kind zu verlassen.

In den ersten Tagen nach der Abreise der Mutter suchten die Kinder verängstigt überall nach ihr. Auf diese Phase folgte eine Zeit der offensichtlichen Resignation, ja sogar Depression, die dann von einer scheinbaren Rückkehr zur Normalität abgelöst wurde. Die Kinder begannen zu spielen, reagierten auf ihre Betreuungspersonen und akzeptierten Nahrung sowie andere fürsorgliche Gesten. Der wahre Preis des Verlusttraumas wurde erst bei der Rückkehr der Mütter deutlich. Bei der ersten Begegnung mit der Mutter nach den Tagen oder Wochen ihrer Abwesenheit war bei allen zehn Kindern eine erhebliche Entfremdung zu beobachten. Zwei schienen ihre Mütter nicht zu erkennen. Die anderen acht wandten sich von ihr ab oder liefen sogar weg. Die meisten von ihnen weinten oder waren den Tränen nahe, bei einigen wechselten sich Tränen mit einem ausdruckslosen Gesichtsausdruck ab. John Bowlby hat diese Rückzugsdynamik als „Entfremdung" (engl.: *detachment*) bezeichnet. Sie hat einen defensiven Zweck und bedeutet: Deine Abwesenheit war für mich so schmerzhaft, dass ich mich, um diesen Schmerz nicht noch einmal erleben zu müssen, in einen Kokon aus verhärteten Emotionen zurückziehe, der für Liebe undurchlässig ist – und damit auch für Schmerz. Ich will nie wieder so verletzt werden.

Bowlby wies auch darauf hin, dass Mutter oder Vater zwar physisch anwesend, aber aufgrund von Stress, Angst, Depressionen oder einer intensiven Beschäftigung mit anderen Dingen auch emotional abwesend sein können. Aus der Sicht des Kindes macht das kaum einen Unterschied. Seine verschlüsselten Reaktionen werden die gleichen sein, da für das Kind das echte Problem nicht vorrangig die physische Anwesenheit des Elternteils, sondern die emotionale Zugänglichkeit ist. Ein Kind, das in seiner Beziehung zu seinen Eltern unter großer Unsicherheit leidet, wird die Unverletzlichkeit der *defensiven Bindungsabwehr* zu seiner Grundhaltung machen. Wenn Eltern die aktiven Bezugspersonen des Kindes sind, stellen ihre Liebe und ihr Verantwortungsbewusstsein in der Regel sicher, dass sie das Kind nicht dazu zwingen, zu derart verzweifelten Maßnahmen greifen zu müssen. Gleichaltrige verfügen nicht über ein solches Bewusstsein, solche Skrupel und ein solches Verantwortungsgefühl. Die drohende Gefahr, verlassen zu werden, ist in Interaktionen von Kindern mit Gleichaltrigenorientierung allgegenwärtig. Auf diese Gefahr reagieren sie automatisch mit emotionaler Bindungsabwehr.

Kein Wunder also, dass *Coolsein* in der Kultur der Gleichaltrigen das höchste Ziel und die ultimative Tugend ist. Obwohl das Wort *cool* mehrere Bedeutungen hat, steht es vor allem für eine Haltung der Unverletzlichkeit. Dort, wo die Orientierung an Gleichaltrigen besonders intensiv ist, sind keinerlei Anzeichen von Verletzlichkeit, weder in der Sprache, im Gang, in der Kleidung oder in den Standpunkten, zu erkennen.

Mein Koautor Gabor war Lehrer an einer High School, bevor er Arzt wurde. Gabor erinnert sich, dass die Schüler seiner zehnten Klasse, als er mit ihnen John Steinbecks *Von Mäusen und Menschen* las, keinerlei Mitgefühl für die Protagonisten des Buches, zwei arme schlichte Arbeiter, aufbringen konnten. „Die sind doch wirklich so dumm“, sagten viele Schüler. „Sie haben bekommen, was sie verdient haben.“ Diese Teenager zeigten wenig Verständnis für das Tragische und keinen Respekt für die Würde von Menschen, die Schmerz erleiden.

Es ist der einfache Weg, dem Fernsehen, Filmen oder Rap-Musik die Schuld für die Unempfindlichkeit unserer Kinder für menschliches Leid, Gewalt und sogar Tod in die Schuhe zu schieben. Doch die grundlegende Unverletzlichkeit ist nicht auf die kommerzielle Kultur zurückzuführen, so verwerflich diese auch sein mag, weil sie sich die emotionale Verhärtung und die Unreife von Kindern zunutze macht und ausbeutet. Die Unverletzlichkeit von gleichaltrigenorientierten Kindern wird von innen genährt. Selbst wenn es keine Filme oder Fernsehsendungen gäbe, in denen diese Form des Ausdrucks an der Tagesordnung ist, würde sie doch im Verhalten gleichaltrigenorientierter Jugendlicher untereinander entstehen. Obwohl es Kinder, die sich an Gleichaltrigen orientieren, auf der ganzen Welt gibt und sie einer unendlichen Anzahl von Subkulturen angehören können, ist das Thema in der Jugendkultur universal. Modeerscheinungen kommen und gehen, Musik kann ihre Form verändern, die Sprache mag unterschiedlich sein, aber die coole Distanziertheit und die emotionale Verschlossenheit scheinen alles zu durchdringen. Die Omnipräsenz dieser Kultur ist ein starkes Zeugnis für die verzweifelte Flucht vor Verletzlichkeit.

Ein weiterer Beleg für die Unerträglichkeit von Verletzlichkeit, die gleichaltrigenorientierte Kinder erleben, ist die starke Verbreitung von Drogen, die die Verletzlichkeit unterdrücken. Kinder, die sich an Gleichaltrigen orientieren, tun alles, um menschliche Gefühle wie Einsamkeit, Leid und Schmerz zu vermeiden, und um sich nicht verletzt, bloßgestellt, beunruhigt, unsicher, unzulänglich oder befangen zu fühlen. Je älter die Jugendlichen sind und je mehr sie sich an Gleichaltrigen orientieren, desto eher scheinen Drogen ein fester Bestandteil ihres Lebensstils zu sein. Gleichaltrigenorientierung weckt einen Appetit auf alles, was die Verletzlichkeit reduzieren kann. Drogen sind emotionale Schmerzmittel und helfen jungen Menschen auf andere Art und Weise dem Zustand der Benommenheit zu entkommen, in den sie durch ihre defensive Bindungsabwehr gelangt sind. Mit dem Abschalten der Gefühle gehen Langeweile und Entfremdung einher. Drogen bieten emotional abgestumpften Menschen eine künstliche Stimulation. Sie steigern das Empfinden und bieten ein trügerisches Gefühl von Bindung, ohne die mit echter Offenheit verbundenen Risiken eingehen zu müssen. In der Tat kann ein und dieselbe Droge bei einem Menschen eine scheinbar gegensätzliche Wirkung haben. Alkohol und Marihuana zum Beispiel können einerseits das Gehirn und den Geist betäuben, andererseits aber auch von sozialen Hemmungen befreien. Andere Drogen – Kokain, Amphetamine und Ecstasy – sind Stimulanzien. Allein schon der Name der Letztgenannten spricht Bände darüber, was genau im psychischen Leben unserer emotional außer Gefecht gesetzten jungen Menschen fehlt.

Die psychologische Funktion, der diese Drogen dienen, wird von wohlmeinenden Erwachsenen oft übersehen. Sie gehen davon aus, dass das Problem eher von außen auf die Jugendlichen einwirkt, das heißt, dass der Erwartungsdruck der Altersgenossen und die Gebräuche der Jugendkultur verantwortlich sind. Es geht nicht nur darum, unsere Kinder dazu zu bewegen, Nein zu sagen. Das Problem liegt viel tiefer. Solange wir der Gleichaltrigenorientierung unter unseren Kindern nicht die Stirn bieten und sie wieder rückgängig machen, schaffen wir einen unstillbaren Appetit auf diese Drogen. Der Hang zu Drogen, die das Gefühl der Verletzlichkeit abschwächen, kommt aus der Tiefe der abwehrenden Seele. Die emotionale Sicherheit unserer Kinder können nur wir ihnen geben: Dann werden sie sich nicht zur Flucht vor ihren Gefühlen getrieben fühlen und werden nicht auf die betäubende Wirkung von Drogen angewiesen sein. Ihr Bedürfnis, sich lebendig zu fühlen und Begeisterung zu empfinden, kann und sollte aus ihnen selbst heraus entstehen, aus ihrer eigenen angeborenen grenzenlosen Fähigkeit, sich mit dem Universum auseinanderzusetzen.

Dies bringt uns zurück zur wesentlichen hierarchischen Natur der Bindung. Je mehr Kinder Bindungen brauchen, um zu funktionieren, desto wichtiger ist es für sie, sich an die für sie verantwortlichen Menschen zu binden. Nur dann kann die Verletzlichkeit, die mit der emotionalen Bindung untrennbar verbunden ist, auch ertragen werden. Kinder brauchen keine Freunde, sie brauchen Eltern, Großeltern, Erwachsene, die die Verantwortung dafür übernehmen, immer für sie da zu sein. Je stärker die Bindung von Kindern zu fürsorglichen Erwachsenen ist, desto besser sind sie in der Lage, mit Altersgenossen zu interagieren, ohne von der damit einhergehenden Verletzlichkeit überfordert zu sein. Je weniger Bedeutung Gleichaltrige haben, desto besser kann die Verletzlichkeit von Gleichaltrigenbeziehungen ertragen werden. Es sind genau die Kinder, die keine Freunde brauchen, die besser dazu in der Lage sind, Freunde zu haben, ohne ihre Fähigkeit zu tiefen Gefühlen und ihre Verletzlichkeit zu verlieren.

Aber warum sollten wir wollen, dass unsere Kinder offen für ihre eigene Verletzlichkeit bleiben? Wo ist das Problem, wenn die Abwehr die Gefühle zum Schutz des Kindes einfriert? Intuitiv wissen wir alle, dass es besser ist zu fühlen als nicht zu fühlen. Unsere Emotionen sind kein Luxus, sondern ein wesentlicher Aspekt unseres Wesens. Wir haben sie nicht nur, weil es Freude macht zu fühlen, sondern weil sie einen entscheidenden Wert für unser Überleben haben. Sie dienen uns zur Orientierung, sie deuten die Welt für uns und liefern uns lebenswichtige Informationen, ohne die es uns nicht gut gehen kann. Sie sagen uns, was gefährlich und was harmlos ist, was unsere Existenz bedroht und was unserem Wachstum förderlich sein wird. Man muss sich nur einmal vorstellen, wie behindert man wäre, wenn man nicht sehen, hören oder schmecken könnte, oder wenn man keine Hitze und keinen körperlichen Schmerz fühlen könnte. Seine Emotionen abzuschotten bedeutet, einen unentbehrlichen Teil seines Sinnesapparates und darüber hinaus einen unverzichtbaren Teil dessen, was wir sind, zu verlieren. Emotionen machen das Leben lebenswert, aufregend, herausfordernd und sinnvoll. Sie treiben uns an, die Welt zu erkunden, motivieren uns zu Entdeckungen und nähren unser Wachstum. Bis hinunter auf die Zellebene sind Menschen entweder im Abwehr- oder im Wachstumsmodus, aber sie können nicht beides gleichzeitig sein. Wenn Kinder unverletzlich werden, hören sie auf, das Leben als unendliche Möglichkeit, sich selbst als grenzenloses Potenzial und die Welt als einladende und unterstützende Arena für ihre Selbstentfaltung zu begreifen. Die durch die Gleichaltrigenorientierung auferlegte Unverletzlichkeit hält Kinder in ihren Grenzen und Ängsten gefangen. Kein Wunder, dass so viele von ihnen wegen Depressionen, Angst und anderer Störungen behandelt werden müssen.

Die Liebe, Aufmerksamkeit und Sicherheit, die nur Erwachsene ihnen geben können, befreien Kinder von dem Bedürfnis, sich unverletzlich zu machen, und geben ihnen jenes Potenzial für das Leben und für Abenteuer zurück, das ihnen riskante Aktivitäten, Extremsportarten oder Drogen niemals geben können. Ohne diese Sicherheit sind unsere Kinder gezwungen, ihre Fähigkeit zu opfern, psychisch zu wachsen und zu reifen, sinnvolle Beziehungen einzugehen und ihrem tiefsten und stärksten Drang nach Selbstentfaltung zu folgen. Letztendlich ist die Flucht vor der Verletzlichkeit eine Flucht vor dem eigenen Selbst. Wenn wir nicht für eine enge Bindung zu unseren Kindern sorgen, ist letztlich der Verlust ihrer Fähigkeit, an ihrem ureigenen wahren Selbst festzuhalten, der Preis dafür.

KAPITEL 9

In Unreife gefangen

„Ich habe die Nase so voll", sagte Sarahs Mutter, die sich über die Inkonsequenz und Unberechenbarkeit ihrer Tochter aufregte. „Sie bleibt einfach bei nichts am Ball, egal wie sehr wir uns bemühen, ihr alles zu ermöglichen." Ein immer wiederkehrendes Szenario beunruhigte Sarahs Eltern am meisten. Sie taten alles, um ihr einen sehnlichen Wunsch zu erfüllen, und mussten dann feststellen, dass sie beim ersten Anzeichen von Frustration oder Misserfolg die Segel strich. Sie brach ihren Eiskunstlaufkurs am Ende der zweiten Unterrichtsstunde einfach ab. Und das, nachdem ihre Eltern das Geld für die Gebühren gespart und ihren eigenen Zeitplan auf den Unterricht ihrer Tochter abgestimmt hatten. Sarah war außerdem sehr impulsiv, ungeduldig und verlor leicht die Fassung. Sie versprach immer wieder, brav zu sein, hielt sich aber selten daran.

Auch Peters Mutter und Vater waren besorgt. Ihr Sohn war chronisch ungeduldig und reizbar und manchmal wurde er sowohl seiner Schwester als auch gegenüber seinen Eltern regelrecht bösartig. „Er scheint sich nicht mal darüber im Klaren zu sein", sagte mir Peters Vater, „dass das, was er sagt oder tut, Auswirkungen auf den Rest der Familie hat." Er konnte sich für nichts begeistern, außer für Nintendo- und Computerspiele. Das Konzept von Arbeit schien ihm nichts zu bedeuten, egal ob es um das Lernen in der Schule, Hausaufgaben oder Arbeiten im Haushalt ging. „Was mich am meisten beunruhigt", sagte der Vater, „ist, dass Peter sich scheinbar überhaupt keine Sorgen macht." Der Junge zeigte sich nicht im Geringsten besorgt über seinen Mangel an Orientierung und sinnvollen Zielen.

Auf unterschiedliche Weise wiesen Peter und Sarah eine ähnliche Konstellation von Eigenschaften auf. Beide Kinder waren impulsiv. Beide schienen zu wissen, wie sie sich verhalten sollten, aber keines von beiden verhielt sich auch so. Beide waren unreflektiert, dachten nicht nach, bevor sie handelten, und ihre Reaktionen unterlagen extremen Schwankungen. Beide Elternpaare wollten wissen, ob sie Grund zur Sorge hätten. Sarahs Eltern antwortete ich, dass dies wahrscheinlich nicht der Fall sei. Sarah war erst vier Jahre alt – in diesem Alter ist ein solches Verhalten nicht ungewöhnlich. Wenn sich alles normal entwickelte, würden sich in den nächsten Jahren erhebliche Unterschiede in Sarahs Einstellung und Verhalten bemerkbar machen. Peters Eltern hatten jedoch tatsächlich Grund zur Sorge. Er war vierzehn, und seine Persönlichkeit hatte sich, zumindest in dieser Hinsicht, seit seiner Vorschulzeit nicht verändert.

Sowohl Sarah als auch Peter wiesen das auf, was ich als *Kind-unter-7-Syndrom* bezeichne – Verhaltensweisen, die bei jedem Kind im Kindergartenalter normal sind. In diesem Entwicklungsstadium hat ein Kind eine Reihe von psychischen Funktionen noch nicht voll integriert – es herrscht ein Mangel an integrativem Funktionsvermögen, der gewissermaßen ein Warnsignal für *psychische Unreife* ist. Die einzigen, die das „Recht" haben, sich in Bezug auf ihre Entwicklung wie Kinder unter 7 zu verhalten, sind natürlich Kinder unter 7. Bei einem älteren Kind oder Erwachsenen deutet ein solcher Mangel an Integration auf eine Unreife hin, die dem Alter nicht angemessen ist.

Körperliches Wachstum und physiologische Funktionen des Erwachsenen gehen nicht automatisch mit einer geistigen und emotionalen *Reifung* einher. Robert Bly stellt in seinem Buch *Die kindliche Gesellschaft* fest, dass Unreife in unserer Gesellschaft allgegenwärtig ist. „Die Menschen machen sich nicht die Mühe, erwachsen zu werden, und wir sind allesamt Fische, die in einem Becken voller Halbwüchsiger herumschwimmen", so Bly.[1] In unserer heutigen Welt betrifft das Kind-unter-7-Syndrom viele Kinder weit jenseits dieses Alters und kann sogar bei Teenagern und Erwachsenen beobachtet werden. Viele Erwachsene haben keine wirkliche Reife erlangt, das heißt, es ist ihnen nicht gelungen, unabhängig zu sein, sich selbst zu motivieren, ihre eigenen emotionalen Bedürfnisse zu befriedigen und die Bedürfnisse anderer zu respektieren.

Wenn man nach Gründen sucht, warum Reife heute immer seltener wird, trägt die Gleichaltrigenorientierung wahrscheinlich die Hauptschuld. Unreife und Orientierung an Gleichaltrigen gehen Hand in Hand. Je früher die Orientierung an Gleichaltrigen im Leben eines Kindes einsetzt und je intensiver es sich mit Gleichaltrigen beschäftigt, desto größer ist die Wahrscheinlichkeit, dass es permanent kindlich bleiben wird.

Peter war in hohem Maße gleichaltrigenorientiert. Es war unklar, was zuerst kam: Hatte seine Unreife ihn so anfällig dafür gemacht, sich an Gleichaltrigen zu orientieren, oder war seine frühe Orientierung an Gleichaltrigen die Ursache für seine festgefahrene Entwicklung? Der kausale Zusammenhang kann in beide Richtungen bestehen, aber wenn er einmal entstanden ist, wird das Problem durch die Orientierung an Gleichaltrigen zementiert. So oder so werden Kinder, die sich an Gleichaltrigen orientieren, nicht erwachsen.

Was es bedeutet, unreif zu sein

Mit zunehmender Reife entwickelt unser Gehirn die Fähigkeit, Dinge miteinander zu kombinieren, verschiedene Wahrnehmungen, Sinne, Gedanken, Gefühle und Impulse gleichzeitig zu verarbeiten, ohne dass unser Denken in Mitleidenschaft gezogen oder unser Handeln gelähmt würde. Dies ist die Fähigkeit, die ich als „integratives Funktionsvermögen" bezeichnet habe, als ich zuvor das Kind-unter-7-Syndrom erwähnte. Das Erreichen dieses Punktes in der Entwicklung hat eine enorm transformierende und zivilisierende Wirkung auf unsere Persönlichkeit und unser Verhalten. Die Merkmale der Kindlichkeit, wie Impulsivität und Egozentrik, verblassen und eine wesentlich ausgewogenere Persönlichkeit beginnt sich herauszubilden. Diese Fähigkeit kann man dem Gehirn nicht beibringen, sie muss sich entwickeln, man muss in sie hineinwachsen. Die alten Römer hatten ein Wort für ein derartiges Vermischen: *temperare*. Dieses Verb bedeutet heute „regulieren" oder „mäßigen", bezog sich aber ursprünglich auf die Vermengung der notwendigen Zutaten bei der Herstellung von Ton. Sowohl Sarah als auch Peter waren in ihrer Erfahrung und ihrem Ausdruck „untemperiert". Unbeherrschtheit – die Unfähigkeit, gemischte Gefühle gleichzeitig zu tolerieren – ist das Hauptmerkmal der Unreife.

Sarah zum Beispiel war ihren Eltern gegenüber sehr liebevoll, war aber, wie die meisten Kinder, von Zeit zu Zeit frustriert. Wenn sie frustriert war, neigte sie zu Wutausbrüchen, die so weit gingen, dass sie ihrer Mutter „Ich hasse dich" an den Kopf warf. Sarahs Frustration gegenüber ihrer Mutter wurde bei ihrem Entwicklungsstand nie durch Zuneigung ausgeglichen, so wie ihre Frustration über einen Sturz auf dem Eis nicht durch ihren Wunsch, Eiskunstlauf zu beherrschen, ausgeglichen wurde. Daher auch ihre Impulsivität. Ähnlich verhielt es sich bei Peters Wutausbrüchen, die mit Beleidigungen und Beschimpfungen gespickt waren. Obwohl es absehbar war, dass er immer wieder in Schwierigkeiten geraten würde, wurde seine Angst vor den negativen Folgen durch die intensive Frustration, die er im Hier und Jetzt erlebte, in den Hintergrund gedrängt. Auch hier vermischten sich die Gefühle nicht. Beide Kinder verloren die Beherrschung und ihre Reaktionen waren heftig, unverschämt und hemmungslos.

Da die Vorstellung, arbeiten zu müssen, gemischte Gefühle erfordert, konnte Peter sie nicht verinnerlichen. Arbeit ist oft nicht sehr attraktiv, aber wir tun sie in der Regel, weil wir unseren momentanen Widerstand mit einer Verpflichtung oder einem Ziel verbinden können, das wir auf lange Sicht anstreben. Peter war zu unreif, um an einem Ziel festzuhalten, das über unmittelbare Befriedigung hinausging. Er arbeitete nur, wenn ihm danach war, und das war nicht sehr oft der Fall. Er war sich nie mehr als eines einzigen konkreten Gefühls auf einmal bewusst. In diesem Sinne unterschied er sich nicht von jedem beliebigen Kind unter 7. Sein Unvermögen, widersprüchliche Gedanken, Gefühle und Ziele bewusst zu bewältigen, war eine Hinterlassenschaft seiner Gleichaltrigenorientierung.

Der Wachstumsplan der Natur

Da wir häufig überstürzt versuchen herauszufinden, wie wir dieses oder jenes Problem lösen können, übersehen wir oft den wichtigen ersten Schritt des genauen Hinschauens, Nachdenkens und Verstehens. Wir können es uns nicht leisten, diesen Schritt auszulassen, wenn es darum geht, in der chaotischen Welt von heute Kinder großzuziehen. Wir müssen wissen, wie die Dinge funktionieren, damit wir verstehen können, was schief gehen kann – eine Notwendigkeit für die Vorbeugung sowie für die Lösung von Problemen. Im Folgenden wird der Reifungsprozess kurz skizziert, ein Prozess, den alle Eltern und Lehrer kennen sollten. Für viele wird es lediglich eine Bestätigung dessen sein, was sie bereits intuitiv erfasst haben.

Wie reifen junge Menschen? Einer der bedeutendsten Durchbrüche in der Entwicklungstheorie erfolgte in den 1950er-Jahren, als Wissenschaftler feststellten, dass der Reifungsprozess, wann und wo auch immer er stattfindet, eine einheitliche und vorhersehbare Struktur aufweist. In der ersten Phase findet eine Art Spaltung oder *Differenzierung* statt, gefolgt von einer zweiten Phase, die eine immer intensivere Verschmelzung der getrennten Elemente bewirkt. Diese Abfolge gilt unabhängig davon, ob es sich um einen pflanzlichen oder tierischen Organismus handelt, ob der Bereich biologisch oder psychisch ist und ob es sich um eine einzelne Zelle oder um das komplexe Gebilde handelt, das wir das menschliche Selbst nennen.

Die Reifung erfolgt zunächst durch den Prozess der Teilung, bei dem die Elemente voneinander getrennt werden, bis sie unterscheidbar und unabhängig voneinander sind. Erst dann vermischt der Entwicklungsprozess diese unterschiedlichen und getrennten Elemente miteinander. Dies ist ein simpler und zugleich tiefgreifender Vorgang, den wir sogar auf grundlegendster Ebene beobachten können. Der Embryo wächst zunächst, indem er sich in einzelne Zellen teilt, von denen jede ihren eigenen Zellkern und ihre eigene Zellwand besitzt. Sobald sich die einzelnen Zellen so weit getrennt haben, dass sie nicht mehr zu verschmelzen drohen, konzentriert sich die Entwicklung auf die Interaktion zwischen den Zellen. Aus Gruppen von Zellen werden funktionierende Organe gebildet. Die einzelnen Organe wiederum entwickeln sich getrennt voneinander und werden dann geordnet und in Körpersysteme integriert – so bilden beispielsweise das Herz und die Blutgefäße das Herz-Kreislauf-System. Das gleiche Muster gilt für die beiden Hemisphären des Gehirns. Die sich entwickelnden Gehirnregionen funktionieren zunächst physiologisch und elektrisch völlig unabhängig voneinander, werden dann aber allmählich zusammengefügt. Dabei entwickelt das Kind neue Fähigkeiten und Verhaltensmuster.[2] Dieser Prozess setzt sich bis ins Teenageralter fort – und sogar darüber hinaus.

Die Reifung im Bereich der Psyche beinhaltet die Differenzierung der Elemente des Bewusstseins – Gedanken, Gefühle, Impulse, Werte, Meinungen, Vorlieben, Interessen, Absichten und Bestrebungen. Diese Differenzierung muss erfolgen, bevor diese Elemente des Bewusstseins zu einer ausgewogenen Erfahrung und einem angemessenen Ausdruck zusammengeführt werden können. Das Gleiche gilt für den Bereich der Beziehungen: Die Reifung erfordert, dass das Kind zunächst einmal seine Eigenständigkeit als Individuum ausbildet. Je differenzierter dies geschieht, desto besser wird es mit anderen Menschen zusammen sein können, ohne dabei sein Selbstwertgefühl zu verlieren.

Im Wesentlichen muss sich das Selbstgefühl zunächst von der inneren Erfahrung abgrenzen, eine Fähigkeit, die dem Kleinkind völlig fehlt. Das Kind muss in der Lage sein zu wissen, dass es nicht mit dem Gefühl identisch ist, das im aktuell gegebenen Augenblick in ihm aktiv ist. Es kann etwas fühlen, ohne dass sein Handeln notwendigerweise von diesem Gefühl beherrscht wird. Es kann sich anderer, widersprüchlicher Gefühle bewusst sein oder Gedanken, Werten und Verpflichtungen, die dem konkreten Gefühl des Augenblicks widersprechen mögen, und kann eine Entscheidung treffen.

Sowohl Peter als auch Sarah fehlte eine Beziehung zu sich selbst, weil die zunächst erforderliche Teilung noch nicht stattgefunden hatte. Sie waren nicht in der Lage, ihr inneres Erleben zu reflektieren, sich selbst zuzustimmen oder zu widersprechen, zu billigen oder zu missbilligen, was sie in sich wahrnahmen. Da ihre Gefühle und Gedanken nicht differenziert genug waren, um einer Vermischung standzuhalten, waren sie nur zu einem Gefühl oder Impuls auf einmal fähig. Keiner von ihnen kannte Aussagen wie „Ein Teil von mir fühlt so und ein Teil von mir fühlt so." Keiner von ihnen hatte Gedankengänge im Sinne von „andererseits" erfahren oder fühlte sich je unschlüssig, ob er etwa seiner Frustration Luft machen sollte oder wie sinnvoll es wirklich sein mochte, die Konfrontation mit Problemen zu vermeiden. Ohne die Fähigkeit zur Reflexion wurden sie durch die innere Erfahrung des Augenblicks beherrscht. Sie lebten sofort aus, was auch immer an Emotionen in ihnen aufstieg. Sie konnten ihr inneres Erleben darstellen, aber sie konnten es nicht sehen. Diese Unfähigkeit machte sie impulsiv, egozentrisch, reaktiv und ungeduldig. Da sich Frustration nicht mit Fürsorge mischte, hatten sie keine Geduld. Weil sich Wut nicht mit Liebe mischte, zeigten sie keine Vergebung. Weil sich Frustration weder mit Angst noch mit Zuneigung mischte, verloren sie die Beherrschung. Kurz gesagt: Es fehlte ihnen an Reife.

Es wäre unvernünftig gewesen, von Sarah zu erwarten, zu gemischten Gefühlen fähig zu sein oder sich anders als unbeherrscht auszudrücken. Sie war zu jung. Es war sicherlich vernünftig, von Peter Selbstreflexion, gemischte Impulse und Gefühle zu erwarten, gleichzeitig aber völlig unrealistisch, da er keinesfalls reifer war als Sarah.

Ich konnte Sarahs Eltern guten Gewissens beruhigen und ihnen versichern, dass bei ihr viele Anzeichen für einen sehr aktiven Reifeprozess erkennbar waren. Sie zeigte ermutigende Ansätze für den Differenzierungsprozess: Sie war begierig darauf, Dinge selbst zu tun, und liebte es, Dinge selbst herauszufinden. Sie wollte unbedingt ihre eigene

Person sein und ihre eigenen Gedanken, Ideen und Gründe für ihr Handeln haben. Sie verfügte darüber hinaus über eine wunderbar unternehmungslustige Energie – eine Neugier auf Dinge, mit denen sie nicht vertraut war oder zu denen sie keinen Bezug hatte, einen Eifer, das Unbekannte zu erforschen, und eine Faszination für alles Neue und Unbekannte. Darüber hinaus spielte sie auch ganz allein sehr phantasievoll, kreativ und völlig selbstzufrieden. Diese deutlichen Anzeichen des Reifungsprozesses ließen alle Bedenken über Sarahs mangelnde Entwicklung verstummen. Ihre Persönlichkeit reifte heran, und zu gegebener Zeit würden sich die Früchte zeigen. Hier war Geduld angesagt.

Bei Peter konnte ich keine ähnlichen Anzeichen eines *Emergenzprozesses* feststellen. Es gab kein schöpferisches Alleinsein, kein Verlangen, Dinge selbst herauszufinden, keinen Stolz darauf, sich selbst zu genügen, keinen Versuch, ein eigenständiger Mensch zu werden. Er war damit beschäftigt, sich von seinen Eltern abzugrenzen, aber dabei ging es nicht um echte Individuation, sondern nur darum, seine Eltern aus seinem Leben herauszuhalten. Seine Weigerung, sich auf seine Eltern zu verlassen, war nicht durch den Wunsch motiviert, die Dinge selbst in die Hand zu nehmen. Er war rebellisch und widerspenstig; aber, wie wir in Kapitel 6 erörtert haben, nur aufgrund der Intensität seiner Bindungen zu Gleichaltrigen und nicht aufgrund eines echten Strebens nach Unabhängigkeit.

Reifung erfolgt spontan, aber nicht unweigerlich. Sie ist wie ein Computerprogramm, das auf der Festplatte vorinstalliert, aber nicht zwangsläufig aktiviert ist. Wenn Peter nicht aus der Sackgasse herausfindet, ist er auf dem besten Weg, einer der Erwachsenen zu werden, die noch immer im Kind-unter-7-Syndrom gefangen sind. Doch wie kann man Kinder wie Peter aus dieser Sackgasse befreien? Was aktiviert den Reifungsprozess?

Wie der Reifeprozess gefördert werden kann

Obwohl Eltern und Lehrer den Kindern immer wieder sagen, dass sie „erwachsen" werden sollen, kann Reifung nicht befohlen werden. Man kann einem Kind nicht beibringen, ein Individuum zu sein, oder es dazu erziehen, eine eigenständige Person zu sein. Das ist das Werk der Reife und der Reife allein. Wir können den Prozess fördern, die richtigen Bedingungen schaffen, Hindernisse aus dem Weg räumen, aber wir können ein Kind ebenso wenig zum Erwachsenwerden zwingen, wie wir den Pflanzen in unserem Garten befehlen können zu wachsen.

Wenn wir es mit unreifen Kindern zu tun haben, müssen wir ihnen möglicherweise zeigen, wie sie sich verhalten sollen, ihnen die Grenzen des Akzeptablen aufzeigen und unsere Erwartungen formulieren. Kinder, die Fairness nicht verstehen, müssen lernen, abwechselnd an der Reihe zu sein. Kinder, die noch nicht reif genug sind, um die Auswirkungen ihres Handelns zu verstehen, müssen mit Regeln und Vorschriften für akzeptables Verhalten versorgt werden. Aber ein solches vorgeschriebenes Verhalten darf nicht mit echter Reife verwechselt werden. Man kann nicht reifer sein, als man wirklich ist, sondern sich nur so verhalten, als ob man es wäre, wenn man den entsprechenden Hinweis dafür bekommt. Sich abzuwechseln, weil es sich so gehört, ist sicherlich höflich – aber sich aus einem echten Gefühl der Fairness heraus abzuwechseln, kann nur von Reife herrühren. Eine Entschuldigung mag der Situation angemessen sein, aber die Verantwortung für das eigene Handeln zu übernehmen, kann nur aus dem Prozess der Individuation heraus geleistet werden. Es gibt keinen Ersatz für echte Reife, keine Abkürzung, um dorthin zu gelangen. Verhalten kann vorgeschrieben oder aufgezwungen werden, aber Reife kommt aus dem Herzen und dem Verstand. Die wirkliche Herausforderung für Eltern besteht darin, ihren Kindern zu helfen, erwachsen zu werden, und nicht lediglich wie Erwachsene auszusehen.

Wenn Disziplin kein Heilmittel für Unreife ist und wenn Vorschriften zwar hilfreich, aber unzureichend sind, wie können wir dann unseren Kindern helfen zu reifen? Jahrelang rätselte man in der Entwicklungsforschung über die Bedingungen, unter denen die Reifung in Gang gesetzt wird. Der Durchbruch kam erst, als die Forscher die elementare Bedeutung der Bindung erkannten.

So überraschend es auch erscheinen mag, die Geschichte der Reifung ist recht unkompliziert und einleuchtend. Wie so vieles in der kindlichen Entwicklung beginnt auch sie mit der Bindung. Wie ich in Kapitel 2 erklärt habe, ist Bindung die erste Priorität aller Lebewesen. Erst wenn es gelingt, dieses Bedürfnis in ausreichendem Maße zu stillen, kann die Reifung einsetzen. Bei Pflanzen müssen erst die Wurzeln Fuß fassen, bevor das Wachstum beginnen und das Tragen von Früchten möglich wird. Bei Kindern kann das eigentliche Ziel, als eigenständiges Wesen lebensfähig zu werden, erst dann erreicht werden, wenn ihre Bedürfnisse nach Bindung, nach Fürsorge und nach bedingungslosem Vertrauen in ihre Beziehungen erfüllt sind. Nur wenige Eltern und noch weniger Experten verstehen dies intuitiv. „Als ich Vater wurde", sagte mir ein sehr nachdenklicher Mann, der dies verstanden hatte, „sah ich, dass die Welt absolut davon überzeugt zu sein schien, dass man seine Kinder formen muss – ihren Charakter aktiv formen muss, anstatt einfach ein Umfeld zu schaffen, in dem sie sich entwickeln und gedeihen können. Niemand schien zu verstehen, dass sie aufblühen werden, wenn man ihnen die liebevolle Zuwendung gibt, die sie brauchen."

Der Schlüssel zur Aktivierung der Reifung liegt darin, sich um die Bindungsbedürfnisse des Kindes zu kümmern. Um die Unabhängigkeit zu fördern, müssen wir zunächst zur Abhängigkeit ermutigen; um die Individuation zu fördern, müssen wir ein Gefühl der Zugehörigkeit und Einheit vermitteln; um dem Kind zu helfen, sich zu lösen, müssen wir die Verantwortung dafür übernehmen, dem Kind nah zu bleiben. Wir helfen einem Kind, loszulassen, indem wir ihm mehr Kontakt und Verbundenheit bieten, als es selbst sucht. Wenn es in den Arm genommen werden will, geben wir ihm eine wärmere Umarmung, als wir von ihm bekommen. Wir befreien Kinder nicht, indem wir sie für unsere Liebe arbeiten lassen, sondern indem wir sie in ihr ruhen lassen. Wir helfen dem Kind, die Trennung zu überwinden, die mit dem Schlafengehen oder dem Schulbesuch einhergeht, indem wir sein Bedürfnis nach Nähe befriedigen. Der Reifungsprozess ist also eine paradoxe Angelegenheit: *Abhängigkeit und Bindung fördern Unabhängigkeit und echte Trennung.*

Bindung ist der Schoß des Reifeprozesses. So wie die biologische Gebärmutter ein eigenständiges Wesen im physischen Sinne zur Welt bringt, erzeugt die Bindung ein eigenständiges Wesen im psychischen Sinne. Nach der physischen Geburt besteht die Entwicklungsagenda darin, für das Kind einen emotionalen „Bindungsschoß" zu bilden, aus dem es als autonomes Individuum wiedergeboren werden kann, das existenzfähig ist, ohne von Bindungstrieben beherrscht zu werden. Menschen werden nie aus ihrem Bedürfnis herauswachsen, sich mit anderen zu verbinden, und das sollen sie auch nicht, aber reife, wirklich eigenständige Menschen werden nicht von diesen Bedürfnissen kontrolliert. Um zu einem solchen eigenständigen Wesen zu werden, bedarf es der gesamten Kindheit, die sich beim Menschen mindestens bis zum Ende des Teenageralters und mitunter darüber hinaus erstreckt.

Wir müssen ein Kind von der Sorge um seine Bindung befreien, damit es der natürlichen Agenda der eigenständigen Reifung folgen kann. Das Geheimnis dabei ist, dafür zu sorgen, dass das Kind nichts leisten muss, um seine Bedürfnisse nach Kontakt und Nähe zu befriedigen, sich zu orientieren und zurechtzufinden. Kinder brauchen die Befriedigung ihrer Bindungsbedürfnisse. Erst dann kann eine Energieverschiebung in Richtung Individuation stattfinden, dem Prozess einer eigenständigen Menschwerdung. Erst dann ist das Kind frei, sich vorwärts zu wagen und emotional zu wachsen.

Der Bindungshunger ist dem körperlichen Hunger sehr ähnlich. Das Bedürfnis nach Nahrung erlischt nie, genauso wie das Bedürfnis des Kindes nach Bindung nie vergeht. Als Eltern befreien wir das Kind von der Suche nach körperlicher Nahrung. Wir übernehmen die Verantwortung für die Ernährung des Kindes und vermitteln ihm ein Gefühl der Sicherheit, versorgt zu sein. Ganz gleich, über wie viel Nahrung ein Kind gerade verfügt, wenn es kein Vertrauen in die Versorgung hat, wird die Nahrungsbeschaffung weiterhin oberste Priorität haben. Ein Kind kann erst dann weiterlernen und -leben, wenn die Ernährungsfrage geklärt ist, und das ist für uns Eltern eine Selbstverständlichkeit. Unsere Verpflichtung zur Stillung des Bindungshungers des Kindes sollte für uns ebenso klar sein.

In seinem Buch *Entwicklung der Persönlichkeit* beschreibt der Psychotherapeut Carl Rogers eine warmherzige, fürsorgliche Haltung, für die er den Begriff der *bedingungslosen positiven Wertschätzung* gewählt hat, weil, wie er sagt, „keine Wertbedingungen daran geknüpft sind." Dies ist eine Form der Fürsorge, so Rogers, „die nicht besitzergreifend ist, die keine persönliche Belohnung verlangt. Es entsteht eine Atmosphäre, die schlichtweg deutlich macht: *Ich kümmere mich um dic*h. Nicht: Ich kümmere mich um dich, wenn du dich so und so verhältst."[3] Rogers fasste damit die Qualitäten eines guten Therapeuten in Bezug auf seine Klienten zusammen. Ersetzen wir den Therapeuten durch die Eltern und die Klienten durch Kinder, erhalten wir eine treffende Beschreibung dessen, was in einer Eltern-Kind-Beziehung wichtig ist. Bedingungslose elterliche Liebe ist der unverzichtbare Nährstoff für das gesunde emotionale Wachstum des Kindes. Die erste Aufgabe besteht darin, im Herzen des Kindes Raum für die Gewissheit zu schaffen, dass es haargenau der Mensch ist, den die Eltern wollen und lieben. Es muss nichts leisten oder sich verändern, um sich diese Liebe zu verdienen – im Grunde genommen kann es gar nichts tun, denn diese Liebe kann weder gewonnen noch verloren werden. Sie ist nicht an Bedingungen geknüpft. Sie ist einfach da, unabhängig davon, ob das Kind sich „gut" oder „schlecht" benimmt. Das Kind kann störrisch, unleidlich, weinerlich, wenig kooperativ und schlichtweg unverschämt sein, und die Eltern sorgen trotzdem dafür, dass es sich geliebt fühlt. Es müssen Wege gefunden werden, um ihm zu vermitteln, dass bestimmte Verhaltensweisen nicht akzeptabel sind, ohne dass sich das Kind selbst schlecht behandelt fühlt. Es muss seinen Eltern alles, was es beunruhigt, auch seine unsympathischsten Eigenschaften offen zeigen können und dennoch ihre absolut erfüllende, Sicherheit gebende, bedingungslose Liebe empfangen.

Ein Kind muss genügend Sicherheit, genügend bedingungslose Liebe erfahren, damit die erforderliche Energieverlagerung stattfinden kann. Es ist, als ob das Gehirn sagen würde: „Besten Dank, das haben wir gebraucht – jetzt können wir mit der eigentlichen Aufgabe der Entwicklung weitermachen, das heißt mit der Aufgabe, ein eigenständiger Mensch zu werden. Ich muss nicht mehr um Treibstoff kämpfen. Mein Tank wurde wieder aufgefüllt und jetzt kann ich mich auf den Weg machen.“ Absolut nichts könnte für die Entwicklung des Menschen wertvoller sein.

Der Vater des 11-jährigen Evan, ein Freund meines Koautors, hatte gerade ein Wochenendseminar zu familiären Beziehungen besucht und war nun, an einem Montagmorgen, mit seinem Sohn auf dem Weg zur Schule. Er hatte Evan zur Fortsetzung seines Karatekurses gedrängt, wogegen der Junge sich zur Wehr setzte. „Weißt du, Evan“, sagte der Vater zu ihm, „wenn du mit Karate weitermachst, werde ich dich lieben. Und weißt du, was noch? Wenn du nicht mit Karate weitermachst, werde ich dich genauso sehr lieben.“ Das Kind sagte ein paar Minuten lang nichts. Dann schaute es plötzlich in den bedeckten Himmel und lächelte seinen Vater an. „Ist das nicht ein schöner Tag, Papa?“, sagte es. „Sind das nicht schöne Wolken da oben?“ Nach einigen Augenblicken des Schweigens fügte er hinzu: „Ich glaube, ich mache den schwarzen Gürtel.“ Und er setzte sein Kampfsporttraining fort.

Auch Erwachsene können unter den richtigen Bedingungen die Auswirkungen eines solchen Wandels in ihrer Entwicklungsdynamik erleben. Etwa die Erfahrung, sehr verliebt zu sein und sich in dieser Liebe auch sehr sicher zu fühlen, kann einen Schub an beflügelnder Energie hervorrufen. Frisch verliebte Menschen erleben eine Erneuerung ihrer Interessen und ihrer Neugier, haben ein ausgeprägtes Gefühl der Einmaligkeit und Individualität und einen erwachenden Entdeckergeist. Dieses Gefühl entsteht nicht dadurch, dass uns jemand drängt, reif und unabhängig zu sein, sondern durch die tiefe Erfüllung und Befriedigung unserer Bindungsbedürfnisse.

Die Entwicklung unzähliger Kinder wird dadurch behindert, dass sie nicht in der Lage sind, diese Verschiebung von der Suche nach Befriedigung ihres Bindungswunsches hin zur Emergenz einer unabhängigen überschäumenden Bindung zu ihrer Welt zu verwirklichen. Es gibt fünf Gründe, die von Eltern und Erziehenden verstanden werden sollten, warum die Orientierung an Gleichaltrigen den Kindern die Fähigkeit raubt, ihre Bedürfnisse zu befriedigen.

Die Orientierung an Gleichaltrigen hemmt das Wachstum auf fünf entscheidende Arten

Die elterliche Fürsorge prallt ab

Eine Auswirkung der Gleichaltrigenorientierung besteht darin, dass unsere Liebe und Fürsorge für unsere Kinder nicht bis zu ihnen durchdringen kann. Das war in Peters Situation und bei vielen Eltern, mit denen ich gesprochen habe, definitiv der Fall. Es bestand kein Zweifel daran, dass Peters Eltern ihn liebten, das Beste für ihn wollten und bereit waren, Opfer für ihn zu bringen. Wie viele Eltern in ihrer Situation hatten sie jedoch Schwierigkeiten, ihre Liebe aufrechtzuerhalten, wenn ihr Sohn keinerlei Erwiderung zeigte. Noch schwieriger war es, wenn er ihre Annäherungsversuche aktiv ablehnte, ihre Zuneigung zurückwies und jegliches Interesse von ihrer Seite missbilligte. Peter ließ die Wärme und Fürsorge seiner Eltern einfach nicht an sich heran.

Ich erlebe so viele Situationen, in denen ein Kind mitten im Überfluss lebt, mit einem regelrechten emotionalen Festbankett, das vor ihm ausgebreitet ist, aber aufgrund von Bindungsproblemen an seelischer Unterernährung leidet. Man kann niemanden ernähren, der nicht am Tisch sitzt. Alle Liebe der Welt würde nicht ausreichen, um bei diesem Kind eine Wende herbeizuführen – die Nabelschnur muss verbunden sein, damit die Nahrung ankommen kann. Es ist unmöglich, die Bindungsbedürfnisse eines Kindes zu befriedigen, das sich nicht selbst aktiv an die Person bindet, die bereit und in der Lage ist, diese Bedürfnisse zu erfüllen. Wenn ein Kind die Eltern durch Gleichaltrige als primäre Bezugspersonen ersetzt, wird es auch bei Gleichaltrigen nach emotionaler Nahrung suchen. Es ist jedoch eine absolute Ausnahmeerscheinung, dass Bindungen zu Gleichaltrigen diesen Bindungshunger stillen können. Die für die Entwicklung notwendige

Verlagerung von Energie findet nie statt. Da es keine Bewegung von der Bindung zur Individuation gibt, gehen Gleichaltrigenorientierung und Unreife Hand in Hand.

Der unsichere Charakter der Gleichaltrigenbindungen lässt Kinder nicht zur Ruhe kommen

Beziehungen zwischen Gleichaltrigen führen unreife Wesen zusammen. Wie ich im vorigen Kapitel dargelegt habe, sind diese Bindungen von Natur aus unsicher. Sie erlauben einem Kind nicht, sich von der unermüdlichen Suche nach Anerkennung, Liebe und Bedeutung auszuruhen. Das Kind ist niemals frei von seinem Bestreben nach Nähe. Anstelle von Ruhe führt die Orientierung an Gleichaltrigen zu Nervosität. Je intensiver sich das Kind dergestalt orientiert, desto durchdringender und chronischer wird die unterschwellige Unruhe. Ganz gleich, wie viel Kontakt und Verbindung zu Gleichaltrigen besteht, Nähe kann nie als selbstverständlich vorausgesetzt oder aufrechterhalten werden. Ein Kind, das sich von seiner Beliebtheit bei anderen nährt – oder unter deren Fehlen leidet – ist sich jeder Nuance bewusst und fühlt sich durch jedes abfällige Wort, jeden missbilligenden Blick und jede abweisende Geste bedroht. Unter Gleichaltrigen wird der Wendepunkt nie erreicht: Das Streben nach Nähe geht nie in das Wagnis über, als eigenständiger Mensch hervorzutreten. Aufgrund ihrer an Bedingungen geknüpften Natur können Gleichaltrigenbeziehungen – mit wenigen Ausnahmen – das Wachstum des sich entwickelnden Selbst des Kindes nicht fördern. Eine Ausnahme bilden die Freundschaften zwischen Kindern, die sich in ihren Erwachsenenbindungen sicher fühlen. In solchen Fällen können die Akzeptanz und die Kameradschaft eines Altersgenossen das Gefühl der Sicherheit des Kindes verstärken. Ein solches Kind, das sich in seinen Beziehungen zu Erwachsenen grundsätzlich sicher fühlt, erhält durch die Freundschaften zu Gleichaltrigen einen zusätzlichen Schub – da es nicht von ihnen abhängig ist, muss es sich nicht durch ihre inhärente Instabilität bedroht fühlen.

Gleichaltrigenorientierte Kinder können keine Erfüllung fühlen

Es gibt noch einen weiteren Grund, warum an Gleichaltrigen orientierte Kinder emotional unersättlich sind. Um den Wendepunkt zu erreichen, muss ein Kind nicht nur erfüllt sein, sondern diese Erfüllung muss auch tief in seinem Inneren verankert sein. Das Gehirn des Kindes muss registrieren, dass sein Verlangen nach Nähe und Verbundenheit gestillt ist. Diese Registrierung ist nicht kognitiver oder gar bewusster, sondern zutiefst emotionaler Natur. Es ist die Emotion, die das Kind bewegt und die Energie von einer Entwicklungsagenda zu einer anderen verlagert, von der Bindung zur Individuation. Das Problem ist, dass das Kind für die Verankerung der Erfüllung tief und verletzbar fühlen können muss – eine Erfahrung, gegen die sich die meisten an Gleichaltrigen orientierten Kinder wehren. Aus den im letzten Kapitel erläuterten Gründen können sich an Gleichaltrigen orientierte Kinder nicht erlauben, ihre eigene Verletzlichkeit zu spüren.

Es mag seltsam erscheinen, dass Gefühle der Erfüllung Offenheit gegenüber Gefühlen der Verwundbarkeit erfordern sollen. In der Erfüllung gibt es keinen Schmerz und keine Verletzung – ganz im Gegenteil. Diesem Phänomen liegt jedoch eine emotionale Logik zugrunde. Damit sich das Kind erfüllt fühlt, muss es sich zuerst leer fühlen; damit es das Gefühl hat, dass man ihm geholfen hat, muss es sich zuerst hilfsbedürftig fühlen; damit es sich vollständig fühlt, muss es sich zuerst unvollständig fühlen. Um die Freude des Wiedersehens zu erleben, muss es zuvor den Schmerz der Trennung erfahren haben, um getröstet werden zu können, muss es sich zunächst verletzt fühlen. Die Befriedigung emotionaler Bedürfnisse kann eine sehr wohltuende Erfahrung sein, aber die Voraussetzung dafür ist, dass man die eigene Verletzlichkeit überhaupt spüren kann. Wenn ein Kind die Fähigkeit verliert, seine Bindungslücken zu spüren, verliert es auch die Fähigkeit, sich genährt und erfüllt zu fühlen. Einer der ersten Punkte, die ich bei meiner Einschätzung von Kindern überprüfe, betrifft das Vorhandensein von Gefühlen des Vermissens und des Verlusts. Es ist ein Zeichen für emotionale Gesundheit, wenn Kinder spüren können, was ihnen fehlt, und wenn sie wissen, was es mit dieser Leere auf sich hat. Sobald sie in der Lage sind, sich zu artikulieren, sollten sie in der Lage sein, Dinge zu sagen wie „Ich vermisse Papa", „Es hat mir wehgetan, dass Oma mich nicht beachtet hat", „Ich hatte nicht das Gefühl, dass du dich für meine Geschichte interessierst", „Ich glaube, er (oder sie) mag mich nicht".

Viele Kinder sind heute zu verhärtet, emotional zu verschlossen, um solche verletzlichen Gefühle zu erleben. Kinder sind von dem, was ihnen fehlt, betroffen, ob sie es spüren oder nicht, aber nur dann, wenn sie fühlen und wissen, was ihnen fehlt, können sie von ihrem Bindungsstreben befreit werden. Die Eltern solcher Kinder sind nicht in der Lage, sie zu einem Wendepunkt zu führen oder sie an einen Ort der Ruhe zu bringen. Wenn ein Kind durch die Orientierung an Gleichaltrigen eine Abwehr gegen Verletzlichkeit entwickelt hat, wird es vermutlich auch in Bezug auf die Zuwendung der Eltern nicht zu sättigen sein. Das ist die Tragik an der Gleichaltrigenorientierung – sie macht unsere Liebe und Zuneigung so nutzlos und unbefriedigend.

Kinder, deren Bindungshunger unstillbar ist, können nie genug bekommen. Was man auch tut, wie sehr man sich auch bemüht, wie viel Aufmerksamkeit und Anerkennung man ihnen auch zukommen lässt – der Wendepunkt wird nie erreicht. Für Eltern ist das extrem entmutigend und anstrengend. Nichts ist für Eltern so befriedigend wie das Gefühl, die Quelle der Erfüllung für ihr Kind zu sein. Millionen von Eltern werden um diese Erfahrung betrogen, weil ihre Kinder entweder anderswo nach Zuwendung suchen oder sich zu sehr gegen ihre eigene Verletzlichkeit wehren, um je genug bekommen zu können. Die Unersättlichkeit lässt unsere Kinder in der ersten Phase der Entwicklung – der Unreife – stagnieren, in der sie unfähig sind, über grundlegende Instinkte hinauszuwachsen. Sie werden daran gehindert, jemals zur Ruhe zu kommen und bleiben zur Bedürfnisbefriedigung immer auf irgendjemanden oder irgendetwas angewiesen, das von außen kommt. Weder die von den Eltern auferlegte Disziplin noch die von ihnen gegebene Liebe können diesen Missstand beheben. Die einzige Hoffnung besteht darin, die Kinder wieder in den Schoß der Bindung zurückzubringen, wo sie hingehören, und sie dann so weit zu erweichen, dass unsere Liebe tatsächlich zu ihnen durchdringen und sie nähren kann.

Was geschieht, wenn die Unersättlichkeit das Gefühlsleben eines Menschen beherrscht? Der Reifungsprozess wird durch eine Obsession oder eine Sucht, in diesem Fall nach Gleichaltrigenbeziehungen, unterbrochen. Der Kontakt zu Gleichaltrigen regt den Appetit an, ohne den Hunger zu stillen. Er regt an, ohne zu erfüllen. Das Endergebnis des Kontakts mit Gleichaltrigen ist in der Regel ein dringendes Verlangen nach mehr. Je mehr das Kind bekommt, desto größer wird sein Verlangen. Die Mutter eines achtjährigen Mädchens konnte sich keinen Reim darauf machen: „Ich verstehe das nicht – je mehr Zeit meine Tochter mit ihren Freunden verbringt, desto mehr verlangt sie danach, sich mit ihnen zu treffen. Wie viel Zeit braucht sie denn wirklich für soziale Kontakte?“ Ähnlich beklagten sich die Eltern eines Jugendlichen darüber, dass „unser Sohn, sobald er aus dem Ferienlager nach Hause kommt, sofort zum Telefon greift und die Kinder anruft, mit denen er gerade zusammen war. Dabei ist es die Familie, die er seit zwei Wochen nicht mehr gesehen hat.“ Das zwanghafte Streben nach Kontakt mit Gleichaltrigen ist immer dann intensiver, wenn sie gerade mit ihren Altersgenossen zusammen waren, sei es in der Schule, beim Spielen, bei Übernachtungen, Klassenfahrten, Ausflügen oder in Ferienlagern. Wenn der Kontakt mit Gleichaltrigen befriedigend wäre, würden die Stunden der Interaktion automatisch zu mehr selbstbestimmtem Spiel, kreativem Alleinsein und individueller Reflexion führen.

Viele Eltern verwechseln dieses unersättliche Verhalten mit einem berechtigten Bedürfnis nach Interaktion mit Gleichaltrigen. Immer wieder höre ich Sätze wie: „Aber mein Kind ist absolut besessen davon, sich mit Freunden zu treffen. Es wäre grausam, ihm das zu verbieten." In Wirklichkeit wäre es noch grausamer und unverantwortlicher, dem nachzugeben, was diese Besessenheit so eindeutig anheizt. Die einzige Bindung, die Kinder wirklich brauchen, ist eine Bindung, die sie fördert, erfüllt und zur Ruhe kommen lässt. Je fordernder das Kind ist, desto mehr deutet dies auf eine ausufernde Obsession hin. Das Kind zeigt nicht seine Stärke, sondern die Verzweiflung eines Hungers, der mit zunehmendem Kontakt zu Gleichaltrigen nur noch größer wird.

Gleichaltrigenorientierte Kinder können nicht loslassen

Bisher habe ich mich in diesem Kapitel auf die Befriedigung des Bindungshungers als Schlüssel zur Befreiung des Kindes von der Fixierung auf sein Bindungsbedürfnis konzentriert. Es gibt jedoch Menschen, die ein gutes Maß an Reife erlangt haben, ohne als Kinder jemals eine fürsorgliche Bindung zu einem Erwachsenen erfahren zu haben. Wie kann das sein? Der Grund hierfür ist, dass es einen zweiten Schlüssel gibt, der den Reifungsprozess freischalten kann. Man könnte ihn als Schlüssel zur „Hintertür zur Reife" bezeichnen, denn er ist weit weniger offensichtlich und entspricht in vielerlei Hinsicht dem Gegenteil von Befriedigung. Dieser emotionale Wendepunkt wird erreicht, wenn das Gehirn des Kindes – anstatt durch funktionierende Bindungen erfüllt zu sein – feststellt, dass sein Bindungshunger in dieser Situation und zu diesem Zeitpunkt nicht gestillt werden kann. Das durch gescheiterte Bemühungen entstandene Gefühl der Vergeblichkeit dringt ins Bewusstsein – keine Aufmerksamkeit von Papa zu bekommen oder etwas Besonderes für Oma zu sein, keine Freunde oder jemanden zum Spielen zu finden. Ursache kann auch die Unfähigkeit eines Kindes sein, dem Gefühl des Alleinseins zu entkommen oder der Größte und Beste zu sein, jemandem mehr zu bedeuten als alles andere, ein verlorenes Haustier wiederzufinden, Mama zu Hause zu halten oder zu verhindern, dass die Familie umzieht. Die Liste der potenziell vergeblichen Wünsche reicht vom banalsten Beispiel eines unerfüllten Wunsches nach Nähe zu jemandem bis hin zum schwersten Bindungsverlust.

Unsere emotionalen Schaltkreise sind so programmiert, dass wir das Streben nach Kontakt und Nähe nicht nur dann aufgeben, wenn der Bindungshunger gestillt ist, sondern auch dann, wenn wir wirklich erkennen müssen, dass der Wunsch nach Erfüllung vergeblich ist. Das Loslassen eines Wunsches, an dem wir hängen, ist selbst für Erwachsene äußerst schwierig, sei es der Wunsch, von allen gemocht zu werden, von einem bestimmten Menschen geliebt zu werden oder politische Macht zu erlangen. Erst wenn wir akzeptieren, dass unser Wunsch nicht in Erfüllung gehen kann, und die daraufhin folgende Enttäuschung und Traurigkeit vollständig durchlebt haben, können wir darüber hinwegkommen. Als unreife Bindungswesen verspüren Kinder von Natur aus den Drang, sich an jemandem festzuhalten, Kontakt aufzunehmen, Aufmerksamkeit zu suchen und die Person zu vereinnahmen, an der sie hängen. Ein Kind kann von diesem Verlangen sogar so sehr eingenommen werden, dass es sein ganzes Handeln beherrscht. Erst wenn die Vergeblichkeit tief im emotionalen Gehirn registriert wird, lässt die Dringlichkeit nach und das Klammern hört auf. Gelingt es hingegen nicht, die Vergeblichkeit zu begreifen, bleibt das Kind von zwanghaften Bindungsbedürfnissen beherrscht und versucht weiterhin, das Unerreichbare zu erreichen.

Wie die Erfüllung muss die Vergeblichkeit verinnerlicht werden, damit die Energieverlagerung stattfindet, die zur Akzeptanz führt, weg von der Frustration und hin zu einem Gefühl des Einklangs mit dem Stand der Dinge. Es reicht nicht aus, sie intellektuell zu registrieren, sie muss tief und verletzlich empfunden werden, im Herzen des limbischen Systems, im Kern der emotionalen Schaltkreise des Gehirns. Vergeblichkeit ist ein Gefühl der Verletzlichkeit, das uns mit den Grenzen unseres Kontrollbereichs konfrontiert – mit dem, was wir nicht ändern können. Gefühle der Vergeblichkeit gehören zu den ersten, die verschwinden, wenn sich ein Kind gegen Verletzlichkeit panzert. Folglich sind Kinder, die sich an Gleichaltrigen orientieren, extrem arm an solchen Gefühlen. Trotz der Tatsache, dass ihre Beziehungen zu Gleichaltrigen so sehr mit Frustration und Verlusten behaftet sind, sprechen sie nur selten über Gefühle wie Enttäuschung, Traurigkeit und Kummer. Wie wir in einem späteren Kapitel sehen werden, ist die Unfähigkeit, von Frustration zu Vergeblichkeit, von „Sauer zu Trauer“ überzugehen, eine der Hauptursachen für Aggression und Gewalt.

Bei Kindern gehören zu den offensichtlichsten Anzeichen dafür, dass die Vergeblichkeit Einzug hält, die Tränen in ihren Augen. Es gibt ein kleines Organ im Gehirn, das dieses deutliche Signal steuert. Als Erwachsene lernen wir in vielen Situationen, unsere Tränen zu verbergen, aber der

Impuls zu weinen, ist fest mit dem Gefühl der Vergeblichkeit verbunden. Natürlich gibt es auch andere Erfahrungen, die Tränen in die Augen treiben können, z. B. ein Fremdkörper im Auge, Zwiebeln, körperliche Schmerzen und Frustration. Die *Tränen der Vergeblichkeit* werden allerdings durch andere neurologische Schaltkreise ausgelöst und sind psychologisch einzigartig. Sie fühlen sich auf unseren Wangen anders an und werden von einer Energieverschiebung begleitet: Eine heilsame Traurigkeit, ein Zurückweichen vor dem aussichtslosen Versuch, die Dinge zu ändern. Tränen der Vergeblichkeit bringen tatsächlich eine Erleichterung, ein Gefühl, dass etwas zu Ende gegangen ist. Sie signalisieren, dass das Gehirn wirklich begreift, dass etwas nicht funktioniert und losgelassen werden muss. Ein Kleinkind, das zum Beispiel seine Eiswaffel fallenlässt, aber fähig ist, in den Armen eines liebevollen Erwachsenen weinen und traurig sein zu können, wird seinen Verlust akzeptieren, sich schnell wieder beruhigen und sich sein nächstes Abenteuer suchen.

Es ist nur natürlich, dass ein Kind durch die Erfahrung eines Misserfolges in einer Bindungsbeziehung in Tränen ausbricht. Auch in dieser Hinsicht sind an Gleichaltrigen orientierte Kinder alles andere als natürlich. Sie neigen eher zu trockenen Augen, wenn es um Vergeblichkeit geht, und je schlechter es um ihre Beziehungen zu Gleichaltrigen steht, desto stärker wird ihr unbewusster Widerstand, die Vergeblichkeit ihres Strebens zu akzeptieren. Wenn wir uns das Weinen abgewöhnen, ist das so, als würde die normalerweise sehr flexible und reaktionsfreudige Fähigkeit des Gehirns, Emotionen zu verarbeiten, erstarren. Das Gehirn verliert seine Plastizität, seine Fähigkeit, sich zu entwickeln. Ohne Vergeblichkeit, wie ohne Bindungsbefriedigung auch, ist keine Reife möglich.

Die Orientierung an Gleichaltrigen unterdrückt die Individualität

Die Gleichaltrigenorientierung bedroht die Reifung auf eine weitere entscheidende Weise: Sie unterdrückt die Individualität. Bevor wir die Gründe dafür untersuchen, müssen wir kurz auf den wichtigen Unterschied zwischen Individualität und Individualismus eingehen. *Individualität* ist die Frucht des Prozesses, ein eigenständiges geistiges Wesen zu werden, der in der vollen Entfaltung der eigenen Einzigartigkeit seinen Gipfelpunkt erreicht. Die Psychologen nennen diesen Prozess Differenzierung oder Individuation. Ein Individuum zu sein bedeutet, seine eigenen Sinnstrukturen, seine eigenen Ideen und Grenzen zu haben. Es bedeutet, seine eigenen Vorlieben, Prinzipien, Absichten, Perspektiven und Ziele zu achten. Es bedeutet, an einem Punkt zu stehen, der von keinem anderen besetzt ist. *Individualismus* hingegen ist die philosophische Auffassung, die den Rechten und Interessen einer Person Vorrang vor den Rechten und Interessen der Gemeinschaft einräumt. Individualität ist die Grundlage wahrer Gemeinschaft, denn nur wirklich reife Individuen können in einer Weise kooperieren, welche die Einzigartigkeit der anderen respektiert und würdigt. Ironischerweise kann die Orientierung an Gleichaltrigen den Individualismus vorantreiben, während sie die wahre Individualität untergräbt.

Die aufkeimende Individualität und die sich herausbildende Unabhängigkeit bedürfen des Schutzes, sowohl vor den Reaktionen anderer als auch vor der Macht des eigenen Drangs, sich um jeden Preis an andere zu binden. Neu aufkeimendes psychisches Wachstum in all seinen Erscheinungsformen hat etwas sehr Verletzliches: Interesse, Neugier, Eigenständigkeit, Kreativität, Originalität, Staunen mit großen Augen, neue Ideen, Selbermachen, Experimentieren, Erforschen und so weiter. Eine solche Emergenz hat einen zaghaften und schüchternen Charakter, wie eine Schildkröte, die ihren Kopf aus dem Panzer streckt. Wenn wir uns in all unserer unverhüllten Einzigartigkeit vorwagen, sind wir den Reaktionen der anderen schutzlos ausgeliefert. Sind die Reaktionen zu kritisch oder negativ, löst sich dieser Versuch der Emergenz schnell wieder in Wohlgefallen auf. Nur ein sehr reifer Mensch kann den Reaktionen derjenigen standhalten, die die Unabhängigkeit des Denkens, Seins und Handelns nicht anerkennen oder schätzen.

Von Kindern kann nicht erwartet werden, dass sie Anzeichen von Reife bei anderen Kindern begrüßen. Es liegt nicht in ihrer Verantwortung, und sie sind ohnehin zu sehr vom Bindungswunsch getrieben, um Individualität würdigen zu können. Woher sollten sie auch wissen, dass die Entwicklung eigener Absichten der Keim für zukünftige Werte ist? Dass die Unterteilung der Welt in „mein" und „nicht mein" nicht unsozial ist, sondern der notwendige Ausgangspunkt der Individuation? Dass der Wunsch, der Autor der eigenen Arbeit und der Urheber der eigenen Ideen zu sein, der Weg zum eigenständigen Menschen ist? Solche Dinge interessieren Kinder bei anderen nicht besonders. Es braucht einen Erwachsenen, um die Keime der Reife zu erkennen, um Raum für Individualität zu schaffen und die ersten Anzeichen von Unabhängigkeit zu würdigen. Es braucht einen Erwachsenen, um die Individualität als ein kostbares Vertrauen zu begreifen und ihr den Schutz zu bieten, auf den sie angewiesen ist.

Wenn das einzige Problem allerdings darin bestünde, dass Kinder nicht in der Lage sind, sich gegenseitig in ihrer Individualität zu ermutigen und zu fördern, wäre der Umgang mit Gleichaltrigen nicht derart problematisch für die sich herausbildende Persönlichkeit. Leider ist das nicht das größte Problem. Unreife Menschen neigen dazu, jede Individualität, die sich zu zeigen wagt, mit Füßen zu treten. In der Welt eines Kindes ist nicht die Unreife, sondern eher der Reifungsprozess verdächtig und eine Quelle der Scham. Das *emergente* Kind – das Kind, das selbstmotiviert ist und nicht von dem Bedürfnis nach Kontakt mit Gleichaltrigen angetrieben wird – erscheint wie eine Anomalie, der Ordnung zuwiderlaufend und nicht der Norm entsprechend. Die Worte, die gleichaltrigenorientierte Kinder für ein solches Kind gebrauchen, sind extrem kritisch, Worte wie „komisch", „dumm", „zurückgeblieben", „Freak" und „Streber". Unreife Kinder verstehen nicht, warum diese aufstrebenden, heranreifenden Kinder sich so sehr um einen friedlichen Umgang bemühen, warum sie manchmal die Einsamkeit der Gesellschaft anderer vorziehen, warum sie neugierig und interessiert an Dingen sein können, die nichts mit anderen Menschen zu tun haben, warum sie im Unterricht Fragen stellen. Irgendetwas muss mit diesen Kindern nicht stimmen, und dafür verdienen sie es, gedemütigt zu werden. Je stärker sich ein Kind an Gleichaltrigen orientiert, desto intensiver wird es die Individualität anderer Kinder ablehnen und angreifen.

So wie die Individuation durch die Reaktionen der Gleichaltrigen von außen bedroht wird, wird sie auch innerlich durch die geistige Dynamik des auf Gleichaltrige fixierten Kindes unterwandert. Individualität und Gleichaltrigenbindung sind schwer zu vereinbaren. Nur wenige Beziehungen zwischen Gleichaltrigen können es verkraften, wenn ein Kind zu seinem eigenständigen Selbst findet, seine eigenen Vorlieben entwickelt, seine eigene Meinung vertritt, sich seine eigenen Urteile bildet und seine eigenen Entscheidungen trifft. Wenn die Bindung zu Gleichaltrigen das Hauptanliegen ist, muss die Individualität geopfert werden. Dem unreifen Kind scheint dieses Opfer nur recht zu sein. Die Anpassung seiner Persönlichkeit, die Einschränkung seines wahren Selbstausdrucks und die Unterdrückung widersprüchlicher Meinungen und Werte erscheinen ihm als der natürlichste Weg. Es darf nicht zulassen, dass seine Individualität zwischen ihm und seinen Altersgenossen steht. Für unreife Wesen muss Freundschaft – und damit meinen sie die Bindung zu Gleichaltrigen – immer vor dem Selbst kommen. Derart verhaftete Wesen würden ihr

Geburtsrecht auf Individualität bereitwillig für ein Zeichen der Akzeptanz durch ihre Altersgenossen verkaufen, ohne dabei zu ahnen, was sie ihrer eigenen Entwicklung damit angetan haben. Erst wenn man als eigenständiges Wesen existenzfähig ist, bildet sich ein Selbsterhaltungstrieb überhaupt heraus.

Kate ist die Mutter der siebenjährigen Claire, die von ihr zu Hause unterrichtet wird. „Mit ihren sieben Jahren ist sie eine ganz wunderbare und einzigartige kleine Person", sagt Kate über ihre Tochter, „mit einem unabhängigen Geist. Aber nach mehr als ein paar Stunden mit Gleichaltrigen ist sie nicht mehr ganz sie selbst. Ihre Sprache ist nicht ihre eigene, und sie nimmt die Eigenarten ihrer Freunde an. Dann dauert es ein paar Stunden, bis sie wieder die Claire ist, die sie vorher war. Aber je älter sie wird, desto mehr ist sie in der Lage, sie selbst zu bleiben."

In den Jahren, in denen meine Tochter Tamara auf Gleichaltrige fixiert war, konnte sie keine Meinung äußern oder auch nur Gedanken hegen, die zu Konflikten mit ihren Freunden hätten führen können. Ich konnte beinahe dabei zusehen, wie sie in sich zusammenschrumpfte, um in den vorgegebenen Rahmen der Beziehungen zu passen, die sie unbedingt aufrechterhalten wollte. Als ich sie ermutigte, bei Shannon – dem Mädchen, das zu ihrer Hauptbezugsperson geworden war – einfach sie selbst zu sein, hatte sie große Schwierigkeiten, überhaupt zu verstehen, was ich damit meinte. Obwohl Tamara in der Schule hervorragende Leistungen erbrachte, schämte sie sich für ihre Erfolge und gab sich große Mühe, ihre Noten vor ihren Mitschülern zu verbergen. Jedes Kind, das sich an Gleichaltrigen orientiert, kennt das: Man darf nichts sagen oder tun, was ein schlechtes Licht auf andere werfen könnte, weil man sonst Gefahr läuft, sie zu verlieren. Sie wusste intuitiv, dass diese Beziehungen keinen Bestand haben würden, wenn sie ihr wahres Selbst zeigen würde. Doch anstatt der Entwicklung ihren Lauf zu lassen, versuchte sie, sich klein genug zu machen, um hineinzupassen.

Die Welt, in der unsere Kinder leben, wird immer unwirtlicher für den natürlichen Prozess der Reifung. In der Welt der Gleichaltrigenorientierung werden Reife und Individuation als Feinde der Bindung wahrgenommen. Einzigartigkeit und Individualität werden zu Hindernissen für den Erfolg in der Kultur der Gleichaltrigen.

Es ist unsere Aufgabe als Eltern, mit unseren Kindern Bindungen zu pflegen, die Raum für Individuation schaffen. Dabei sollte die Individuation des Kindes niemals die Gegenleistung sein, die wir für unsere Wärme und Nähe verlangen. Wir müssen unseren Kindern das geben, was sie einander nicht geben können: Die Freiheit, im Rahmen einer liebevollen Akzeptanz sie selbst zu sein – eine Akzeptanz, die unreife Gleichaltrige nicht leisten können. Wir Erwachsenen können sie leisten. Und das müssen wir auch.

KAPITEL 10

Ein Vermächtnis der Aggression

Die neunjährige Helen stand eines Tages vor dem Spiegel und schnitt vehement ihre schwarzen Locken ab, bis sie auf der Stirn fast keine Haare mehr hatte. Als Helens Mutter sie fassungslos und beunruhigt fragte, was das denn sollte, richtete das Kind die spitze Seite der Schere auf sie und beschimpfte sie lauthals.

Die 15-jährige Emily wurde von ihrer Mutter zu mir geschickt, weil sie sich ritzte und selbst verletzte. Ihre Angriffe richteten sich allerdings nicht nur gegen sich selbst. Außer ihren Freunden entkam nichts und niemand ihrem beißenden Sarkasmus und ihrer Feindseligkeit. Sie machte sich sogar über die Buchtitel in meinem Regal lustig. Ich fand ihre witzigen Bemerkungen zwar erfrischend und ihre Intelligenz beeindruckend, aber die Art und Weise, wie sie ihre Eltern und ihren jüngeren Bruder in ein schlechtes Licht rückte, war schwer auszuhalten. Sie kritisierte sie gnadenlos und schimpfte unaufhörlich über sie. Ihre Feindseligkeit war erbarmungslos.

Helens Eltern sind Freunde von mir. Im Jahr vor diesem unerwarteten Aggressionsausbruch waren sie durch eine sehr schwere Zeit in ihrer Ehe gegangen. Da ihre gesamte Zeit und Energie von ihren Beziehungsproblemen in Beschlag genommen war, musste Helen sich bei ihren Altersgenossen um emotionalen Kontakt bemühen, was ihr aber nicht gelang.

Wie Emilys Erfahrung zeigt, wären Helens emotionale Bedürfnisse selbst dann nicht befriedigt worden, wenn sie ihr Ziel, von Gleichaltrigen akzeptiert zu werden, erreicht hätte. Emily hatte sich im Alter von zehn Jahren, kurz nachdem ihre Mutter den Kampf gegen ihren Krebs aufgenommen hatte, zunehmend Gleichaltrigen zugewandt. Sie war unfähig, die Verletzlichkeit zu akzeptieren, die durch den möglichen Verlust hervorgerufen wurde, und reagierte darauf, indem sie ihre Mutter von sich stieß. Die Lücke, die durch ihren Rückzug aus der Bindung zur Mutter entstanden war, füllte sich mit Gleichaltrigen, die ihr jetzt alles bedeuteten. Die Aggressivität, die sich in ihren Taten, Worten und in ihren Ansichten zeigte, ließ nicht lange auf sich warten. Es ist nur allzu typisch, dass gleichaltrigenorientierte Kinder andere Familienmitglieder angreifen und Eltern und Geschwister verletzt zurücklassen. In den meisten Fällen sind die Angriffe nicht körperlicher Natur, aber die verbalen Angriffe und die emotionale Feindseligkeit können extrem zermürbend, befremdlich und schmerzhaft sein.

Eltern und Lehrer klagen heutzutage sehr oft über Aggressionen, die auch die größte Sorge der Eltern von Kirsten, Melanie und Sean waren. Aggressionen sind zwar nicht immer auf die Orientierung an Gleichaltrigen zurückzuführen, aber je stärker sich das Kind an Gleichaltrigen orientiert, desto höher ist die Wahrscheinlichkeit, dass Aggression eine Rolle spielt.

Mit zunehmender Gleichaltrigenorientierung in einer Gesellschaft nimmt auch die Aggression in der Kindheit zu. Die Schulbehörde von New York City meldete im Jahr 1993 6.000 gewalttätige Vorfälle – im Jahr 1961 war es nur ein einziger gewesen.[1] Die Zahl der schweren Übergriffe unter kanadischen Jugendlichen hat sich in den letzten fünfzig Jahren verfünffacht, während sie in den Vereinigten Staaten um das Siebenfache gestiegen ist.[2] Der zunehmende Missbrauch von Eltern durch ihre Kinder war Gegenstand des von der kanadischen Gesundheitsbehörde veröffentlichten Cottrell-Berichts.[3] In einer Umfrage gaben vier von fünf Lehrern an, von Schülern durch einschüchternde Drohungen und Beschimpfungen angegriffen worden zu sein.[4] Wird die Definition von Aggression auf Angriffe gegen die eigene Person ausgeweitet, sind die Selbstmordstatistiken ein Grund zur Beunruhigung. Selbstmordversuche mit tödlichem Ausgang unter Kindern haben sich in den vergangenen fünfzig Jahren verdreifacht. Die Rate der Selbstmorde in der Gruppe der 10- bis 14-Jährigen ist am schnellsten gestiegen.[5]

Viele Erwachsene sind heutzutage zögerlich, sich mit Gruppen von Jugendlichen auseinanderzusetzen, weil sie fürchten, angegriffen zu werden. Vor ein oder zwei Generationen waren solche Befürchtungen praktisch unbekannt. Diejenigen von uns, die schon etwas älter sind, können den Unterschied spüren, den einige Jahrzehnte bewirkt haben.

Die Medien sind voll von Berichten über aggressives Verhalten von Kindern: „Verschmähter Teenager kehrt mit einer Waffe auf Party zurück und tötet drei Menschen" – „Von Teenagern überfallener Jugendlicher schwebt in Lebensgefahr" – „Eine Gang von Kindern im Alter von zehn bis dreizehn Jahren an Gewaltverbrechen beteiligt" – „Durchgefallener Schüler kehrt an Schule zurück und tötet Lehrer." Im Oktober 2002 erschien ein Bericht über den tödlichen Angriff einer Gruppe Jugendlicher im Alter von zehn bis achtzehn Jahren auf einen 36-jährigen Mann in Chicago. Die *Associated Press* zitiert darin einen Zeugen: „Sie haben [mit Harken, Milchpackungen und Keulen] auf ihn eingeschlagen und dabei gebrüllt: ‚Hey, gib mir das mal …' Es war wie ein Spiel für sie." Nur wenige Wochen nach diesem blutigen Ereignis in den Vereinigten Staaten schockierten zwei von Teenagern begangene Morde die kanadische Öffentlichkeit. In Maple Ridge in British Columbia fand man die Leiche einer 39 Jahre alten Ehefrau und Mutter von drei Kindern in den Überresten des durch Brandstiftung zerstörten Hauses der Familie. Wenige Stunden später hielt die Polizei das Auto der Frau an, das von einem 15-Jährigen gefahren wurde. „Er saß am Steuer und rauchte Zigarre. Fünf andere Jugendliche waren ebenfalls in dem Auto." Der Teenager wurde wegen vorsätzlichen Mordes angeklagt. Auffallend an diesem Bericht ist die scheinbare Lässigkeit dieses kindlichen Mörders in der Gegenwart seiner Altersgenossen.*

Gewalttätige Übergriffe von Teenagern auf Gleichaltrige sind regelmäßig in den Schlagzeilen zu finden: Ob an der Columbine High School in Colorado, in Tabor, Alberta, oder in Liverpool, England. Richtet man sein Augenmerk jedoch allein auf düstere Statistiken und Zeitungsberichte über blutige Gewalt, so verschließt man sich vor der gesamten Tragweite der Auswirkungen kindlicher Aggression in unserer Gesellschaft. Die aufschlussreichsten Anzeichen für die Zunahme von Aggression und Gewalt sind nicht in den Schlagzeilen zu finden, sondern in der Gleichaltrigenkultur – in der Sprache, der Musik, den Spielen, der Kunst und der Unterhaltung ihrer Wahl. Eine Kultur spiegelt die Dynamiken ihrer Mitglieder wider, und die Kultur gleichaltrigenorientierter Kinder ist zunehmend eine Kultur der Aggression und Gewalt. Der Appetit auf Gewalt zeigt sich in der Freude am passiven Konsum von Gewalt und zwar nicht nur in der Musik und in Filmen, sondern auch auf den Pausenhöfen und in den Fluren der Schulen. Kinder schüren eher Feindseligkeiten unter ihren

---

*Der Jugendliche wurde wegen des Verbrechens verurteilt. Seine Lebensgeschichte ist eine Geschichte des frühen Verlassenwerdens, des notorischen Verlustes von Bindungen zu Erwachsenen und einer daraus resultierenden Verankerung in der Gruppe von Gleichaltrigen.

Altersgenossen, als sie aufzulösen, sie ermutigen andere eher zum Kampf, als sie von der Anwendung von Gewalt abzuhalten. Die Täter sind nur die Spitze des Eisbergs. Im Rahmen einer Studie über Gewalt auf dem Pausenhof stellten Forscher fest, dass die meisten Schulkinder Mobbing und Aggression eher passiv unterstützten oder sogar aktiv dazu ermutigten und dass weniger als jeder Achte versuchte einzugreifen. Die Kultur und Psychologie der Gewalt sind mittlerweile so tief verwurzelt, dass Gleichaltrige im Allgemeinen mehr Respekt und Sympathie für die Tyrannen aufbringen als für die Opfer.

Die häufigsten Formen der Aggression von Kindern und Jugendlichen sind nicht die Prügeleien und Übergriffe, die im Fokus von Studien oder Statistiken stehen, sondern die attackierenden Gesten, Worte und Taten in der tagtäglichen Interaktion von gleichaltrigenorientierten Kindern. Die Angriffe können emotionaler Natur sein und sich in Feindseligkeit, Antagonismus und Missachtung äußern. Sie können sich in rüpelhaften Gesten, im Verdrehen der Augen oder in Worten durch Beschimpfungen und Herabsetzungen zeigen. Der Angriff kann sich im Tonfall äußern, in einer spöttischen Geste, im wütenden Blick, in der Körperhaltung, in einer sarkastischen Bemerkung oder in der Kälte einer Erwiderung. Aggression kann sich gegen andere richten oder in Trotzanfällen und Wutausbrüchen zum Ausdruck kommen. Sie kann auch gegen die eigene Person gerichtet sein: In selbstherabsetzenden Äußerungen wie „Ich bin so dumm", in Feindseligkeit gegen die eigene Person wie „Ich hasse mich", durch das Schlagen mit dem Kopf zum Beispiel gegen eine Wand, durch Selbstverletzung sowie Selbstmordgedanken und -impulse. Angriffe können sich in Äußerungen wie „Ich werde dich umbringen" oder „Ich werde mich umbringen" gegen das Leben selbst richten. Diese Angriffe können auch psychischer Natur sein, wie zum Beispiel bei der Ächtung, der Behauptung, jemand existiere nicht, oder der Weigerung, die Gegenwart eines anderen anzuerkennen. Die Liste ist endlos. Mit anderen Worten, das Wesen der Aggression geht über die offenen gewalttätigen Formen hinaus, die Gegenstand der weitverbreiteten, aber sinnlosen „Null-Toleranz"-Politik geworden sind, die derzeit in Schulen und anderen Einrichtungen mit vielen Kindern praktiziert wird. Angesichts der immer weiter um sich greifenden Aggression ist die Politik der „Null-Toleranz" ein oberflächliches Konzept, das in der Praxis unmöglich zu realisieren ist.

Aggression liegt wie die Liebe in der Natur der tieferen Beweggründe – in dem, was uns bewegt. Im Fall der Aggression ist es der Impuls anzugreifen. Woher kommt all diese Aggression? Was treibt die Aggression von Kindern in neue Höhen? Warum neigen gleichaltrigenorientierte Kinder in einem solchen

Maß zu Gewalt? Die Antworten sind nicht in Statistiken zu finden, sondern nur dann, wenn man zu verstehen versucht, welche Wurzeln die Aggression hat und auf welche Weise die Gleichaltrigenorientierung diese Wurzeln nährt. Nur wenn wir die Bedeutung der Aggression erfassen, können wir wirklich verstehen, warum sie in der Welt, in der unsere Kinder leben, so eskaliert.

Die Gleichaltrigenorientierung ist nicht die eigentliche Ursache der Aggression. Kleinkinder und Kinder unter sieben sowie andere Kinder, die nicht im mindesten gleichaltrigenorientiert sind, können auch aggressiv sein. Aggression und Gewalt gehören seit Anbeginn der Zeiten zur Geschichte der Menschheit. Aggression ist eines der ältesten und schwierigsten Probleme der Menschen. Die Gleichaltrigenorientierung ist im Vergleich dazu relativ neu. Aber sie schürt das Feuer der Aggression und wiegelt zu Gewalt auf.

Die treibende Kraft der Aggression

Was bewegt einen Menschen zum Angriff? Frustration. Frustration ist der Treibstoff der Aggression. Natürlich führt Frustration ebenso wenig automatisch zu aggressivem Verhalten wie eine Sauerstoffzufuhr automatisch zu einem Brand führt. Wie wir noch sehen werden, kann Frustration sich auch anders äußern als durch Aggression. Nur wenn keine zivilisierte Lösung vorhanden ist, führt zunehmende Frustration zu Aggression. Die Gleichaltrigenorientierung erhöht nicht nur die Frustration in einem Kind, sie verringert auch die Wahrscheinlichkeit, friedliche Alternativen zur Aggression zu finden.

Frustration ist das Gefühl, das wir haben, wenn etwas nicht funktioniert. Das kann ein Spielzeug sein, eine Aufgabe, der eigene Körper, ein Gespräch, eine Aufforderung, eine Beziehung, die Kaffeemaschine oder die Schere. Was auch immer es sein mag, je wichtiger es für uns ist, dass „es" funktioniert, desto aufgewühlter werden wir, wenn es das nicht tut. Frustration ist eine tiefe und primitive Emotion, in der Tat so primitiv, dass sie auch Tieren nicht fremd ist. Wir sind uns der Frustration nicht notwendigerweise bewusst, aber wie jede andere Emotion bewegt sie uns dennoch.

Frustration kann durch vieles ausgelöst werden, aber da Bindungen für Kinder – wie auch für viele Erwachsene – das Wichtigste sind, ist eine nicht funktionierende Bindung auch die größte Frustrationsquelle: Kontaktverlust, vereitelte Verbindungen, zu viele Trennungen, das Gefühl, zurückgewiesen zu werden, der Verlust eines geliebten Menschen, das Gefühl, nicht dazuzugehören oder verstanden zu werden. Da wir uns der Bindung im Allgemeinen nicht bewusst sind, sind wir uns häufig auch des Zusammenhanges zwischen unserer Frustration und unseren nicht funktionierenden Bindungen nicht bewusst.

Der enge Zusammenhang zwischen Frustration über eine Bindung und Aggression wurde mir klar, als mein Sohn Shay drei Jahre alt war. Shay hing sehr an mir und war relativ selten über einen längeren Zeitraum von mir getrennt gewesen, bis ich eine Einladung annahm, am anderen Ende des Kontinents einen fünftägigen Kurs für Erzieher zu halten. Bei meiner Rückkehr hatte sich Shays Aggression von seinem für sein Alter angemessenen Ausgangsniveau von zwei oder drei Vorfällen täglich auf eher 20 bis 30 pro Tag erhöht. Ich musste ihn nicht fragen, warum er Wutanfälle hatte, warum er biss, schlug und mit Sachen um sich warf – zufälligerweise war das Thema des Kurses, den ich gerade gehalten hatte, die Wurzeln von Aggression und Gewalt. Er hätte mir auch keinen Grund nennen können. Es war schlicht und einfach Bindungsfrustation, die tief aus seinem Inneren hochkam. Helens Mutter, die wir am Anfang dieses Kapitels erwähnt haben, litt an einer schweren Depression, als Helen drei Jahre alt war. Nicht nur sie, auch ihr Mann waren während der langen düsteren Monate ihrer Gemütskrankheit weniger für ihre Tochter da. Dann fing Helen plötzlich und ohne ersichtlichen Grund an, auf dem Spielplatz andere Kinder zu schlagen, die sie nicht einmal kannte. Ihre Bindungsfrustation war in aggressives Verhalten umgeschlagen.

Wenn Gleichaltrige die Eltern ersetzen, ändert sich auch die Quelle der Frustration der Kinder, die in den meisten Fällen eher zu- als abnimmt. Gleichaltrige, die vorrangig Bindungen zueinander haben, sind frustriert, weil es ihnen schwerfällt, die Nähe zu ihren Altersgenossen aufrechtzuerhalten. Sie leben nicht zusammen und leiden deshalb ständig unter der Trennung. Bei Gleichaltrigen gibt es nie die Gewissheit, gemocht zu werden. Wer heute auserwählt ist, hat keine Garantie, es auch morgen noch zu sein. Wenn es wichtiger wird als alles andere, Gleichaltrigen etwas zu bedeuten, lauert Frustration an allen Ecken: Anrufe werden nicht erwidert, man wird übersehen oder ignoriert, man wird durch jemand anderen ersetzt, man wird beleidigt oder herabgesetzt. Ein Kind kann sich nie sicher sein, dass es von seinen Altersgenossen akzeptiert oder für jemand Besonderes gehalten wird. Darüber hinaus kann ein Kind sich in Beziehungen zu Gleichaltrigen selten in all seinen Facetten zeigen. Es muss ständig an sich arbeiten und darauf achten, nicht preiszugeben, dass es anderer Meinung ist, oder zu heftig zu widersprechen. Wut und Unmut müssen heruntergeschluckt werden, wenn die Nähe beibehalten werden soll. In einer Gleichaltrigenbeziehung gibt es keine sichere Heimatbasis, keinen Schutzschild gegen Stress, keine nachsichtige

Liebe, keine Hingabe, auf die man bauen kann, und kein Gefühl der innigen Vertrautheit. Die Frustration in einem solchen Umfeld ist groß, selbst wenn alles relativ gut läuft. Kommen dann noch Ablehnung und Ächtung hinzu, fließt das Fass der Frustration über. Kein Wunder, dass die Sprache unserer gleichaltrigenorientierten Kinder immer brutaler wird und die Themen ihrer Musik und ihrer Unterhaltungsmedien immer aggressiver werden. Es ist ebenfalls wenig verwunderlich, dass so viele dieser Kinder sich selbst attackieren, ihren Körper verstümmeln und über Selbstmord nachdenken. Weniger offensichtlich, aber dafür umso verbreiteter ist, dass viel mehr Kinder mit sich selbst unzufrieden sind. Sie gehen, bewusst oder unbewusst, sehr kritisch mit sich selbst ins Gericht. Auch das ist eine Form der Autoaggression.

Kinder, die in ihrer Frustration feststecken, suchen nach Möglichkeiten, ihrer Aggression freien Lauf zu lassen, und zeigen viel Engagement, wenn es um aggressive Themen in Musik, Literatur, Kunst und Unterhaltung geht. Mein Koautor erinnert sich noch gut daran, wie schockiert er war, als einer seiner Söhne, der damals gerade in die Pubertät kam, anfing, sich im Fernsehen gewalttätige Wrestling-Programme anzusehen und Kostüme zu tragen, die das Bild des Protagonisten eines Horrorfilms, Freddie Kruger, mit seinen todbringenden scharfen Fingernägeln, heraufbeschworen. Diesem Jungen fehlte zu diesem Zeitpunkt in seinem Leben eine ausreichend sichere Bindung zu seinen Eltern, und er steckte in einigen äußerst frustrierenden Beziehungen zu Gleichaltrigen fest.

Wenn Gleichaltrige erst das Bindungssystem im Gehirn unserer Kinder in Beschlag genommen haben, können Versuche, dem dann ablaufenden Prozess entgegenzuwirken, zu großer Frustration führen – wie viele Eltern bereits leidvoll erfahren mussten. Von den Eltern auferlegte Beschränkungen und Restriktionen können eine Flut von attackierenden Wortschwallen und Verhaltensweisen auslösen, die stark belasten können. Der 11-jährige Matthew war ein typischer Fall. Er hatte seine Eltern durch einen einzigen Altersgenossen namens Jason ersetzt. Die beiden waren unzertrennlich. Matthew bat darum, zu einer Halloween-Party bei Jason gehen und dort auch übernachten zu dürfen. Als seine Eltern ihm dies nicht erlaubten, brach aus Matthew eine derart starke emotionale Feindseligkeit und verbale Aggression heraus, dass seine Eltern Angst davor bekamen, was er tun könnte. Das war der Zeitpunkt, als sie in meine Sprechstunde kamen und von seiner zugrunde liegenden Gleichaltrigenorientierung erfuhren. Matthew schrieb seinen Eltern einen verzweifelten Brief, der seine Frustration und die daraus resultierende Aggression veranschaulichte:

> Denkt doch bitte einfach mal einen Moment über die Situation hier nach. Wenn Jason etwas mit jemandem unternehmen will, ruft er normalerweise mich an. Aber jetzt wird er sich nicht einmal mehr die Mühe machen, weil ihr mich nicht lasst. Stattdessen lernt er andere Leute besser kennen, was normalerweise in Ordnung wäre, nur dass er jetzt mit mir nicht mehr befreundet sein wird. Das macht mich so verdammt scheißwütend!!!!!!!! Es macht mich so wütend, dass ich jemandem wehtun will, und ich meine Scheiße nochmal richtig wehtun … Ich schwöre bei Gott, dass es den kleinen Jungen, den ihr so sehr liebt, nicht mehr geben wird. Ich werde mich Scheiße nochmal umbringen! Vielleicht schneide ich mir die Pulsadern auf … HABE ICH KEINE FREUNDE, HABE ICH KEIN LEBEN.

Das Feuer der Aggression in einem gleichaltrigenorientierten Kind wird immer wieder neu genährt.

Frustration muss nicht unbedingt zu Aggression führen. Die gesunde Reaktion auf Frustration ist der Versuch, etwas zu ändern. Wenn sich dies als unmöglich erweist, können wir akzeptieren, wie die Dinge liegen und uns kreativ an eine gegebene Situation anpassen. Wenn eine solche Adaption nicht stattfindet, können die Angriffsimpulse durch die Abmilderung von Gedanken und Gefühlen – mit anderen Worten, durch reife Selbstregulation – immer noch in Schach gehalten werden. Es ist durchaus möglich, sehr frustriert zu sein und dennoch nicht anzugreifen. Bei gleichaltrigenorientierten Kindern sind akzeptable Resultate vermutlich auf eine Weise blockiert, die ich jetzt näher erläutern werde. Diese Kinder werden automatisch aggressiv.

Es gibt drei Hauptmissstände in Gleichaltrigenbeziehungen, die zu angestauter Frustration führen, bis diese sich in Aggression Luft macht.

Wie Gleichaltrigenorientierung die Aggression schürt

Gleichaltrigenorientierte Kinder sind weniger in der Lage, Veränderungen zu bewirken

Wenn wir frustriert sind, neigen wir zunächst dazu, ändern zu wollen, was auch immer nicht funktioniert. Wir können versuchen, dies zu erreichen, indem wir Forderungen an andere stellen, versuchen, unser eigenes Verhalten zu ändern oder eine Vielzahl anderer Mittel ausprobieren. Wenn die Frustration uns zum Handeln bewegt hat, hat sie ihre Aufgabe erfüllt.

Das Problem ist, dass das Leben viele Frustrationen mit sich bringt, auf die wir keinen Einfluss haben: Wir können die Uhr nicht zurückdrehen, die Vergangenheit ändern oder ungeschehen machen, was wir getan haben. Wir können dem Tod nicht entkommen, schöne Erfahrungen länger andauern lassen, die Realität betrügen, Unmögliches möglich machen oder jemanden dazu bewegen, mit uns zusammenzuarbeiten, wenn er keine Lust dazu hat. Wir sind nicht in der Lage, dafür zu sorgen, dass immer alles gerecht zugeht oder dass unsere eigene Sicherheit oder die eines anderen garantiert ist. Für Kinder ist die bedrohlichste all dieser Frustrationen, dass sie nicht für ihre eigene psychische und emotionale Sicherheit sorgen können. Diese äußerst wichtigen Bedürfnisse – gewollt und willkommen zu sein, gemocht und geliebt zu werden, etwas Besonderes zu sein – unterliegen nicht ihrer Kontrolle.

Solange es uns als Eltern gelingt, an unseren Kindern festzuhalten, müssen sie sich nicht mit dieser für die menschliche Existenz grundlegenden tiefen Vergeblichkeit konfrontiert sehen. Es ist nicht so, dass wir sie für immer vor der Realität schützen können, aber Kinder sollten keinen Herausforderungen gegenüberstehen, für die sie noch nicht bereit sind. Gleichaltrigenorientierte Kinder haben nicht dieses Glück. Angesichts des Ausmaßes an Frustration, dem sie ausgesetzt sind, versuchen sie verzweifelt, die Dinge zu ändern, um irgendwie ihre Bindungen zu sichern. Einige von ihnen werden in ihren Beziehungen zueinander zwanghaft fordernd. Andere sind beherrscht von dem Gedanken, sich in den Augen ihrer Altersgenossen attraktiver zu machen – daher die stark gestiegene Nachfrage nach Schönheitsoperationen unter jungen Leuten ebenso wie ihre Besessenheit, in immer jüngerem Alter modisch chic zu sein. Einige werden herrisch, andere zu Schmeichlern oder Showmastern. Wieder andere reißen sich ein Bein aus und verbiegen sich total, um das Gefühl der Nähe zu ihren Altersgenossen aufrechtzuerhalten. Diese ständig unzufriedenen Kinder haben keinen Zugang zur Quelle ihrer Unzufriedenheit und entrüsten sich über eine Realität, über die sie keine Kontrolle haben. Natürlich kann genau diese Dynamik auch in der Beziehung zwischen Kindern und Erwachsenen auftreten – und das ist nur allzu häufig auch der Fall –, aber in Beziehungen unter Gleichaltrigen ist sie garantiert vorhanden.

Egal wie sehr das gleichaltrigenorientierte Kind auch versucht, die Dinge zu ändern, indem es Forderungen stellt, sein Aussehen verändert, dafür sorgt, dass es den anderen gut geht, wie sehr es sich selbst zurücknimmt oder sich selbst bloßstellt, es wird sich nur vorübergehend Erleichterung verschaffen können. Es wird sich nicht von der unablässigen Bindungsfrustation befreien können, und die Frustration, die dadurch entsteht, ständig gegen diese Wand der Unmöglichkeit anzurennen, wird sich noch verstärken. Seine Frustration wird, anstatt ein Ende zu nehmen, sich noch weiter verstärken, bis sie irgendwann wie bei Helen und Emily, von denen am Anfang dieses Kapitels die Rede war, in Aggression umschlagen wird.

Gleichaltrigenorientierte Kinder sind weniger adaptionsfähig

Wenn Frustration auf unüberwindbare Hindernisse stößt, sollte sie sich eigentlich in ein Gefühl der Vergeblichkeit verwandeln. Auf diese Weise wird durch Frustration eine Adaption erzeugt, die uns dazu veranlasst, uns selbst zu ändern, wenn wir die quälenden Umstände nicht ändern können. Ein *adaptionsfähiges* Kind greift nicht an: Adaption und Aggression, die beiden potenziellen Folgen der Frustration, sind unvereinbar.

Diese Dynamik von der Frustration zur Vergeblichkeit ist am deutlichsten bei Kleinkindern erkennbar. Ein Kleinkind stellt Forderungen, die der Elternteil, gewöhnlich aus triftigen Gründen, nicht erfüllen kann oder will. Nach einigen erfolglosen Versuchen, etwas daran zu ändern, sollte das Kleinkind die Vergeblichkeit hinnehmen und anfangen zu weinen. Das wäre eine sehr gute Reaktion. Die Energie, die das Kind darauf verwandt hat, etwas zu ändern, kommt jetzt für das Loslassen zum Einsatz. Wenn ein Teil der Frustration bereits in einen Angriff umgeschlagen ist, dann wandeln sich auch diese Gefühle und aus Wut wird Traurigkeit. Sobald der Übergang zu Gefühlen der Vergeblichkeit erfolgt ist, kann das Kind zur Ruhe kommen. Durchläuft die Frustration nicht diesen Prozess, wird das Kind weiter versuchen, seinen Willen durchzusetzen. Wird das Kind nicht abgelenkt oder getröstet, wird es vermutlich weiter gegen die Vergeblichkeit ankämpfen und bis zur völligen Erschöpfung in Aggressionen ausbrechen. Nur Gefühle der Vergeblichkeit können jemanden in die Lage versetzen, von einem nicht funktionierenden Vorhaben abzulassen und die damit einhergehende Frustration aufzulösen.

Das Gehirn muss registrieren, dass etwas nicht funktioniert. Es reicht nicht aus zu *denken*, dass etwas nicht funktioniert – es muss *gefühlt* werden. Wir alle haben schon einmal die Erfahrung gemacht, dass wir, obwohl etwas nicht funktioniert hat, trotzdem immer weitergemacht haben. So haben zum Beispiel viele von uns schon einmal zu einem Kind gesagt:

„Ich habe dir doch schon tausend Mal gesagt …“ Würden wir stattdessen unser eigenes Gefühl der Vergeblichkeit zulassen, würden wir nicht auf Erziehungsverhaltensweisen beharren, von denen wir wissen, dass sie nicht funktionieren und auch nicht funktionieren werden, egal wie oft wir sie wiederholen.

Adaption ist ein zutiefst unbewusster und emotionaler Prozess, der nicht von den denkenden Teilen der Hirnrinde gesteuert wird, sondern vom limbischen System, dem Gefühlsapparat im Gehirn. So reicht es zum Beispiel beim Verlust eines geliebten Menschen, ob durch Tod oder das Ende der Beziehung, nicht aus, zu wissen, dass er nicht mehr da ist, damit die Adaption stattfinden kann. Wir müssen uns emotional damit auseinandersetzen und Höhen und Tiefen gefühlter Vergeblichkeit überwinden. Erst wenn die Vergeblichkeit in unser Bewusstsein dringt und wir auf der tiefsten emotionalen Ebene begreifen, dass es unmöglich ist, den physischen und emotionalen Kontakt zu jemandem aufrechtzuerhalten, der uns für immer verlassen hat, können die Tränen fließen und die Adaption beginnt. Dieser Prozess kann Jahre dauern. Wenn ein kleines Kind die Vergeblichkeit erkennt, vor dem Abendessen einen Snack zu bekommen, sollte die Adaption nur wenige Augenblicke dauern, das heißt, seine Frustration sollte schnell in Traurigkeit umschlagen. Muss ein Kind die Mutter mit einem Geschwisterkind teilen, kann die Adaption ein wenig mehr Zeit in Anspruch nehmen. Wenn jedoch die Tränen der Vergeblichkeit nie fließen, findet keine Adaption statt. Ob unsere Augen nun feucht werden oder nicht, die häufigsten Gefühle der Vergeblichkeit sind Traurigkeit, Enttäuschung und Kummer. Glücklicherweise können, selbst wenn wir gelernt haben, unsere Tränen zu unterdrücken, Traurigkeit und Enttäuschung die Adaption erleichtern, wenn wir in der Lage sind, die Vergeblichkeit innerlich zu erfahren. Das Dilemma gleichaltrigenorientierter Kinder besteht darin, dass Gefühle der Vergeblichkeit mit Verletzlichkeit einhergehen: Vergeblichkeit zu spüren bedeutet, sich mit den Grenzen seiner Macht und Kontrolle abzufinden. Bei der Flucht eines gleichaltrigenorientierten Kindes vor der Verletzlichkeit sind es die Gefühle der Vergeblichkeit, die als Erstes unterdrückt werden. In einer Kultur des Coolseins sind Tränen und Vergeblichkeit eine Quelle der Scham. Da gleichaltrigenorientierte Kinder keine Gefühle der Vergeblichkeit haben, sind sie sehr viel aggressionsanfälliger.

Die Gleichaltrigenorientierung lässt bei Kindern Frustration entstehen und nimmt ihnen die Tränen, die als Gegenmittel dienen könnten. Helen zum Beispiel weinte nie mehr und war jetzt voller emotionaler Feindseligkeit gegenüber ihrer Mutter. Emily hat nie eine Träne über den Krebs ihrer Mutter vergossen. Statt Tränen der Vergeblichkeit vergoss sie Blutstropfen, wenn sie sich ritzte. Statt voller Traurigkeit und Enttäuschung war sie voller Sarkasmus und Verachtung. Sie zog die harten Klänge des Heavy Metal einer eher melancholischen Musik vor, die ihren Schmerz widergespiegelt und gelindert hätte. Mehr und mehr Kinder sind mit der Vergeblichkeit konfrontiert, funktionierende Beziehungen zu ihren Altersgenossen aufrechtzuerhalten, sie sind aber zu verhärtet, um die Vergeblichkeit in ihr Bewusstsein dringen zu lassen, und greifen schließlich sich selbst und andere an.

Dringt die Vergeblichkeit nicht ins Bewusstsein, kann man auch nicht loslassen und bestehende Grenzen akzeptieren. Ohne Adaption gibt es angesichts von Missgeschicken keine Kraft zu widerstehen, keinen Einfallsreichtum bei fehlender Orientierung und keine Fähigkeit, sich von einem erlittenen Trauma zu erholen.

Gleichaltrigenorientierte Kinder sitzen zwischen Hammer und Amboss fest: Der Hammer sind die Dinge, die sie nicht ändern können, und der Amboss ist in ihrem eigenen Herzen.

Gleichaltrigenorientierte Kinder haben in Bezug auf aggressives Verhalten weniger gemischte Gefühle

Der Wandlung von Frustration in Aggression kann auch entgegengewirkt werden, wenn die Angriffsimpulse durch entgegengesetzte Impulse, Gedanken, Absichten und Gefühle kontrolliert werden. Wenn es um Aggression geht, ist Ambivalenz eine sehr gute Sache. Bei gleichaltrigenorientierten Kindern ist die Wahrscheinlichkeit sehr viel geringer, dass sie zwiespältige Gefühle in Bezug auf ihr aggressives Verhalten haben.

Angriffsimpulse werden normalerweise in Schach gehalten von der Absicht, nicht zu verletzen, dem Wunsch, ein guter Mensch zu sein, der Angst vor Vergeltung oder der Sorge um die Folgen. Die Aggression mildern können auch die Angst, enge Bezugspersonen zu verstimmen, Gefühle der Zuneigung und sogar der Wunsch nach Selbstbeherrschung. Wenn der Impuls anzugreifen aufkommt, kann das Kind sich nur dann zurückhalten, wenn es gleichzeitig Impulse in die entgegengesetzte Richtung verspürt. Die widersprüchlichen Motivationen lassen ein zivilisierendes Bewusstsein aufkeimen, das Selbstbeherrschung ermöglicht. Fehlt die Ambivalenz und steht der Drang anzugreifen im Vordergrund, kann nichts das Kind davon abhalten, seine unangemessenen Impulse auszuleben.

Warum ist bei gleichaltrigenorientierten Kindern die Wahrscheinlichkeit sehr viel geringer, zwiespältige Gefühle in Bezug auf ihr aggressives Verhalten zu haben? Erstens haben sie aufgrund ihrer aufgehaltenen Entwicklung vermutlich eher ein *Temperament*, das nicht durch gemischte Gefühle und widerstreitende Impulse gezügelt wird. Hierbei handelt es sich um das in Kapitel 9 erörterte Kind-unter-7-Syndrom – die aus psychischer Unreife resultierende Impulsivität. Es spielt keine Rolle, was ein impulsives Kind weiß, wie gut seine Absichten sein mögen, wie oft es schon belehrt wurde und wie strafend die Konsequenzen sein mögen. Wenn seine Frustration einen bestimmten Pegel erreicht hat, wird all dies durch seinen Drang anzugreifen in den Hintergrund gestellt.

Der zweite Grund, warum gleichaltrigenorientierte Kinder seltener ambivalente Gefühle haben, ist das Fehlen der mildernden Kraft der Bindung. Wie ich bereits im zweiten Kapitel erläutert habe, treibt uns die bipolare Kraft primitiver Bindungen dazu, all die zurückzustoßen, zu denen wir uns nicht hingezogen fühlen. Sucht ein Kind zur Befriedigung seines Bindungshungers Verbindung und Nähe zu Altersgenossen, laufen praktisch alle anderen, ob Geschwister, Eltern oder Lehrer, Gefahr, angegriffen zu werden. Auch Gleichaltrige, zu denen das Kind keine Bindung haben möchte, sind mögliche Angriffsziele. Einmal mehr kann die Aggression neben körperlichen Angriffen viele andere Formen annehmen: über jemanden herziehen, verspotten, ignorieren, lästern, emotionale Feindseligkeit, beschimpfen, herabsetzen, Feindschaft, Verachtung.

Die Gleichaltrigenorientierung löst also Angriffsimpulse aus und hebt gleichzeitig die natürliche Immunität auf, über die Familienmitglieder und andere für das Kind verantwortliche Erwachsene sonst verfügen. Daher rühren die zunehmenden Übergriffe von Kindern auf ihre Eltern und von Schülern auf ihre Lehrer.

Einen weiteren stark mäßigenden Einfluss übt unser inneres Alarmsystem aus. Ein nicht unerheblicher Teil des Gehirns ist einem ausgeklügelten Alarmsystem gewidmet. Angst ist ein emotionaler Alarm, der uns vor Gefahren warnt. Dabei spielt es keine Rolle, ob es sich um einen bevorstehenden Angriff handelt oder um eine drohende Trennung von den Menschen, die uns etwas bedeuten. Die Befürchtung, in Schwierigkeiten zu geraten, die Angst vor einer Verletzung, die Besorgnis über mögliche Konsequenzen und die Angst, geliebte Menschen zu verstimmen, sind Mechanismen, die ein Kind zur Vorsicht bewegen sollen. Ein Angriff ist eine riskante Sache und schon allein der Gedanke daran sollte bei einem Kind, das zu gemischten Gefühlen fähig ist, alarmierende Gefühle auslösen, die ihm helfen, seine Aggression unter Kontrolle zu halten.

Schwierig am Alarmgefühl ist, dass es uns auch das Gefühl gibt, verletzlich zu sein. So ist die Erkenntnis, dass uns etwas Schlimmes zustoßen könnte, im Grunde genommen das grundlegende Wesen der Verletzlichkeit. Da sie vor der Verletzlichkeit fliehen, verlieren viele gleichaltrigenorientierte Kinder ihre Angstgefühle. Sie erhalten vielleicht auf der körperlichen Ebene noch Alarmsignale, spüren aber bewusst keine Alarmgefühle oder die mit ihnen einhergehende Verletzlichkeit mehr. Sie reden nicht mehr darüber, dass sie vor etwas Angst haben, nervös sind oder sich fürchten.

Sind die Alarmgefühle erst betäubt, kann die Chemie des Alarms – der Adrenalinrausch – verlockend sein und sogar süchtig machen. Kinder, deren Emotionen zum Schutz vor Verletzlichkeit abgeschottet sind, können sogar die Gefahr herausfordern, um diesen Adrenalinrausch zu erleben – daher rührt wohl auch die zunehmende Beliebtheit von „Extremsportarten".

Je intensiver sich ein Kind an Gleichaltrigen orientiert, desto geringer ist die Wahrscheinlichkeit, dass es ängstlich und vorsichtig ist. Die Hirnforschung zeigt, dass bei bis zu einem Drittel unserer jugendlichen Straftäter der Bereich im Gehirn, in dem der Alarm eigentlich registriert werden müsste, keine normale Aktivität mehr aufweist. Ohne funktionierenden Alarmauslöser im Gehirn ist es eher wahrscheinlich, dass die Angriffsimpulse eines Menschen zu Gewalttätigkeit führen.

Die Auswirkungen von Alkohol veranschaulichen diesen Zusammenhang. Alkohol betäubt das Aggressionsimpulse unter Kontrolle haltende Alarmgefühl, egal ob wir alarmiert sind, weil wir befürchten, verletzt zu werden, in Schwierigkeiten zu geraten oder jemanden, der uns wichtig ist, zu verprellen. Alkoholgenuss unterdrückt die Teile des Gehirns, die Aggression normalerweise hemmen. Es ist also nicht überraschend, dass Alkohol an einem hohen Prozentsatz von Gewaltverbrechen beteiligt ist.[7] Jugendliche denken, Alkohol würde sie mutig machen, in Wirklichkeit nimmt er ihnen aber nur die Angst. Das Gehirn ist jedoch durchaus in der Lage, auch ohne Alkohol oder andere Drogen unser Alarmgefühl zu betäuben, und wird dies auch tun, wenn die Umstände zu erdrückend sind. Das Ziel viel zu vieler gleichaltrigenorientierter Kinder ist die emotionale Selbstbetäubung. Kommen Kinder, die sich an Gleichaltrigen orientieren, in die Pubertät, steigt natürlich die Wahrscheinlichkeit, dass sie anfangen, Alkohol zu trinken, was wiederum die Wahrscheinlichkeit für aggressive Verhaltensweisen erhöht.

Der Versuch, das Feuer der Aggression in unseren gleichaltrigenorientierten Kindern zu löschen, ist in sich ein vergebliches Unterfangen. Solange wir uns jedoch dieser Vergeblichkeit nicht bewusst sind und wir nicht unsere eigene Traurigkeit über diesen Zustand annehmen, werden wir unser Verhalten kaum ändern. Wir befinden uns mit unseren gleichaltrigenorientierten Kindern in einer fürchterlichen Zwangslage. Je mehr sie so werden, desto mehr neigen sie zu aggressivem Verhalten und desto weniger reagieren sie auf unsere Maßregelungen. Je aggressiver sie sind, desto mehr entfremden und entfernen wir uns von ihnen und lassen eine noch größere Lücke zurück, die dann wieder mit Gleichaltrigen gefüllt werden kann. Unter solchen Umständen haben wir automatisch die Tendenz, unsere Aufmerksamkeit und unsere Bemühungen auf die Aggression zu richten, anstatt auf das zugrunde liegende Problem der fehlgeleiteten Bindungen unserer Kinder. Wir können es uns aber nicht leisten, die Aggression zum Mittelpunkt zu machen, egal wie beunruhigend und befremdlich das Problem auch sein mag. Unsere einzige Hoffnung, die Situation zu ändern, besteht darin, unsere Kinder zurückzugewinnen und ihre Bindung zu uns wiederherzustellen.

KAPITEL 11

Von Mobbern und ihren Opfern

Tyrannen hat es schon immer gegeben. Das weiß jeder, der die großspurige, aber feige Romanfigur *Flashman* aus dem viktorianischen Jungenbuchklassiker *Tom Browns Schulzeit* kennt. Wir alle können uns an Mobbingvorfälle aus unserer Kindheit erinnern, ob wir nun Täter, Zeugen oder Opfer waren. Dennoch hat das Phänomen des Mobbings erst seit einiger Zeit ein solches Ausmaß angenommen, dass es zu einem alarmierenden gesellschaftlichen Problem geworden ist. Der *New York Times* zufolge „berichteten Forscher des [US-amerikanischen] National Institutes of Health in einer der umfassendsten Studien über kindliche Entwicklung, dass etwa ein Viertel aller Kinder in der Mittelstufe entweder Täter oder Opfer (oder in einigen Fällen beides) von ernsthaftem, chronischem Mobbing sind, was Drohungen, Hänseleien, Beschimpfungen, Faustschläge, Ohrfeigen, Spott und Hohn einschließt."[1]

Es gibt kaum noch einen Schulbezirk in Nordamerika, der es nicht für notwendig erachtet hat, Anti-Mobbing-Programme einzuführen oder „Null-Toleranz"-Erlasse gegen Mobbing zu erlassen. Doch die Ursachen von Mobbing sind kaum bekannt. Die vorgeschlagenen Maßnahmen zur Bekämpfung von Mobbing sind in der Regel wirkungslos, da sie, wie üblich, eher auf das Verhalten selbst als auf dessen Ursachen abzielen. Im Jahr 2001 berichtete die *New York Times* darüber, dass der Senat des Bundesstaates Washington nach einer durch Mobbing provozierten tödlichen Schießerei an einer High School in Santee, Kalifornien, ein Gesetz verabschiedet hatte, das darauf abzielte, härter gegen das Problem vorzugehen. Dem Bericht zufolge „meinen die Befürworter des Gesetzes, dass es vielleicht dazu beitragen könnte, weitere Gewalt zu verhindern, aber skeptische Stimmen merkten an, dass es an der Schule, an der die Schießerei stattfand, bereits Anti-Mobbing-Programme gebe, einschließlich der Möglichkeit für die Schüler, anonyme Hinweise zu Drohungen innerhalb der Schülerschaft zu geben, sowie Programme, die Teenagern helfen sollen, miteinander auszukommen, wie zum Beispiel das Projekt *Names can really hurt us* (Schimpfwörter können richtig wehtun)."[2]

In einer im vorigen Kapitel erwähnten Studie untersuchten Forscher der Universität York Videoaufnahmen von dreiundfünfzig Vorfällen von Mobbing auf Spielplätzen unter Grundschülern und stellten fest, dass die Umstehenden in mehr als der Hälfte der Fälle den Hänseleien und der Gewalt nur passiv zusahen, während sich in fast einem Viertel der Situationen einige sogar daran beteiligten, das Opfer zu schikanieren.[3]

Ein Mord, der 1997 internationales Aufsehen erregte, und zwar die durch Gleichaltrige verübte Ermordung von Reena Virk aus Victoria, British Columbia, erinnerte in erschreckender Weise an den Roman *Herr der Fliegen*. Reena war zum Zeitpunkt ihres Todes vierzehn Jahre alt, und die angeklagten Mörder waren nur ein oder zwei Jahre älter als sie. Wie in dem Roman von William Golding wandte sich eine Gruppe Jugendlicher gegen die Schwächste unter ihnen, und ihre Frustration und Wut verflogen erst dann, als ihr Körper zerschlagen und ertränkt war. Einer der Mörder rauchte Berichten zufolge betont lässig eine Zigarette, während er den Kopf des Opfers unter Wasser drückte. Viele Unbeteiligte waren Zeugen der Misshandlungen, aber niemand mischte sich ernsthaft ein und niemand war danach bereit, den Vorfall den Behörden zu melden. Mehrere Tage lang erfuhr kein einziger Erwachsener von dem Mord.

Im Roman *Herr der Fliegen* strandet eine Gruppe britischer Chorknaben auf einer tropischen Insel. Auf sich allein gestellt unterteilen sie sich spontan in Tyrannen und Unterdrückte, bis es sogar zum Mord kommt. Viele interpretieren Goldings Roman in dem Sinne, dass Kinder unter einer dünnen Fassade zivilisierten Verhaltens eine ungezähmte Wildheit in sich tragen und dass nur die Macht der Autorität ihren angeborenen Brutalitätstrieb in Schach halten kann. Dieser Eindruck wird durch die zahlreichen Medienberichte über Kinder, die andere Kinder schikanieren, noch verstärkt. Es stimmt zwar, dass die Abwesenheit von Erwachsenen im Leben von Kindern eine der Hauptursachen für Mobbing ist, aber die eigentliche Ursache liegt nicht in fehlender Autorität, sondern im Mangel an Bindungen zu Erwachsenen. Genauer gesagt steht die schwindende Autorität der Erwachsenen in direktem Zusammenhang mit der Schwächung dieser Bindungen und deren Verdrängung durch die Bindungen zu Gleichaltrigen. Beim Mobbing, wie auch bei anderen Formen der Gewalt, werden die Auswirkungen der Gleichaltrigenorientierung überdeutlich. Das gleiche Phänomen lässt sich auch in der Tierwelt beobachten. In einem Affenlabor des *U. S. National Institutes of Health* wurde eine Gruppe von gerade geborenen Tieren von den ausgewachsenen Tieren getrennt und war dadurch zwangsläufig ausschließlich der Erziehung von Altersgenossen ausgesetzt. Anders als bei den erwachsenen Affen zeigte eine große Anzahl dieser auf Gleichaltrige ausgerichteten Tiere Mobbingverhalten und wurde impulsiv, aggressiv und selbstzerstörerisch.[4]

In einem südafrikanischen Wildtierreservat waren Parkwächter angesichts des gewaltsamen Todes seltener Breitmaulnashörner sehr besorgt. Ursprünglich wurden Wilderer verdächtigt, doch später stellte sich heraus, dass eine Gruppe junger Elefanten dafür verantwortlich war. Der Vorfall erregte so viel Aufmerksamkeit, dass in der Fernsehsendung *„60 Minutes"* darüber berichtet wurde. Ein Internetbericht liefert Details:

> *Die Geschichte begann vor zehn Jahren, als der Park nicht mehr genug Nahrung für die wachsende Elefantenpopulation bot. Die Ranger beschlossen, einen erheblichen Anteil der erwachsenen Elefanten zu töten, deren Jungtiere alt genug waren, um ohne sie zu überleben. So wuchsen die jungen Elefanten vaterlos auf.*
>
> *Mit der Zeit zogen viele dieser jungen Elefanten in Banden umher und begannen, Dinge zu tun, die Elefanten normalerweise nicht tun. Sie bewarfen die Nashörner mit Stöcken und Wasser und benahmen sich wie die Rowdys von nebenan … Einige junge Männchen wurden besonders gewalttätig, stießen Nashörner um, stellten oder knieten sich auf sie und brachten sie so zu Tode …*
>
> *Die Lösung bestand darin, einen großen Bullen in die Gruppe zu bringen, um sie anzuführen und dem brutalen Verhalten der Tiere entgegenzuwirken. Schon bald erlangte der neue Bulle die Vorherrschaft und wies die jungen Elefanten in ihre Schranken. Das Töten hörte auf.*

In beiden Fällen sehen wir, dass die Tyrannei unter Tieren auf die Zerschlagung der natürlichen Generationshierarchie folgte. Auch bei Menschenkindern ist das Mobbingphänomen ein direktes Produkt des

Umsturzes der natürlichen Hierarchie, das auf den Verlust der Beziehungen zu den Erwachsenen folgt. In *Herr der Fliegen* sind die Kinder nach einem Flugzeugabsturz, den keiner der sie betreuenden Erwachsenen überlebt, sich selbst überlassen. Bei der Ermordung von Reena Virk in Victoria waren sowohl das Opfer als auch ihre Angreifer Jugendliche aus problembelasteten Familien, die sich stark an Gleichaltrigen orientierten und die emotionale Bindung zu Erwachsenen verloren hatten. Selbst der Tyrann *Flashman* aus dem viktorianischen Zeitalter war das Produkt eines Systems, das Jungen sehr früh von zu Hause wegholte und sie in Einrichtungen unterbrachte, in denen die Werte Gleichaltriger ihr soziales Leben und ihre Beziehungen dominierten. Mobbing war schon immer ein typisches Merkmal der britischen Jungenschulen.

Das zugrunde liegende Problem ist nicht das Verhalten an sich, sondern der Verlust der natürlichen Hierarchie der Bindungen zu den für sie verantwortlichen Erwachsenen. Wenn Jugendliche sich nicht mehr an ihren Eltern orientieren können, sind sie auf ihre Instinkte und Launen zurückgeworfen. Wie ich noch erläutern werde, entsteht der Impuls zur Dominanz, wenn angemessene Bindungen verloren gehen. Leider wird die zugrunde liegende Dynamik des Mobbingverhaltens, die so tief in Instinkt und Gefühl verwurzelt ist, oft übersehen. Nur das, was für uns unmittelbar sichtbar ist – das Mobbingverhalten und seine bedauernswerten Auswirkungen auf die Opfer – ziehen die Aufmerksamkeit aller auf sich.

Was unsere Aufmerksamkeit besonders erregt, ist die Mobbingwelle an unseren Schulen. Das traditionelle nordamerikanische Klischee des Mobbers als Außenseiter, der sozial benachteiligt ist und sich an Schwachen und Wehrlosen vergreift, aber von der Allgemeinheit geächtet wird, trifft nicht länger zu. In der Welt unserer Kinder sind Tyrannen keine Ausgestoßenen. Zumindest in der Schule werden sie oft von einer großen Anhängerschaft unterstützt. Eine im Jahr 2000 von der *American Psychological Association* veröffentlichte Studie ergab, dass „viele hochaggressive und verhaltensauffällige Jungen in der Grundschule mit Beliebtheit belohnt werden." Der Hauptautor dieser Studie war Philip Rodkin, ein Professor an der *Duke University* in North Carolina. „Wenn wir an aggressive Kinder denken, denken wir in der Regel an Kinder, die Verlierer sind, stigmatisiert und außer Kontrolle", sagte Dr. Rodkin. „Aber etwa ein Drittel dieser aggressiven Kinder sind im Klassenzimmer die Anführer. Diese Kinder können aufgrund ihres hohen Status großen Einfluss auf ihre Mitschüler und auf die Klasse als Ganzes ausüben, auch wenn sie eine Minderheit darstellen."[5]

Es ist zwar weithin verbreitet, aber ein Trugschluss zu glauben, dass Mobbing auf ein moralisches Versagen oder auf Missbrauch im Elternhaus, auf mangelnde Disziplin oder auf Gewalt in den Unterhaltungsmedien zurückzuführen ist. Einige Aspekte des Mobbings mögen mit derlei Faktoren zusammenhängen, aber die eigentliche Quelle, davon bin ich überzeugt, ist ein Versagen der Bindungsbeziehungen. In jedem der früheren Beispiele waren Kinder wie Tiere gleichermaßen physisch oder psychisch und emotional verwaist. Um die Auswirkungen der Erziehung durch Gleichaltrige zu untersuchen, waren die Affen von ihren Eltern getrennt worden, und in der Elefantenherde waren die Elefantenväter getötet worden. Die Erwachsenen in *Herr der Fliegen* waren ums Leben gekommen, und die Teenager in Victoria hatten kaum Kontakt zu ihren Eltern. Sie alle – Tiere wie Kinder – litten unter einer unerträglichen Bindungslücke. Ihr schikanöses Verhalten war Ausdruck unreifer Wesen, die nicht angemessen in eine natürliche Hierarchie der Bindungen eingebettet waren. Die bisherigen Forschungsergebnisse stützen genau diese Schlussfolgerung. Eine Studie, über die in der *New York Times* berichtet wurde, legt nahe, dass kleine Kinder umso eher zu Mobbing neigen, je mehr Zeit sie in der Gesellschaft Gleichaltriger und getrennt von den Eltern verbringen. In dem Artikel in der *Times* heißt es: „Bei Kindern, die mehr als 30 Stunden pro Woche von ihrer Mutter getrennt waren, lag die Wahrscheinlichkeit, dass sie als Tyrannen und Querulanten auffielen, bei 17 Prozent – verglichen mit nur 6 Prozent der Kinder, die weniger als zehn Stunden pro Woche in einer Kindertagesstätte verbrachten.“[6]

Dominanz ohne Fürsorglichkeit

Warum machen die gestörten Bindungen eines Kindes es besonders empfänglich dafür, ein Mobber oder auch ein Opfer zu werden? Wie ich dargelegt habe, besteht die Hauptaufgabe der Bindung im menschlichen Leben darin, es einem reifen, fürsorglichen Erwachsenen zu ermöglichen, sich um ein unreifes und bedürftiges Kleinkind zu kümmern. Zu diesem Zweck besteht die erste Aufgabe jeder Bindungsbeziehung darin, eine funktionierende Hierarchie zu etablieren. Wie in Kapitel 5 erörtert, ordnet das Bindungssystem im Gehirn unter normalen Umständen dem Kind eine abhängige Position zu, während der Erwachsene eine dominante Rolle einnimmt. Der Instinkt, entweder eine dominante oder eine abhängige Position einzunehmen, kann jedoch in jeder Bindungsbeziehung aktiviert werden, selbst wenn beide Parteien noch unreif sind und keiner in der Lage ist, sich um die Bedürfnisse des anderen zu kümmern. Der Abhängige blickt zu seinem Gegenüber auf, um versorgt zu werden, während der Dominante die Verantwortung für das Wohlergehen des anderen übernimmt. Zwischen Kindern und Erwachsenen ist die angemessene Rollenverteilung offensichtlich, oder sollte es zumindest sein. Wenn sich diese Rollen auf Kinder verteilen, kann das Ergebnis katastrophal sein. Einige Kinder streben nach Dominanz, ohne Verantwortung für diejenigen zu übernehmen, die sich ihnen unterordnen, während andere Kinder sich denen unterordnen, die sie nicht versorgen können. Die Orientierung an Gleichaltrigen führt dazu, dass unreife Kinder, die eigentlich gleichberechtigt sein sollten, durch einen starken Bindungstrieb in eine unnatürliche Hierarchie von Dominanz und Unterwerfung gedrängt werden.

Einige dominante Kinder werden tatsächlich zu Gluckenmüttern, die auf die Jüngeren aufpassen, sich um die Hilflosen kümmern, die Schutzbedürftigen verteidigen und die Schwachen beschützen. Es gibt herzerwärmende Geschichten von Kindern, die sich in Abwesenheit von Erwachsenen um andere Kinder kümmern. Alphakinder mögen herrisch und streng sein und dazu neigen, ihre Schützlinge herumzukommandieren, aber sie tun dies mit dem Ziel, für die Schwächeren zu sorgen und ihre Verantwortung wahrzunehmen. Irgendjemand muss es ja tun, und diese Kinder stellen sich der Herausforderung. Trotz ihrer herrischen Art sind sie keine Tyrannen. Sie haben es nicht auf die Schwachen abgesehen, sondern nur auf diejenigen, die sich mit den Kindern in ihrer Obhut anlegen. Sie gehen nicht zum Angriff über, wenn jemand Schwäche zeigt, sondern wenn jemand Schwäche ausnutzt. Sie sind nicht bösartig, sondern haben nur einen ausgeprägten Beschützerinstinkt. Zwar können sie kämpfen oder streiten, aber nicht, um ihre Position zu stärken, sondern nur, um ihre Schützlinge zu verteidigen. Der amerikanische Kinderbuchklassiker *The Boxcar Children* von Gertrude Chandler Warner ist eine fiktive Beschreibung von Kindern, die füreinander die Verantwortung übernehmen. Vier verwaiste Geschwister beschließen, füreinander zu sorgen, anstatt bei einem Großvater Unterschlupf zu suchen, den keiner von ihnen kennt. Henry, der Älteste, findet sogar Arbeit, um seine Geschwister zu unterstützen.

Kinder (oder Erwachsene) werden zu Tyrannen, wenn das Streben nach Dominanz *nicht* mit dem instinktiven Gefühl der Verantwortung für die in der Hackordnung Untergeordneten verbunden ist. Die Bedürfnisse anderer werden missachtet, anstatt sie zu erfüllen. Verletzlichkeit wird nicht geschützt, sondern ausgenutzt, Schwäche provoziert Spott statt

Hilfsbereitschaft, und den Behinderungen anderer wird mit Hohn statt mit Mitgefühl begegnet.

Dominanz geht nicht mit Fürsorglichkeit einher, weil die Flucht des Tyrannen vor seiner eigenen Verletzlichkeit meist so verzweifelt ist, dass er (oder sie) sich gegen Gefühle der Anteilnahme und Verantwortung verhärtet hat. Tyrannen schotten sich vor allem psychisch gegen alles ab, was ihr Gefühl der Verletzlichkeit verstärken würde – alles, was sie dazu bringen würde, ihre eigene Fähigkeit zu emotionalen Verletzungen bewusst zu erleben. Tyrannen sind blind für ihre Unzulänglichkeiten und Fehler. Für Tyrannen ist Unverletzlichkeit eine Tugend – sie sind furcht- und tränenlos. Sich kümmern heißt, sich emotional für etwas oder jemanden zu engagieren. Sich verantwortlich zu fühlen heißt, offen zu sein für Gefühle der Unzulänglichkeit und Schuld. „Mir egal“ und „Nicht meine Schuld“ sind die Mantras des Mobbers.

Mobbing entsteht, wenn der von Bindungsbedürfnissen geleitete Impuls, Gleichaltrige zu dominieren, mit der Ablehnung von Gefühlen der Fürsorge und Verantwortung, die mit einer dominanten Rolle einhergehen sollten, zusammenfällt. Die Abwehr des Mobbers gegenüber seiner Verletzlichkeit gibt seiner Dominanz eine zerstörerische Richtung. Es ist kein Wunder, dass das Mobbing in der Welt unserer Kinder zugenommen hat.

Was Mobber zur Dominanz treibt

Ein dominierender Mensch ist weit weniger verletzlich als jemand in einer abhängigen Position, und so sind es die emotional verschlossensten Kinder, die auch am ehesten dazu neigen, die Dominanz über andere zu suchen.

Sicherlich sind einige Kinder psychisch so veranlagt, dass sie zu Mobbern werden, bevor sie sich überhaupt an Gleichaltrigen orientieren. In solchen Fällen bietet die Gleichaltrigenorientierung, auch wenn sie nicht die Ursache ist, dem Kind reichlich Gelegenheit, seine tyrannischen Impulse auszuleben.

Manchmal lässt sich das Streben nach Dominanz auf eine schmerzhafte Erfahrung zurückführen, bei der sich das Kind in einer abhängigen Rolle befand. Wenn ein Elternteil oder eine Bezugsperson ihre Position der Verantwortung missbraucht hat, indem sie das Kind herumkommandiert, seine Würde mit Füßen getreten und es verletzt hat, ist es nicht überraschend, dass das Kind den Wunsch entwickelt, eine Position der Abhängigkeit um jeden Preis zu vermeiden. In jeder neuen Bindungssituation wird es instinktiv den Platz an der Spitze der Nahrungskette anstreben. Als kleiner Junge hatte Frank bei seinem Stiefvater gelebt, der ihn regelmäßig schlug. Als Gleichaltrige die Eltern als die für ihn wichtigen Bezugspersonen ablösten, wollte der 12-Jährige unbedingt an der Spitze stehen. Er ahmte genau das nach, was ihm angetan wurde. Auf diese Weise, und nicht durch die Gene, können Tyrannen oft Tyrannen hervorbringen.

Ein Kind kann auch besonders anfällig dafür sein, zum Tyrannen zu werden, wenn die Eltern es versäumt haben, ihm das sichere Gefühl zu geben, dass ein kompetenter, gütiger und starker Erwachsener die Führung übernimmt. Das Kind mag sich noch so heftig gegen die elterliche Lenkung sträuben und nach mehr Autonomie streben, als es bewältigen kann –, zugleich sehnt es sich nach dem Gefühl, dass eine ausreichend starke und kluge Person für es sorgt. Das Versagen von Eltern bei der Herstellung von *Bindungsdominanz* scheint stark zuzunehmen, was zum Teil auf die heutigen Erziehungsmethoden und die geringe Achtung vor der elterlichen Intuition zurückzuführen ist. Es hat den Anschein, dass viele Eltern ihren Kindern die Führung überlassen und sich von ihnen sagen lassen, wie sie sie erziehen sollen. Manche Eltern hoffen, Ärger und Frustration zu vermeiden, indem sie alles in ihrer Macht Stehende tun, um es ihrem Kind recht zu machen. Auf diese Weise erzogene Kinder werden nie mit der unvermeidlichen Frustration konfrontiert, die mit der Begegnung mit dem Unmöglichen einhergeht. Ihnen wird die Erfahrung vorenthalten, wie man Frustration in Gefühle der Akzeptanz transformiert, wie man loslässt und sich den Umständen anpasst. Andere Eltern halten es fälschlicherweise für Respekt ihren Kindern gegenüber, wenn sie deren Wünschen nachgeben, anstatt auf ihre Bedürfnisse einzugehen. Wieder andere versuchen, ihren Kindern zu helfen, indem sie ihnen Entscheidungsmöglichkeiten und Erklärungsversuche anbieten, obwohl das Kind eigentlich nur ein Ventil für seine Frustration braucht, weil einige seiner Wünsche von der Realität enttäuscht wurden. Es braucht die Möglichkeit, seinem Unmut über die Unerfüllbarkeit seiner Wünsche Luft zu machen. Wieder andere Eltern erwarten von ihren Kindern, dass sie ihre eigenen Bindungsbedürfnisse erfüllen. Viele Eltern sind im heutigen sozioökonomisch sehr instabilen Klima zwar physisch für ihre Kinder da, aber die Stressfaktoren ihres Alltags nehmen sie zu sehr in Beschlag, als dass sie emotional wirklich präsent wären.

Wenn Eltern selbst zu bedürftig, zu passiv oder zu unsicher sind, um ihre Dominanz geltend zu machen, werden die Bindungsinstinkte des Kindes ihm zwangsläufig die Dominanzposition zuteilen. Solche Kinder verhalten sich mitunter herrisch und kontrollsüchtig. Ein Fünfjähriger sagte zu seiner Mutter: „Wie kannst du sagen, dass du mich liebst, wenn du nicht tust, was ich dir sage?" Ein anderes Kind flüsterte seiner Mutter ins Ohr: „Wenn du nicht machst, was ich sage, bringe ich dich um, wenn ich groß bin." Wenn Eltern in der Beziehung zu ihren Kindern nicht den ihnen rechtmäßigen Platz einnehmen, kehrt sich die Bindung um. Meine eigene professionelle Erfahrung hat mir gezeigt, dass immer mehr Kinder ihre Eltern schikanieren. Wenn diese Kinder sich an Gleichaltrigen orientieren, wählt ihr Gehirn ganz selbstverständlich den dominanten Modus. Ihre Altersgenossen werden zu ihren nächsten Mobbingopfern.

Wie sich Tyrannen Macht über andere verschaffen

Die Etablierung von Dominanz kann viele Formen annehmen. Die direkteste Art, sich selbst zu profilieren, ist das Prahlen oder Angeben, indem man sich als der Größte, der Beste und der Wichtigste darstellt. Die gängigste Methode ist allerdings die Erniedrigung anderer. Der Mobber ist in der Regel darauf aus, andere zu kontrollieren und ihnen zu zeigen, wer hier der Boss ist. Das Handwerkszeug ist breit gefächert: Herablassung, Verachtung, Beleidigungen, Herabwürdigung und Erniedrigung, Demütigung, Spott und Hänseleien, Beschämen usw. Der Tyrann spürt instinktiv die Schwächen der anderen auf und versucht, sie zu seinem Vorteil auszunutzen. Mobber haben große Freude daran, andere lächerlich oder dumm aussehen zu lassen oder ihnen Gefühle der Scham zu bereiten. Um sich selbst aufzuplustern, lassen sie instinktiv bei anderen die Luft raus. Sie müssen nicht lernen, wie sie solche Ziele erreichen können: Die notwendigen Techniken entspringen der Psyche des Mobbers von ganz allein.

Dabei will der Tyrann natürlich das, was jedes andere Kind auch will: sein Bindungsbedürfnis befriedigen. Ein Tyrann will diese Befriedigung auf die am wenigsten verletzliche Weise erreichen. Von den sechs Arten der Bindung, die ich in Kapitel 2 aufgeführt habe, ist die Gleichheit mit dem Gegenüber die am wenigsten verletzliche.* Die Kehrseite der Medaille ist, dass Unterschiede zu primären Angriffszielen für Beleidigungen werden. Alles, was auffällt, alles, was ein Kind einzigartig macht, alles, was in der Gleichaltrigenkultur nicht geschätzt wird, macht das Kind zur Zielscheibe für den Tyrannen. Tyrannen fühlen sich von Unterschieden abgestoßen und dominieren, indem sie die

---

*Siehe „Die sechs Arten der Bindung", Kapitel 2. Die verletzlichen Formen der Bindung, wie psychische Offenheit und Vertrautheit, sind dem Tyrannen ein Dorn im Auge.

Andersartigkeit der anderen angreifen. Eine andere, ebenfalls kaum verletzliche Art der Bindung besteht darin, jemandem etwas zu bedeuten und in den Augen anderer wichtig zu sein. In ihrem Streben nach Überlegenheit nutzen Tyrannen jede scheinbare Unterlegenheit anderer aus, ebenso wie sie jede vermeintliche Überlegenheit anderer verspotten und abwerten. Mobber können es nicht ertragen, wenn jemand wichtiger ist als sie selbst.

Eine weitere Möglichkeit, Dominanz zu erlangen, ist die Einschüchterung. Indem er Furcht einflößt, gewinnt der Tyrann die Oberhand. Er bemüht sich, andere durch Drohungen, Mutproben, Geschichten und Einschüchterungstaktiken zu verunsichern. Um seine Position zu festigen, darf der Tyrann niemals den Eindruck erwecken, er selbst habe vor irgendetwas Angst. Manche Jugendliche nehmen Unfassbares auf sich, um ihre Furchtlosigkeit unter Beweis zu stellen: Sie verbrennen oder schneiden sich und präsentieren ihre Narben zum Beweis ihrer Furchtlosigkeit. Die Macht dieser Instinkte darf nicht unterschätzt werden. Solchen Kindern Vernunft beizubringen, ist unmöglich, da unsere Vernunft für sie keinerlei Sinn ergibt.

Eine der primitivsten Methoden, Dominanz zu etablieren, besteht naturgemäß in der Ausnutzung körperlicher Überlegenheit. Ein Jugendlicher, der in einem Prozess in Toronto aussagte, in dem er und drei Gleichaltrige beschuldigt wurden, einen 15-jährigen Jungen zu Tode geprügelt zu haben, berichtete von der Prahlerei seiner Freunde nach dem Überfall. Sie hätten sich „selber groß gemacht“, sagte er.

Früher gab es bei diesem Wettstreit um die Vorherrschaft erhebliche geschlechtsspezifische Unterschiede und eine Vielzahl kulturell festgelegter Regeln. Die Gleichaltrigenorientierung hat die Unterschiede zwischen den Geschlechtern verringert, den Wettbewerb seiner gesellschaftlich akzeptierten Regeln beraubt und das Streben nach Dominanz verzweifelter denn je werden lassen. Mädchen bedienen sich zur Etablierung ihrer Dominanz über andere ebenfalls immer mehr körperlicher Gewalt. Manchmal werden diese Mädchenkämpfe so interpretiert, dass Mädchen weniger züchtig und weniger gehemmt seien als früher – ein Ausdruck von „Girl Power“ also. Das ist alles andere als zutreffend. Mädchen, die einander schikanieren, sind ein Zeichen für emotionale Regression, nicht für Befreiung.

Eine weitere Art, Dominanz zu erlangen, ist das Einfordern von Respekt, ein typisches Verhaltensmuster bei Mobbern. Kinder erleben den Tyrannen als jemanden, der um jeden Preis seinen Willen durchsetzen will und vor nichts zurückschreckt, um dieses Ziel zu erreichen. Was lässt Mobber so fordernd agieren? Auch hier gilt es, die Dynamik von Bindung und Verletzlichkeit zu bedenken. Obwohl sie sich dessen nicht bewusst sind, sind Mobber aufgrund des Verlusts ihrer Bindungen zu Erwachsenen und ihrer verarmten Bindungen zu Gleichaltrigen äußerst frustriert. Da ihre psychische Abwehrhaltung zu tief verankert ist, um sie den Grund für ihre Unzufriedenheit erkennen zu lassen, stellen sie Forderungen, die nichts mit den Ursachen ihrer Frustration zu tun haben. Sie sitzen in der Falle. Sie können nie verlangen, was sie wirklich brauchen – Wärme, Liebe und Verbundenheit. Gehorsam, oder der äußere Anschein von Gehorsam, ist ein schlechter Ersatz. Was auch immer sie als Antwort auf ihre Forderungen erhalten – ganz gleich, wie vollständig ihre Erwartungen erfüllt werden –, kann daher niemals ihren grundlegenden Hunger nach emotionaler Zuwendung stillen. Ihre Versuche, ihr Verlangen zu befriedigen, bleiben erfolglos. Da sie es sich jedoch nicht erlauben können, die wahre Vergeblichkeit ihrer Bemühungen zu erkennen, können sie nicht loslassen. Die Forderungen des Tyrannen nehmen niemals ein Ende. Als starkes Signal der Loyalität und Unterwerfung wird Respekt eingefordert. Dem Tyrannen scheint es nichts auszumachen, dass die Zeichen der Ehrerbietung nicht von Herzen kommen, sondern nur auf Verlangen oder unter Androhung von Strafe erfolgen. Mobber zögern nicht, einzufordern, was sie nicht freiwillig bekommen können, und sich zu nehmen, was ihnen nicht aus freien Stücken gegeben wird. Der Tyrann ist nicht in der Lage, zwischen den äußeren Anzeichen des Respekts und wahrer Wertschätzung zu unterscheiden oder zu begreifen, dass Nähe und Kontakt, die auf Befehl zugestanden werden, nicht echt sind und niemals befriedigen können. Da der gewaltsam erzwungene Respekt das eigentliche Bedürfnis nicht zu stillen vermag, werden sowohl der Bindungshunger als auch die Frustration des Tyrannen immer größer. Was er wirklich will – emotional befriedigende Beziehungen – kann er auf diese Weise niemals bekommen.

Was den Mobber zum Angriff übergehen lässt

Der Mobber wird immer dann zum Angriff provoziert, wenn seine Forderungen, auch wenn sie unausgesprochen sind, nicht erfüllt werden. Er reagiert zum Beispiel extrem empfindlich auf mangelnden Respekt. Schon ein falscher Blick kann eine Reaktion provozieren. Einen Flur zu durchqueren, in dem sich Mobber aufhalten, ist wie der Gang durch ein Minenfeld, bei dem man aus Angst vor einer Explosion vorsichtig versuchen muss, keinen falschen Schritt zu tun. Leider ist nicht immer klar, wie diese falsche Bewegung aussehen könnte, bis es zu spät ist. Für Justine bestand sie darin, in der Schulkantine gegen das Tablett eines Mobbers zu stoßen. Für Franca war es das Tanzen mit einem Jungen, den die Tyrannin der Klasse für sich selbst beanspruchte. Für beide Mädchen führten ihre vermeintlichen Fehler zu monatelangen Drohungen und Schikanen, die ihnen das Leben zur Hölle machten und sich auf ihre Noten auswirkten, obwohl beide Kinder in der Schule gut zurechtkamen und für gewöhnlich Gefahrensituationen aus dem Weg gehen konnten.

Viele Kinder sind völlig unfähig, in einer von Mobbern beherrschten Welt zu leben, ohne in Schwierigkeiten zu geraten. Leider besteht eine der Hauptauswirkungen der Gleichaltrigenorientierung darin, dass sie eine Abwehrhaltung gegen die Verletzlichkeit hervorruft, die notwendig ist, um Signale der Feindseligkeit und Ablehnung zu erkennen. Wenn das Alarmsystem stumm geschaltet ist, sind Kinder weniger in der Lage, die Signale zu erkennen, die sie zur Vorsicht mahnen sollten. Auf diese Weise bringt die Orientierung an Gleichaltrigen nicht nur Tyrannen, sondern auch Opfer hervor. Diese bedauernswerten Kinder laufen ein ums andere Mal ins offene Messer. So war es auch bei Reena Virk, dem Opfer des gewalttätigen Angriffs in Victoria, die zusammengeschlagen und ertränkt wurde. Sie war sehr stark auf Gleichaltrige ausgerichtet, wehrte sich aber dagegen, die Verletzungen ihrer Ablehnung anzuerkennen. Je mehr Zurückweisung sie erfuhr, desto verzweifelter versuchte sie dazuzugehören. Selbst kurz vor ihrem Ende soll sie ihre Feinde angefleht haben, doch nett zu ihr zu sein – und ihnen ihre Liebe bekundet haben. Anstatt beunruhigt zu sein und sich vorsichtig zu verhalten, lief sie blindlings in ihr Verderben. Diese Dynamik wiederholt sich – in abgeschwächter Form – tagtäglich hunderte Male auf den Schulhöfen unseres Kontinents. Kinder geraten in Gefahr, weil sie die sozialen Signale der Ablehnung und die verbalen und nonverbalen Botschaften, die sie in Alarmbereitschaft versetzen sollten, erfolgreich ausblenden.

Neben vermeintlicher Respektlosigkeit und mangelnder Unterwürfigkeit ist ein weiterer Hauptauslöser für Mobbing das Zeigen von Verletzlichkeit. Ein Kind darf einem Mobber niemals offen zeigen, wie es verletzt werden kann, sonst wird es für seinen Fehler teuer bezahlen müssen. Der Mobber wird den Finger in die Wunde legen, wenn sie ihm gezeigt wird. Was seinem Opfer wichtig ist, wird er zunichtemachen wollen. Wenn man bedürftig, eifrig oder enthusiastisch erscheint, macht man sich zur Zielscheibe. Die meisten unserer Kinder wissen das und verbergen ihre Verletzlichkeit sorgfältig vor denen, die sie angreifen könnten. Sie dürfen nicht offen sagen, dass sie uns vermissen, sonst würden sie zum Gespött ihrer Altersgenossen werden. Sie dürfen nicht zugeben, dass eine Bemerkung sie verletzt hat, sonst werden sie unbarmherzig ausgelacht. Sie dürfen ihre Empfindsamkeiten nicht eingestehen, sonst werden die Hänseleien kein Ende nehmen. Sie müssen lernen, ihre Ängste zu verbergen, sich niemals alarmiert zu zeigen und ihre Verletzungen zu leugnen. Um in einer Welt zu überleben, in der Tyrannen herrschen, müssen unsere Kinder sorgfältig alle Anzeichen ihrer Verletzlichkeit verbergen, alle Anzeichen von Anteilnahme ausmerzen. Zweifellos ist das der Grund, warum so viele Kinder jegliches Mitgefühl für die Opfer von Mobbing unterdrücken.

In den verzerrten Hierarchien, die durch die Gleichaltrigenorientierung entstehen, werden einige Kinder zu Untergebenen. Dabei werden sie ebenso vom Instinkt geleitet wie diejenigen, die auf Dominanz gepolt sind. Gegenüber einem dominanten Gleichaltrigen zeigen unterwürfige Kinder automatisch Ehrerbietung. Zur Unterwerfung gehört auch, sich verwundbar zu zeigen, wie ein Wolf, der vor dem ranghöheren Tier die Kehle entblößt. Der Wolf präsentiert den verletzlichsten Teil seines Körpers und signalisiert damit Unterwerfung. Dieses Verhalten ist tief im Bindungsinstinkt verwurzelt. Unter natürlichen Umständen sollte die Offenlegung der eigenen Verletzlichkeit Nähe bewirken. Auszusprechen, dass etwas weh tut, sollte Zärtlichkeit hervorrufen. Für den Tyrannen ist eine derart unverhohlene Verletzlichkeit jedoch wie ein rotes Tuch für einen Stier, das den Impuls zum Angriff auslöst. Sowohl die Opfer als auch die Mobber folgen lediglich ihren unbewussten Instinkten – allerdings mit verheerenden Folgen für die Opfer.

Im Rückwärtsgang in die Bindung

Zu den negativen Neigungen von Mobbern gehört ein eigentümlicher Prozess, den ich den *Rückwärtsgang in die Bindung* nenne. Ein emotional gesunder Mensch geht an Bindungen geradlinig heran, sozusagen mit offenem Visier. Er drückt seine Bedürfnisse und Wünsche offen aus und offenbart seine Verletzlichkeit. Für den Mobber ist es viel zu riskant, offen Nähe zu suchen. Aussagen wie: „Ich mag dich“, „Du bist mir wichtig“, „Ich vermisse dich, wenn du nicht da bist“, „Ich möchte, dass du mein Freund bist“, wären für einen an Gleichaltrigen orientierten Tyrannen mit zu viel Angst verbunden. Der Mobber kann sich seinen unstillbaren Hunger nach Bindung nie eingestehen, noch vermag er ihn die meiste Zeit über bewusst zu spüren.

Wie gelingt es ihm dann, sich zu binden? Zur Erinnerung: Bindung hat sowohl negative als auch positive Seiten. Ich habe dies in Kapitel 2 als die bipolare Natur der Bindung beschrieben. Hier nun also eine zweite negative Erscheinungsform der Bindung. Der Tyrann versucht, sich denjenigen zu nähern, deren Aufmerksamkeit er sucht, indem er Menschen von sich stößt, mit denen er keinen Kontakt haben möchte. Dieser Ansatz ist zwar indirekt und viel weniger effektiv, birgt aber auch ein viel geringeres Risiko, verletzt oder zurückgewiesen zu werden. Dies macht es dem Tyrannen möglich, nie den Anschein zu erwecken, dass ihm das Resultat wichtig ist, und niemals eine emotionale Beteiligung an einer gewünschten Beziehung offen zu bekunden. Anstatt ihre Sehnsucht nach Kontakt mit der emotional begehrten Person direkt zum Ausdruck zu bringen, wird der Mobber den Kontakt zu anderen Personen ablehnen und sie demonstrativ ignorieren und ausgrenzen, insbesondere in Gegenwart der Person, deren Zuwendung er sich wirklich wünscht. Anstatt diejenigen zu imitieren, zu denen er insgeheim eine Bindung möchte, verspottet und imitiert er andere. Da er emotional zu verschlossen ist, um sich denjenigen zu öffnen, die ihm wichtig sind, versteckt er seine Gefühle vor denjenigen, die ihm nichts bedeuten – oder er erfindet sogar Geheimnisse über sie.

Somit zeigt sich die Persönlichkeit des Mobbers wie folgt: Er distanziert sich von einer Person, um sich einer anderen anzunähern, zeigt hier Missachtung, um dort eine Beziehung aufzubauen, er meidet und ächtet einige Menschen, um eine Verbindung zu anderen herzustellen. Liebe ist gefährlich, Verachtung nicht. Bewunderung ist riskant, Geringschätzung nicht. Wer so sein will wie ein anderer, macht sich verletzlich, wer die Andersartigkeit verhöhnt, nicht. Mobber wählen instinktiv den Weg, der für sie die geringste Verletzlichkeit bedeutet, um ihr Ziel zu erreichen.

Die Mobbingopfer, die von diesem instinktgesteuerten Verhalten betroffen sind, wissen oft nicht, wie ihnen geschieht. „Warum ich?" „Was habe ich getan, um diese Art von Behandlung zu verdienen?" „Warum hackt er auf mir herum, wenn ich ihm doch gar nicht in die Quere komme?" Kein Wunder, dass sie irritiert und verunsichert sind. Die Wahrheit ist, dass es dabei selten um sie als Person geht. Die Opfer sind nur Mittel zum Zweck. Irgendjemand muss diesen Zweck für den Tyrannen erfüllen. Es geht so gut wie nie um eine persönliche Abneigung des Tyrannen. Die einzige Voraussetzung, zum Opfer zu werden, besteht darin, nicht zu den Personen zu gehören, deren Nähe der Mobber sucht. Leider ist die psychische Belastung der unwissenden Opfer dieser Bindungsstrategie umso größer, wenn sie sich diese Misshandlung zu

Herzen nehmen. Es ist schwierig, einige dieser Kinder, die zur Zielscheibe von Tyrannen werden, von der Annahme abzubringen, dass mit ihnen persönlich etwas nicht stimmen kann oder dass sie irgendwie selbst dafür verantwortlich sind, wie sie behandelt werden. Wenn die betroffenen Kinder nicht durch starke Bindungen zu Erwachsenen geschützt sind, besteht die große Gefahr, dass sie emotional verletzt werden, in eine tiefgehende emotionale Abwehrhaltung verfallen, Depressionen entwickeln oder Schlimmeres.

Da die Zahl der Tyrannen zunimmt, steigt auch die Wahrscheinlichkeit, dass Kinder zur Zielscheibe werden. Wo zwei oder mehr gleichaltrige Kinder zusammenkommen, ist es wahrscheinlich, dass sie ihre Bindungen untereinander sozusagen im Rückwärtsgang stärken, indem sie andere ausgrenzen. „Hasst du sie nicht auch?“, „Das ist diese Versagerin.“, „Sie ist so ein Snob.“, „Der Typ ist ein Idiot.“ Die Beschimpfungen nehmen kein Ende. In den Augen der Erwachsenen kann ein solches Verhalten verwirrend sein, da dieselben Kinder in einer anderen Umgebung höflich, charmant und freundlich sein können. Die Persönlichkeit mancher Kinder kann sich schlagartig ändern, je nachdem, mit wem sie gerade zusammen sind und ob ihr Bindungsmagnet gerade vom negativen oder positiven Pol angezogen wird.

Die Demontage eines Mobbers

Es ist wichtig, sich ins Gedächtnis zu rufen, dass Mobbing nicht absichtlich geschieht. Kinder wollen weder Tyrannen sein, noch müssen sie lernen, wie man das macht, denn Mobbing kann in jeder Kultur spontan auftreten. Es ist ein Fehler zu glauben, dass das aggressive Verhalten eines Mobbers seine wahre Persönlichkeit widerspiegelt. Mobber sind nicht einfach nur faule Eier, sondern Eier mit harter Schale, Eier, die Eltern und Lehrer nicht zu eigenständigen Wesen ausbrüten konnten. Mobbing ist das Ergebnis der Interaktion zwischen den beiden wichtigsten Psychodynamiken im emotionalen Gehirn des Menschen: Bindung und Abwehrhaltung. Diese mächtigen Impulse überdecken die eigentliche Persönlichkeit des Kindes.

Wenn wir den Mobber retten wollen, müssen wir ihn zunächst an seinen Platz verweisen – nicht im Sinne einer Lektion, einer Bestrafung oder einer Erniedrigung, sondern im Sinne einer Wiedereingliederung in eine natürliche Bindungshierarchie. Seine einzige Hoffnung besteht darin, sich an einen Erwachsenen zu binden, der seinerseits bereit ist, die Verantwortung dafür zu übernehmen, die emotionalen Bedürfnisse des Mobbers zu stillen.

Hinter der harten Schale verbirgt sich ein zutiefst verletzter und einsamer junger Mensch, dessen harte Fassade in der Gegenwart eines aufrichtig fürsorglichen Erwachsenen zu bröckeln beginnt. „Ich habe einmal einen Mobber gefragt, wie es sich anfühlt, wenn alle Angst vor ihm haben", erzählte mir ein Schulpsychologe. ‚Ich habe viele Freunde', antwortete er, ‚aber eigentlich habe ich gar keine Freunde.' Und als er das sagte, fing er einfach an zu schluchzen."

Wenn ein Mobber sich nicht mehr verlassen fühlt und sich nicht mehr alleine durchschlagen muss, um seinen Bindungshunger zu stillen, wird Mobbing überflüssig. In der Filmversion von *Die zwei Türme*, dem zweiten Teil der Trilogie *Der Herr der Ringe*, findet sich ein anschauliches Beispiel dafür, wie aggressives Verhalten für eine Person überflüssig wird, sobald ihre Bindungsbedürfnisse befriedigt sind. Gollum, eine schmierige, verdorbene und emotional ausgehungerte Kreatur voller Bitterkeit und Hass, führt einen inneren Dialog, nachdem er eine Bindung zu dem Hobbit Frodo eingegangen ist, den er „Meister" nennt. „Wir brauchen dich nicht mehr", sagt er zu seinem misstrauischen, manipulativen und sogar mörderischen anderen Ich, *„der Meister kümmert sich jetzt um uns."*

Wenn wir zusammenfassend das Wesen des Tyrannen beschreiben sollten, würden wir von einer rauen Schale aus verhärteten Emotionen sprechen, die ein sehr sensibles, hochgradig unreifes und überaus abhängiges Bindungswesen schützen soll, das die Machtposition anstrebt. Obwohl dieses Verhalten auch durch andere Umstände verursacht werden kann, ist es eine vorhersehbare Folge der Gleichaltrigenorientierung. Sie begünstigt Mobbing und intensiviert es dermaßen, dass sie heute unter Kindern als häufigste Ursache für Mobbing gelten kann. Alle Eigenschaften von Mobbern sind auf die Kombination dieser beiden mächtigen Dynamiken zurückzuführen: intensive, gestörte und verdrängte Bindungsbedürfnisse und eine verzweifelte Flucht vor Verletzlichkeit. Das Ergebnis dieser Verbindung ist der Tyrann: ein hartes, gemeines und enorm forderndes Kind, das auf anderen herumhackt, sie verspottet, ärgert, bedroht und einschüchtert. Darüber hinaus ist der Tyrann empfindlich gegenüber Kränkungen, leicht zu provozieren, furcht- und tränenlos und nutzt Schwächen und Verletzlichkeit erbarmungslos aus.

Die Orientierung an Gleichaltrigen bringt sowohl Tyrannen als auch deren Opfer hervor. Wir waren gefährlich naiv zu glauben, dass wir durch das Zusammenbringen von Kindern Gleichberechtigung und Beziehungen zwischen ihnen fördern würden. Stattdessen haben wir den Weg für die

Bildung neuer und schädlicher Bindungshierarchien geebnet. Wir schaffen eine Gemeinschaft, die die Voraussetzungen für ein Szenario wie in *Herr der Fliegen* schafft. Die Gleichaltrigenorientierung macht unsere Kinder zu Waisen und verwandelt unsere Schulen gewissermaßen in Tageswaisenhäuser. Die Schule ist heute ein Ort, an dem sich gleichaltrigenorientierte Kinder relativ unbeaufsichtigt von Erwachsenen in der Kantine, auf dem Flur und auf dem Schulhof aufhalten. Aufgrund der starken Neuorganisation der Bindung, die im Zuge der Gleichaltrigenorientierung stattfindet, sind Schulen auch zu Mobbing-Fabriken geworden – unbewusst und ungewollt, aber deshalb nicht weniger tragisch.

Die meisten Ansätze zur Bekämpfung von Mobbing greifen zu kurz, weil ihnen die Einsicht in die zugrunde liegende Dynamik fehlt. Diejenigen, die Mobbing für ein Verhaltensproblem halten, glauben, es durch Sanktionen und Konsequenzen unterbinden zu können. Doch die Strafen hinterlassen nicht nur kaum Eindruck, sie schüren die Frustration und fördern die Entfremdung der Tyrannen sogar noch mehr. Nicht der Mobber ist stark, sondern die Dynamik, die den Mobber hervorbringt. Zudem ist in der Gleichaltrigenkultur der Vorrat an potenziellen Opfern unerschöpflich.

Die einzige Möglichkeit, den Tyrannen zu demontieren, besteht in der Umkehrung der Dynamik, die ihn ursprünglich hervorgebracht hat: Das Kind muss wieder in eine angemessene Bindungshierarchie eingegliedert werden, und dann gilt es, seine Abwehrmechanismen zu überwinden und seinen Bindungshunger zu stillen. Obwohl dies eine entmutigende Aufgabe sein mag, ist es die einzige Lösung, die Aussicht auf Erfolg bietet. Die derzeitigen Methoden, die sich darauf konzentrieren, tyrannisches Verhalten zu unterbinden oder Kinder zu einem höflichen Umgang miteinander zu ermahnen, gehen an der Wurzel des Problems vorbei: dem Fehlen einer verletzlichen Abhängigkeit von fürsorglichen Erwachsenen. Solange wir Mobbing nicht als die Bindungsstörung erkennen, die es in Wahrheit ist, werden unsere Abhilfemaßnahmen wahrscheinlich nicht viel bewirken. Der beste Weg, die Opfer zu schützen, besteht ebenfalls darin, sie wieder in die Abhängigkeit von den für sie verantwortlichen Erwachsenen zu bringen, damit sie ihre Verletzlichkeit wieder spüren und Tränen darüber vergießen können, was ihnen Probleme bereitet. Meistens sind die Kinder am stärksten gefährdet, die sich zu sehr an Gleichaltrigen orientieren, so dass sie sich nicht auf Erwachsene stützen können.

Vor Kurzem war ich zu Gast in einer landesweit ausgestrahlten kanadischen Fernsehsendung über Mobbing, in der einige Eltern zu Wort kamen, deren Kinder als Reaktion auf Mobbing Selbstmord begangen hatten. In der Sendung trat auch ein Mädchen auf, dessen Leben durch Mobbing zur Hölle gemacht worden war. Die Mutter des Mädchens erzählte, dass ihre Tochter fast jeden Tag nach der Schule in Tränen ausbrach und von ihren erschütternden Erfahrungen berichtete. Nach der Sendung äußerte die Moderatorin der Sendung mir gegenüber die Sorge, dass auch dieses Mädchen in Gefahr sein könnte, sich das Leben zu nehmen. Im Gegenteil, antwortete ich: Ihre Abhängigkeit von ihrer Mutter, die Worte und die Tränen, die sie in der Geborgenheit ihrer Beziehung aussprach und vergoss, waren ihre Rettung. Die Kinder, die sich das Leben genommen hatten, waren ihren Eltern ein Rätsel gewesen. Ihre Selbstmorde kamen völlig überraschend. Diese bedauernswerten Opfer waren zu sehr auf Gleichaltrige ausgerichtet, um mit ihren Eltern über das Geschehen zu sprechen, und zu sehr gegen ihre eigene Verletzlichkeit abgestumpft, um ihre Tränen über das erlebte Trauma zuzulassen. Ihre Frustration wuchs, bis sie sich nicht mehr kontrollieren ließ. In diesen speziellen Fällen griffen die Kinder eher sich selbst als andere an. Auch in dieser Hinsicht sind Mobber und Gemobbte oft aus demselben Holz geschnitzt – beiden fehlt es an einer angemessenen Bindung zu fürsorglichen Erwachsenen. Unabhängig davon, wie unglücklich sie sich manchmal fühlen, sind Kinder nicht gefährdet, sich selbst oder andere anzugreifen, solange sie in der Lage sind, sich auf ihre Eltern zu stützen, um das zu verarbeiten, was sie bedrückt, und mit den angemessenen Gefühlen der Hilflosigkeit zu reagieren.

Manche Menschen, auch solche, die als Experten angesehen werden, sehen im Problem des Mobbings ein Versagen bei der Vermittlung moralischer Werte. Diese Sichtweise ist zwar zutreffend, aber keineswegs so, wie man es üblicherweise verstehen würde. Das Versagen liegt nicht darin, unseren Kindern die Werte der Fürsorge und Rücksichtnahme beizubringen. Solche menschlichen Werte entstehen ganz natürlich bei Kindern, die tief genug fühlen und verletzlich sind. Nicht die fehlende moralische Erziehung des Mobbers ist das Problem, sondern das fehlende Bewusstsein für die grundlegenden Werte der Bindung und der Verletzlichkeit in unserer heutigen Gesellschaft. Würden diese Grundwerte beherzigt, dann würde die Gleichaltrigenorientierung nicht überall den Ton angeben und weder Tyrannen noch Opfer hervorbringen.

KAPITEL 12

Sex und Bindung

Die 13-jährige Jessica vertraute ihrer Freundin Stacey an, die anderen in der Schule würden sie bedrängen, auf einer bevorstehenden Party Oralsex mit einem männlichen Klassenkameraden zu haben. „Sie sagen, dass ich damit beweisen kann, dass ich zu ihnen gehöre", sagte sie. Jessica war sich nicht sicher, was sie davon halten sollte. Sexuell interessierte der Junge sie überhaupt nicht, aber es reizte sie, im Mittelpunkt des Interesses zu stehen. Über die Frage – Würde sie es tun oder nicht? – wurde in der Schule heftig spekuliert. Sie hatte Übergewicht und hatte noch nie zu den Leuten gehört, die „in" waren. Stacey, die sich nicht sicher war, wie sie mit der Verantwortung umgehen sollte, ihre Freundin in einer so emotionsgeladenen Angelegenheit zu beraten, erzählte ihrem eigenen Vater von Jessicas Dilemma. Nach einiger Überlegung hielt es der Vater für das Beste, Jessicas Eltern zu informieren. Sie waren schockiert, da sie weder eine Ahnung von der prekären sozialen Situation ihrer Tochter hatten noch von dem Druck, dem sie ausgesetzt war, sexuell aktiv zu werden. Als sie mit Jessica über ihre Bedenken sprachen, war der Akt bereits vollzogen. Sie hatte nachgegeben – in diesem Fall nicht einmal den sexuellen Forderungen eines Jungen, dem sie gefallen wollte oder zu dem sie eine Beziehung aufzubauen hoffte, sondern einzig und allein der Überredungskunst ihrer Altersgenossen.

Wie wir alle wissen, geht es beim Sex selten nur um Sex, und in Jessicas Fall ging es ganz sicher nicht darum. Manchmal geht es um den heftigen Wunsch, begehrt zu werden. Sex kann eine Flucht aus der Langeweile oder

Einsamkeit sein. Er kann auch eine Methode sein, sein Territorium abzustecken, Anspruch auf Besitz kundzutun oder ein Versuch, sich in einer exklusiven Beziehung an einen anderen Menschen zu binden. Sex kann ein mächtiges Symbol für Status und Anerkennung sein. Beim Sex kann es darum gehen, Punkte zu sammeln, oder darum, dazuzugehören und sich anzupassen, oder darum, zu klammern und festzuhalten. Es kann um Dominanz und Unterwerfung gehen oder darum, jemandem gefallen zu wollen. In einigen Fällen spiegelt Sex auch fehlende Grenzen und eine Unfähigkeit, nein zu sagen, wider. Er kann natürlich auch ein Zeichen von Liebe, tief empfundener Leidenschaft und echter Intimität sein. Fast immer geht es dabei in der einen oder anderen Form um Bindung. Im Leben unserer Jugendlichen ist Sex meistens ein Ausdruck unerfüllter Bindungsbedürfnisse.

Jugendliche haben heute immer früher erste sexuelle Kontakte. Einer Studie der *US-Centers for Disease Control* aus dem Jahr 1997 zufolge gaben mehr als doppelt so viele Mädchen aus der neunten Klasse (6,5 Prozent) wie Mädchen aus der zwölften Klasse an, vor ihrem 13. Geburtstag Sex gehabt zu haben. Von den US-amerikanischen Jungen in der neunten Klasse gaben fast 15 Prozent an, vor ihrem 13. Geburtstag sexuell aktiv gewesen zu sein, mehr als doppelt so viele wie bei den Jungen aus der zwölften Klasse. In Kanada verhält es sich ähnlich: Eine im Jahr 2000 veröffentlichte Studie ergab, dass in den 1990er-Jahren mehr als 13 Prozent der Mädchen Sex hatten, bevor sie 15 Jahre alt waren, doppelt so viele wie in einer vergleichbaren Statistik aus den frühen 1980ern.[1] Sowohl in den Vereinigten Staaten als auch in Kanada gibt es einzelne Belege dafür, dass viele Teenager als Ersatz für Geschlechtsverkehr Oralsex haben, ohne sich auch nur darüber im Klaren zu sein, dass sie Sex hatten. „Es gibt einen beunruhigenden Wandel in der Einstellung zum Oralsex, Analverkehr, zu allem *außer dem Einen*“, sagte Eleanor Maticka-Tyndale, Soziologieprofessorin an der *University of Windsor*.

Ein 19-jähriges Baseballtalent, das es in die Vorauswahl der Los Angeles Dodgers für 2003 geschafft hatte, wurde zu 45 Tagen Gefängnis verurteilt, weil er eine Minderjährige zu sexuellen Handlungen aufgefordert hatte. Der junge Sportler hatte zwei Mädchen, eine 12-Jährige und eine 13-Jährige, dazu gebracht, Oralsex mit ihm zu haben. Bei seiner erfolgreichen Berufungsverhandlung argumentierte er, die Kontaktaufnahme sei nicht von ihm ausgegangen, sondern von den Mädchen. Und warum? Die beiden angeblichen Opfer sagten vor Gericht aus, es sei in ihrer Clique üblich, dass Siebtklässlerinnen Jungen Oralsex anböten. Eine von ihnen sagte, sie habe mitgemacht, weil „alle anderen es auch taten und [sie] nicht außen vor bleiben wollte.“[2]

Diese beunruhigende frühzeitige sexuelle Aktivität geht mit einer Entwürdigung der Sexualität einher. Es gibt einen großen Unterschied zwischen sexuellem Kontakt als Ausdruck echter Intimität und sexuellem Kontakt als primitiver Bindungsdynamik. Die Folge der letzteren ist unvermeidlich Unzufriedenheit und eine süchtig machende Promiskuität, die auch der 17-jährige Nicholas erlebte.

„Irgendetwas stimmt nicht", fing Nicholas an. „Alles läuft bestens – ich habe jede Menge Sex, aber ich schätze, ich habe noch nie wirklich Liebe gemacht. Meine Freunde sehen alle zu mir auf, weil ich so tolle Mädchen abschleppen kann. Aber ich bin nicht sehr gut in dem, was man Intimität nennt. Am Morgen weiß ich nie, was ich zu dem Mädchen sagen soll. Eigentlich will ich dann nur meine Kumpel anrufen und herumprahlen." Nicholas' Dilemma könnte man als das uralte Don-Juan-Syndrom bezeichnen, unter dem schon viele Männer gelitten haben, aber in der heutigen Zeit sehen sich viele junge Männer damit konfrontiert, deren erste sexuelle Kontakte und Erlebnisse im Kontext der Gleichaltrigenkultur stattfinden.

Sowohl Nicholas als auch Jessica orientierten sich stark an Gleichaltrigen. Nicholas sagte dazu: „Ich fühle mich mit meiner Familie nicht verbunden, im Grunde genommen sind meine Freunde viel mehr meine Familie als meine echte Familie. Ich will noch nicht einmal mehr mit ihnen zusammen sein." Ich kannte Nicholas und seine Familie ziemlich gut. Er hatte drei Schwestern und Eltern, die ihn von Herzen liebten. Aber er aß nicht an ihrem Tisch, sondern baute auf Gleichaltrige, um seinen Bindungshunger zu stillen. Während der Adoleszenz dieses Jungen war der Vater, ein Experte auf seinem Gebiet, zwei Jahre lang völlig von seiner Karriere in Beschlag genommen worden, während seine Mutter an einer stressinduzierten Depression litt. Diese relativ kurze Zeitspanne während einer entscheidenden Phase in Nicholas' Leben hatte ausgereicht, eine Bindungslücke entstehen zu lassen, die von seinen Altersgenossen gefüllt wurde. So anfällig sind unsere Kinder heute in einer Kultur, die keine Ersatzbindungen zu Erwachsenen mehr bereithält, wenn die familiären Bindungen, aus welchen Gründen auch immer, auch nur für kurze Zeit geschwächt sind.

Auch Jessica hatte sich emotional von ihren Eltern gelöst. Ich konnte sie kaum dazu bewegen, über sie zu sprechen, und als sie es dann tat, ging es nur darum, wie sie sich in ihr Leben einmischten – ein Leben, in dem es nur um ihre Altersgenossen ging. Ihre Gleichaltrigenorientierung äußerte sich in ihrem unstillbaren Hunger nach Akzeptanz, in ihrer Besessenheit, wenn es um Instant-Messaging über das Internet ging, und ihrer tiefen Verachtung für Werte der Erwachsenen wie Hausaufgaben und Lernen. Für sie gab es nichts Wichtigeres, als gefragt zu sein und von ihren Freunden gemocht und begehrt zu werden.

Für Nicholas ging es beim Sex um Eroberungen und Trophäen, darum, der Beste zu sein und bei seinen Freunden in einem guten Licht dazustehen. Für seine offenbar willigen Partnerinnen mag der Sex eine Bestätigung ihrer Attraktivität gewesen sein, ein Gütesiegel dafür, ein Objekt der Begierde zu sein, eine Erfahrung intimer Nähe oder ein Zeichen von Zugehörigkeit und Exklusivität. Für Jessica war Oralsex ein gesellschaftlicher Initiationsritus, die Aufnahmegebühr für einen Club, in dem sie unbedingt Mitglied werden wollte.

Für die 14-jährige Heather ging es beim Sex darum, die Jungen in Beschlag zu nehmen, ihre Aufmerksamkeit und Zuneigung zu gewinnen und die Konkurrenz aus dem Feld zu schlagen. Heather orientierte sich ebenfalls stark an Gleichaltrigen, war ziemlich beliebt und sehr stolz darauf, dass die Jungen sich für sie interessierten. Sie fing im Alter von zwölf Jahren an, sexuell aktiv zu werden, und schaffte es, dies vor ihren Eltern geheim zu halten. Als sie von ihren Eltern zu mir geschickt wurde, weil sie nicht mehr mit ihr zurechtkamen, war sie für ihr Alter ungewöhnlich erfahren. Sie rühmte sich mir gegenüber damit, dass sie, bevor sie zur High School ging, an drei verschiedenen Schulen gleichzeitig nach den „heißesten Jungs" Ausschau gehalten hatte und sie aufgrund ihrer sexuellen Fähigkeiten und ihrer Frühreife für sich gewonnen hatte. Sie sprach voller Verachtung über die Mädchen, die das nicht geschafft hatten, und behauptete, sie seien dumm und nichts als Verlierer. Einen ihrer derzeitigen Sexpartner bezeichnete sie als ihren Freund, schien sich aber nicht im Geringsten schuldig zu fühlen, weil sie ihm untreu war. „Wir reden nicht viel", sagte sie, „und was er nicht weiß, verletzt ihn nicht." Sie fügte noch hinzu, dass es sie wirklich störe, dass er ungefähr einen Zentimeter kleiner sei als sie. „Außerdem ist der Sex mit den anderen Jungs rein körperlich." Sie bezeichnete ihren Freund als die Person auf der Welt, der sie sich am nächsten fühlte, aber zu dieser Nähe schien keinerlei emotionale oder *psychische Vertrautheit* zu gehören.

Wie wenig Sex unter Teenagern mit Intimität zu tun haben kann, zeigt die folgende Geschichte von Dr. Elaine Wynne, einer Ärztin in einer Jugendklinik. „Eine 15-Jährige kam zur Routineuntersuchung und für einen Pap-Test in meine Sprechstunde", erzählte mir Dr. Wynne. „Während der vaginalen Untersuchung erwähnte sie beiläufig, dass sie nie genau sagen könne, ob ihr

Freund beim Sex ejakuliere. Es stellte sich heraus, dass dies für sie wichtig war. ‚Hast du schon einmal daran gedacht, ihn zu fragen?', sagte ich. ‚Soll das ein Scherz sein?', antwortete sie. ‚So eine Frage ist doch viel zu persönlich!'"

Es ist beunruhigend zu sehen, was Sex mit gleichaltrigenorientierten Kindern macht, und was die Orientierung an Gleichaltrigen mit der Sexualität macht. Natürlich werden nicht alle Jugendlichen, die sich an Gleichaltrigen orientieren, sexuell aktiv sein oder ihre Sexualität auf dieselbe Weise ausleben, aber die Kultur, in der sie unterwegs sind, ist von einer bizarr verzerrten Sexualität durchdrungen – Pseudo-Erfahrenheit ohne Reife, physisches Ausleben von Intimität, ohne in irgendeiner Weise psychisch bereit dazu zu sein, mit den Folgen fertig zu werden.

Die Sexualität von Teenagern lässt sich nicht allein durch rein physische Faktoren wie körperliche Reife und „verrücktspielende Hormone" erklären. Wenn wir das frühreife Sexualverhalten von Grund auf verstehen wollen, müssen wir uns erneut den drei Konzepten zuwenden, die ich schon in vorherigen Kapiteln erwähnt habe: Bindung, Verletzlichkeit und Reifung. Der Schlüssel ist wie immer die Bindung. Der entscheidende Faktor ist nicht das sexuelle Erwachen in der Adoleszenz, sondern die Tatsache, dass der gleichaltrigenorientierte Jugendliche ein sexuelles Wesen ist, das dazu neigt, alle ihm verfügbaren Mittel zu nutzen, um sein Bindungsbedürfnis zu befriedigen. Je unverletzlicher und unreifer ein Jugendlicher ist, desto größer ist die Wahrscheinlichkeit, dass sein Bindungstrieb sexuellen Ausdruck findet.

Sex als Ausdruck des Bindungshungers

In der natürlichen Ordnung der Dinge findet Sex zwischen reifen Menschen statt, nicht zwischen Kindern und denen, die für sie verantwortlich sind. Wenn Kinder emotionale Nähe zu Erwachsenen suchen, ist eine sexuelle Interaktion sehr unwahrscheinlich. Aber wenn dieselben Kinder anfangen, sich immer mehr an Gleichaltrigen zu orientieren, kann dieselbe Suche nach Kontakt eine sexuelle Note bekommen. Sex unter Gleichaltrigen wird zu einem Instrument der Bindung. Bei Kindern, die ihre Eltern durch Gleichaltrige ersetzt haben, ist die Wahrscheinlichkeit am größten, dass sie unablässig an Sex denken oder sexuell aktiv sind. Diejenigen, die in der Beziehung zu ihren Eltern keine Vertrautheit spüren, sind auch diejenigen, die in den Beziehungen zu ihren Altersgenossen am dringlichsten nach Vertrautheit suchen, jetzt allerdings eher durch Sex als durch Gefühle oder Worte. Dies war zweifellos bei Nicholas, Heather und Jessica der Fall, deren Bindung zu ihren liebenden Eltern durch ihre Gleichaltrigenorientierung gekappt worden war. Sie benutzten Sex mit ihren Altersgenossen, um ihren Hunger nach Verbindung und Zuneigung zu stillen.

Sex ist ein jederzeit gebrauchsfertiges Instrument, um primitive Bindungsbedürfnisse zu befriedigen. Im zweiten Kapitel habe ich die sechs Arten der Bindung aufgelistet, von denen die erste über die körperlichen Sinne erfolgt. Wenn ein Kind Nähe in erster Linie über körperlichen Kontakt sucht, ist Sex ein sehr Erfolg versprechendes Instrument. Wird Bindung über Gleichheit angestrebt, wird sich das Verhalten des Kindes den Werten der Gleichaltrigengruppe anpassen, wie dies bei Jessica und den beiden jungen Mädchen der Fall war, die Oralsex mit dem Baseballspieler hatten. Auch für jemanden, der auf dem dritten Weg – über exklusive Zugehörigkeit und Loyalität – Bindung anstrebt, sind sexuelle Interaktionen sehr verlockend. Fühlt sich ein Kind eher zur vierten Bindungsart hingezogen – jemandem etwas zu bedeuten –, dann wird die Bestätigung des Ansehens oder der Attraktivität zu seinem wichtigsten Ziel und Sex zu einem nützlichen Instrument, um Punkte zu sammeln. Natürlich kann sexueller Kontakt auch für Gefühle der Wärme und echte Intimität stehen, aber für unreife, an Gleichaltrigen orientierte Jugendliche ist dies selten der Fall, auch wenn sie es gerne glauben würden. Um diese beiden höchsten Formen der Bindung erreichen zu können, fehlt es ihnen an Verletzlichkeit und Reife, wie ich in Kürze erläutern werde.

Die aktuellen Modetrends – Kleidung, Make-up und Auftreten – fördern die Sexualisierung junger Mädchen, die für eine reife sexuelle Aktivität in keiner Weise bereit sind. Laut Joan Jacobs Brumberg, einer Historikerin an der *Cornell University* und Autorin von *The Body Project,* (dt.: Das Körperprojekt, erschienen 1998), einer Geschichte der Welt US-amerikanischer Mädchen, ist das mit einer sexuellen Komponente aufgeladene Aussehen zu einem primären Maßstab für den Selbstwert geworden. Brumberg sagte dem Nachrichtenmagazin *Newsweek*, vor fünfzig Jahren hätten Mädchen, wenn sie davon sprachen, sich zu verbessern, akademische Leistungen oder einen Beitrag zur Gesellschaft im Sinn gehabt. Jetzt, sagte sie, steht das Aussehen im Vordergrund. „In den privaten Tagebüchern junger Mädchen wird die Sorge um den eigenen Körper lediglich von den Beziehungen zu Gleichaltrigen übertroffen und ist ein allgegenwärtiges Thema."[3] Natürlich ist die Formulierung „lediglich übertroffen" nicht der Punkt, da die Besessenheit vom eigenen Körperbild eine direkte Folge der Gleichaltrigenorientierung und ihrer Begleiterscheinung ist, der Sexualisierung der Adoleszenz.

Ohne es zu wissen, spielen Teenager mit dem Feuer, wenn sie ihre Bindungen sexualisieren. Sex ist kein Instrument, das man einfach so für seine eigenen Zwecke nutzen kann. Heranwachsende können Sex nicht unbeschadet und zwanglos einfach hinter sich lassen, ohne dass wesentliche menschliche Empfindungen aufgewühlt würden. Sex ist ein starkes Bindemittel, eine Art menschlicher Kontaktkleber, der ein Gefühl der Einheit und der Verschmelzung hervorruft und ein Fleisch schafft. Egal wie kurz oder unschuldig die sexuelle Interaktion auch sein mag, durch Sex wird aus den Beteiligten ein Paar. Ob die Beteiligten bereit sind oder nicht, ob sie willens sind oder nicht, ob sie sich dessen bewusst sind oder nicht, der Sex verbindet sie. Studien haben bestätigt, was die meisten von uns vermutlich schon selbst festgestellt haben: Körperliche Liebe hat eine natürliche Bindungswirkung und ruft im menschlichen Gehirn starke Gefühle der Bindung hervor.[4]

Die Folgen sind nur allzu vorhersehbar, wenn der sexualisierte Bindungshunger gleichaltrigenorientierter Jugendlicher mit dem ernsthaften Bindungseffekt, den selbst „Gelegenheitssex" hat, zusammenkommt. Trotz unserer Bemühungen um Sexualkundeunterricht und Geburtenkontrolle nehmen ungewollte Teenagerschwangerschaften in Ländern, in denen die Orientierung an Gleichaltrigen weit verbreitet ist, immer mehr zu. Statistisch gesehen sind die Schwangerschaftsraten unter Teenagern in den Vereinigten Staaten am höchsten, gefolgt von Großbritannien und Kanada.[5] Wenn gleichaltrigenorientierte Kinder sexuell aktiv sind, geht es ihnen nicht um den Liebesakt oder darum, Babys zu zeugen, sondern darum, in den Armen des anderen das zu suchen, was sie in der Beziehung zu ihren Eltern suchen sollten – Kontakt und Verbindung. Wenn dies unter Gleichaltrigen geschieht, können ungewollte Schwangerschaften die Folge sein, und in vielen Fällen sind die Babys dann die bedauernswerten Opfer, da ihre Eltern noch nicht reif genug sind und in keiner Weise darauf vorbereitet, emotional oder auch nur physisch für sie zu sorgen.

Sexualität und die Flucht vor Verletzlichkeit

In dem Maße, in dem Sex die Beteiligten aneinander bindet, sorgt er gleichzeitig dafür, dass diese sich auf ein unsicheres Terrain begeben, wo Gefühle verletzt und Herzen gebrochen werden können. Was durch Sex verbunden wurde, kann nicht völlig schmerzlos wieder getrennt werden. Nachdem der Sex seine Bindungsarbeit geleistet hat, wird jede Art von Trennung zu erheblichen Rissen und psychischen Beeinträchtigungen führen – eine

Erfahrung, die den meisten Erwachsenen nur allzu vertraut ist. Wiederholte Erfahrungen von Trennung oder Ablehnung nach starken, durch Sex entstandenen Bindungen, können zu einer Verletzlichkeit führen, die unerträglich ist. Solche Erfahrungen erzeugen emotionale Narben und Verhärtungen.

Es ist wenig verwunderlich, dass bei unseren Jugendlichen mit dem Ausmaß ihrer sexuellen Aktivitäten auch das Ausmaß ihrer emotionalen Verhärtungen zunimmt. Diese Desensibilisierung mag wie ein Segen erscheinen, der ihnen erlaubt, mit dem Feuer zu spielen, ohne sich zu verbrennen. Aber wie wir in den vorangegangenen Kapiteln bereits erörtert haben, ist der Preis für die Flucht vor der Verletzlichkeit, dass sie ihr Potenzial als Menschen und ihre emotionale Freiheit und Tiefe, die sie wirklich lebendig machen würden, nicht voll ausschöpfen können.

Nicht einmal auf kurze Sicht lässt Sex einen Teenager, der sich in einer emotionalen Abwehrhaltung befindet, unbeschadet zurück. Nur weil es den Anschein hat, als wären die Jugendlichen nicht betroffen, heißt das nicht, dass sie nicht unter den Folgen zu leiden haben. Je weniger die Betroffenheit in unser Bewusstsein dringt, desto größer kann die Verletzung auf der unbewussten Ebene sein. Heather erzählte mir mit gleichgültiger Stimme, sie sei bei einer ihrer Verabredungen vergewaltigt worden, und deutete an, dies habe wirklich keine Auswirkungen auf sie gehabt. Es war nicht schwer, die Verletzlichkeit zu erkennen, die diese Forschheit überdecken sollte, oder vorherzusagen, dass eine derartige äußere Verhärtung, sollte sie nicht rückgängig gemacht werden, dieses Mädchen immer wieder auf gefährliches Terrain führen würde. Sexuelle Kontakte, die den Jugendlichen nicht verletzlicher machen können, führen zu einer Intensivierung der Abwehrhaltung gegen solche Verletzungen. Als ich eine junge Klientin fragte, warum sie und ihre Freundinnen auf ihren Partys so viel tranken, antwortete sie ohne zu zögern: „Dann tut es weniger weh, wenn man gevögelt wird."

Der letztendliche Preis der emotionalen Verhärtung ist unter anderem, dass Sex seine Kraft als Bindemittel verliert. Langfristig führt das zu einer Betäubung der Seele und beeinträchtigt die Fähigkeit junger Menschen, Beziehungen einzugehen, in denen echter Kontakt und Intimität möglich sind. Sex wird irgendwann zu einer Bindungsaktivität, die nicht mehr verletzen, sondern sogar zu einer Sucht werden kann, weil sie den Bindungshunger für den Augenblick befriedigt, ohne ihn wirklich jemals zu stillen. Die Trennung von Sex und Verletzlichkeit mag sich befreiend auf das Sexualverhalten auswirken, sie hat aber ihren Ursprung in der dunklen Sphäre der emotionalen Abgestumpftheit.

Obwohl Heather aufgeweckt, attraktiv, einnehmend und gesprächig war, gab es keinerlei Anzeichen von Verletzlichkeit in dem, was sie sagte oder empfand. Sie spürte keine Angst, gab nicht zu, irgendjemanden zu vermissen, hatte keinerlei Draht zu ihrer Unsicherheit und bereute nichts von dem, was sie getan hatte. Nicholas' Flucht vor seiner eigenen Verletzlichkeit hatte dazu geführt, dass er gelangweilt, voreingenommen, arrogant und herablassend geworden war. Auch er war furchtlos und verspürte keinerlei Unsicherheit. Er verachtete die Schwachen und hatte für Verlierer nichts übrig. Weder Heather noch Nicholas waren zu tiefen Empfindungen fähig. Beide waren immun gegen die bindende Wirkung von Sex. Beide waren schon vor ihren ersten sexuellen Kontakten gegen Verletzlichkeit abgehärtet gewesen, aber ihre sexuellen Aktivitäten hatten ihre emotionale Verhärtung noch weiter verstärkt.

Weder Heather noch Nicholas waren zu schüchtern, um mit ihren Altersgenossen oder mit mir über ihre sexuellen Erfahrungen zu sprechen. Diese Ungezwungenheit ist eine interessante, aber irreführende Nebenwirkung der Flucht vor Verletzlichkeit – der Verlust des Gefühls der Bloßstellung, wenn man persönliche Dinge preisgibt, die normalerweise als intim gelten würden. Viele Erwachsene sind, wenn es um Sex geht, von der augenscheinlichen Offenheit der Jugend von heute beeindruckt, weil sie darin einen Fortschritt gegenüber der Geheimniskrämerei und der Scheu früherer Zeiten sehen. „Wir hätten nie so frank und frei über solche Dinge geredet", sagte die Mutter einer stark gleichaltrigenorientierten 15-Jährigen bewundernd. „Als wir so alt waren, wäre es uns viel zu peinlich gewesen, über Sex zu sprechen." Diese Mutter erkannte jedoch nicht, dass das dreiste und schamlose Reden über Sex nichts mit Mut oder Offenheit zu tun hatte, sondern eher mit der Abwehrhaltung gegen Verletzlichkeit. Man braucht wenig Mut, um etwas, das man nicht im Mindesten für intim hält, preiszugeben. Es gibt keinen Grund, diskret zu sein, wenn man sich nicht bloßgestellt fühlt. Wird Sex von der Verletzlichkeit getrennt, kann er uns nicht tief genug berühren, um uns verletzen zu können. Was sehr persönlich und intim sein sollte, kann die ganze Welt erfahren – und tut es häufig auch in geschmacklosen Fernsehsendungen.

Für die Jugendlichen, die noch tief genug fühlen können und die verletzlich genug sind, damit Sex seine Wirkung entfalten kann, ist er wie ein Sprung in einen See starker Emotionen, in eine Bindung, die unerklärlich und häufig auch äußerst kompliziert ist, in eine so intensive Verletzlichkeit, dass man kaum daran rühren darf. Jugendliche lassen sich zwar meistens auf Sex ein, um sich näher zu kommen, rechnen aber nicht damit, sich nicht wieder voneinander lösen zu können. Der Sprung in eine Paarbeziehung wird vermutlich zu viel für sie sein. Einige werden versuchen, den unumgänglichen Schmerz einer Trennung zu vermeiden, indem sie sich verzweifelt an den anderen klammern, ihn unermüdlich verfolgen und um jeden Preis festhalten wollen. Andere fühlen sich von einer Nähe, auf die sie so nicht vorbereitet waren, erdrückt und gefangen und werden versuchen, sich so schnell wie möglich daraus zu befreien. Hat der Sex bei beiden seine bindende Wirkung hinterlassen, werden einige Jugendliche feststellen, dass ihre keimende Individualität durch die Kraft der Verschmelzung erdrückt und ihre im Entstehen begriffene Persönlichkeit von der Paarbindung verschluckt wird. Sie werden nicht mehr in der Lage sein, ihre eigenen Vorlieben zu erkennen oder ihre eigenen Entscheidungen zu treffen, ohne vorher mit ihrem Partner Rücksprache gehalten zu haben. „Ich weiß nicht, ob wir schon ein Paar sind.", sagte eine 17-Jährige, als sie über ihren aktuellen Sexualpartner sprach. „Er hat dazu noch nichts gesagt."

Jugendliche praktizieren Sex, ohne die leiseste Ahnung zu haben, worauf sie sich da einlassen. Denjenigen unter ihnen mit der stärksten Abwehrhaltung scheint es nichts auszumachen, weil sie sich emotional nicht mehr binden oder ihren Schmerz fühlen können. Ihre Unverletzlichkeit lässt Sex lässig, leicht und lustig erscheinen. Diejenigen dagegen, die tiefe Gefühle haben und verletzlich sind, haben ein Problem: Zunächst können sie sich, ob sie es wollen oder nicht, vom anderen nicht lösen, und sind dann zutiefst erschüttert, wenn die Beziehung in die Brüche geht.

Angesichts der stark bindenden Wirkung von Sex, der Verletzlichkeit, ohne die diese Wirkung nicht eintritt, und der Verletzlichkeit, wenn sie dann tatsächlich eintritt, sollten wir uns meiner Ansicht nach mehr Gedanken über den Schutz unserer Kinder machen, wenn es um Sex geht. Diese Vorsicht ergibt sich nicht aus moralischen Erwägungen, sondern aus dem Wissen um die negativen Folgen verfrühter Sexualität auf eine gesunde emotionale Entwicklung unserer Kinder. Menschlicher Sekundenkleber ist kein Spielzeug für Kinder.

Das Konzept des Safer Sex bekommt, durch die Linse der Verletzlichkeit betrachtet, eine völlig andere Bedeutung – kein sicherer Schutz vor Krankheiten oder einer ungewollten Schwangerschaft, sondern sicherer Schutz vor Verletzungen und emotionaler Verhärtung. Natürlich gibt es in keiner Bindung eine Sicherheitsgarantie, selbst in Bindungen zwischen reifen Erwachsenen nicht. Es geht nicht so sehr darum, unsere Kinder vor Verletzungen zu schützen, aber wir können ihr Risiko reduzieren, sexuelle Beziehungen einzugehen, die sie vermutlich nicht befriedigen und auch nicht lange halten werden. Sex in der Adoleszenz geht selten mit dem Schutz der Verbindlichkeit einher oder mit dem Versprechen der Exklusivität, der Zärtlichkeit, der Rücksichtnahme oder der Unterstützung der Gemeinschaft. Es ist Sex, der im wahrsten Sinne des Wortes, und zwar auf psychischer Ebene, ungeschützt ist. Ein Mensch kann nicht immer wieder „heiraten“ und „sich scheiden lassen“, ohne zu verhärten und unempfindlich zu werden, zumindest nicht ohne umfassenden Trauerprozess. Dafür ist die postkoitale Trennung zu schmerzhaft. Jugendliche sind gegen solche natürlichen Dynamiken nicht besser geschützt als der Rest von uns. Aufgrund ihrer Jugend, ihrer fehlenden Perspektive und ihrer natürlichen Unreife sind sie sogar anfälliger für Verletzungen durch sexuelle Erfahrungen als Erwachsene.

Wenn der Sexualität die Reife fehlt

Der sicherste Sex unter dem Gesichtspunkt von Bindung und Verletzlichkeit würde nicht mit dem Ziel, eine Beziehung einzugehen, stattfinden, sondern im Rahmen einer bereits bestehenden, erfüllenden und sicheren Beziehung. Man möchte so sicher wie möglich sein, dass die Beziehung genau der Ort ist, an dem man sein möchte. Sex wäre der letzte Akt der Bindung, der Ausschließlichkeit und eine geschlossene Beziehung als Paar einläuten würde. Sex kann nur so sicher sein, wie die Beteiligten vernünftig sind. Mehr als alles andere ist hierfür genau das erforderlich, was gleichaltrigenorientierten Jugendlichen fehlt: Reife. Unreife Heranwachsende, die sich an Erwachsenen orientieren, neigen zumindest dazu, in Bezug auf sexuelle Interaktionen auf den Rat ihrer Eltern zu hören. Kinder, die sich an Gleichaltrigen orientieren, sind doppelt gestraft: Sie verfügen weder über die für eine gesunde sexuelle Interaktion oder eine Entscheidungsfindung erforderliche Reife, noch orientieren sie sich in ausreichendem Maß an Erwachsenen, um Ratschläge von denjenigen unter uns anzunehmen, die einige Lektionen bereits auf unangenehme Art und Weise gelernt haben.

Reife ist in vielerlei Hinsicht eine Voraussetzung für Sex.

Die erste Frucht des Reifungsprozesses ist die Eigenständigkeit als Individuum. Für die Entstehung einer gesunden Verbindung ist ein Mindestmaß an Eigenständigkeit erforderlich. Man muss sich selbst gut genug kennen, um einen anderen Menschen einzuladen oder die Einladung eines anderen Menschen abzuschlagen. Wir brauchen einen Selbsterhaltungsinstinkt, um Autonomie wertzuschätzen, um persönliche Grenzen zu erfahren und um in der Lage zu sein, Nein zu sagen. Für eine gesunde Sexualität brauchen wir die

Freiheit, uns nicht auf eine sexuelle Beziehung einlassen zu müssen oder uns zumindest nicht gezwungen zu fühlen, um jeden Preis dafür zu sorgen, dass alles funktioniert. Da Jugendliche noch nicht an dem Punkt angekommen sind, an dem es wichtiger ist, man selbst zu sein als zu jemandem zu gehören oder jemanden zu besitzen, sind sie gefährlich anfällig.

Es gibt vermutlich kaum einen wichtigeren Bereich für die Achtung der Eigenständigkeit des anderen als die Sexualität. Rücksichtnahme auf die andere Person ist für eine reife sexuelle Interaktion unerlässlich. Für den psychisch unreifen Menschen ist Sex kein interaktiver Tanz. Bei einem verfrühten Sprung in die Sexualität wird zwangsläufig jemand verletzt oder ausgenutzt werden.

Wie wir bereits im letzten Kapitel erörtert haben, bringt die Orientierung an Gleichaltrigen sowohl Tyrannen als auch für Tyrannei empfängliche Opfer hervor. Auch wenn es um Sex geht, fordern Tyrannen ein, worüber sie nicht frei verfügen können. Sex ist reich an Symbolen, auf die Tyrannen aus sind: Status, Begehrtheit, Gewinnen, Punkten, Ehrerbietung, Zugehörigkeit, Attraktivität, Leistung, Loyalität und so weiter. Unglücklicherweise sind Tyrannen psychisch zu abgeschottet, um zu realisieren, dass es vergeblich ist, etwas zu fordern, was einem nicht freiwillig gegeben wird. In der Fantasie von Tyrannen geht es nicht darum, einzuladen, sondern darum, zu dominieren, nicht um Gegenseitigkeit, sondern um Überlegenheit. Sowohl Heather als auch Nicholas waren in Bezug auf Sex im Wesentlichen Tyrannen, weil sie die Schwäche anderer ausnutzten, um ihre eigenen Bedürfnisse zu befriedigen. Ihre Partner fanden kaum Beachtung. Bei Heather führte die Wahllosigkeit sexueller Kontakte dazu, dass sie – bis hin zu einer Vergewaltigung bei einer Verabredung – selbst gemobbt wurde. Leider erzeugt die Orientierung an Gleichaltrigen eine Fülle naiver und bedürftiger Jugendlicher, die zum Opfer werden können. Es dürfte nicht überraschen, dass unter Teenagern aggressive Übergriffe wie Vergewaltigungen bei Verabredungen zunehmen.

Für eine gesunde sexuelle Interaktion ist Reife noch auf andere Weise erforderlich. Die Klugheit, die nötig ist, um gute Entscheidungen zu treffen, erfordert eine zweidimensionale, integrative Verarbeitung, die nur durch Reife möglich wird. Wir müssen in der Lage sein, mit gemischten Gefühlen, Gedanken und Impulsen umzugehen. Die Sehnsucht, zu einem anderen Menschen zu gehören, muss gleichzeitig mit dem Wunsch, ein eigenständiger Mensch zu sein, vorhanden sein. Die Bewahrung von Grenzen muss sich mit der Leidenschaft vermischen, miteinander zu verschmelzen. Darüber hinaus ist natürlich auch die Fähigkeit erforderlich, sowohl die Gegenwart als auch die Zukunft zu beachten. Ein psychisch unreifer Mensch kann an nichts anderes denken als an das Vergnügen des Augenblicks. Um gute Entscheidungen treffen zu können, muss man in der Lage sein, gleichzeitig sowohl Angst als auch Verlangen zu spüren. Wenn wir die starken Gefühle, die Sex freisetzen kann, einschätzen könnten, wären wir zu Beginn entsprechend nervös. Sex sollte sowohl gehuldigt als auch gefürchtet werden, sowohl Vorfreude als auch Besorgnis auslösen und sollte Anlass sowohl zum Feiern als auch zur Vorsicht sein.

Jugendlichen fehlt es an Lebenserfahrung, Einsicht und Impulskontrolle, um solche Entscheidungen sicher allein treffen zu können. Wir könnten ihnen natürlich auf der Grundlage unserer Lebenserfahrung als Erwachsene Strukturen und Beschränkungen auferlegen, die ihr Sexualverhalten in sicheren Grenzen halten würden, und wir könnten ihnen bei Entscheidungen über Sex mit Rat zur Seite stehen, aber bei gleichaltrigenorientierten Jugendlichen fehlt uns hierfür die Macht und die Verbindung. Würden unsere jungen Leute uns um Rat fragen, würden wir ihnen zweifellos sagen, dass sie Entscheidungen über Sex nicht wirklich von Entscheidungen über Beziehungen trennen können. Wir würden ihnen raten zu warten, bis sie davon überzeugt sind, dass ihre Beziehung emotional intakt ist und über die sexuelle Interaktion hinaus auf echter Intimität beruht. Der Haken an der Sache ist, dass an Gleichaltrigen orientierte Jugendliche nicht in unsere Richtung schauen, egal wie klug unser Rat auch sein mag.

Heute belegen viele Eltern und Pädagogen die sexuelle Aktivität von Jugendlichen beschönigend mit Begriffen wie Erkunden und Experimentieren und betrachten Sex als einen natürlichen Baustein der Adoleszenz. Das Konzept des Experimentierens lässt auf Entdeckerfreude und das Vorhandensein von Fragen schließen. Die Teenager jedoch, die sexuell am aktivsten sind, sind nicht diejenigen, die die Fragen stellen. Bei Sex unter Jugendlichen geht es weniger um sexuelle Experimente als vielmehr um emotionale Verzweiflung und Bindungshunger.

Erwachsene versuchen typischerweise mit der Hypersexualität gleichaltrigenorientierter Teenager umzugehen, indem sie wie bei Mobbing und Aggression die Interaktion zwischen den Jugendlichen in den Mittelpunkt des Interesses stellen. Wir versuchen, Verhaltensänderungen durch Ermahnungen, Belehrungen, Belohnungen und Bestrafungen zu bewirken. Auch in diesem Bereich gehen unsere Bemühungen in die falsche Richtung. Solange Jugendliche sich weiterhin an Gleichaltrigen orientieren, können wir nur wenig tun, um ihre fehlgeleitete Sexualität in die richtigen Bahnen zu lenken. Wir können dagegen viel tun, um die fehlgeleitete Orientierung von Jugendlichen, die vorzeitig sexualisiert sind, in Angriff zu nehmen, zumindest, wenn es sich um unsere eigenen Kinder handelt. Wenn wir an ihrem Sexualverhalten etwas verändern wollen, müssen wir sie zuerst dorthin zurückholen, wohin sie wirklich gehören – zu uns.

KAPITEL 13

Nicht unterrichtbare Schüler

Ethan war in den ersten Schuljahren ein guter Schüler gewesen, auch wenn er nie ein besonders großes Interesse gezeigt hatte. Er war ein ziemlich aufgewecktes Kind. Obwohl ihm nicht viel an guten Leistungen zu liegen schien, konnten ihm seine Eltern und Lehrer ihre Lern- und Verhaltensvorgaben problemlos vermitteln. Die Lehrer fanden ihn liebenswürdig und einnehmend. Als Ethans Eltern zu mir kamen, hatte ihr Sohn die sechste Klasse fast beendet und seine Bereitschaft, die Erwartungen der Erwachsenen zu erfüllen, gehörte der Vergangenheit an. Es war ein ständiger Kampf, Ethan dazu zu bewegen, seine Hausaufgaben zu erledigen. Seine Lehrer beklagten sich, er sei unaufmerksam und nicht mehr aufnahmebereit für den Lernstoff. Er war oft streitsüchtig und frech und erbrachte nicht die Leistungen, die seinen Fähigkeiten entsprochen hätten. Diese Veränderung seines Lernverhaltens fand parallel zu einer neuen intensiven Beschäftigung mit Gleichaltrigen statt. In den Monaten zuvor hatte Ethan sich an immer wieder andere Altersgenossen gehängt, hatte ihre Eigenarten übernommen und ihre Sorgen zu seinen eigenen gemacht. Wenn die Beziehung zu einem Mitschüler in die Brüche ging, versuchte er umso verzweifelter, eine neue Beziehung zu einem anderen dauerhaft aufzubauen.

Bei Mia begann der Abfall ihrer Leistungen schon ein Jahr früher. Bis zur fünften Klasse hatte sie voller Begeisterung gelernt, war sehr interessiert gewesen und hatte viele intelligente Fragen gestellt. Jetzt beklagte sie sich, der Lernstoff würde sie langweilen. Die Eltern erfuhren zu ihrem Entsetzen, dass sie einige Aufgaben nicht mehr erledigte und dass diejenigen, die sie abgab, nicht mehr die übliche Qualität hatten. Die Lehrer riefen die Eltern an und berichteten über Mias Unaufmerksamkeit, ihre fehlende Motivation und ihre ununterbrochenen Gespräche mit Freundinnen während des Unterrichts – Beschwerden, die ihre Eltern nicht gewohnt waren zu hören. Als sie Mia mit ihren Sorgen konfrontierten, ging diese gelassen darüber hinweg. Außerdem fiel ihnen auf, dass sie nur noch selten über ihre Lehrer sprach, und wenn, dann nur in abwertender Weise. Ganz im Gegensatz zu den Gesprächen am Telefon oder dem Kontakt über das Internet mit ihren Freunden, hatten die Hausaufgaben für sie keine Priorität mehr. Als ihre Eltern versuchten, die Aktivitäten einzuschränken, widersetzte sie sich ihnen mit einer Unverschämtheit und einem Groll, die sie noch nie bei ihrer Tochter erlebt hatten.

Diese beiden Fälle machen ein in unserer heutigen Kultur weit verbreitetes Phänomen deutlich: Kinder sind fähig, aber unmotiviert, intelligent, aber leistungsschwach, aufgeweckt, aber gelangweilt. Auf der anderen Seite ist das Unterrichten heute mit viel mehr Stress behaftet als noch vor ein oder zwei Generationen. Wie viele Lehrerinnen und Lehrer heute bestätigen können, scheint das Unterrichten anstrengender zu werden, da die Schüler weniger respektvoll und aufnahmefähig sind. Es wird immer schwieriger, die Klassen im Zaum zu halten, und die Leistungen scheinen dabei auf der Strecke zu bleiben. Die Lesefähigkeit von Schulkindern scheint abgenommen zu haben, obwohl in den letzten Jahren in vielen Schulen besonderer Wert auf Lesen und Schreiben gelegt wurde.[1] Und doch waren unsere Lehrer nie besser ausgebildet als heute, unsere Lehrpläne waren nie so fortschrittlich und unsere Technologie nie so weit entwickelt.

Was hat sich verändert? Auch hier kommen wir wieder einmal auf den grundlegenden Einfluss der Bindung zurück. Die Verlagerung der Bindungsmuster unserer Kinder hat sich zutiefst negativ auf die Bildung ausgewirkt. Viele Eltern und Lehrer glauben immer noch, dass wir in der Lage sein sollten, fähige Schüler mit guten Lehrern zusammenzubringen, um gute Ergebnisse zu erzielen. Dies ist zwar noch nie so richtig gut gelungen, aber solange gelernt wurde, konnten wir mit unserer naiven Sicht der Dinge davonkommen. Bis vor nicht allzu langer Zeit konnten sich Lehrer auf die starke, durch die Kultur und die Gesellschaft hervorgebrachte Orientierung an Erwachsenen stützen. Diese Zeiten sind vorbei. Das Problem, mit dem wir es heute in Bezug auf die Bildung unserer Kinder zu tun haben, kann weder mit Geld, noch mit Lehrplänen oder der Informationstechnologie gelöst werden. Es ist größer als all dies, aber auch einfacher.

Wissen, so sagte Goethe, kann man nicht in Köpfe stecken wie Münzen in eine Spardose. Die *Unterrichtbarkeit* eines Schülers ist das Ergebnis vieler Faktoren: Es muss der Wunsch vorhanden sein, zu lernen und zu verstehen, das Interesse an Unbekanntem, die Bereitschaft, gewisse Risiken einzugehen, und die Offenheit, beeinflusst und korrigiert zu werden. Sie erfordert darüber hinaus eine Verbindung zum Lehrer, die Bereitschaft zur Aufmerksamkeit, die Bereitwilligkeit, um Unterstützung zu bitten, das Bestreben, einer Sache gewachsen zu sein und etwas zu erreichen, und nicht zuletzt einen gewissen Arbeitswillen. All diese Faktoren wurzeln in der Bindung oder werden von ihr beeinflusst.

Für die Unterrichtbarkeit eines Kindes sind bei näherem Hinsehen vier wesentliche Eigenschaften ausschlaggebend: eine natürliche Neugier, *integratives Denken,* die Fähigkeit, aus Fehlern zu lernen, und eine Beziehung zum Lehrer. Eine gesunde Bindung stärkt jede dieser Eigenschaften, während die Gleichaltrigenorientierung sie allesamt untergräbt.

Die Orientierung an Gleichaltrigen tötet jede Neugier

Idealerweise sollte eine unvoreingenommene Neugier auf die Welt ein Kind zum Lernen animieren. Das Kind sollte Fragen stellen, bevor es Antworten findet, sollte erforschen, bevor es Wahrheiten entdeckt, und sollte experimentieren, bevor es endgültige Schlüsse zieht. Neugier ist jedoch kein angeborener Bestandteil der Persönlichkeit. Sie ist vielmehr die Frucht des Emergenzprozesses – mit anderen Worten, eine Begleiterscheinung der Entwicklung, die das Kind zu einem eigenständigen, unabhängigen Menschen werden lässt, der fähig ist, auch getrennt von Bindungen zu funktionieren.

In hohem Maße emergente Kinder haben gewöhnlich Themen, für die sie sich ganz besonders interessieren und sind aus sich selbst heraus motiviert zu lernen. Sie spüren große Befriedigung, wenn sie eine Erkenntnis gewinnen oder verstehen, wie etwas funktioniert. Sie setzen sich ihre eigenen Lernziele. Sie sind gerne originell und streben danach, sich selbst zu überwinden. Kinder, die selbstmotiviert lernen, übernehmen mit Freuden Verantwortung und streben spontan danach, ihr eigenes Potenzial auszuschöpfen.

Für Lehrer, die Wert auf Neugier legen, die Fragen begrüßen und die Interessen des Kindes in den Vordergrund stellen, ist es eine Freude, selbstmotivierte Kinder zu unterrichten. Für solche Kinder sind die besten Lehrer diejenigen, die ihnen als Mentor dienen, die ihren Interessen Nahrung geben, die ihre Leidenschaften wecken und ihnen die Verantwortung für ihr eigenes Lernen übertragen. Wenn die schulischen Leistungen selbstmotivierter Kinder nicht immer gut sind, ist das vermutlich darauf zurückzuführen, dass sie ihre eigenen Vorstellungen haben, was sie lernen möchten, und den vom Lehrer auferlegten Lehrplan als unwillkommene Störung empfinden.

In Bezug auf die Entwicklung ist Neugier ein Luxus. Die Bindung ist das Wichtigste. Solange keine Energie freigesetzt werden kann, die nicht mehr für das Streben nach sicheren und verlässlichen Bindungen gebraucht wird, stehen Erkundungen des Unbekannten nicht auf der Entwicklungsagenda. Aus diesem Grund tötet die Orientierung an Gleichaltrigen jede Neugier ab. Gleichaltrigenorientierte Schüler werden vollständig von Bindungsproblemen in Beschlag genommen. Anstatt sich für das Unbekannte zu interessieren, langweilt sie alles, was nicht dem Zweck der Gleichaltrigenbindung dient. Langeweile ist unter gleichaltrigenorientierten Kindern ein weit verbreitetes Phänomen.

Die Neugier birgt noch ein weiteres Problem. Neugier lässt einen Menschen in der Welt des „Coolseins“ der Gleichaltrigen zu einem äußerst verletzlichen Ziel werden. Das große Staunen, die Begeisterung für ein bestimmtes Thema, die Fragen, wie die Dinge funktionieren, die Originalität einer Idee – all dies setzt das Kind der Gefahr aus, von Gleichaltrigen lächerlich gemacht und bloßgestellt zu werden. Die Flucht vor der Verletzlichkeit an Gleichaltrigen orientierter Kinder erstickt ihre eigene Neugier, blockiert aber auch die Neugier der anderen in ihrer Umgebung. Die Gleichaltrigenorientierung unserer Kinder macht Neugier zu einem gefährdeten Konzept.

Die Gleichaltrigenorientierung lässt integratives Denken abstumpfen

Für die Selbstmotivation ist es hilfreich, integrativ denken zu können, das heißt, widersprüchliche Impulse oder Gedanken verarbeiten zu können. Bei einem Kind mit gut entwickelter integrativer Fähigkeit weckt die Unlust, zur Schule zu gehen, die Sorge, im Unterricht etwas zu verpassen, und die Unlust, morgens aufzustehen, löst die Befürchtung aus, zu spät zu kommen. Fehlendes Interesse, dem Lehrer aufmerksam zuzuhören, wird durch den Wunsch, gute Leistungen zu erbringen, ausgeglichen. Widerstand, das zu tun, was einem aufgetragen wurde, wird durch das Bewusstsein, dass Ungehorsam unerfreuliche Folgen hat, abgeschwächt.

Für integratives Lernen muss ein Kind reif genug sein, um tolerieren zu können, zwiespältig zu sein – dass es gemischte Gefühle hat, dass es Zweifel hat und Ambivalenz erlebt. Die Voraussetzung für das Vorhandensein des mäßigenden Elements – die Komponente, die den für das Lernen hinderlichen Impulsen entgegenwirkt – ist eine angemessene Bindung des Kindes. Es muss zu tiefen Gefühlen und Verletzlichkeit fähig sein. So muss ein Kind zum Beispiel eine ausreichend starke Bindung haben, damit ihm wichtig ist, was Erwachsene – seine Eltern und Lehrer – denken und von ihm erwarten, weil es sie nicht verärgern oder befremden möchte. Ein Schüler muss Emotionen in das Lernen investieren und muss sich dafür begeistern, etwas zu ergründen. Nicht verletzlich zu sein – nichts wichtig zu finden – lähmt den Lernprozess und zerstört die Unterrichtbarkeit.

Schüler müssen für die Art von Lernen, die sich nicht auf das Auswendiglernen und das Wiederkäuen beschränkt, über eine integrative Intelligenz verfügen. Ein Schüler muss mehr als eindimensional denken können, um Probleme zu lösen. Er muss über bloße Fakten hinaus Themen entdecken, tiefere Bedeutungen wahrnehmen, Metaphern verstehen und zugrunde liegende Prinzipien aufdecken. Ein Schüler muss wissen, wie man eine Stofffülle auf das Wesentliche reduziert oder wie man Einzelteile zu einem harmonischen Ganzen zusammensetzt. Alles, was über konkretes Denken hinausgeht, erfordert einen integrativen Geist. Genau wie die Wahrnehmung von Tiefe zwei Augen erfordert, so ist auch für ein in die Tiefe gehendes Lernen die Fähigkeit erforderlich, die Dinge aus mindestens zwei Blickwinkeln zu betrachten. Wenn das Denken nur eine Richtung einschlägt, fehlt es an Tiefe oder Perspektive, an Synthese oder Essenzfindung, es findet kein Vordringen zu tieferen Bedeutungen und Wahrheiten statt. Der Kontext wird außer Acht gelassen und zwischen Figur und Hintergrund wird nicht differenziert.

Leider verwandelt sich die Intelligenz im Rohzustand nicht automatisch in eine integrative Intelligenz. Wie im neunten Kapitel erörtert, ist das integrative Funktionieren eine Frucht des Reifungsprozesses, genau des Prozesses, den die Gleichaltrigenorientierung zum Stillstand bringt. Dem unreifen Menschen gelingt es nicht, integrative Fähigkeiten zu entwickeln.

Unsere Pädagogik und unsere Lehrpläne setzen die integrativen Fähigkeiten von Kindern als selbstverständlich voraus. Wenn uns als Pädagogen entgeht, was fehlt, realisieren wir auch nicht, womit wir es zu tun haben, wenn wir versuchen, das Denken oder Verhalten von Kindern zu mäßigen. Wir versuchen, sie dazu zu bewegen, etwas zu tun, wozu ihr Verstand nicht in der Lage ist, und wenn es uns nicht gelingt, bestrafen wir sie für dieses Versagen.

Wer integrativ denken kann, geht davon aus, dass alle anderen auch so denken können. Aber diese Annahme passt nicht mehr zu den Schülern, auf die wir heute in unseren Klassenzimmern treffen. Kinder, denen es an integrativer Intelligenz mangelt, eignen sich nicht für diese Art von Unterricht und benötigen eine andere Herangehensweise. Gleichaltrigenorientierte Schüler haben mit höherer Wahrscheinlichkeit Lernprobleme – sie können ihr Denken, Fühlen und Handeln nicht steuern.

Die Orientierung an Gleichaltrigen setzt das Lernen durch Versuch und Irrtum aufs Spiel

Ein Großteil des Lernens geschieht durch Adaption, durch einen Prozess von Versuch und Irrtum. Wir nehmen neue Aufgaben in Angriff, machen Fehler, stoßen auf Stolpersteine, machen etwas falsch und ziehen dann daraus die entsprechenden Schlüsse oder lassen jemand anderen sie für uns ziehen. Fehlschläge sind ein wesentlicher Bestandteil des Lernprozesses, und die Korrektur ist das wichtigste Instrument des Unterrichts. Die durch die Gleichaltrigenorientierung hervorgerufene Flucht vor Verletzlichkeit versetzt diesem Hauptweg des Lernens drei verheerende Schläge.

Der erste Schlag trifft den Versuchsteil des Prozesses. Neues auszuprobieren, bedeutet immer auch, ein Risiko einzugehen, zum Beispiel wenn man etwas laut vorliest, seine Meinung kundtut, unbekanntes Gebiet betritt oder etwas ausprobiert. Solche Experimente sind ein Minenfeld voller möglicher Fehler, unvorhersehbarer Reaktionen und negativer Rückmeldungen. Wenn, wie bei den meisten an Gleichaltrigen orientierten Kindern, die Verletzlichkeit bereits unerträglich ist, sind solche Risiken unannehmbar.

Der zweite Schlag trifft die Fähigkeit des gleichaltrigenorientierten Kindes, von Irrtümern zu profitieren. Bevor wir aus Fehlern lernen können, müssen wir sie zunächst erkennen und uns unser Versagen eingestehen. Wir müssen Verantwortung übernehmen, wenn wir aus Fehlern lernen wollen, und wir müssen Hilfe, Rat und Korrekturen annehmen können. Auch hier haben an Gleichaltrigen orientierte Schüler häufig eine zu starke Abwehrhaltung gegen Verletzlichkeit, um sich ihrer Fehler bewusst zu werden oder die Verantwortung für ihr Versagen zu übernehmen. Fällt die Note in einem Test für einen solchen Schüler schlechter aus, als er ertragen kann, wird er die Schuld für das Scheitern auf irgendetwas – oder irgendjemanden – schieben. Oder er lenkt sich davon ab, sich dem Problem zu stellen. Die Gehirne von

Kindern mit einer Abwehrhaltung gegen Verletzlichkeit blenden alles aus, was solche Gefühle aufkommen lassen könnte, in diesem Fall das Eingeständnis von Fehlern und Versagen. Schon eine vorsichtige Korrektur durch einen Lehrer oder ein Elternteil kann für dieses Kind eine Bedrohung darstellen und in ihm ein Gefühl der Unzulänglichkeit und Scham wachrufen, dass ihn denken lässt: „Mit mir stimmt etwas nicht." Weist man diese Kinder auf Fehler hin, weichen sie dreist aus oder reagieren feindselig. Erwachsene deuten diese Reaktionen häufig als Ungezogenheit, aber in Wirklichkeit haben sie die Funktion, das Kind vor dem Gefühl seiner Verletzlichkeit zu schützen.

Der dritte Schlag gegen das Lernen durch Versuch und Irrtum besteht darin, dass die Vergeblichkeit einer Vorgehensweise nicht ins Bewusstsein dringt, wenn die Abwehrhaltung des Kindes gegen Verletzlichkeit zu stark ist. Wie ich bereits erwähnt habe, muss sich Frustration in ein Gefühl der Vergeblichkeit verwandeln, damit das Gehirn versteht, dass etwas nicht funktioniert (siehe Kapitel 9). Das Erkennen der Vergeblichkeit ist das Wesen adaptiven Lernens. Wenn unsere Emotionen zu verhärtet sind, um Traurigkeit oder Enttäuschung über einen Misserfolg zuzulassen, reagieren wir nicht, indem wir aus unserem Fehler lernen, sondern indem wir unserer Frustration freien Lauf lassen. Bei Schülern ist das externe Ziel der „idiotische" Lehrer, die „langweilige" Aufgabe oder der Mangel an Zeit. Das innere Ziel kann die eigene Person sein: „Ich bin so dumm." So oder so wandelt sich die Wut nicht in Traurigkeit um und die Emotion, die mit echter Erfahrung von Vergeblichkeit aufkommen würde, dringt nicht an die Oberfläche. Arbeitsgewohnheiten werden nicht verändert, Lernstrategien nicht modifiziert und Hindernisse werden nicht überwunden. Kinder, die in diesem Modus verharren, entwickeln nicht die erforderliche Belastbarkeit, um mit Versagen und Korrekturen umgehen zu können. Was auch immer nicht funktioniert, sie sitzen darin fest wie in einer Falle. In meiner Praxis sehe ich immer mehr Kinder, die trotz wiederholten Versagens immer wieder die gleichen Dinge tun.

An Gleichaltrigen orientierte Kinder lernen aufgrund ihrer Bindungen, selbst wenn diese zu den falschen Mentoren bestehen

Wie ich bereits weiter oben in diesem Kapitel erwähnt habe, gibt es aus entwicklungspsychologischer Sicht nur vier grundlegende Lernprozesse. Wir haben erörtert, wie die Gleichaltrigenorientierung drei dieser Prozesse – emergentes

Lernen, integratives Lernen und adaptives Lernen – untergräbt. Solange Kinder selbstmotiviert lernen, können sie von Lehrern unterrichtet werden, die zulassen, dass ihre Interessen im Vordergrund stehen. Kinder, die in der Lage sind, integrativ zu denken, können mit den widersprüchlichen Faktoren konfrontiert werden, die es zu beachten gilt, um ein Problem zu lösen. Adaptive Kinder können nach der Versuch-Irrtum-Methode und durch Korrekturen unterrichtet werden. Solche Kinder können sogar von Lehrern unterrichtet werden, zu denen sie keine Bindung haben. Werden diese entscheidenden Lernprozesse unterdrückt, hängt das Lernen nur noch von einer einzigen Dynamik ab: der Bindung. Schüler, die aufgrund ihres Mangels an Emergenz, Integration oder Adaptionsfähigkeit gelähmt sind, können nur lernen, wenn die Bindungsdynamik in irgendeiner Weise eine Rolle spielt. Ihr Wunsch zu lernen kommt vielleicht nicht von innen heraus, kann aber große Wirkung zeigen, wenn er durch den starken Drang, in der Nähe des lehrenden Erwachsenen zu sein, motiviert ist – hierbei spielt es keine Rolle, ob es sich um einen Lehrer in der Schule handelt, zu Hause unterrichtende Eltern oder einen Freund der Familie, der als Mentor fungiert.

Die Bindung ist beim Lernen der bei Weitem leistungsfähigste Prozess und ist sicherlich für diese Aufgabe ausreichend, selbst ohne die Hilfe von Neugier oder der Fähigkeit, von Korrekturen zu profitieren. Schüler ohne adaptive, emergente und integrative Fähigkeiten hat es schon immer gegeben, und obwohl sie im Hinblick auf die Ausschöpfung ihres vollen Potenzials eingeschränkt sind, können sie oft gute Leistungen erbringen. Schüler, die aufgrund einer Bindung lernen, sind auf eine Weise stark motiviert, wie andere Schüler es vielleicht nicht sind. So lernen sie zum Beispiel eher durch Imitation, Beobachtung, Auswendiglernen und das Verarbeiten von Hinweisen. Diese Schüler wollen den Ansprüchen gewachsen sein und sind motiviert, für Anerkennung, Bestätigung und Status zu lernen. Problematisch wird es nicht, wenn Kinder auf bindungsorientiertes Lernen beschränkt sind, sondern dann, wenn sie sich an Gleichaltrige anstatt an Erwachsene als Mentoren binden.

Ethan zum Beispiel war ein Schüler, der fast ausschließlich auf der Grundlage von Bindungen lernte. Er interessierte sich wenig für Dinge, mit denen er nicht vertraut war. Sein adaptives Funktionieren war schon vor seiner Gleichaltrigenorientierung minimal gewesen. Er konnte somit nur auf dem Wege der Bindungsdynamik und nur von Lehrern, denen er sich nahe fühlte, unterrichtet werden. Das zweite Schuljahr war eine schreckliche Erfahrung für ihn gewesen, weil er in dem Jahr keine Verbindung zu seinem

Lehrer aufbauen konnte. Seine neu entstandene Gleichaltrigenorientierung ließ ihn nicht zu einem bindungsbasierten Schüler werden, führte aber dazu, dass sogar seine bindungsbasierte Lernfähigkeit vollständig zerstört wurde. Die Unterrichtbarkeit eines Kindes, das daran gewöhnt ist, ausschließlich auf der Grundlage einer Bindung zu lernen, wird stark reduziert sein, wenn seine Instinkte durch die Gleichaltrigenorientierung in die falsche Richtung gelenkt werden, egal wie vielversprechend sein angeborenes Potenzial auch sein mag.

Mia dagegen war vor ihrer Gleichaltrigenorientierung selbst von denen, zu denen sie keine Bindung hatte, sehr leicht zu unterrichten gewesen. Die Orientierung an Gleichaltrigen brachte ihre Neugier zum Erlöschen, ließ ihren integrativen Verstand abstumpfen und sabotierte ihre Fähigkeit, durch Versuch und Irrtum zu lernen. Durch die Gleichaltrigenorientierung wurde sie automatisch zu einer bindungsbasierten Schülerin. Mias Klugheit hatte jetzt nur noch ein Ziel: die Nähe zu ihren Freunden.

Einige Kinder entscheiden bewusst, ihr Leistungsniveau zu senken. „Im sechsten und siebten Schuljahr war ich immer Klassenbester", erinnert sich der 29-jährige Ross, der heute Fitnesstrainer ist. „Ich habe jeden Preis gewonnen. Im achten Schuljahr, als ich dreizehn Jahre alt war, fingen andere Kinder an, sich über mich lustig zu machen. Plötzlich war ich nicht mehr schlau, sondern ein Streber. Das war absolut nicht cool. Ich wollte zu den Sportskanonen gehören, die ‚in' waren, und habe beschlossen, mich anzupassen. Ich habe dafür gesorgt, keine tollen Noten mehr zu bekommen. In Mathe habe ich absichtlich Fehler gemacht, nur um keine Supernote zu bekommen. Im Laufe der Jahre führte das zu schlechten Lerngewohnheiten, und in den letzten beiden Jahren der High School ist mein ‚Plan' dann nur allzu gut aufgegangen. Selbst im College habe ich meine schlechten Lerngewohnheiten beibehalten und nie einen Abschluss gemacht. Heute würde ich mir wünschen, ich hätte mich als Teenager weniger angepasst und mir weniger Sorgen darüber gemacht, was meine Freunde denken."

Die Gleichaltrigenorientierung lässt das Lernen unwichtig werden

Für Kinder, die sich an Gleichaltrigen orientieren, werden akademische Themen belanglos. Geschichte, Kultur, die Widersprüche der Gesellschaft oder die Wunder der Natur interessieren sie nicht mehr. Wie hängt Chemie mit dem Zusammensein mit Freunden zusammen? Was kann Biologie bewirken, damit man mit Altersgenossen gut zurechtkommt? Was nützen Mathe, Literatur und Sozialkunde, wenn es um Bindung geht? Der Text des Hits aus den späten 1950er-Jahren trifft es perfekt: „Don't know much about history, Don't know much biology ... But I do know that I love you." (Ich weiß nicht viel über Geschichte, ich weiß nicht viel über Biologie..., aber ich weiß, dass ich dich liebe.)

Der Wert einer formellen Erziehung an sich ist für junge Menschen nicht unbedingt ersichtlich. Es braucht ein gewisses Maß an Reife, um erkennen zu können, dass Bildung Aufgeschlossenheit bewirken und Türen öffnen kann, dass sie unsere Welt menschlicher und zivilisierter werden lassen kann. Was Schüler brauchen, sind Menschen, die Bildung wertschätzen. Auf diese Weise würden sie wenigstens so lange unseren Hinweisen folgen, bis sie reif genug sind, ihre eigenen Schlüsse zu ziehen. Gleichaltrigenorientierte Schüler wissen instinktiv, dass Freunde das Wichtigste sind und dass das Zusammensein mit ihnen alles ist, was zählt. Gegen den Instinkt von jemandem, selbst gegen den verzerrten Instinkt, gibt es keine Argumente, die man ins Feld führen könnte.

Die Gleichaltrigenorientierung beraubt Schüler ihrer Lehrer

Unreife junge Menschen sind auf Bindungen angewiesen, um erfolgreich lernen zu können. Dies trifft umso mehr zu, je weniger aufstrebend, integrativ und anpassungsfähig das Kind ist. In Kapitel 5 habe ich erläutert, dass die Bindung für Eltern und Lehrer hilfreich sein kann, weil sie die Aufmerksamkeit des Kindes verlangt, seinen Respekt hervorruft und das Kind empfänglich für Einflüsse macht – Prozesse, die für das Ziel der Erziehung des Kindes von wesentlicher Bedeutung sind. Kinder, die sich an Erwachsenen orientieren, sehen in diesen ihre Orientierungspunkte, um sich zurechtzufinden und in die richtige Richtung gelenkt zu werden. Sie werden dem Lehrer gegenüber loyaler sein als gegenüber ihren Altersgenossen und werden in dem Lehrer ein Vorbild, eine Autorität und eine Quelle der Inspiration sehen. Wenn Kinder eine Bindung zu einem Lehrer aufbauen, verfügt dieser Lehrer über die natürliche Macht, das Verhalten des Kindes zu lenken, gute Absichten in ihm zu wecken und ihm soziale Werte einzuprägen.

Aber wer sind die ausersehenen Lehrer für gleichaltrigenorientierte Kinder? Es sind nicht die von der Schulbehörde eingestellten Lehrer. Orientiert sich ein Kind erst an Gleichaltrigen, wird es vor allem während der Pausen, in der Mittagszeit, nach der Schule und in den Freistunden zwischen den Unterrichtsstunden lernen. Was gleichaltrigenorientierte Kinder lernen, kommt nicht vom Lehrer und steht nicht auf dem Lehrplan. Die Bindungen eines Kindes werden ihm nicht automatisch vorschreiben, gegenüber staatlich geprüften und bestellten Lehrern mit Hochschulausbildung loyal zu sein. Wenn die Bindung verzerrt ist, werden alle Bemühungen des Lehrers ohne Wirkung bleiben, egal wie gut ausgebildet und engagiert er ist oder wie sehr er von anderen verehrt wird.

Wir wollen den Wert der Hochschulausbildung eines Lehrers nicht schmälern, ebenso wenig wie seinen Erfahrungsreichtum, sein großes Engagement, einen guten Lehrplan oder den Zugang zu neuen Technologien. Aber diese Faktoren befähigen einen Lehrer nicht grundsätzlich zu unterrichten. Kinder lernen am besten, wenn sie ihre Lehrer mögen und wenn sie glauben, dass diese sie auch mögen. Der Weg zum Verstand eines Kindes führt seit jeher über sein Herz.

Unser postindustrielles Bildungskonzept ist eher idealistisch geprägt, weil es wie selbstverständlich davon ausgeht, dass Kinder von Lehrern unterrichtet werden können, zu denen sie keine Bindung haben. In den letzten Jahrzehnten hat man mit gut gemeinten und sogar gut durchdachten Bildungsansätzen versucht, sich die emergenten, adaptiven und integrativen Faktoren des Lernens zunutze zu machen, indem man Raum für die Interessen, die Individualität, die Interaktionen und die Wahlmöglichkeiten von Schülern geschaffen hat. Wenn sie häufig gescheitert sind, dann liegt das nicht daran, dass diese Ansätze in sich falsch waren, sondern daran, dass die Schüler aufgrund der Gleichaltrigenorientierung unempfänglich für sie geworden sind. Kinder, die sich an Gleichaltrigen orientieren, lernen automatisch auf der Basis einer Bindung und sind nicht zu emergentem, adaptivem und integrativem Lernen fähig. Das Problem ist, dass sie aufgrund ihrer fehlgeleiteten Bindungen von den falschen Lehrern lernen.

Konservative Bildungskritiker betrachten moderne „aufgeklärte" Unterrichtsansätze als gescheitert, da sie Anarchie, Respektlosigkeit und Ungehorsam säen. Viele blicken auf die autoritäreren und strukturierteren Ansätze in Kontinentaleuropa und Asien. Sie übersehen dabei, dass diese traditionellen Bildungssysteme in Gesellschaften existieren, in denen die Bindungen zu Erwachsenen noch relativ intakt sind. Das gibt ihnen Macht und verleiht ihnen Gültigkeit. Aber selbst diese Bildungssysteme weisen Schwächen auf, da die traditionellen hierarchischen Strukturen zusammenbrechen. Ich hatte die Gelegenheit, mir in Japan persönlich ein Bild davon machen zu können und als eingeladener Wissenschaftler an einer Bildungskonferenz teilzunehmen, in deren Mittelpunkt die Probleme eines unter Druck stehenden Systems standen. Keine postindustrielle Gesellschaft scheint dagegen immun zu sein. Sobald eine Gesellschaft anfängt, wirtschaftliche über kulturelle Interessen zu stellen, ist der Zusammenbruch vorprogrammiert und das Bindungsdorf bricht nach und nach auseinander. Lehrer in autoritären Bildungssystemen haben noch nicht realisiert, dass es Bindungen waren, nicht Zwang, die das Lernen erleichterten. Unser Bildungssystem muss in der Lage sein, sich die emergenten, integrativen und adaptiven Prozesse dort, wo sie vorhanden sind, zunutze zu machen, es muss aber gleichzeitig auch ein Sicherheitsnetz aus Verbindungen und Beziehungen schaffen, damit die bindungsbasierten Schüler nicht auf der Strecke bleiben. Autoritäre Ansätze wie die in der Vergangenheit machen alles nur noch schlimmer.

Angesichts der Tatsache, dass die Gleichaltrigenorientierung unser Bildungssystem zugrunde richtet, sollte man annehmen, dass wir alarmiert sind und nach Lösungen suchen, um den Trend umzukehren oder zumindest zu verlangsamen. Das Gegenteil ist der Fall – wir als Pädagogen und Eltern unterstützen und fördern dieses Phänomen sogar noch. Unser „aufgeklärter", auf das Kind konzentrierter Bildungsansatz hat dazu geführt, dass wir Kinder analysieren und das, was ist, mit dem verwechseln, was sein sollte, ihre Wünsche mit ihren Bedürfnissen. Der gefährliche Bildungsmythos hat sich breit gemacht, dass Kinder am besten von ihren Altersgenossen lernen. Das trifft zum Teil deshalb zu, weil Altersgenossen leichter nachgeahmt werden können als Erwachsene, aber vor allem, weil Kinder sich in einem solchen Maß an Gleichaltrigen orientieren. Was sie dabei jedoch nicht lernen, ist die Bedeutung des Denkens und der Individualität, die Mysterien der Natur, die Geheimnisse der Wissenschaft, die Themen der menschlichen Existenz, die Lektionen der Geschichte, die Logik der Mathematik und das Wesen der Tragödie. Sie lernen auch nichts darüber, was den Menschen zum Menschen macht, wie man Menschlichkeit entwickelt, warum wir Gesetze haben oder was es heißt, großzügig zu sein. Kinder lernen von ihren Altersgenossen, so zu reden wie sie, so zu gehen wie sie, sich so zu kleiden wie sie, sich so zu benehmen wie sie und so auszusehen wie sie. Kurzum, sie lernen sich anzupassen und zu imitieren.[2]

Durch das Lernen von Gleichaltrigen werden Schüler unabhängiger von ihren Lehrern, was viele überlastete Pädagogen zweifellos erleichtert. Leider machen die Schüler auf diese Weise in Bezug auf ihre Entwicklung keine Fortschritte. Die ursprüngliche Bedeutung von „Pädagoge" ist „Führer" – insbesondere jemand, der Kinder anführt. Lehrer können nur anführen, wenn ihre Schüler ihnen folgen, und Schüler werden nur denjenigen folgen, zu denen sie eine Bindung haben. Es hat den Anschein, als würden sich immer mehr Lehrer an ihren Schülern orientieren, wodurch diese zu Anführern werden und der eigentliche Geist der Pädagogik infrage gestellt wird.

Die Orientierung an Gleichaltrigen erschwert die ohnehin schon mühevolle Aufgabe, junge Menschen zu unterrichten, beträchtlich und setzt die Moral, den Stresspegel und sogar die körperliche Gesundheit von Lehrern großen Strapazen aus. Die Gleichaltrigenorientierung führt dazu, dass die Schüler resistent gegen die Lehrpläne ihrer Lehrer sind und ständig nur gerade so viel arbeiten, wie sie müssen. Dieser permanente Widerstand ist für Lehrer eine sichere Methode, um an einem Burn-out zu erkranken. Mehr Härte im Unterricht walten zu lassen, ist nicht die Lösung. Die einzige Möglichkeit, das Unterrichten zu erleichtern, ist die Herstellung einer Bindung zu den Schülern. Die Arbeit eines Lehrers ist dann erfüllend, wenn er Zugang zu den Gedanken seiner Schüler findet. Und um diesen Zugang zu finden, müssen wir zuerst ihre Herzen öffnen.

Noch ein letztes Wort zur Bildung und zum Unterrichten. In unserem Zeitalter der Spezialisierung und der Experten, könnte man meinen, das Unterrichten sei ausschließlich die Pflicht der Lehrer. Würden wir jedoch die Rolle anerkennen, die Bindungen spielen, wenn es darum geht, das Lernen zu erleichtern und die Gleichaltrigenorientierung zu verhindern, würde uns klar werden, dass die Bildung unserer Kinder eine gesellschaftliche Verantwortung ist, die zu gleichen Teilen von den Eltern, den Lehrern und all den Erwachsenen, die mit den Kindern in Kontakt kommen, getragen werden muss – und auch von all jenen, die unsere Gesellschaft und Kultur prägen, in der Kinder aufwachsen und über das Leben lernen.

TEIL IV

Wie man seinen Kindern nah bleibt – oder sie zurückgewinnt

KAPITEL 14

Wir müssen unsere Kinder einsammeln

Bisher ging es in diesem Buch darum, dass wir in unserer Gesellschaft den Bezug zu unseren elterlichen Instinkten verloren haben. Unsere Kinder knüpfen Verbindungen zueinander – zu unreifen Geschöpfen, die ihnen unmöglich zur Reife verhelfen können. Nun soll es um Lösungsansätze für dieses Problem gehen. Wie können wir als Eltern und Lehrer, die uns von der Natur zugedachte Rolle als Mentoren und Erzieher unserer Kinder wieder einnehmen, wie können wir wieder zu Vorbildern und Leitfiguren werden, an denen sich unsere Kinder orientieren?

Im ersten Kapitel habe ich darauf hingewiesen, dass Elternschaft einen Kontext braucht, um effektiv zu sein, und dieser Kontext ist die Bindungsbeziehung. Als Kultur und als Individuen haben wir unbewusst zugelassen, dass die Orientierung an Gleichaltrigen diesen Kontext untergräbt. Es ist an der Zeit, ihn wiederherzustellen. Ganz oben auf unserer Agenda muss die Aufgabe stehen, unsere Kinder wieder einzusammeln, sie wieder unter unsere Fittiche zu nehmen und sie dazu zu bewegen, zu uns gehören und bei uns sein zu wollen. Im Gegensatz zu Eltern in früheren Zeiten können wir nicht mehr davon ausgehen, dass eine starke, frühe Bindung zwischen uns und unseren Kindern so lange bestehen bleibt, wie es nötig ist. Ganz gleich, wie groß unsere Liebe oder wie gut unsere Erziehungsabsichten auch sein mögen – unter den heutigen Umständen können wir uns weniger Fehler erlauben als je zuvor. Die Konkurrenz ist einfach zu groß. Um das kulturelle Chaos unserer Zeit zu kompensieren, müssen wir es uns zur Gewohnheit machen, unsere Kinder jeden Tag aufs Neue einzusammeln, bis sie alt genug sind, um als unabhängige Menschen zu funktionieren. Die gute Nachricht ist, dass die Natur – unsere Natur – uns zeigt, wie das geht.

Wie Bienen, Vögel und viele andere Lebewesen pflegen auch wir Menschen instinktive Verhaltensmuster, die bei unseren Mitmenschen Bindungsreaktionen hervorrufen sollen. Auch wir verfügen über eine Art Balztanz, mit dem wir andere Menschen anziehen und eine Beziehung zu ihnen aufbauen können. Die wichtigste Funktion dieses Tanzes, gleichrangig mit der Fortpflanzung, ist zweifelsohne das Einsammeln unserer Kinder. Wenn Erwachsene in der Nähe von Kleinkindern sind, auch wenn es nicht ihre eigenen sind, werden diese Instinkte fast automatisch lebendig – das Lächeln, das Zunicken, die großen Augen, die gurrenden Laute. Ich nenne diese Art von instinktivem Verhalten gern den *Bindungs- oder Einsammeltanz.*

Man sollte meinen, dass wir, wenn der *Bindungstanz* in unserer Natur liegt, kein Problem damit haben sollten, unsere Kinder so lange wie nötig in unserer Nähe zu halten. So funktioniert es aber leider nicht. Obwohl die Schritte uns allen angeboren sind, werden wir sie nicht tanzen können, wenn wir den Bezug zu unserer Intuition verloren haben. Bei vielen Erwachsenen wird der Einsammelinstinkt bei Kindern, die das Säuglingsalter überschritten haben, nicht mehr ausgelöst – vor allem nicht bei Kindern, die, im Gegensatz zu niedlichen kleinen Säuglingen, vielleicht nicht mehr aktiv versuchen, sich an uns zu binden. Wenn wir unsere Kinder inmitten der vielen Ablenkungen und Verlockungen der heutigen Kulturlandschaft unter unsere Fittiche nehmen wollen, müssen wir uns diese Einsammelinstinkte wieder ins Bewusstsein rufen. Wir müssen uns ganz gezielt auf sie konzentrieren. Wir müssen sie in unserer Erziehung und unserem Unterricht genauso zielgerichtet einsetzen, wie wir unsere Verführungskünste einsetzen würden, um einen begehrenswerten erwachsenen Partner anzuziehen, mit dem wir eine Beziehung führen wollen.

Bei meinen Beobachtungen der Interaktion von Erwachsenen mit Kleinkindern konnte ich feststellen, dass dieser Bindungstanz vier verschiedene konkrete Schritte umfasst. Diese Schritte laufen in einer bestimmten Reihenfolge ab und bilden das Basismodell für alle menschlichen Kontaktaufnahmen. Die vier Schritte geben die Reihenfolge vor, der wir folgen müssen, wenn wir unsere Kinder einsammeln wollen – vom Säuglingsalter an und darüber hinaus bis hin zur Pubertät.

Betreten Sie das Blickfeld des Kindes auf freundliche Weise

Das Ziel des ersten Schrittes ist es, Blickkontakt mit dem Kind herzustellen, ein Lächeln zu bewirken und möglichst auch ein Nicken. Bei Kleinkindern sind unsere Absichten in der Regel offenkundig – wir machen regelrechte Verrenkungen, um die gewünschte Wirkung zu erzielen. Wenn Kinder älter werden, sollten wir subtiler vorgehen, damit wir sie nicht befremden. Viele von uns haben sich zum Beispiel schon über Verkäufer geärgert, die das Umwerben zu weit treiben und eine übertriebene Vertrautheit zu einem potenziellen Kunden an den Tag legen.

Bei Kleinkindern erfüllt diese werbende Interaktion oft einen Selbstzweck, der die Eltern zutiefst beglückt, wenn sie erfolgreich ist, aber auch völlig frustriert, wenn das Gegenteil der Fall ist. Dahinter steckt keinerlei konkrete Absicht – wir versuchen nicht, das Kind dazu zu bewegen, irgendetwas zu „tun". Der Aufbau von Beziehungen ist das eigentliche Ziel, und das sollte auch nach dem Säuglingsalter und während der gesamten Kindheit so bleiben. Bei den heutigen Erziehungsstrategien konzentrieren wir uns oft auf das, was zu tun ist, statt auf das, was wir erreichen wollen. Der Ausgangspunkt und das Hauptziel in all unseren Beziehungen zu Kindern sollte die Beziehung selbst sein, nicht ein bestimmtes Verhalten oder Benehmen.

Je älter Kinder werden, desto mehr neigen wir dazu, ihnen nur noch dann wirklich in die Augen zu sehen, wenn etwas schiefläuft. Diese Tendenz beginnt in der aktiven Kleinkindphase, wenn die Eltern das Kind zunehmend vor Schaden bewahren müssen. Einer Studie zufolge besteht das mütterliche Verhalten zu Beginn dieser Phase der mobilen, unermüdlichen Erkundung noch zu 90 Prozent aus Zuwendung, Spiel und Fürsorge und nur zu 5 Prozent aus dem Versuch, das Kleinkind von seinen Aktivitäten abzuhalten. In den folgenden Monaten vollzieht sich ein radikaler Wandel. Die Neugier und die Impulsivität des Kleinkindes führen es in eine Vielzahl von Situationen, in denen die Eltern einen hemmenden Einfluss ausüben müssen. Im Alter von elf bis siebzehn Monaten erfährt das Kleinkind im Durchschnitt alle neun Minuten ein Verbot.[1] Das Ziel der Eltern in solchen Situationen ist es nicht, das Kind emotional einzusammeln, sondern es zu korrigieren oder zu lenken. Ungefähr zu diesem Zeitpunkt, oder etwas später, tritt unser Instinkt, unsere Kinder in unsere Nähe holen zu wollen, in den Ruhezustand. In gleicher Weise verschwindet oftmals das werbende Verhalten von Erwachsenen, wenn die Beziehung erst gefestigt ist. Wir beginnen, die Beziehung als selbstverständlich zu betrachten. Im Bindungstanz zwischen Erwachsenen mag diese Nachlässigkeit kritisch sein – bei Kindern ist sie verhängnisvoll. Auch wenn wir über die Sicherheit und das Wohlergehen unserer Kinder wachen müssen, gilt es, ihnen immer wieder auf eine warme und einladende Art und Weise zu begegnen, die sie dazu animiert, die Beziehung zu uns aufrechtzuerhalten.

Wenn Kinder älter werden oder sich gegen Kontakt sträuben, besteht die Herausforderung nicht mehr darin, ihnen auf freundliche Weise zu begegnen, sondern darin, auf freundliche Weise in ihren „Raum" einzudringen. Obwohl diese Aufgabe schwieriger ist, dürfen wir nie das Ziel aus den Augen verlieren, unser Kind einzusammeln. „Es stimmt", räumt David ein, der Vater einer 14-Jährigen. „Wenn ich mir klar mache, wie ich mit meiner Tochter spreche, geht es meistens darum, sie dazu zu bringen, irgendetwas zu tun. Oder ihr etwas beizubringen, oder ihr Verhalten irgendwie zu ändern. Es geht selten darum, einfach nur Zeit mit ihr zu verbringen und mich über ihre Gesellschaft zu freuen."

Der Einsammeltanz kann sich nicht weiterentwickeln, wenn wir kurzfristige Verhaltensziele verfolgen. Wenn wir unser Hauptaugenmerk auf das langfristige Ziel einer liebevollen Beziehung richten, sollten wir aus uns selbst heraus die nötigen Schritte erkennen, die uns dorthin führen können. Wir können uns mit dem Wissen trösten, dass wir unsere Instinkte und Intuitionen auf unserer Seite haben, selbst wenn sie eine Weile geschlummert haben mögen. Erlauben Sie sich, zu experimentieren und zu erkunden. Es geht hier darum, auszuprobieren, nicht um ein konkretes Verhaltensrezept. Für jedes Kind wird sich ein anderer Tanz herauskristallisieren.

Besonders wichtig ist es, unsere Kinder nach jeder Phase der Trennung einzusammeln. In vielen Kulturen gibt es Bindungsrituale, die von diesem Einsammelinstinkt getragen werden. Das am weitesten verbreitete ist die Begrüßung, die Grundvoraussetzung für alle erfolgreichen Interaktionen. Eine vollständig vollzogene Begrüßung sollte den Augenkontakt, ein Lächeln und ein freundliches Zunicken umfassen. Diesen Schritt zu ignorieren, ist ein folgenschwerer Fehler. In einigen Kulturen, wie in der Provence und in einigen lateinamerikanischen Ländern, ist die Begrüßung von Kindern immer noch üblich und wird auch erwartet. In unserer Gesellschaft grüßen wir oft nicht einmal unser eigenes Kind, geschweige denn andere Kinder. Da nach einer Phase der Trennung die Eigeninitiative zur Kontaktaufnahme bei Kindern nachlässt, mag es uns weniger wichtig erscheinen, dass wir ihnen entgegenkommen. Das Gegenteil ist der Fall. Wir müssen diese Entwicklung durch unseren eigenen Enthusiasmus und unsere verstärkte Initiative kompensieren.

Die offenkundigsten Trennungsphasen werden durch die Schule und die Berufstätigkeit verursacht, aber auch viele andere Erfahrungen können zu einer Trennung führen. Manchmal kann die Trennung darauf zurückzuführen sein, dass ein Kind beispielsweise mit Fernsehen, Spielen, Lesen oder Hausaufgaben beschäftigt ist. Die erste Interaktion danach sollte darin bestehen, die Verbindung wiederherzustellen. Wenn es uns nicht gelingt, das Kind wieder einzusammeln, wird vieles nicht funktionieren. Es ist zum Beispiel sinnlos und frustrierend, einem Kind Anweisungen zu geben, wenn es völlig auf eine Sendung im Fernsehen konzentriert ist. In einem solchen Moment, bevor wir das Kind zum Essen rufen, können wir uns neben das Kind setzen, ihm die Hand auf die Schulter legen und es in ein Gespräch verwickeln. Dabei sollten wir auch Augenkontakt herstellen. „Hallo. Läuft was Gutes? Sieht interessant aus. Schade, aber das Essen steht auf dem Tisch."

Es ist auch wichtig, unsere Kinder nach der Trennung durch den Schlaf einzusammeln. In vielen Familien sähe der gemeinsame Morgen ganz anders aus, wenn mindestens ein Elternteil die Kinder angemessen einsammeln würde, bevor mit der elterlichen Erziehung begonnen wird. Zu unseren wirksamsten Gewohnheiten, die wir eingeführt haben, als unsere Jungs noch klein waren, gehörte das allmorgendliche „Aufwärmen". Wir erklärten zwei bequeme Sessel in unserem Haus zu Aufwärmsesseln. Gleich nachdem die Jungen aufgewacht waren, nahmen meine Frau Joy und ich sie auf den Schoß, hielten sie im Arm und spielten und scherzten mit ihnen, bis sie mit wachen Augen lächelten und nickten. Danach lief alles viel reibungsloser ab. Es hat sich absolut gelohnt, zehn Minuten früher aufzustehen, um den Tag mit diesem Einsammelritual zu beginnen, anstatt direkt in den schnellsten Gang der Elternschaft zu schalten. Kinder sind darauf ausgelegt, im ersten Gang zu starten, egal wie alt sie sind und wie reif sie irgendwann sein werden.

Kurz gesagt: „Wir müssen Gewohnheiten für das Einsammeln unserer Kinder in unser tägliches Leben einbauen. Darüber hinaus ist es besonders wichtig, sich nach einer emotionalen Trennung wieder mit ihnen zu verbinden. Das Gefühl der Verbundenheit kann beispielsweise nach einem Streit oder einer Auseinandersetzung unterbrochen sein, sei es durch emotionale Distanz, ein Missverständnis oder schlichtweg Wut. Der Kontext für die Erziehung geht verloren, bis wir das wiederaufbauen, was der Psychologe Gershen Kaufman „die zwischenmenschliche Brücke“ genannt hat. Und der Wiederaufbau dieser Brücke liegt immer in unserer Verantwortung. Wir können nicht erwarten, dass die Kinder sich darum kümmern – sie sind noch nicht reif genug, um die Notwendigkeit dafür zu begreifen.

Für Lehrer und/oder andere Erwachsene, die für die Kinder anderer zuständig sind, sollte es immer an erster Stelle stehen, die Kinder in der neuen Situation einzusammeln. Wenn wir versuchen, uns um Kinder zu kümmern oder sie zu unterrichten, ohne sie vorher in unsere Nähe geholt zu haben, handeln wir ihrem natürlichen Instinkt zuwider, sich den Forderungen und Anweisungen von Fremden zu widersetzen.

Es ist zweifellos dieser Akt des Einsammelns eines Kindes, der den guten Lehrer von allen anderen unterscheidet. Ich werde meine Erfahrungen mit meiner allerersten Lehrerin, Frau Ackerberg, nie vergessen. Nachdem mich meine Mutter bis zur Tür der ersten Klasse begleitet hatte und bevor ich die Chance hatte, von einem anderen Kind abgelenkt zu werden, kam diese wunderbare, lächelnde Frau durch den Raum geglitten und sprach mich auf äußerst freundliche Weise an, begrüßte mich mit meinem Namen, sagte mir, wie froh sie sei, dass ich in ihrer Klasse sei, und versicherte mir, was für ein gutes Jahr wir haben würden. Ich bin sicher, dass der Zeitaufwand, um mich einzusammeln, minimal war. Danach gehörte ich nur noch ihr und war ziemlich immun gegen andere Bindungen. Ich brauchte keine, ich war schon vergeben. Erst in der fünften Klasse wurde ich wieder von einer Lehrerin wirklich eingesammelt. Die Schuljahre dazwischen waren in Bezug auf meine Bildung mit einer Zeit in der Wildnis vergleichbar.

Geben Sie dem Kind etwas, an dem es sich festhalten kann

Das Grundprinzip des nächsten Schritts ist einfach: Um den Bindungsinstinkt des Kindes zu wecken, müssen wir ihm etwas anbieten, an dem es sich festhalten kann. Bei Säuglingen kann dies etwa bedeuten, einen Finger in die Handfläche zu legen. Wenn das Bindungssystem im Gehirn des Kindes empfänglich ist, wird es den Finger ergreifen – wenn nicht, wird es die Hand wegziehen. Dabei handelt es sich nicht um einen unwillkürlichen Muskelreflex, wie er etwa durch das Klopfen unterhalb der Kniescheibe ausgelöst wird, sondern um einen *Bindungsreflex*, einen von vielen, die von Geburt an vorhanden sind und Vorgänge wie das Stillen und Liebkosen ermöglichen. Er zeigt an, dass die Bindungsinstinkte aktiviert worden sind. Das Kind ist nun bereit, umsorgt zu werden.

Weder dem Erwachsenen noch dem Kind ist bewusst, was hier vor sich geht. Dieser einfache Griff nach dem Finger ist eine völlig unbewusste Interaktion, deren Ziel es ist, die Bindungsinstinkte zu aktivieren und das Kind zum Festhalten zu bewegen. In diesem Fall hält sich der Säugling zwar körperlich fest, aber das grundlegende Ziel ist die emotionale Bindung. Indem wir unseren Finger in die Handfläche des Kindes legen, sprechen wir eine Einladung zur Verbindung aus. Unser Part des Tanzes beginnt also mit einer Einladung.

Wenn Kinder älter werden, geht es nicht mehr um das körperliche Festhalten, sondern um das Festhalten im übertragenen Sinne. Wir müssen den Kindern etwas geben, an dem sie sich festhalten können – etwas, das sie ins Herz schließen und nicht mehr loslassen wollen. Was auch immer wir ihnen geben – es muss von uns kommen. Indem sie daran festhalten, halten sie an uns fest, das ist der springende Punkt.

Aufmerksamkeit und Interesse sind starke Wegbereiter der Verbindung. Zeichen der Zuneigung zeigen Wirkung. Forscher haben festgestellt, dass emotionale Wärme, Freude und Begeisterung ganz oben auf der Liste der wirksamen Aktivierungsfaktoren für Bindung stehen. Wenn wir ein Funkeln in den Augen und etwas Wärme in der Stimme haben, laden wir zu einer Verbindung ein, zu der die meisten Kinder nicht nein sagen werden. Wenn wir Kindern signalisieren, dass sie uns wichtig sind, werden die meisten das Wissen bewahren wollen, dass sie für uns etwas Besonderes sind und einen Platz in unserem Leben haben.

Bei unseren eigenen Kindern ist die körperliche Komponente entscheidend. Umarmungen sind von Natur aus darauf ausgelegt, Kindern Halt zu bieten, und können einem Kind noch lange nach der Umarmung Wärme geben. Es ist nicht verwunderlich, dass viele Erwachsene, die eine Therapie machen, immer noch darunter leiden, dass sie als Kind so wenig körperliche Wärme von ihren Eltern bekommen haben.

Ich werde oft von Lehrern gefragt, wie sie heutzutage, wo körperlicher Kontakt so umstritten ist, die Verbundenheit kultivieren sollen. Der Tastsinn ist nur einer der fünf Sinne, und die Sinnesebene ist nur eine der sechs Arten der Bindung. (Zu den sechs Arten der Bindung siehe Kapitel 2.) Obwohl

Berührung wichtig ist, dürfen wir nicht vergessen, dass sie sicherlich nicht die einzige Möglichkeit ist, mit Kindern in Verbindung zu treten.

Bei Kindern, die eine emotionale Abwehr gegen verletzliche Arten der Bindung haben, muss man sich auf weniger Verletzlichkeit hervorrufende Angebote konzentrieren – wie etwa einem jungen Menschen ein Gefühl der Gemeinsamkeit zu vermitteln oder eine Möglichkeit zu finden, Loyalität zu zeigen, indem man auf seiner Seite steht. Bei meiner Arbeit mit jungen Straftätern habe ich fast immer genau so begonnen. Manchmal war es so einfach wie die Feststellung, dass wir beide blaue Augen hatten, ähnliche Interessen oder irgendeine andere Gemeinsamkeit. In erster Linie gilt: Ein Erwachsener muss etwas geben, bevor ein Kind sich daran festhalten kann.

Das ultimative Geschenk besteht darin, dem Kind das Gefühl zu geben, eingeladen zu sein, bei uns genauso sein zu dürfen, wie es ist, und unsere Freude darüber zum Ausdruck zu bringen, dass es einfach nur da ist. Es gibt Tausende von Möglichkeiten, diese Freude zu kommunizieren: mit Gesten, Worten, Symbolen und Taten. Das Kind muss wissen, dass es gewollt, besonders und wertvoll ist, geschätzt, gewürdigt, vermisst und geliebt wird. Damit Kinder diese Einladung wirklich annehmen – daran glauben und daran festhalten können, auch wenn wir nicht bei ihnen sind –, muss sie aufrichtig und bedingungslos sein. In Kapitel 17 werde ich über wirksame Disziplinierungsmaßnahmen sprechen, und wir werden sehen, wie schädlich es ist, wenn eine Trennung von den Eltern zur Bestrafung des Kindes eingesetzt wird. Die Anwendung dieser oft empfohlenen, aber schädlichen Technik bedeutet, dass das Kind nur dann eingeladen ist, in unserer Gegenwart zu existieren, wenn es unseren Werten und Erwartungen entspricht – mit anderen Worten, dass unsere Beziehung zu ihm an Bedingungen geknüpft ist. Unsere Herausforderung als Eltern besteht darin, eine Einladung auszusprechen, die zu erstrebenswert und zu wichtig ist, als dass ein Kind sie ausschlagen könnte, eine liebevolle Akzeptanz, die kein Gleichaltriger bieten kann. Indem das Kind unser Geschenk der bedingungslosen Liebe annimmt, hält es sich emotional an uns fest – so wie der Säugling den Finger der Eltern mit geschlossener Faust umklammert.

Das Kind muss unser Verbindungsangebot für spontan halten, damit es funktioniert. Es mag wenig eingängig erscheinen – und ich werde meine Gründe dafür gleich erläutern –, aber wir können ein Kind nicht einsammeln, indem wir ihm etwas geben, was es ohnehin erwartet, sei es als Teil eines Rituals, als Geburtstagsgeschenk oder als Belohnung für eine bestimmte Leistung. Egal wie viel Aufhebens wir darum machen, das, was wir unter derartigen Umständen geben, wird mit der Situation oder dem Ereignis assoziiert werden, nicht mit der Beziehung. Diese Form des Schenkens befriedigt nie. Ein Kind mag sich über erwartete Geschenke freuen, seien es physische oder emotionale, aber seine Bindungsbedürfnisse können dadurch nicht gestillt werden.

Wir können eine Verbindung nicht pflegen, indem wir den Forderungen eines Kindes nachgeben, egal ob es nach Aufmerksamkeit, Zuneigung, Anerkennung oder Bedeutung verlangt. Obwohl wir der Beziehung schaden können, wenn ein Kind ein echtes Bedürfnis äußert und wir ihm nicht geben, was es braucht, darf die Befriedigung von Bedürfnissen auf Verlangen nicht mit einer Bereicherung der Beziehung verwechselt werden. Für das Einsammeln eines Kindes sind die Elemente der Initiative und der Überraschung von entscheidender Bedeutung. Dem Kind etwas anzubieten, an dem es sich festhalten kann, ist am wirksamsten, wenn es am wenigsten erwartet wird. Wenn das, was wir anbieten, aber verdient werden kann oder als eine Art Belohnung verstanden wird, wird es nicht als Geste der Fürsorge wahrgenommen. Unsere Bindungsangebote müssen aus der prinzipiellen Einladung entstehen, die wir dem Kind anbieten. Dieser Schritt des Tanzes ist keine Reaktion auf das Kind. Er ist der Akt, mit dem wir die Beziehung immer wieder aufs Neue entstehen lassen. Er ist eine Aufforderung, die Mutter aller Tänze mit uns zu tanzen – den Tanz der Bindung. Nochmals: Entscheidend ist, dem Kind die eigene, spontane Freude an seiner puren Existenz glaubhaft zu verdeutlichen – gerade dann, wenn es um nichts bittet. Wir zeigen unsere Freude über sein Dasein durch Gesten, Lächeln, unseren Tonfall, eine Umarmung, ein spielerisches Schmunzeln, durch den Vorschlag einer gemeinsamen Aktivität oder einfach durch ein Funkeln in unseren Augen.

Es ist übrigens eine weit verbreitete Meinung, dass man ein Kind „verwöhnt" oder „verdirbt", wenn man seinen Wünschen nachgibt. Diese Befürchtung enthält nur ein kleines Körnchen Wahrheit. Manche Eltern kompensieren die fehlende, auf das Kind eingestimmte Aufmerksamkeit, die Bindung und den Kontakt, indem sie wahllos Zugeständnisse an die Forderungen des Kindes machen. Wenn wir etwas verderben lassen, dann, weil wir ihm die Bedingungen verweigern, die es benötigt. So verdirbt etwa Fleisch, wenn wir es nicht in den Kühlschrank legen. Die tatsächliche Gefahr für Kinder besteht nicht darin, dass man ihren Forderungen nachgibt oder ihnen Geschenke macht, sondern in der Ignoranz ihrer wahren Bedürfnisse. Die Nichte meines Koautors, eine frischgebackene Mutter, wurde von einer

Krankenschwester in der Entbindungsklinik aufgefordert, ihr Baby nicht so lange im Arm zu halten, weil „sie es sonst zu sehr verwöhnen würde". Genau das Gegenteil ist der Fall: Der Schaden würde dann entstehen, wenn dem Säugling die Nähe verweigert würde. Klugerweise ignorierte die Mutter diesen „professionellen" Rat. Ein Säugling oder Kleinkind, dem man reichlich elterliche Zuwendung gewährt, wird dadurch später keine maßlosen Forderungen stellen.

Es trifft zu, dass ein sehr unsicheres Kind viel Zeit und Aufmerksamkeit in Anspruch nehmen kann. Die Eltern sehnen sich womöglich eher nach einer Atempause als nach mehr Engagement. Das Problem besteht darin, dass auf Aufforderung des Kindes gewährte Aufmerksamkeit nie zufriedenstellend ist: Sie hinterlässt das Gefühl, dass der Elternteil nur auf Forderungen eingeht und sich dem Kind nicht freiwillig widmet. Die Forderungen werden immer lauter, ohne dass das ihnen zugrunde liegende emotionale Bedürfnis jemals befriedigt wird. Die Lösung besteht darin, die Gunst der Stunde zu nutzen und genau dann zum Kontakt einzuladen, wenn das Kind diesen gerade *nicht* einfordert. Oder die Eltern können die Initiative ergreifen und mehr Interesse und Enthusiasmus an den Tag legen, als das Kind erwartet, wenn sie auf die Wünsche des Kindes eingehen: „Oh, das ist eine tolle Idee. Ich habe mich schon gefragt, wie wir am besten Zeit miteinander verbringen können! Schön, dass du dir das ausgedacht hast." Wir überraschen das Kind und geben ihm das Gefühl, die Einladung käme von uns.

Auch wenn man es mit Lob überhäuft, heißt das nicht, dass man ein Kind einsammelt oder ihm Halt bietet. Lob bezieht sich in der Regel auf etwas, das es getan hat, und ist daher weder ein Geschenk noch eine spontane Reaktion. Das Lob geht nicht vom Erwachsenen aus, sondern basiert auf den Leistungen des Kindes. Ein Kind kann sich auf einer Lobpreisung nicht ausruhen, weil diese bei jedem Misserfolg in Frage gestellt wird. Selbst wenn ihm das Lob Halt gäbe, würde es nicht mit dem Spender des Lobes assoziiert, sondern mit der vorangegangenen Leistung. Kein Wunder also, dass Lob bei manchen Kindern nach hinten losgeht und ein Verhalten hervorruft, das dem, das gerade gelobt wurde, zuwiderläuft oder das Kind veranlasst, sich aus der Beziehung zurückzuziehen, weil es sein eigenes Versagen befürchtet.

Wollen wir damit sagen, dass Kinder niemals gelobt werden sollten? Im Gegenteil, es ist hilfreich, anregend und gut für die Beziehung – für jede Beziehung –, wenn wir anderen für einen besonderen Beitrag Anerkennung entgegenbringen oder sie für die Anstrengung und Energie loben, die sie aufgewendet haben, um etwas zu erreichen. Wir wollen damit sagen, dass man es mit dem Loben nicht übertreiben sollte, dass man darauf achten sollte, die Motivation des Kindes nicht von der Anerkennung oder der positiven Meinung anderer abhängig werden zu lassen. Das Selbstbild des Kindes sollte nicht davon bestimmt werden, wie gut oder schlecht es ihm gelingt, unsere Anerkennung durch Leistungen oder konformes Verhalten zu erlangen. Die Grundlage für das natürliche Selbstwertgefühl eines Kindes ist das Bewusstsein, genauso wie es ist, von den Eltern akzeptiert, geliebt und geschätzt zu werden.

Zur Abhängigkeit einladen

Ist das Kind alt genug, laden wir es zur Abhängigkeit ein, indem wir unsere Arme ausbreiten, als wollten wir es auf den Arm nehmen, und dann auf eine Reaktion warten, bevor wir fortfahren. Wenn seine Bindungsinstinkte ausreichend ausgeprägt sind, wird es darauf reagieren und seine Arme heben, was den Wunsch nach Nähe und die Bereitschaft zur Abhängigkeit signalisiert. Die jeweiligen Rollen von Eltern und Kind in dieser Choreografie der Bindung sind intuitiv.

Das Baby zur Abhängigkeit einzuladen, bedeutet: Hier, ich trage dich. Ich werde deine Stütze sein. Du kannst dich auf mich verlassen. Ich werde dich in Sicherheit bringen. Ein älteres Kind einzuladen, sich auf uns zu verlassen, bedeutet, dem Kind zu vermitteln, dass es uns vertrauen, auf uns zählen, sich an uns anlehnen kann: Wir kümmern uns um dich. Es kann uns um Hilfe bitten und mit dieser Hilfe auch rechnen. Wir vermitteln dem Kind, dass wir für es da sind und dass es okay ist, wenn es uns braucht. Aber wenn wir nicht im Vorfeld das Vertrauen des Kindes gewonnen haben, sind Probleme vorprogrammiert. Das gilt für die Eltern ebenso wie für die Tagesmutter, den Babysitter, den Lehrer, die Pflegeeltern, die Stiefeltern oder den Therapeuten.

Hier kommt uns unsere neuzeitliche Fixierung auf die Unabhängigkeit in die Quere. Wir haben kein Problem damit, Kleinkinder zur Abhängigkeit einzuladen, aber wenn diese Phase vorbei ist, wird die Unabhängigkeit zu unserem wichtigsten Anliegen. Ob es nun darum geht, dass unsere Kinder sich selbst anziehen, selbstständig essen, sich selbst versorgen, sich selbst unterhalten, für sich selbst denken oder ihre Probleme selbst lösen, die Tendenz ist immer dieselbe: Wir befürworten ihre Unabhängigkeit – oder was wir dafür halten. Wir befürchten, dass die Einladung zur Abhängigkeit

Rückschritt statt Entwicklung bedeutet, dass die Abhängigkeit, wenn wir ihr nur den kleinen Finger reichen, die ganze Hand nehmen wird. Was wir mit dieser Haltung wirklich fördern, ist keine echte Unabhängigkeit, sondern nur die Unabhängigkeit von uns. Die Abhängigkeit wird auf die Gruppe der Gleichaltrigen übertragen.

Auf Tausende Arten drängen wir unsere Kinder dazu, groß zu werden. Wir nötigen sie zur Eile, statt sie zur Ruhe kommen zu lassen. Wir stoßen sie von uns weg, anstatt sie näher zu uns zu holen. Wir könnten uns als Erwachsene niemals gegenseitig umwerben, wenn wir uns der gegenseitigen Abhängigkeit völlig verschließen würden. Können Sie sich vorstellen, wie es sich auf das Werben auswirken würde, wenn wir dabei vermitteln würden: „Erwarte nicht, dass ich dir bei irgendetwas helfe, von dem ich denke, dass du es alleine schaffen kannst oder solltest!" Es ist zweifelhaft, ob jemals eine gefestigte Beziehung zustande käme. Bei der Umwerbung potenzieller Partner heißt es ständig: „Hier, lass mich das machen", „Ich helfe Dir gerne", „Deine Probleme sind meine Probleme". Wenn wir dazu bei Erwachsenen in der Lage sind, sollten wir dann nicht auch Kinder, die wirklich jemanden brauchen, auf diese Weise zur Abhängigkeit einladen können?

Vielleicht fühlen wir uns freier dabei, Erwachsene zur Abhängigkeit einzuladen, weil wir nicht für ihr Wachstum und ihre Reife verantwortlich sind. Wir tragen nicht die Last, sie zur Unabhängigkeit zu erziehen. Hier liegt der Kern des Problems: Wir übernehmen zu viel Verantwortung für den Reifungsprozess unserer Kinder. Wir haben vergessen, dass wir nicht allein sind – wir haben die Natur als Verbündete. Unabhängigkeit ist eine Frucht der Reifung. Unsere Aufgabe bei der Erziehung von Kindern ist es, für ihre Abhängigkeitsbedürfnisse zu sorgen. Wenn wir unsere Aufgabe erfüllen, ihre wahren Abhängigkeitsbedürfnisse zu befriedigen, hat die Natur freie Hand, ihre Aufgabe der Förderung der Reife zu verwirklichen. Wir müssen auch unsere Kinder nicht dazu bewegen, größer zu werden, wir müssen sie nur mit Nahrung versorgen. Wenn wir vergessen, dass Wachstum, Entwicklung und Reifung natürliche Prozesse sind, verlieren wir die Orientierung. Wir bekommen Angst, dass unsere Kinder stecken bleiben und nie erwachsen werden. Vielleicht denken wir, dass sie das Nest nie verlassen werden, wenn wir sie nicht ein wenig herausschubsen. Menschen sind keine Vögel. Je intensiver man Kinder drängt, desto mehr klammern sie – oder suchen sich woanders ihr Nest, falls dies nicht gelingt.

Auch das Leben hat seine Jahreszeiten. Der Frühling wird nicht früher kommen, wenn wir uns dem Winter widersetzen. Im Winter ruhen die Pflanzen –

im Frühling werden sie erblühen. Wir können nicht unabhängig werden, indem wir uns der Abhängigkeit widersetzen. Erst wenn das Bedürfnis nach Abhängigkeit gestillt ist, beginnt das Streben nach wahrer Unabhängigkeit. Indem wir uns der Abhängigkeit widersetzen, vereiteln wir die Bewegung hin zur Unabhängigkeit und verzögern ihre Verwirklichung. Wir scheinen den Bezug zu den grundlegenden Prinzipien des Wachstums verloren zu haben. Wenn wir versuchen würden, an unseren Pflanzen zu ziehen, um sie zum Wachsen zu bewegen, würden wir ihre Wurzeln und damit ihr Potenzial zu Reife und Ergiebigkeit gefährden. Wenn wir die Bindungswurzeln der Kinder beschädigen, führt das nur dazu, dass sie in anderen Beziehungen Wurzeln schlagen. Wenn wir uns weigern, sie zur Abhängigkeit von uns einzuladen, treiben wir sie in die Arme von Gleichaltrigen.

Wenn wir Kinder dazu zwingen, Trennungen von uns zu bewältigen, bevor sie dazu bereit sind – sei es beim Zubettgehen oder außerhalb des Zuhauses –, lösen wir damit in erster Linie Panik und einen verstärkten Klammerimpuls aus, keinesfalls aber mehr Unabhängigkeit. Wenn es Kindern nicht gelingt, die Eltern in ihrer Nähe zu halten, kann es passieren, dass sie diese durch jemand anderen ersetzen. Diese Übertragung der Abhängigkeit wird oft mit echter Unabhängigkeit verwechselt. Indem wir eine solche falsche Unabhängigkeit fördern – oder eine Unabhängigkeit, für die unsere Kinder noch nicht reif genug sind –, fördern wir damit die Orientierung an Gleichaltrigen.

Auch die Lehrer sollten zur Abhängigkeit einladen. Tatsächlich sind es in der Regel diejenigen Lehrer, die ihre Schüler ermutigen, sich auf sie zu verlassen, denen die Förderung der Unabhängigkeit am ehesten gelingt. Ein fähiger Lehrer drängt seine Schüler nicht zur Unabhängigkeit, sondern bietet ihnen stattdessen großzügige Unterstützung an. Eine fähige Lehrerin möchte, dass ihre Schüler selbstständig denken, weiß aber, dass sie dieses Ziel nicht erreichen kann, wenn sie sich deren Abhängigkeit widersetzt oder sie wegen mangelnder Reife tadelt. Ihre Schüler können sich auf sie stützen, ohne sich in irgendeiner Weise für ihre Bedürftigkeit schämen zu müssen.

Es gibt keine Abkürzung zu echter Unabhängigkeit. Die einzige Möglichkeit, unabhängig zu werden, besteht darin, abhängig zu sein. Im Vertrauen darauf, dass es nicht allein an uns liegt, Kinder zu eigenständigen lebensfähigen Wesen zu machen – es ist die Aufgabe der Natur –, können wir uns frei fühlen, unseren Teil der Aufgabe zu erfüllen, der darin besteht, sie zur Abhängigkeit einzuladen.

Dienen Sie dem Kind als Orientierungspunkt

Eine vierte Möglichkeit, die Bindungsinstinkte zu aktivieren, besteht darin, dem Kind Orientierung zu geben. Dieser Teil des Tanzes beginnt, wenn das Baby in unseren Armen liegt. Da Kinder auf uns angewiesen sind, um sich zu orientieren, müssen wir die Rolle des Orientierungspunktes übernehmen und als ihr Wegweiser fungieren. Wir Erwachsenen übernehmen diese Funktion automatisch, ohne uns dessen bewusst zu sein. Wir zeigen ihm die Dinge, geben ihnen Namen und machen das heranwachsende Kind mit seiner Umgebung vertraut.

Im Schulalltag bewerkstelligt der intuitive Lehrer diesen Teil des Tanzes, indem er dem Kind sein Umfeld zeigt, ihm sagt, wer wer ist, was was ist und wann dieses oder jenes stattfinden wird: „Hier kannst du deinen Mantel aufhängen", „Diese Frau heißt Dana", „Später zeigen wir uns gegenseitig, was wir von zu Hause mitgebracht haben, jetzt kannst du dir diese Bücher ansehen".

Die Variationen dieses Einsammelschrittes sind vielfältig und hängen vom Umfeld und den Bedürfnissen des Kindes ab. Während wir bei kleinen Kindern recht intuitiv vorgehen, verlieren viele von uns diesen Orientierungsinstinkt bei älteren Kindern. Wir übernehmen nicht mehr die Rolle, sie mit den Menschen in ihrer Umgebung bekannt zu machen, sie mit ihrer Welt vertraut zu machen, ihnen mitzuteilen, was passieren wird, und ihnen bei der Interpretation von Dingen oder Situationen zur Seite zu stehen. Kurz gesagt: Wir versäumen es, denen, die weiterhin von uns abhängig sein sollten, als Anführer zu dienen.

Kinder neigen automatisch dazu, in der Nähe ihres Orientierungspunktes zu bleiben. Wenn wir wirklich begreifen würden, wie wichtig diese Funktion im Leben der Kinder ist, wüssten wir genau, dass wir diese Rolle keinem anderen überlassen dürfen.

Intuitiv erfahren wir alle die Macht der Orientierung als Grundstein der Verbundenheit. Stellen Sie sich vor, Sie sind in einer fremden Stadt, verloren und verwirrt, von Ihren Habseligkeiten getrennt, können die Sprache weder sprechen noch verstehen und fühlen sich angesichts Ihrer Lage hilf- und hoffnungslos. Stellen Sie sich weiter vor, jemand kommt auf Sie zu und bietet Ihnen in Ihrer eigenen Sprache seine Hilfe an. Nachdem diese Person Ihnen bei der Orientierung geholfen hat – mit welchen Personen Sie Kontakt aufnehmen und wohin Sie gehen sollten –, wäre jede ihrer instinktiven Regungen darauf ausgerichtet, die Nähe zu ihrem Begleiter aufrechtzuerhalten. Sobald er sich anschicken würde zu gehen, würden Sie zweifellos versuchen, das Gespräch zu vertiefen, und Sie würden nach jedem Strohhalm greifen, um diesen Menschen in Ihrer Nähe zu halten. Was für Erwachsene zutrifft, gilt umso mehr für unreife, auf Bindung angewiesene Kinder, die völlig von anderen abhängig sind, um sich zurechtzufinden.

Ein Teil des Problems unseres Instinktverlustes bei der Orientierungshilfe besteht darin, dass wir uns in der Welt unserer Kinder nicht mehr als Experten fühlen. Die Dinge haben sich zu sehr verändert, als dass wir als ihre Wegweiser fungieren könnten. Kinder brauchen nicht lange, bis sie mehr über die Welt der Computer und des Internets, über ihre Spiele und ihr Spielzeug verstehen, als wir. Die Orientierung an Gleichaltrigen hat eine Kinderkultur geschaffen, die vielen von uns so fremd ist wie unsere Kultur den neu angekommenen Zuwanderern. Wie Immigranten, desorientiert in einem fremden Land, verlieren wir den Anschluss an unsere Kinder. Die Sprache scheint eine andere zu sein, die Musik ist zweifellos eine andere, nicht nur die Schulkultur, sogar die Lehrpläne haben sich verändert. Jede dieser Veränderungen schwächt unser Selbstvertrauen, was so weit gehen kann, dass wir uns selbst als diejenigen empfinden, denen es an Orientierung fehlt! Wir fühlen uns zunehmend unfähig, unseren Kindern in ihrer Welt als Orientierungspunkt zu dienen.

Ein weiterer Teil des Problems besteht darin, dass die Orientierung an Gleichaltrigen unsere Kinder des Auslösers beraubt hat, der unter natürlicheren Umständen unseren Instinkt zur Orientierungshilfe aktivieren würde – ich spreche von dem Blick, dem Ausdruck der Verlorenheit und der Verwirrung. Sogar Erwachsene, denen man diesen Zustand ansieht, können bei völlig Fremden unterstützende Reaktionen hervorrufen. (Mein Koautor Gabor, ein Arzt, behauptet von sich, er habe diesen Blick der hilflosen Orientierungslosigkeit zu einer hohen Kunst perfektioniert, vor allem bei Hilfskräften in Krankenhäusern). Obwohl Kinder, die sich an Gleichaltrigen orientieren, weniger als alle anderen wissen, wer sie sind oder wohin sie gehen, führt die Orientierung an Gleichaltrigen dazu, dass sie sich weniger verloren oder verwirrt fühlen. Das Kind, das in die Kultur der Coolness eingebettet ist, wirkt nicht verletzlich und scheint keine Orientierungshilfe zu brauchen. Die Nähe zu Gleichaltrigen ist alles, was zählt. Das ist einer der Gründe, warum gleichaltrigenorientierte Kinder oft so viel selbstbewusster und kultivierter erscheinen, obwohl sie in Wahrheit die Blinden sind, die den Blinden folgen. Die Tatsache, dass ihnen ihre Verwirrung nicht ins Gesicht geschrieben steht, führt im Endeffekt dazu, dass unsere Instinkte, sie anzuführen, im Tiefschlaf bleiben und unsere Fähigkeit, sie einzusammeln, geschwächt ist.

Trotz der Tatsache, dass sich unsere Welt verändert hat – oder vielmehr *gerade deswegen* –, ist es wichtiger denn je, unser Selbstvertrauen zu stärken und unsere Position als funktionierender Orientierungspunkt im Leben unserer Kinder einzunehmen. Die Welt mag sich ändern, aber der Bindungstanz bleibt derselbe. Wir sind ziemlich gut darin, unsere Klein- und Kindergartenkinder zu führen, wahrscheinlich weil wir davon ausgehen, dass sie ohne uns verloren wären. Wir teilen ihnen ständig mit, was passieren wird, wo wir sein werden, was sie tun werden, wer eine bestimmte Person ist, was etwas zu bedeuten hat. Nach dieser Phase scheinen wir unser Selbstvertrauen zu verlieren und unser wichtiger Einsammelinstinkt stumpft ab.

Wir müssen uns daran erinnern, dass Kinder Orientierung brauchen und dass wir dafür ihre beste Quelle sind, ob sie es wissen oder nicht. Je mehr wir ihnen diese Orientierung in Bezug auf Zeit und Raum, Menschen und Ereignisse, Bedeutungen und Umstände bieten, desto eher sind sie bereit, in unserer Nähe zu bleiben. Wir dürfen nicht erst auf ihren verwirrten Blick warten, sondern müssen selbstbewusst unsere Position als Anführer und Dolmetscher in ihrem Leben einnehmen. Selbst eine kleine Orientierungshilfe zu Beginn des Tages kann viel dazu beitragen, dass sie uns nahe bleiben: „Das werden wir heute machen" – „Hier werde ich sein, das Besondere an diesem Tag ist …" – „Für heute Abend habe ich mir vorgenommen, dass …" – „Ich möchte gern, dass du diese Person kennenlernst" – „Ich zeige dir, wie das funktioniert" – „Das ist derjenige, der sich um dich kümmern wird" – „Das ist derjenige, den du fragen kannst, wenn du Hilfe brauchst" – „Nur noch drei Tage bis …". Und natürlich Orientierungshilfe bezüglich ihrer Identität und Bedeutung: „Du hast eine besondere Art, zu …" – „Du bist eines von den Mädchen, die …" – „Du hast das Zeug zu einem originellen Kopf" – „Du hast eine echte Begabung für …" – „Du hast das Talent, um …" – „Ich sehe, dass du es weit bringen wirst mit …". Als Orientierungspunkt für das Kind zu fungieren, fördert die Aktivierung der Bindungsinstinkte und stellt eine große Verantwortung dar.

Bei unserem eigenen Kind reaktiviert die Orientierungshilfe den Instinkt des Kindes, in unserer Nähe zu bleiben. Wenn wir ein fremdes Kind einsammeln wollen, ist die Orientierungshilfe ein wesentlicher Schritt, um eine Verbindung zu schaffen. Das Geheimnis besteht darin, dass der Erwachsene, sei es der Lehrer oder der Stiefelternteil, die Orientierungslücken des Kindes nutzt, indem er sich selbst als Anführer anbietet. Wenn es Ihnen gelingt, Situationen zu schaffen, in denen das Kind oder der Schüler auf Sie angewiesen ist, um sich zurechtzufinden, kann das für den Aufbau einer Bindung nur förderlich sein.

Wie wir gleichaltrigenorientierte Kinder zurückgewinnen können

Diese vier Schritte des Einsammeltanzes befähigen uns, die kindlichen Bindungsinstinkte zu wecken. Sie werden in den meisten Fällen eine funktionierende Beziehung zwischen den Kindern und den betreuenden Erwachsenen herstellen. Es gibt jedoch auch Kinder, die durch die Orientierung an Gleichaltrigen zu verschlossen sind, als dass dieses Basisszenario der Bindung funktionieren könnte. „Was soll ich tun, wenn ich mein Kind bereits an die Welt der Gleichaltrigen ‚verloren' habe?", werden sich manche Eltern fragen. „Gibt es irgendeine Möglichkeit, es zurückzugewinnen?"

Meine abschließende Botschaft aus dem ersten Kapitel sei an dieser Stelle noch einmal wiederholt: Wir können immer etwas tun. Auch wenn kein Ansatz in allen Situationen narrensicher ist, können wir auf lange Sicht auf Erfolg hoffen, wenn wir wissen, worauf wir unsere Bemühungen ausrichten müssen. Die gleichen Vorgehensweisen und Grundsätze gelten auch dann, wenn der anfängliche Widerstand des Kindes hartnäckig und entmutigend ist. Letztlich können wir eine Beziehung nicht erzwingen, sondern nur dazu einladen und anregen. Wir können „verlorenen" Kindern die Rückkehr so leicht wie möglich machen – und es der Konkurrenz so schwer wie möglich, an ihnen festzuhalten. Wie also können wir dies erreichen?

In vielerlei Hinsicht gleicht die Gleichaltrigenorientierung einer Sekte, und die Herausforderungen, denen wir uns stellen müssen, wenn wir unsere Kinder zurückgewinnen wollen, ähneln in hohem Maße denen, auf die wir bei den Verführungen einer Sekte treffen würden. Die wahre Herausforderung besteht nicht darin, ihre Körper unter unser Dach und an unseren Tisch zu bringen, sondern ihre Herzen und ihre Gedanken zurückzugewinnen.

Wenn wir versuchen, unsere Kinder einzusammeln, müssen wir immer daran denken, dass sie uns brauchen – auch wenn sie es vielleicht selbst nicht wissen. Selbst die am stärksten entfremdeten und feindseligsten Teenager brauchen liebevolle, fürsorgliche Eltern. Trotz fehlgeleiteter Instinkte und emotionaler Abschottung ist dieses Bewusstsein immer noch in ihrer Psyche verankert und kann in der Intimität eines Gesprächs mit einem besorgten Erwachsenen oder einem Therapeuten nach außen dringen. „Wir haben immer darauf geachtet, dass sich die Freunde unserer Kinder bei uns zu Hause wohlfühlen", sagt Marion, die Mutter von zwei Teenagern. „Es schien, als ob sie sich hier wohler fühlten als in ihren eigenen Häusern. Diese großen „harten" Jungs saßen am Küchentisch und führten Gespräche mit meinem Mann und mir, die sie mit ihren eigenen Eltern nie geführt hätten, wie sie später unseren Kindern gestanden haben."

Wir müssen die Aufgabe, unsere Kinder einzusammeln, mit einer gewissen Zuversicht angehen und dürfen uns nicht abschrecken oder von unserer Aufgabe abbringen lassen. Je widerspenstiger und „unerträglicher" Kinder sind, desto größer ist ihr Bedürfnis, zurückgewonnen zu werden.

Es ist von größter Wichtigkeit, sie zu uns zurückzuholen. Nicht nur, damit wir unsere Erziehungsaufgabe erfüllen können, sondern um ihnen die Chance zu geben, erwachsen zu werden. Kinder, die den elterlichen Bindungsschoß vorzeitig verlassen haben, müssen zurückgewonnen werden, damit der Reifungsprozess fortgesetzt werden kann. „Unabhängig vom Alter", schreibt der herausragende US-amerikanische Kinderpsychiater Stanley Greenspan, „können Jugendliche mit der Aufarbeitung von Entwicklungsstufen beginnen, die sie noch nicht gemeistert haben – aber sie können dies nur im Rahmen einer engen persönlichen Beziehung zu einem engagierten Erwachsenen."[2] Das Kind in eine starke Bindungsbeziehung zurückzuholen und dort zu halten, ist die Grundlage für alles andere, was wir mit dem Kind und für das Kind zu tun versuchen.

Der Schlüssel zur Rückgewinnung eines Kindes liegt in der Umkehrung der Umstände, welche die Gleichaltrigenorientierung verursacht haben. Wir müssen eine Bindungslücke schaffen, indem wir das Kind von den Gleichaltrigen trennen und dann selbst als Ersatz in diese Lücke springen. Dabei ist es wichtig, daran zu denken, dass an Gleichaltrigen orientierte Kinder ein hohes Bindungsbedürfnis haben – sonst wären sie gar nicht erst in diese Lage geraten. Der Mangel an Nähe zu Gleichaltrigen ist für sie wahrscheinlich genauso unerträglich, wie es zuvor die Bindungslücken zu den Eltern waren.

Oftmals, vor allem wenn die Gleichaltrigenorientierung noch nicht zu weit fortgeschritten ist, kann eine sanfte Umkehrung herbeigeführt werden, indem man die Interaktion mit Gleichaltrigen einschränkt und gleichzeitig Wert darauf legt, das Kind so oft wie möglich einzusammeln. Es ist wichtig, die eigenen Absichten nicht zu offenbaren, da dies leicht nach hinten losgehen kann. Für viele Eltern ist das Schwierigste die Fokusverlagerung vom *Verhalten* der Kinder auf die *Beziehung* zu ihnen. Wenn sich die Beziehung erst verschlechtert hat, kann das Verhalten zunehmend verletzend und beunruhigend werden. Unter solchen Umständen fällt es uns schwer, mit dem Schimpfen, Zureden und Kritisieren aufzuhören. Wollen wir den Blickwinkel ändern, müssen wir uns erst einmal damit abfinden, dass es zu diesem Zeitpunkt vollkommen sinnlos ist, das kindliche Verhalten zu kritisieren. Stattdessen gilt es, sich auf die Aufgabe zu konzentrieren, die Beziehung wiederherzustellen. Solange dieser neue Fokus nicht authentisch ist, werden wir nicht die nötige Geduld für die bevorstehende Aufgabe aufbringen können. Die meisten von uns wissen intuitiv, wie man sich um einen Menschen bemüht. Wir müssen nur erkennen, dass es keinen anderen Weg gibt, um das gewünschte Ziel zu erreichen, und zwar besser früh als spät.

Auf spezifische Vorgehensweisen wie die Erarbeitung von Strukturen und die Durchsetzung von Einschränkungen werde ich in Kapitel 17 eingehen, möchte an dieser Stelle aber dem Thema Hausarrest bereits ein paar Worte widmen. Hausarrest ist nach wie vor eine beliebte Maßnahme für junge Heranwachsende, wenn eine Regel gebrochen oder ein Fehlverhalten an den Tag gelegt wurde. Die Frage ist, wie wir diese Maßnahme nutzen – als Bestrafung oder als Chance. Hausarrest schränkt in der Regel den Kontakt zu Gleichaltrigen ein und kann so tatsächlich dazu dienen, eine Bindungslücke zu schaffen, die wir nutzen können. Wenn Eltern darin eine Gelegenheit sehen, ihrem Kind auf freundliche Art näher zu kommen und ihm dabei etwas zu geben, an dem es sich festhalten kann, kann das Ergebnis durchaus förderlich sein. Hausarrest allein wird allerdings nicht ausreichen. Wenn man die Interaktion mit Gleichaltrigen unterbindet, wird das Kind nur noch intensiver nach ihr streben. Hausarrest sollte auch dann vermieden werden, wenn es den Eltern an natürlicher Bindungsmacht und innerer Sicherheit fehlt, um ihn durchzusetzen. Wie die meisten verhaltenstherapeutischen Ansätze funktioniert Hausarrest am besten bei denen, die ihn am wenigsten benötigen, und am wenigsten bei denen, die ihn am dringendsten benötigen würden. Hausarrest, wenn wir ihn überhaupt anwenden wollen, hat jedoch in jedem Fall die beste Wirkung, wenn die Eltern ihn als Chance nutzen, um die Beziehung zu ihrem Kind wiederherzustellen. Das bedeutet, dass ohne jeglichen strafenden Tonfall, ohne jede negative emotionale Regung mit dem Kind umgegangen werden muss.

Manchmal sind drastischere Maßnahmen erforderlich. Vor allem dann, wenn alle Versuche, das Kind einzusammeln, erfolglos bleiben und die Bemühungen, auch nur den kleinsten Keil zwischen das Kind und seine Altersgenossen zu treiben, vergeblich waren. Je nach finanziellen Möglichkeiten der Familie und je nach Ernst der Lage gibt es eine breite Palette von Maßnahmen, die wir ergreifen können: Von Wochenendausflügen nur eines Elternteils mit dem Kind bis hin zu ausgedehnten Reisen mit der ganzen Familie und allem, was dazwischen möglich ist. Ein Ferienhaus kann hier sehr hilfreich sein, wenn man es sich leisten kann. Unbezahlbar sind Verwandte auf dem Land mit einem offenen Herzen und ausgeprägtem Einsammelinstinkt. Ein Kind über den Sommer in den Kreis einer Familie zu holen, auch wenn es nicht die eigene ist, wirkt oft als Gegenmittel gegen die zunehmende Orientierung an Gleichaltrigen. Mehrere Familien aus meinem Bekanntenkreis haben sich für einen Umzug entschieden, um die Bindungen ihrer Kinder zu Gleichaltrigen zu kappen und die entstehenden Bindungslücken selbst zu füllen. Glücklicherweise war dieser radikale Schritt erfolgreich. Aber die Schaffung einer solchen Lücke ist nur die halbe Lösung. Das Einsammeln des Kindes ist die wichtigere Hälfte. Die Interaktion unter vier Augen ist dabei am effektivsten. Wenn mehr als ein Erwachsener anwesend ist, kann sich das Kind der persönlichen Begegnung immer noch entziehen. Und wenn andere Kinder anwesend sind, ist die Bindungslücke nie groß genug, damit das Kind in unsere Arme zurückkehren kann.

Es ist unmöglich, mit einem Kind den Tanz des Einsammelns zu tanzen, wenn es an Gleichaltrigen orientiert ist. Wir müssen jedes bisschen Eigeninitiative und Einfallsreichtum zusammenraffen, das wir nur aufbringen können. Für meine Töchter Tamara und Tasha – sie waren damals Teenager – kamen die Wendepunkte in ihrer Orientierung an Gleichaltrigen auf Ausflügen, die mit dem konkreten Ziel geplant wurden, sie zurückzugewinnen. Für Tasha bestand der Köder darin, von der Schule freigestellt zu werden und an einen Ort zu fahren, von dem ich wusste, dass er ihr sehr gefiel. Trotzdem regte sie sich darüber auf, dass sie die Schule verpassen würde – nicht aus akademischen Gründen, sondern weil ihre Freunde in der Schule waren. Glücklicherweise waren wir zu diesem Zeitpunkt bereits auf der Fähre und es gab kein Zurück mehr. Als wir in dem gemieteten Ferienhaus am Meer ankamen, verkündete sie, dass es langweilig werden würde, weil dort ja niemand sei. So ist das mit der Orientierung an Gleichaltrigen, sie degradiert die Eltern zu „Niemanden“. „Alle“ ist der Name derer, zu denen es eine Bindung gibt, und „Niemand“ sind alle anderen.

Ich musste mich darauf besinnen, mich nicht ärgern zu lassen und nicht gegen die Symptome anzukämpfen. Die Sache ließ sich eher langsam an; da ich mir aber mehrere Tage Urlaub genommen hatte, war ich bereit zu warten, bis Tashas Bindungslücke so unerträglich werden würde, dass sie die Nähe zu mir suchen würde. Meine Aufgabe war es, auf freundliche Art und Weise Teil ihrer Lebenswelt zu werden, ohne es zu übertreiben. Ihr mürrischer Gesichtsausdruck war weit entfernt von den leuchtenden Augen und dem Lächeln, mit denen sie in früheren Jahren auf meine Anwesenheit reagiert hatte. Bei dieser Gelegenheit lernte sie mich zunächst als Begleiter für Spaziergänge und Kanufahrten schätzen. Dann kam hier und da ein Lächeln, ihre Stimme wurde ein wenig wärmer. Schließlich kam es zu Gesprächen und der Bereitschaft, sich umarmen zu lassen. Mit der wiederhergestellten Verbindung kam interessanterweise auch der Wunsch auf, gemeinsam zu kochen und zu essen. Als es an der Zeit war abzureisen, war keiner von uns sehr darauf erpicht. Auf dem Heimweg haben Tasha und ich uns ein paar Strategien ausgedacht, um unsere Beziehung aufrechtzuerhalten: Einmal in der Woche ein gemeinsamer Spaziergang oder eine Tasse heißer Schokolade in einem Café. Ich nahm mir fest vor, sie während unserer besonderen Zeiten nie unter Druck zu setzen. Diese speziell arrangierten Begegnungen waren dazu bestimmt, den Bindungskontext aufrechtzuerhalten – meine anderen elterlichen Aufgaben, wie Beratung und Lenkung, konnte ich in der übrigen Zeit wahrnehmen.

Tasha fragte mich, warum ich sie überhaupt verlassen hatte. Ich begann zu argumentieren, sie hätte das alles falsch verstanden, als mir schlagartig klar wurde: Sie hatte recht. Es liegt in der Verantwortung der Eltern, das Kind in ihrer Nähe zu halten. Meine Tochter konnte sicherlich nicht für den Zustand verantwortlich gemacht werden, in dem sich unsere Kultur befand. Indem sie die Nähe zu Gleichaltrigen suchte, folgte sie nur ihren fehlgeleiteten Instinkten. Obwohl es nicht meine Schuld war, dass unsere Kultur versagt hat, war es dennoch meine elterliche Verantwortung, an Tasha festzuhalten, bis sie mich nicht mehr brauchte. Ich hatte sie unabsichtlich und unbewusst losgelassen, bevor meine elterliche Pflicht erfüllt war. Ich erinnere mich mit Schaudern daran, dass ich damals Bedenken hatte, mir eine Woche frei zu nehmen. Im Nachhinein weiß ich, dass es eine der besten Entscheidungen war, die ich je getroffen habe.

Bei Tamara waren es ein paar Tage Wandern und Zelten allein in der Wildnis, die unsere Beziehung wiederherstellten. Der Köder bestand darin, dass sie das Wandern und Angeln in der freien Natur liebte. Ihre Orientierung an Gleichaltrigen zeigte sich am Anfang unseres Ausflugs, als sie meine Hilfe ablehnte, vor oder hinter mir ging und unsere Interaktion auf ein Minimum beschränkte. Ihr mürrischer Gesichtsausdruck zeigte mir deutlich, dass ich nicht die Gesellschaft war, die sie sich wünschte. Ich wählte eine Gegend, mit der ich vertraut war, damit ich in jeder Hinsicht ihr Orientierungspunkt sein konnte. Wieder vergingen ein paar Tage, und ich musste mich mehr als einmal ermahnen, geduldig zu sein und freundlich zu bleiben. Schließlich lief meine Tochter am letzten Tag an meiner Seite und freute sich über meine Unterstützung. Wie früher zu Kinderzeiten war sie voller Tatendrang und redete wie ein Wasserfall. Wie schnell und wie tief ihr warmes Lächeln mein Herz berühren konnte, überraschte mich dabei am meisten. Nach ihrer Orientierung an Gleichaltrigen hatte ich die Freude, die mir unsere Beziehung einmal bereitet hatte, völlig vergessen.

KAPITEL 15

Bewahrung der Bande, die uns Macht geben

Die Beziehung zwischen Eltern und Kind ist heilig. Konfrontiert mit der Herausforderung der Gleichaltrigenkultur müssen wir dafür sorgen, dass die Bindungen unserer Kinder zu uns stark bleiben und so lange stark sind, wie unsere Kinder erzogen werden müssen. Aber wie können wir dieses Ziel erreichen?

Machen Sie die Beziehung zur Priorität

Egal welchen Problemen oder Fragen wir uns in der Erziehung auch gegenübersehen, unsere Beziehung zu unseren Kindern sollte oberste Priorität haben. Kinder nehmen unsere Absichten, wie sehr sie auch von Herzen kommen mögen, nicht wahr. Sie nehmen wahr, was wir mit dem Tonfall unserer Stimme und unserem Verhalten zum Ausdruck bringen. Wir können nicht als gegeben annehmen, dass sie unsere Prioritäten kennen: Wir müssen unsere Prioritäten leben. So manches Kind, das von seinen Eltern bedingungslos geliebt wird, erhält die Botschaft, dass diese Liebe sehr wohl an Bedingungen geknüpft ist. „Die wahre Herausforderung besteht darin, geduldig zu bleiben und immer die langfristige Entwicklung im Blick zu behalten“, sagt Joyce, die Mutter dreier kleiner Kinder. „Wenn du unter Druck stehst, fällt es dir schwer, dich daran zu erinnern, dass du eine Beziehung zu einem Menschen hast und nicht nur möchtest, dass er in zehn Minuten das Haus verlässt. Das Problem ist, dass wir unsere eigenen Terminpläne haben und unser Kind manchmal als Hemmschuh sehen."

Bedingungslose Akzeptanz ist oft genau dann am schwierigsten zu vermitteln, wenn sie am dringendsten gebraucht wird: wenn unsere Kinder uns enttäuscht haben, unsere Werte verletzt haben oder sich abscheulich verhalten haben. Genau in solchen Momenten müssen wir unseren Kindern mit Worten oder Gesten zeigen, dass sie wichtiger sind als das, was sie tun, dass unsere Beziehung zu ihnen einen höheren Stellenwert hat als ihr Benehmen oder ihre Leistung. Wir sichern die Beziehung, bevor wir uns mit dem Verhalten beschäftigen. Gerade dann, wenn die Situation am schwierigsten ist, sollten wir am stärksten an unseren Kindern festhalten. Dann können sie sich, im Gegenzug, an uns festhalten. Der Versuch, ein Kind zu erziehen und ihm „Lektionen zu erteilen", wenn wir ärgerlich oder voller Wut sind, birgt das Risiko, dass das Kind Angst um die Beziehung bekommt. Wir können kaum erwarten, dass ein Kind an einer Verbindung festhält, die wir in seinen Augen nicht wertschätzen. In solchen Momenten ist es am besten, sich zu sammeln, sich mit kritischen Worten zurückzuhalten und auf „Konsequenzen" zu verzichten.

Für manche Eltern fühlt sich diese Art, miteinander umzugehen, unnatürlich an. Sie befürchten, dass ihre Kinder dann denken, sie würden ihr Fehlverhalten stillschweigend dulden. Sie glauben, dass ihre Kinder verwirrt sein werden und sie ihre eigenen Werte aufs Spiel setzen, wenn sie es versäumen, unangemessenes Verhalten unverzüglich und konsequent anzusprechen. Diese Angst ist zwar verständlich, aber unangebracht. Verwirrung ist selten das Problem: Ein Kind weiß normalerweise, was von ihm erwartet wird, und ist entweder nicht in der Lage oder nicht bereit, die Erwartung zu erfüllen. Die Unfähigkeit, Erwartungen zu erfüllen, ist in der Regel ein Problem der Reife, während mangelnde Bereitschaft, Erwartungen zu erfüllen, in der Regel ein Problem der Bindung ist. Ein Kind ist vermutlich viel weniger darüber verunsichert, welche Werte gelten, sondern darüber, welchen Wert und welche Bedeutung es selbst für die Eltern hat. Genau das muss geklärt und bekräftigt werden. Wenn wir zu einem Kind sagen: „Das ist inakzeptabel", wird das – es sei denn, die Bindung ist sicher und die Verbindung gefestigt – bei einem Kind vermutlich so ankommen: „Sie mag mich nicht" oder „Ich bin inakzeptabel, weil …" oder „Ich bin nur akzeptabel, wenn …". Wenn ein Kind eine derartige Botschaft hört, ob wir es tatsächlich so gemeint haben oder nicht, erleidet die Beziehung Schaden. Die Grundlage, auf der ein Kind ein gutes Kind für uns sein will, wird untergraben.

Wir setzen unsere eigenen Werte nicht aufs Spiel, wenn wir sagen, dass das Kind wichtiger ist als sein Verhalten, sondern bekräftigen diese vielmehr auf ihrer tiefsten Ebene. Wir dringen bis in unser tiefstes Innerstes vor und erklären, was für uns wahr ist. Wenn Eltern aufgefordert werden, ihre Werte darzulegen, stellen sie sich, abgesehen von sehr wenigen Ausnahmen, auf die Seite des Kindes und der Bindung. Das Problem ist, dass wir die Beziehung gewöhnlich für selbstverständlich halten. Wir sind uns anderer, zum Beispiel moralischer Werte bewusst, aber nicht des für uns alle wichtigsten Wertes – der Bindung. Wenn wir mit unseren Kindern interagieren, sind es diese anderen Werte, die wir ihnen vermitteln. Erst wenn wir uns die Bindung bewusst machen, entdecken wir unsere tiefste Verpflichtung – das Kind selbst.

Elternschaft mit der Bindung im Blick

Würden wir uns an der natürlichen Abfolge der Entwicklung orientieren, lägen unsere Prioritäten klar auf der Hand. An erster Stelle käme die *Bindung,* an zweiter der *Reifungsprozess,* und an dritter die *Sozialisation.* Wenn wir Schwierigkeiten mit unserem Kind hätten, würden wir uns zuerst um die Beziehung kümmern, was ein und dasselbe ist wie die Aufrechterhaltung des Kontextes für den Reifungsprozess. Erst danach würden wir uns darauf konzentrieren, wie sich das Kind in die Gesellschaft einfügt – das heißt, auf das Verhalten des Kindes. Erst wenn wir uns davon überzeugt hätten, dass die beiden ersten Prioritäten erfüllt wurden, würden wir zur dritten übergehen. Würden wir uns im Umgang mit unseren Kindern an diese Abfolge halten, wären wir im Einklang mit dem Entwicklungsentwurf und mit unseren fundamentalsten Verpflichtungen. So ist das eben mit der elterlichen Erziehung: Wenn wir für unsere Kinder unser Bestes tun, kommt das Beste in uns zum Vorschein.

Elterliche Erziehung mit Blick auf die Bindung bedeutet, nicht zuzulassen, dass irgendetwas uns von unserem Kind trennt, zumindest nicht auf psychischer Ebene. Diese Herausforderung ist bei einem gleichaltrigenorientierten Kind sehr viel größer, da sich bereits etwas zwischen die Eltern und das Kind gedrängt hat: die Gleichaltrigen. Kinder, die sich an Gleichaltrigen orientieren, sind nicht nur weniger geneigt, sich an uns zu binden, sondern weisen auch Verhaltensweisen auf, die verletzend und befremdlich sein können. (Die negative Energie der Bindung, die solche Verhaltensweisen nährt, ist in Kapitel 2 näher beschrieben.) Unsere Gefühle als Eltern können bereits dann verletzt werden, wenn ein Baby nicht auf unsere Annäherungsversuche reagiert. Ein älteres Kind, das in der Gleichaltrigenorientierung gefangen ist, kann nicht nur unempfänglich, sondern sogar regelrecht gemein und boshaft sein. Es ist schmerzlich, abgewiesen, ignoriert und respektlos behandelt zu werden. Es fällt schwer, nicht auf das Verdrehen der Augen, die Ungeduld in der Stimme, das gleichgültige Gehabe und den unhöflichen Tonfall zu reagieren. Die wahrgenommene Arroganz und Illoyalität gleichaltrigenorientierter Kinder verletzen jegliche Bindungssensibilität der Eltern und treffen diese an einem wunden Punkt. Ein derart verletzendes, beleidigendes Verhalten macht uns wütend – wie könnte es auch anders sein.

Im zweiten Kapitel habe ich die Gleichaltrigenorientierung als Bindungsaffäre bezeichnet. Wenn unsere Kinder uns wegen ihrer Altersgenossen verlassen, sind wir genauso verletzt, wütend und fühlen uns gedemütigt wie bei jeder anderen Beziehung, die uns am Herzen liegt. Es ist nur natürlich, dass man, wenn man verletzt ist, in die Defensive geht und sich emotional zurückzieht, um nicht noch mehr verletzt zu werden. Das ist der Moment, in dem der defensive Teil unseres Gehirns den dringenden Wunsch in uns weckt, uns aus dem Territorium der Verletzungen an einen Ort zurückzuziehen, an dem uns Beleidigungen nicht mehr treffen können und der Mangel an Verbindung uns nicht den Magen umdreht. Eltern sind auch nur Menschen.

Der Entzug unserer Bindungsenergie schützt uns vielleicht vor weiteren Verletzungen, aber das Kind empfindet diesen Rückzug als Ablehnung. Wir müssen uns ins Gedächtnis rufen, dass das Kind uns nicht bewusst verletzen will, sondern nur seinen verzerrten Instinkten folgt. Ziehen wir uns daraufhin emotional zurück, schaffen wir eine noch größere Bindungslücke, die das Kind sogar mit noch mehr Nachdruck in die Arme seiner Altersgenossen treibt. Für das Kind führt der elterliche Rückzug fast immer in eine Abwärtsspirale der Gleichaltrigenbindungen und in funktionale Störungen. Auch wenn es den Eltern so vorkommen mag, als wäre die Verbindung nicht zu retten, ist die Beziehung zu Mama, Papa und der Familie selbst für ein stark gleichaltrigenorientiertes Kind immer noch von großer Bedeutung. Wenn wir Eltern zulassen, uns zu entfremden, brechen wir die einzige Brücke ab, über die das Kind zu uns zurückkehren kann. Man muss schon fast ein Heiliger sein, um sich nicht zu entfremden, aber vielleicht ist genau das gefordert, wenn es um unsere an Gleichaltrigen orientierten Kinder geht. Wenn das unnatürlich erscheint, dann deshalb, weil es unnatürlich ist. Elternschaft war nie so gedacht – sie wurde von der Natur nicht mit der Möglichkeit konzipiert, dass unsere Kinder sich gegen uns wenden könnten. Doch wenn wir zulassen, weggestoßen zu werden, bleibt dem Kind nichts, an dem es sich festhalten kann. Am Ball zu bleiben und nicht zuzulassen, ihnen fremd zu werden, gehört zu den wichtigsten Dingen, die wir für unsere Kinder und für uns tun können.

Es gibt wohl kaum etwas Verletzenderes, als ständig zurückgewiesen zu werden. Wir müssen geduldig und zuversichtlich aus unserer unendlich tiefen Quelle unerwiderter Liebe schöpfen und auf bessere Zeiten hoffen. Selbst wenn uns die Situation frustriert und hoffnungslos erscheint, dürfen wir uns nicht geschlagen geben. Solange wir uns unsere Offenheit bewahren, besteht eine gute Chance, dass der auf Abwege geratene Sohn oder die Tochter zurückkehren wird.

Es kommt nicht selten vor, dass Eltern ihrem Kind aus lauter Verzweiflung ein Ultimatum stellen. Gewöhnlich heißt es dann: Wenn du dich nicht änderst, musst du gehen. Ob als formale Erziehungsmethode, wie zum Beispiel die „strenge Liebe", oder einfach aus dem Bauch heraus eingesetzt, um das Kind wieder auf Kurs zu bringen, bei einem gleichaltrigenorientierten Kind richtet man damit selten etwas aus. Ein solches Ultimatum setzt eine ausreichend starke Bindung voraus, auf die man sich stützen kann. Ist die Bindung nicht stark genug, wird das Kind keinen Impuls verspüren, seinen Eltern nahe zu bleiben. Ultimaten lassen das Kind deutlich spüren, dass es nur unter bestimmten Bedingungen von seinen Eltern geliebt und akzeptiert wird. Sie veranlassen ein an Gleichaltrigen orientiertes Kind dazu, sich noch mehr von den Eltern zu lösen und führen dazu, dass es sich noch mehr in der Welt der Gleichaltrigen verschanzt.

Manchmal ist das Ultimatum nicht wirklich ein Ultimatum, sondern eine Möglichkeit, die Verantwortung abzutreten und die Reißleine zu ziehen. Der Mutter oder dem Vater reicht es jetzt. Sie haben nicht mehr die Hoffnung, dass sich etwas zum Besseren wenden wird, oder die Energie, um darauf hinzuarbeiten. Wenn das der Fall ist, ist es besser, einen Weg der Trennung zu finden, damit das Problem sich nicht verschärft oder die Wiederherstellung der Beziehung in der Zukunft erschwert wird. Eine Ablehnung von dieser Tragweite ist für jedes Kind schwer zu verkraften. Wenn ein Festhalten für die Eltern keine Option mehr ist, schlage ich ihnen häufig vor, darüber nachzudenken, ihr Kind auf ein privates Internat zu schicken, Verwandte um Unterstützung zu bitten oder auch eine ihnen nahe stehende Familie zu finden, die ihnen zur Seite stehen kann. Je weniger offensichtlich eine Ablehnung ist, desto eher ist eine eventuelle Wiederherstellung der Beziehung möglich. Wenn die psychische Verbindung nicht völlig zerstört ist und die physische Trennung für die Eltern eine gewisse Entlastung bedeutet, finden sie vielleicht irgendwann die Kraft und die Entschlossenheit zu versuchen, ihr Kind zu sich zurückzuholen.

Auf eine weniger drastische, aber nicht weniger wichtige Weise werden sich vermutlich alle Eltern von Zeit zu Zeit aus der Beziehung zurückziehen, selbst wenn dies unwissentlich geschieht. Die Beziehung zu einer Priorität werden zu lassen, bedeutet, einige Verbesserungen vornehmen zu müssen, insbesondere wenn die emotionale Verbindung gestört oder völlig abgerissen ist. Eltern, die diese Verbindung nie verlieren, sind eine Seltenheit. Perfekte Gelassenheit ist jenseits unserer Möglichkeiten. Egal wie einsichtig wir sind und wie zielgerichtet unsere Absichten sein mögen, wir werden uns zweifellos von unseren Kindern zu emotional unkontrollierten Reaktionen hinreißen lassen – außer die Heiligen unter uns, das ist völlig klar. Vorübergehende Unterbrechungen in der Beziehung sind unvermeidbar und sind in sich nicht schädlich, sofern sie nicht allzu häufig vorkommen und zu einschneidend sind. Echter Schaden entsteht, wenn wir es versäumen, unser Kind wieder einzusammeln, und ihm damit zu verstehen geben, dass die Beziehung für uns nicht wichtig ist, oder dass wir den Eindruck erwecken, das Kind sei für die Wiederherstellung der Verbindung verantwortlich.

Wie wichtig jemandem etwas ist, kann man unter anderem an den Hindernissen erkennen, die er bereit ist zu überwinden, um sein Ziel zu erreichen. So können unsere Kinder erkennen, wie wichtig uns die Beziehung ist. Wenn wir uns bemühen, an die Seite unserer Kinder zurückzukehren, indem wir über unsere eigenen Gefühle hinausgehen und die unserer Kinder einbeziehen, vermitteln wir ihnen die starke Botschaft, dass die Beziehung für uns höchste Priorität hat. Wenn die Reaktionen heftig und die Gefühle aufgewühlt sind, ist es an der Zeit, uns wieder auf unsere von Herzen kommenden Prioritäten zu besinnen und unsere Verpflichtung ihnen gegenüber zu erneuern. „Ich bin immer noch deine Mama und werde es immer sein. Ich weiß, dass es schwerfällt, sich daran zu erinnern, dass ich dich liebe, wenn ich wütend bin, und manchmal kann es vorkommen, dass ich es sogar selbst kurz vergesse, aber ich komme immer wieder zur Besinnung. Ich bin froh, dass wir eine starke Verbindung haben. In Zeiten wie diesen muss das auch so sein.“ Was tatsächlich gesagt wird, ist nicht wichtig. Es sind der Tonfall Ihrer Stimme, der sanfte Ausdruck Ihrer Augen und die zarte Berührung, die hier die Botschaft übermitteln.

Helfen Sie Ihrem Kind, in Ihrer Nähe zu bleiben

In Kapitel 2 habe ich gesagt, dass es sechs Bindungsarten gibt, „von denen jede einzelne Aufschluss über das Verhalten unserer Kinder gibt – und häufig auch über unser eigenes Verhalten." Was bewirkt, dass ein Kind das Gefühl hat, keine Verbindung zu uns zu haben, hängt von der Bindungsdynamik ab, die im Gefühlsleben eines Kindes vorherrscht. Bei Kindern, die Bindung vorrangig über die Sinne erfahren, kommt ein Gefühl der Trennung auf, wenn kein körperlicher Kontakt besteht. Kinder, die sich auf dem Weg der Loyalität binden, werden befremdet sein, wenn sie den Eindruck bekommen, die Eltern wären eher gegen als für sie. Mein Koautor Gabor weiß noch, dass sein hochintelligenter und sensibler, damals neun Jahre alter Sohn das Gefühl hatte, seine Mama und sein Papa würden ihm so pausenlos zusetzen, dass er sich ausmalte, seine Eltern würden Abendkurse besuchen, in denen sie lernten, wie man seinen Kindern das Leben schwer macht! Nur wenige Kinder würden ihre Gefühle in so dramatischer Weise artikulieren, aber viele Kinder haben das Gefühl, dass ihre Eltern einfach nicht auf ihrer Seite sind.

Einige Kinder müssen spüren, dass sie ihren Eltern etwas bedeuten, um sich ihnen nahe fühlen zu können. Wenn ein solches Kind die Empfindung hat, seinen Eltern nicht viel zu bedeuten, fühlt es sich von ihnen abgeschnitten – zum Beispiel, wenn das Kind den Eindruck hat, dass die Mutter oder der Vater der Arbeit oder anderen Aktivitäten eine höhere Priorität beimisst als ihm selbst. Spürt das Kind im Herzen die Verbindung, dann wird ihm der Mangel an Wärme und Zuneigung das Gefühl geben, man hätte es draußen vor der Tür in der Kälte stehen lassen. Wenn die Empfindung, im Wesen erkannt und verstanden zu werden, ein Gefühl der Vertrautheit schafft, dann treibt das Gefühl, missverstanden zu werden, einen Keil zwischen Eltern und Kind. Nicht anders ist es mit der Wahrnehmung, selbst wenn sie unbewusst ist, dass die Eltern ein großes Geheimnis vor ihm haben. Aus diesem Grund sollten Eltern ihre Kinder niemals anlügen. Lügen, wie gut sie auch gemeint sein mögen, können ein Kind nicht vor Schmerz schützen. Etwas in uns weiß, wann wir angelogen werden, selbst wenn dieses Wissen unser Bewusstsein nie erreicht. Von einem Geheimnis ausgeschlossen zu werden, erzeugt ein Gefühl des Abgetrenntseins und löst Angst vor Ausgrenzung aus.

Zusammenfassend kann man sagen, dass unabhängig davon, wie die primäre Bindungsart unserer Kinder aussieht, unser wichtigstes Ziel darin bestehen sollte, ihnen dabei zu helfen, ausreichend mit uns verbunden zu bleiben, damit das Bedürfnis, uns zu ersetzen, nicht aufkommen kann.

Auch bei physischer Trennung verbunden bleiben

Die größte Herausforderung besteht bei den Kindern, die in erster Linie noch von ihren Sinnen abhängig sind, um Nähe zu spüren. Sehr kleine Kinder sind natürlich von Natur aus so, aber auch manches ältere Kind ist, wenn es sich an Gleichaltrigen orientiert, nicht in der Lage, die Gefühle der Nähe zu seinen Eltern in den Vordergrund zu stellen, wenn es physisch von ihnen getrennt ist. Solche Kinder erkennt man daran, dass sie sich selbst nach relativ kurzer Zeit physischer Trennung, wie etwa einem Tag in der Grundschule, ihren Eltern gegenüber gleichgültig und kühl verhalten. Wir sollten die Tricks von Liebenden übernehmen, um die Kluft bei einer physischen Trennung zu überbrücken. Diese Vorstellung sollte tatsächlich viele Ideen hervorbringen. Bei Verliebten beruht der Wunsch nach Nähe auf Gegenseitigkeit, sodass sich beide darum bemühen werden. Bei Kindern ist es die Sache der Eltern, sich zu überlegen, was das Kind braucht. Die Herausforderung ist dieselbe, aus welchem Grund auch immer die Trennung stattgefunden hat: weil die Eltern arbeiten müssen, das Kind zur Schule geht, die Eltern nicht zusammen leben, ein Krankenhausaufenthalt nötig ist, das Kind in ein Ferienlager fährt oder woanders übernachtet.

Einige hilfreiche Methoden, mit denen Eltern ihren Kindern helfen können, unvermeidbare Trennungen zu überbrücken, sind zum Beispiel Fotos von den Eltern, besondere Schmuckstücke oder ein Medaillon, das sie tragen können, kleine geschriebene Botschaften, die sie lesen oder sich vorlesen lassen können, etwas Persönliches, an dem sie sich während der Trennung festhalten können, Telefonanrufe zu verabredeten Zeiten, Tonaufnahmen mit besonderen Liedern oder Botschaften, etwas, an dem ihr Geruch haftet, oder kleine Geschenke, die zu besonderen Zeiten geöffnet werden dürfen. Die Liste ist möglicherweise unbegrenzt. Jeder weiß, wie man das macht. Es geht darum zu erkennen, dass die Überbrückung der physischen Trennung wichtig ist, und die Verantwortung dafür zu übernehmen. Die ist besonders bei den Kindern wichtig, die uns keine Signale geben, dass sie genau das brauchen. Natürlich sprechen wir hier von Kindern, die noch nicht in der Pubertät sind: Solche Tricks werden bei einem Teenager nicht besonders gut ankommen!

Eine weitere Möglichkeit, die Verbindung aufrechtzuerhalten, besteht darin, dem Kind eine Vorstellung davon zu geben, wo man ist, wenn man nicht bei ihm ist. Es kann hilfreich sein, dem Kind zu zeigen, wie der Arbeitsplatz aussieht. Wenn man auf Reisen ist, kann man etwas vorbereiten, damit das Kind die Route auf einer Karte verfolgen kann. Wie bei

Verliebten auch ist die physische Trennung viel leichter zu ertragen, wenn man weiß, wo der andere zu welchem Zeitpunkt ist. Gelingt es nicht, ein Gefühl der Kontinuität zu vermitteln, bedeutet das, das Risiko auf sich zu nehmen, ersetzt zu werden.

Wir werden vermutlich die Hilfe anderer in Anspruch nehmen müssen, um in den Köpfen unserer Kinder präsent zu bleiben, während wir abwesend sind. Wir können Freunde, Verwandte oder andere fürsorgliche Erwachsene bitten, mit unserem Kind freundlich über uns zu sprechen, ihm zu helfen, sich vorzustellen, was wir zu bestimmten Zeiten machen, ihm Fotos zu zeigen, die schöne Erinnerungen in ihm wachrufen werden. Selbst wenn es für das Kind zunächst verstörend sein mag, wird ein solcher Kontakt über Dritte ihm dabei helfen, die Verbindung zu uns aufrechtzuerhalten. Bei Kindern, bei denen das Risiko besteht, uns durch Gleichaltrige zu ersetzen, können andere Erwachsene entscheidend dazu beitragen, dass die Eltern-Kind-Beziehung intakt bleibt. Dies trifft besonders auf Kinder zu, deren Eltern getrennt leben. Wenn wir das Beste für unser Kind wollen, müssen wir alles in unserer Macht Stehende tun, um unseren Kindern zu helfen, dem anderen Elternteil nahe zu bleiben, auch wenn wir als Paar getrennt sind. Angesichts des erhöhten Risikos für eine Orientierung an Gleichaltrigen nach einer Scheidung sollte dies eines unserer wichtigsten Ziele und eine unserer vorrangigen Pflichten sein. Leider ist das Bewusstsein für die Bindung häufig nicht stark genug, um die persönlichen Konflikte zwischen den Partnern zu überwinden.

Im Wesen erkannt zu sein, ist die tiefste Verbindung

Das oberste Ziel, unseren Kindern dabei zu helfen, uns nahe zu bleiben, besteht darin, eine tiefe Vertrautheit zu entwickeln, mit der die Altersgenossen unserer Kinder nicht konkurrieren können. Egal wie eng die Freundschaft auch sein mag, Kinder teilen selten ihre innersten Gefühle miteinander. Diese Gefühle werden typischerweise zurückgehalten. Dieser Bereich ist normalerweise zu verletzlich, um das Risiko einzugehen, beschämt oder missverstanden zu werden. Eine Mutter erinnert sich, was passierte, als das Pferd ihrer Tochter im Teenageralter bei einem Reitunfall starb. „Ich war schockiert, als ich feststellte“, sagt sie, „dass Jennas beste Freunde absolut keine Ahnung von ihrem Kummer hatten. Als ich sie fragte, warum sie ihnen nicht davon erzählt hatte, antwortete sie sachlich, über diese Art von Dingen rede man unter Jugendlichen nicht mit Freunden!“ Ein merkwürdiges Konzept von Freundschaft, aber ziemlich typisch für die Welt der Gleichaltrigenbindungen.

Die Geheimnisse, die Jugendliche miteinander teilen, sind häufig Geheimnisse über andere oder Informationen über die eigene Person, die nicht zu viel verraten. Die schmerzlichen Dinge werden selten erzählt. Das ist ein Glück für die Eltern, da die Nähe, die aus dem Gefühl, im Innersten erkannt und verstanden zu werden, vermutlich die tiefste Vertrautheit überhaupt ist und ein Band entstehen lässt, das auch die schwierigste physische Trennung überstehen lässt. Die Kraft einer solch innig vertrauten Eltern-Kind-Verbindung kann nicht hoch genug eingeschätzt werden.

Der erste Schritt, um diese Art von Nähe zu schaffen, besteht darin, das Kind aus sich herauszulocken. Viele Kinder brauchen dafür zwar eine Einladung, aber sie zu fragen, was sie denken und fühlen, funktioniert in den seltensten Fällen. Manchmal besteht die Kunst darin, die richtige Struktur zu finden: regelmäßige gemeinsame Ausflüge, geteilte Aufgaben, mit dem Hund vor die Tür gehen. Ich habe meiner Mutter, während wir zusammen das Geschirr abgewaschen oder Blaubeeren gepflückt haben, von meinen Gedanken und Gefühlen erzählt, von denen ich sonst nur selten gesprochen habe. Die Nähe, die ich in diesen Momenten spürte, war etwas ganz Besonderes und hat sicherlich viel dazu beigetragen, eine dauerhafte Verbindung zwischen uns zu schaffen.

Die Teenager-Tochter meines Koautors hat die Gewohnheit, abends spät in sein Arbeitszimmer zu kommen, genau dann, wenn er gern etwas Zeit für sich hätte. Zu diesen Zeiten erzählt sie ihm aber persönliche Dinge, über die sie tagsüber kaum einmal spricht. Er hat gelernt, diese „Einmärsche“ willkommen zu heißen und wertzuschätzen. Er lässt seine Lektüre oder seine E-Mail dann ruhen und wendet seine volle Aufmerksamkeit seinem Kind zu. Wir müssen jede Gelegenheit nutzen.

Die Gefühle einiger Kinder sind aufgrund der im achten Kapitel beschriebenen Abwehrhaltung abgeschottet. Sie dazu zu bewegen, etwas auch nur im Entferntesten Verletzliches preiszugeben, kann zunächst entmutigend sein. Wir müssen es ihnen so leicht wie möglich machen, sich uns zu öffnen, und müssen dabei immer wieder daran denken, dass unser wichtigstes Ziel ist, uns mit ihnen zu verbinden, nicht sie zu korrigieren oder ihnen etwas beizubringen. Es ist ein guter Anfang, besondere Zeiten zu zweit zu schaffen und darauf zu achten, nicht zu direkt vorzupreschen. Es ist größtenteils eine Sache von Versuch und Irrtum, aber auch Initiative und Einfallsreichtum werden sich in der Regel bezahlt machen. Je schwieriger es ist, eine solche Verbindung aufzubauen, desto wichtiger ist es für uns, dass wir weitermachen. Je mehr sich unsere Kinder von uns erkannt und verstanden fühlen, desto geringer ist das Risiko, ersetzt zu werden. Diese Art von Verbindung ist das Beste, was wir tun können, um unsere Kinder gegen die Gleichaltrigenorientierung zu immunisieren.

Optimal ist es, ein Gefühl der psychischen Vertrautheit als vorbeugende Maßnahme zu fördern. Orientiert sich ein Kind erst einmal stark an Gleichaltrigen, haben wir vielleicht die Chance bereits verpasst, eine solche Verbindung aufzubauen. In solchen Fällen müssen wir das Kind zuerst, wie in Kapitel 14 erörtert, einsammeln. Für gleichaltrigenorientierte Kinder ist es selbstverständlich, mit ihren Eltern nicht über wichtige Themen zu sprechen. Eine junge Anruferin in einer Radiosendung, die ich zu diesem Thema moderiert habe, brachte mit erschütternder Klarheit zum Ausdruck, womit Eltern von an Gleichaltrigen orientierten Kindern es zu tun haben. Dieses 15-jährige Mädchen rief an, um mir in einem Tonfall, der vom Selbstvertrauen eines Menschen, der genau Bescheid weiß, nur so triefte, den Kopf zurechtzurücken. „Sie sind sooo merkwürdig. Wenn man ein Teenager ist, dann sind die Freunde die Familie. Warum sollte irgendein Teenager auch nur mit seinen Eltern reden wollen? Das ist nicht richtig. Es ist nicht einmal normal." Angesichts ihrer Gleichaltrigenorientierung konnte sie es nicht anders sehen. Wir haben es hier mit einem heimtückischen Übel zu tun – diese Jugendlichen haben kein Gefühl dafür, dass irgendetwas schiefläuft. Es ist alles andere als hilfreich, ein gleichaltrigenorientiertes Kind darauf hinzuweisen, dass es von seinen Instinkten in die Irre geführt wird oder dass die Intensität seiner Beziehungen zu Gleichaltrigen nicht zu seinem Besten ist. Diese Verirrung hat nichts mit Rationalität zu tun, und keine Vernunft der Welt kann verzerrte Instinkte entzerren. Der einzige Weg, der uns bleibt, ist der, unsere Kinder nach und nach zurückzugewinnen.

Die Pflege von facettenreichen, tief verwurzelten Verbindungen ist die beste Vorbeugung gegen die Orientierung an Gleichaltrigen. (Ich werde in Kapitel 17 näher auf die Vermeidung der Gleichaltrigenorientierung eingehen.) Ein Kind, das sich in seinem Innersten erkannt und verstanden fühlt, wird sich vermutlich nicht mit der ärmeren Kost, die die Orientierung an Gleichaltrigen zu bieten hat, zufriedengeben. Auf diese Weise geben wir unserem Kind ein Modell für zukünftige Bindungen mit auf den Weg, die so erfüllend sein werden wie die zu seinen Eltern. Ohne eine solche Vorlage werden seine zukünftigen Beziehungen möglicherweise dürftig sein und auf der Eindimensionalität der Interaktionen von Gleichaltrigen basieren.

Schaffung von Strukturen und Einführung von Beschränkungen

So notwendig wir es auch finden mögen, das Verhalten eines Kindes zu regeln, viel wichtiger ist es, die Bindungen eines Kindes zu regeln. Wir haben hier zwei Aufgaben zu erfüllen: zum einen die Schaffung von Strukturen zur Pflege der Verbindung, zum anderen die Schaffung von Beschränkungen, um die Konkurrenz zu schwächen. Und glauben Sie mir, wenn wir die Situation klar erkennen könnten, würden wir begreifen, dass es in unserer Kultur bei diesem Kampf um die Herzen und um die Gedanken unserer Kinder ein Hauen und Stechen gibt. Es geht um einen Kampf ohne Bandagen und ohne Nachsicht, darum, dass der Gewinner alles und der Verlierer nichts bekommt und dass der Teufel den Letzten holen wird.

Natürlich sind unseren Möglichkeiten Grenzen gesetzt: Wir können unsere Kinder nicht *dazu bringen*, mit uns zusammen sein zu wollen, sich an uns zu orientieren oder uns zu lieben. Wir können nicht erzwingen, dass sie ein gutes Kind für uns sein wollen, und wir können nicht darüber entscheiden, wer ihre Freunde sind. Mit Kindern, die eine Bindung zu Erwachsenen haben, erübrigt sich all dies – ihre Bindung zu uns wird für uns arbeiten. Ebenso gibt es Grenzen, wenn es darum geht, was wir tun sollten: Wir sollten uns ihnen nicht aufdrängen und wir sollten keine Gewalt anwenden, damit sie in unserer Nähe bleiben. Wenn wir an unseren Kindern festhalten wollen, geht es nicht darum, ihr Verhalten in eine Form zu pressen, sondern darum, ihre Bindungsinstinkte wachzurufen und die natürliche Hierarchie zu bewahren. Es ist nicht genug – oder auch nur möglich –, Kinder in unserer Nähe zu behalten, wenn ihre Instinkte sie von uns weg leiten. Wir müssen daran arbeiten, die Beziehung aufrechtzuerhalten und wiederherzustellen, sodass sich das Zusammensein mit uns und die Abhängigkeit von uns für unsere Kinder richtig und natürlich anfühlt. Zu diesem Zweck müssen wir Strukturen und strenge Regeln einführen. Wir sollten die Bindungen unserer Kinder ebenso wenig dem Schicksal überlassen wie unsere Gesundheit und unsere Finanzen.

Strukturen und Beschränkungen dienen dem Schutz dessen, was heilig ist. Die Rolle der Kultur besteht zum Teil darin, unsere Werte zu schützen, die wir für wichtig halten, die wir aber in unserem Alltag nicht als dringlich empfinden. Wir wissen zum Beispiel, dass körperliche Betätigung und Alleinsein für unser körperliches und emotionales Wohlbefinden wichtig sind, aber unser Gefühl der Dringlichkeit ist selten stark genug, uns dazu zu bewegen, diese Bedürfnisse regelmäßig zu erfüllen. Kulturen, in denen Bewegung und meditatives Alleinsein zu festen Praktiken geworden sind, schützen ihre Mitglieder vor diesem Mangel an Motivation. In dem Maße, in dem unsere Kultur untergraben wird, werden auch die Strukturen und Rituale, die das Familienleben und die Unantastbarkeit der Eltern-Kind-Beziehung schützen, nach und nach immer mehr untergraben. Wir wissen zwar, dass sie lebenswichtig sind, ihre Dringlichkeit hat aber in unserem Bewusstsein keine oberste Priorität.

Würde die Kultur in der Provence dem wirtschaftlichen Druck und den Vorgaben der Zeit nicht standhalten, würden die Rituale, die die Bindungen der Kinder schützen, vermutlich verschwinden: die gemeinsamen Mahlzeiten am Familientisch, die Begrüßungen am Schultor, das Dorffest und der sonntägliche Spaziergang mit der Familie. Aus diesem Grund müssen die Eltern von heute die Dinge selbst in die Hand nehmen und eine eigene funktionierende Mini-Kultur schaffen. Wir brauchen einige Bindungsrituale, um das Heilige zu bewahren, etwas, das uns auf lange Sicht dienlich ist, sodass wir uns auf kurze Sicht nicht damit beschäftigen müssen. Wir können es uns nicht leisten, uns die Dinge so weit entgleiten zu lassen, dass sie, wie Goggelmoggel (das Ei in *Alice hinter den Spiegeln*), nicht wieder zusammengesetzt werden können.

Es ist klug, sich die Macht der Bindung, über die wir heute verfügen, zunutze zu machen, um Strukturen zu schaffen, die uns in die Lage versetzen, die Macht zu bewahren, die wir morgen brauchen werden. Wir müssen Strukturen errichten, die dem Grenzen setzen, was unsere Kinder von uns wegholen könnte, und die es uns gleichzeitig ermöglichen, unsere Kinder einzusammeln. Die Regeln und Einschränkungen sollten für das Fernsehen, den Computer, das Handy, das Internet, elektronische Spiele und außerschulische Aktivitäten gelten. Die klarsten Beschränkungen, die eingeführt werden sollten, sind diejenigen, die die Interaktion zwischen Gleichaltrigen regeln, vor allem die freie Interaktion, die nicht von verantwortlichen Erwachsenen gesteuert wird. Führen die Eltern hier keine Beschränkungen ein, gerät das Interesse an Verabredungen zum Spielen, an Zusammenkünften, an Übernachtungen bei Freunden und Zeit für Chatten schnell außer Kontrolle. Es dauert nicht lange, bis der Wunsch nach Kontakt mit Altersgenossen wichtiger wird als der Wunsch nach Nähe zu den Eltern. Ohne Regeln und Beschränkungen, die uns einen Vorsprung verschaffen, wird es zunehmend schwieriger, mit den Gleichaltrigen zu konkurrieren. Es sei an dieser Stelle noch einmal darauf hingewiesen, dass wir hier über vorbeugende Maßnahmen sprechen. Strukturen und Regeln können einem gleichaltrigenorientierten Kind nicht mit Gewalt auferlegt werden, ohne weiteren Schaden anzurichten. Solche Situationen verlangen nach anderen Ansätzen.

Kluge Eltern werden nicht mehr Beschränkungen auferlegen als die Macht der Bindung, die ihnen zur Verfügung steht, hergibt. „Als Lance elf Jahre alt war, gehörte er, der vorher immer unbeliebt gewesen war, plötzlich zu der Gruppe, die ‚in' war", erinnert sich die Mutter eines Teenagers. „Sein Vater und ich hatten in Bezug auf seine beiden neuen besten Freunde kein gutes Gefühl. Sie schienen keine Bindung zu ihren Eltern zu haben und nicht in ihren Familien verwurzelt zu sein. Wir fühlten uns unwohl, wenn diese Kinder bei uns zu Hause waren. Es war ein starkes Bauchgefühl. Diese beiden Kinder strapazierten unsere Nerven.

Plötzlich fing Lance an, ihre CDs zu hören. Sie waren widerwärtig – und ich bin ein Fan von Rockmusik. Eine ordinäre Sprache, die voller Gewalt war. CDs, über die ich heute nicht weiter nachdenken würde, aber damals war mein Sohn elf Jahre alt … Der eine von ihnen, er hieß Josh, war wie ein Rattenfänger. Es war, als hätte er meinen Sohn von mir weggelockt. Lance veränderte sich. Er fing an, Geheimnisse vor uns zu haben, und verlangte ständig, mit diesen Kindern zusammen sein zu können.

Wir beschlossen, dass wir diese Beziehung beenden mussten, und sind jämmerlich gescheitert. Wir setzten uns mit Lance zusammen, um mit ihm darüber zu reden. ‚Dein Dad und ich wollen, dass du dich nicht mehr mit Josh triffst', sagte ich zu ihm. Er fing an zu weinen und hörte nicht wieder auf. Es wurde deutlich, dass er das Gefühl hatte, wir hätten ihn gezwungen, sich zwischen uns und Josh zu entscheiden, und dass er sich für Josh entschieden hatte. Er weinte, weil er mich vermissen würde.

Er redete nicht mehr mit uns. Dreieinhalb Monate lang kein einziges Wort. Er traf Josh weiterhin, in der Schule, nach der Schule und an den Wochenenden. Schließlich mussten wir nachgeben." Den Eltern von Lance wurde klar, dass sie dem Gleichaltrigenproblem nicht direkt die Stirn bieten konnten. Es mangelte ihnen an der Macht der Bindung, weshalb ihr Versuch, die Interaktion ihres Sohnes mit Gleichaltrigen zu beschränken, zum Scheitern verurteilt war. Sie mussten zum Wesentlichen zurückkehren und ihren Sohn einsammeln, ihn in die Beziehung zu ihnen zurückholen.

Familienausflüge und gemeinsame Ferien müssen unter Schutz stehen. Wenn diese Zeiten dem Zweck dienen sollen, unsere Kinder einzusammeln und die Bande zu ihnen zu stärken, können wir es uns nicht leisten, das Zusammensein zu verwässern, indem wir ihre Freunde mitnehmen. Wir können es uns ebenso wenig leisten, dass die Familie in den Ferien auseinandergerissen wird, wie es sowohl auf Skipisten als auch in Ferienanlagen immer mehr in Mode kommt. Es ist ein Zeichen dafür, wie stark wir auf Gleichaltrige ausgerichtet sind, wenn sogar die Familienferien zunehmend so geplant werden, dass Kinder zu Kindern und Erwachsene zu Erwachsenen gehören, oder dass die Ferien den Eltern die Möglichkeit geben sollen, sich von ihren Kindern zu erholen. Je mehr Pausen wir einlegen, desto schwächer wird die Bindung unserer Kinder zu uns. Die Ironie dabei ist, dass es immer schwieriger wird, sie zu erziehen – und wir deshalb umso mehr Pausen von ihnen brauchen!

Natürlich ist es schwieriger, Jugendlichen Beschränkungen aufzuerlegen, vor allem dann, wenn sie sich bereits stark an Gleichaltrigen orientieren. Sie fordern die Freiheit, an ihren Beziehungen festzuhalten, und der Himmel stehe allen bei, die sie daran hindern. Für Jugendliche, die sich an Gleichaltrigen orientieren und ihren verzerrten Instinkten folgen, liegt klar auf der Hand, dass sie zueinander gehören und dass die Eltern dem im Weg stehen, was wirklich wichtig ist. Sie sind der Meinung, dass Eltern und Lehrer, die das nicht verstehen, lebensfremd sind und einfach nichts kapieren.

Deshalb ist es so wichtig, Strukturen zu schaffen, solange wir noch die Macht dazu haben. Unsere Familien werden, wenn wir es dem Schicksal überlassen, durch individuelle Interessen, gesellschaftliche Anforderungen, wirtschaftlichen Druck und, nicht zuletzt, die verzerrten Instinkte unserer Kinder allmählich immer mehr zerreißen. Die Strukturen, die die Eltern-Kind-Beziehung fördern, sind von entscheidender Bedeutung: Familienurlaub, Familienfeste, Familienspiele und Familienaktivitäten. Werden nicht eine feste Zeit und ein Ort festlegt und Rituale geschaffen, werden Belastungen, die dringlicher sind, unweigerlich die Oberhand gewinnen. Für Alleinerziehende ist dies sogar noch wichtiger, weil sie einem noch stärkeren Druck durch die Konkurrenz ausgesetzt sind. Die kulturellen Traditionen, die in einer Ehe noch Bestand haben, auch wenn sie im Vergleich zu früher schwächer geworden sind, bleiben bei einer Trennung der Familie oftmals auf der Strecke.

Seit unserem Aufenthalt in der Provence ist die gemeinsame Mahlzeit am Familientisch für mich zu einem der wichtigsten Bindungsrituale überhaupt geworden. Bindung und gemeinsame Mahlzeiten gehören zusammen – das eine erleichtert das andere. Mir scheint, dass die Mahlzeit eine Zeit der unverblümten Abhängigkeit sein sollte: wo die Bindungshierarchie bewahrt wird, wo sich der Verantwortliche um den Abhängigen kümmert, wo Erfahrung noch zählt, wo es Freude macht, zu nähren und genährt zu werden, und wo das Essen der Weg zum Herzen ist. Studien mit anderen Säugetieren haben gezeigt, dass sogar die Verdauung im Kontext der Bindung besser zu funktionieren scheint. Gestörte Bindungen könnten vielleicht die häufigen Bauchschmerzen von Kindern in der Schule und ihre Essprobleme in der Mittagspause erklären. Sie würden auch erklären, warum sich so viele gleichaltrigenorientierte Kinder weigern, mit ihren Eltern gemeinsam am Tisch die Mahlzeiten einzunehmen.

Obwohl die bloße Tatsache, gemeinsam zu essen, bereits eine gewisse grundlegende Verbindung fördern könnte, entstehen echte Bindungen durch die Art von Interaktion, die während der Mahlzeiten stattfindet. Die Familienmahlzeit kann ein sehr wirksames Einsammelritual sein. Welche andere Aktivität bietet uns eine solche Gelegenheit, unseren Kindern freundlich ins Gesicht zu sehen, ihnen etwas zu geben, woran sie sich festhalten können, und sie dazu einzuladen, von uns abhängig zu sein? Welche andere Aktivität bietet uns die Möglichkeit, von ihnen angesehen zu werden, ihnen ein Lächeln zu entlocken und sie dazu zu bewegen, uns zuzunicken? Kein Wunder, dass die Mahlzeit seit jeher die Krönung der menschlichen Rituale des Umwerbens ist. Das erklärt auch, warum die Mahlzeit im Kreis der Familie der Eckpfeiler der provenzalischen Kultur ist: Die Tische werden sorgfältig gedeckt, die einzelnen Gänge werden nacheinander serviert, die Traditionen werden gewahrt und die Mahlzeiten sind so ausgelegt, dass sie Zeit brauchen, Unterbrechungen sind nicht erlaubt. Die Mahlzeiten im Kreis der Familie werden von vielen Menschen unterstützt, darunter auch der Bäcker, der Metzger und die Verkäufer auf dem Dorfmarkt. Während der Mittags- und Abendmahlzeiten wird nirgendwo gearbeitet und die Läden sind geschlossen. Schnellrestaurants sind genau wie die Gewohnheit, allein oder im Stehen zu essen, selten. Die Provence ist für ihre Esskultur bekannt. Ich habe jedoch den Eindruck, dass die Aufnahme der Nahrung nur das ist, was man sehen kann, das grundlegende Ziel ist die Bindung. Die gemeinsamen Mahlzeiten waren während unseres Aufenthaltes in der Provence ganz ohne Frage auch der

Mittelpunkt unseres eigenen Familienlebens. Das haben unsere Kinder am meisten vermisst, als wir wieder zu Hause waren.

Wir stecken hier, in unserem modernen Leben, in großen Schwierigkeiten. Die gemeinsame Mahlzeit mit der Familie ist zu einem vom Aussterben bedrohten Ereignis geworden. Wenn gemeinsam gegessen wird, handelt es sich dabei eher um eine routinemäßige Aktivität, die lediglich der Nahrungsaufnahme dient. Vieles schwirrt uns durch den Kopf – es gilt, Orte zu besuchen, Arbeit zu erledigen, Sport zu treiben, am Computer zu sitzen, Dinge zu kaufen, Filme anzusehen, fernzusehen. Essen ist lediglich eine Vorbereitung auf das, was danach kommt. Diese anderen Aktivitäten eignen sich selten dazu, unsere Kinder einzusammeln. Gerade jetzt, wo wir die gemeinsamen Mahlzeiten mit der Familie mehr brauchen als jemals zuvor, essen wir vermutlich allein und erlauben unseren Kindern das Gleiche. Natürlich haben Mahlzeiten keine Einsammelfunktion, wenn sie in angespannter Atmosphäre stattfinden, im Streit enden oder eine Möglichkeit für Auseinandersetzungen über Manieren oder darüber, wer den Tisch abräumen sollte, bieten. Eltern sollten die Mahlzeiten nutzen, um sich ihren Kindern freundlich zu nähern.

Persönliche Strukturen sind ebenfalls wichtig, wenn wir unsere Kinder in unsere Nähe holen und die Bande bewahren wollen. Wir müssen eine Zeit und einen Ort für eine Aktivität mit unserem Kind schaffen, bei der es uns in erster Linie um die Verbindung geht. Der Aufbau von Beziehungen und die Aufrechterhaltung von Bindungen sind viel effektiver, wenn wir zu zweit sind als in einer Gruppe. Unendlich viele Aktivitäten können hierfür den Rahmen bieten: die Arbeit an einem Projekt, Spaziergänge, Spiele, gemeinsames Kochen oder Lesen. Rituale zur Schlafenszeit wie Geschichten und Lieder sind bei kleinen Kindern unersetzliche Interaktionen zur Förderung der Bindung. Auch hier sind die meisten Eltern durchaus in der Lage, diese Dinge selbst herauszufinden. Was fehlt, ist die Erkenntnis, dass wir die Bindungen unserer Kinder zu uns bewahren müssen, wenn wir sie nicht an die Konkurrenz verlieren wollen. Schon eine gemeinsame Aktivität in der Woche kann dem Ziel der Bindung sehr förderlich sein.

Beschränkungen des Gleichaltrigenkontakts

Beschränkungen und Strukturen funktionieren zwar vorbeugend am besten, sie können aber auch eingesetzt werden, um die Besessenheit in Bezug auf die Beziehungen zu Gleichaltrigen abzuschwächen. Es ist dabei immer am besten, so indirekt wie möglich vorzugehen. Einem Kind zu sagen, dass seine Freunde ihm zu viel bedeuten, zeigt nur, wie seltsam wir sind und wie wenig wir davon verstehen. Wir müssen Ereignisse und Strukturen schaffen, die diese Aufgabe für uns erfüllen, ohne unsere eigentlichen Absichten offenzulegen. Wenn die Mittagszeit für unsere Kinder die wichtigste Zeit ist, um sich mit ihren Altersgenossen zu treffen, dann sollte, wenn die Eltern oder andere Bezugspersonen dazu in der Lage sind, möglichst nach Alternativen gesucht werden. Wenn die Zeit nach der Schule die wichtigste Zeit für Kontakte mit Gleichaltrigen ist, sollte diese Zeit für konkurrierende Aktivitäten gewählt werden. Sind Übernachtungen bei Freunden ein Problem, wäre eine Beschränkung der Häufigkeit angebracht. Unser eigener Grundsatz, dass unsere Tochter einmal im Monat bei Freunden übernachten durfte, stieß manchmal auf erheblichen Protest. Einmal war sie ziemlich frustriert und platzte heraus: „Aber das ist nicht fair, ihr sabotiert die Zeit, in der wir zusammen sein können." Sie hätte es nicht treffender sagen können und nichts hätte unsere Befürchtungen besser untermauern können. Wenn die der Bindung dienlichen Technologien – Handys, Internet, Messengerdienste – dem Zweck dienen, dass Kinder mit der Konkurrenz in Verbindung bleiben, dann müssen wir einen Weg finden, den Zugang zu diesen Technologien zu reduzieren oder konkurrierende Strukturen schaffen. Ist jedoch die Gleichaltrigenorientierung bei einem Kind erst einmal stark ausgeprägt, kann der Instinkt, die Nähe zu seinen Altersgenossen zu suchen, so übermächtig sein, dass Regeln vermutlich nicht mehr ausreichen werden, um das Verhalten zu kontrollieren. In diesen Fällen müssen die technischen Geräte, die den Gleichaltrigenbindungen dienen, eventuell geopfert werden, genau wie man Alkohol aus dem Haus verbannen würde, wenn ein Familienmitglied ein Problem damit hätte, oder wie man die Stromzufuhr des Fernsehers unterbrechen würde, wenn die auferlegten Regeln ignoriert würden.

Manchmal können Eltern erfolgreich mit den Altersgenossen ihrer Kinder konkurrieren, indem sie ihnen einen Schritt voraus sind. Kinder, die sich an Gleichaltrigen orientieren, haben häufig Schwierigkeiten, im Voraus zu planen. Sie wollen zusammen sein, wollen aber auch nicht zu viel Initiative zeigen, um nicht bedürftig zu erscheinen und sich damit einer möglichen Ablehnung auszusetzen. Sie werden zu Meistern der indirekten Sprache: „Hi, was willst'n machen?", „Weiß nich, was willst'n du machen?", „Weiß nich.", „Vielleicht könnten wir einfach abhängen oder sowas.", „Mir egal, was auch immer" – und so geht es immer weiter. Gleichaltrigenorientierte Kinder driften irgendwie zusammen, ohne sich oder den anderen jemals einer möglichen Verletzlichkeit auszusetzen. Die Bindung gibt den Impuls für ihr Treffen, aber die Angst vor Verletzlichkeit hindert sie daran, offen damit umzugehen. Das Gute an dieser Situation ist, dass sie den Eltern die Möglichkeit eines Präventivschlags bietet. Plant man etwas einen Tag oder manchmal auch nur einige Stunden vor der vorhersehbaren Zeit der Zusammenkünfte der Gleichaltrigen – ein besonderes Essen, einen Einkaufsbummel, einen Familienausflug oder eine Lieblingsbeschäftigung –, kann man verhindern, dass das Kind in den Strudel der Interaktion mit Gleichaltrigen hineingezogen wird. Kreative Ideen, um die Zeiten, die unsere Kinder mit Gleichaltrigen verbringen, abzuwenden, sind viel besser, als auf die Symptome der Gleichaltrigenorientierung zu reagieren.

Gelingt es uns, die Interaktion mit Gleichaltrigen ausreichend abzuschwächen, wird oft automatisch ein Prozess der Selbstauslese stattfinden. Diejenigen Freunde unserer Kinder, die sich besonders intensiv an Gleichaltrigen orientieren, werden zu anderen Kindern weiterziehen, die ebenfalls in erster Linie mit anderen Kindern Kontakt aufnehmen wollen. Und da wir alle uns an Menschen binden möchten, die unsere Interessen und Werte teilen, finden die Kinder, die eine gute Bindung zu ihren Eltern haben, vermutlich auch Freunde, denen die eigene Familie wichtiger ist. Genau das ist Bria in der sechsten und siebten Klasse passiert. Ihre eher an Gleichaltrigen orientierten Freunde hatten sich von ihr distanziert, um gleichgesinnte Freunde zu suchen, und die Freunde, die ihr blieben, hatten Familien, zu denen sie eine Bindung hatten und denen sie nahe bleiben wollten. Freunde, die nicht mit der Familie konkurrieren, sind genau das, was wir uns für unsere Kinder und für uns wünschen.

Natürlich kann der Weg zu diesem Ziel bedeuten, dass unsere Kinder, wenn sie bereits gleichaltrigenorientiert sind, eine schwere Zeit durchmachen werden. Es ist schwer, Dinge zu tun, die unseren Kindern Kummer bereiten, selbst wenn wir wissen, dass es auf lange Sicht für sie das Beste ist. Indem wir Kindern, die Kontakt zu Gleichaltrigen suchen, Beschränkungen auferlegen, bringen wir sie in eine schreckliche Zwickmühle. Sie sind darauf angewiesen, jede sich bietende Gelegenheit für Kontakt und Verbindung zu nutzen, um einander nahe bleiben zu können. Verpassen sie einen Chat-Austausch mit einem Kumpel, irgendein Chatroom-Event im Internet, einen Telefonanruf, ein Treffen, eine Übernachtung bei Freunden oder eine Party, bedeutet das eine Gefahr für die Beziehung. Diese zwanghafte Unsicherheit hat in der Regel ihren guten Grund. Die stärker an Gleichaltrigen orientierten Kinder werden diejenigen nicht tolerieren, die nicht so intensiv wie sie selbst nach Nähe streben oder deren Eltern ihnen in die Quere kommen. Es mag sich zwar grausam anhören, seinem Kind in die Quere zu kommen, ist aber trotzdem häufig das Beste für das Kind. Für keinen von uns ist es erstrebenswert, wenn unsere Kinder ausgeschlossen werden, aber es ist bei Weitem das kleinere Übel, wenn Gleichaltrigenbeziehungen die Nähe zu den Eltern bedrohen. Es gibt keine Möglichkeit, ein gleichaltrigenorientiertes Kind vor Kummer zu bewahren. Wir haben nur die Wahl, ob wir ihm den Kummer jetzt oder später bereiten. Der Kummer, den wir auf kurze Sicht verursachen, verhindert weitaus größere Probleme in der Zukunft.

Aufgrund des Kummers, den unsere Beschränkungen für unsere Kinder verursachen werden, sollten wir uns auf eine schwierige Zeit gefasst machen. Wenn wir Kindern, die eine Beziehung zu Gleichaltrigen um jeden Preis zum Laufen bringen wollen, Beschränkungen auferlegen, werden sie mit großer Wahrscheinlichkeit sehr frustriert sein. Sollte man die Tatsache, dass das Kind intensiv an Gleichaltrigen orientiert ist, noch infrage gestellt haben, so wird man angesichts seiner groben und lauten Äußerungen tiefer Frustration jetzt keinen Zweifel mehr daran haben. Im Zuge seiner medizinischen Arbeit mit Drogenabhängigen wird mein Koautor Gabor häufig Zeuge ähnlicher Ausbrüche der Verzweiflung und ungezügelter Wut, wenn er sich zum Beispiel weigert, einem Abhängigen ein Betäubungsmittel zu verschreiben. Es ist klug, solche Angriffe nicht persönlich zu nehmen. Denken Sie immer daran, dass die Nähe zu seinen Altersgenossen für ein gleichaltrigenorientiertes Kind das Leben bedeutet. Stellen wir uns diesem Streben nach Nähe in den Weg, erzeugt das eine gewaltige *Bindungsfrustration,* sodass Eltern auf Feindseligkeit und Aggression gefasst sein sollten. Darüber hinaus sollten Sie nicht außer Acht lassen, dass gleichaltrigenorientierte Kinder an ihren Absichten festhalten und nicht loslassen können. Da ihnen die Vergeblichkeit ihres Vorgehens nicht bewusst wird, werden sie hartnäckig bis hin zur Unerträglichkeit. Dies als Eigensinn oder einen starken Willen zu bezeichnen, wäre ein Fehler. In Wirklichkeit geht es um Festgefahrenheit und Verzweiflung. Stärker gleichaltrigenorientierte Kinder können sich ein Leben ohne Bindungen zu Gleichaltrigen nicht vorstellen. Wir müssen daher darauf vorbereitet sein, die durch unsere Regeln und Beschränkungen hervorgerufene Reaktion zu ertragen und in Grenzen zu halten. Wir haben hier die Aufgabe, uns zurückzuhalten – das heißt, uns nicht zu unkontrollierten Reaktionen hinreißen und von diesen überrollen zu lassen. Das wird uns dabei helfen, an unseren Kindern festzuhalten, bis es uns gelingt, zu ihnen durchzudringen.

Bei der Festlegung von Beschränkungen müssen wir ein optimistisches Gespür dafür, was unsere Kinder brauchen, mit einer realistischen Einschätzung dessen, was möglich ist, verbinden – das heißt, wie viel Bindungsmacht wir tatsächlich besitzen. Je indirekter wir Beschränkungen auferlegen können und je vorausschauender wir Strukturen realisieren können, die diese Aufgabe erledigen, desto eher können wir Frontalzusammenstöße vermeiden. Versuchen wir, Regeln zu erzwingen, wenn wir nicht über die Macht der Bindung verfügen, führt das lediglich dazu, dass wir unsere Machtlosigkeit offenlegen. Und diese Machtlosigkeit sollten wir niemals zeigen. Ist unser Mangel an Macht erst offensichtlich, werden selbst unsere unheilvollsten Drohungen als Bluff entlarvt werden – es sei denn, wir sind bereit, den Einsatz zu erhöhen und in einer Art und Weise Zang anzuwenden, die der Beziehung ernsthaften Schaden zufügen wird. Ohne die Macht der Bindung haben wir überhaupt keine echte Macht.

Ebenfalls wichtig ist, sich daran zu erinnern, dass mit Beschränkungen der Interaktionen mit Gleichaltrigen das Problem nur zur Hälfte gelöst ist. Bei gleichaltrigenorientierten Kindern besteht die Herausforderung nicht nur darin, sie von ihren Altersgenossen zu trennen, sondern auch darin, den Prozess umzukehren, der sie überhaupt erst von uns entfernt hat. Wir müssen ihre Altersgenossen durch uns selbst, ihre Eltern, ersetzen. Wenn wir mit unseren Beschränkungen eine Bindungslücke schaffen, müssen wir bereit sein, diese Lücke mit uns selbst zu füllen. Ich habe bereits darauf hingewiesen, dass Hausarrest nicht als Strafe, sondern als Chance genutzt werden sollte (siehe Kapitel 14). Der wahre Nutzen liegt nicht in der gelernten Lektion. Wie wir im nächsten Kapitel sehen werden, sind Bestrafungen zur „Erteilung einer Lektion" nur selten erfolgreich. Die Interaktion mit Altersgenossen durch Hausarrest zu verhindern, kann jedoch Raum schaffen, um die Gleichaltrigeninteraktion durch Zeit mit uns zu ersetzen.

Wir als Eltern brauchen jede Menge Selbstvertrauen, um uns der aktuell vorherrschenden Meinung entgegenzustellen, wenn wir dem Umgang mit Gleichaltrigen Grenzen setzen und Strukturen errichten wollen, die dafür sorgen, dass die Bindung unserer Kinder zu uns aufrechterhalten wird. Es mag etwas Mut erfordern, den skeptischen und kritischen Reaktionen unserer Freunde standzuhalten, die nicht verstehen können, warum wir Gleichaltrigenkontakte nicht genauso schätzen wie sie selbst und warum wir versuchen sollten, sie in engen Grenzen zu halten. „Selbst bei Freunden, denen wir sehr nahe stehen, liebenswerten und durch und durch integren Menschen, begegnen wir immer noch denselben Schreckgespenstern, demselben Druck, unseren Kindern zu erlauben, uneingeschränkt Zeit mit ihren Altersgenossen verbringen zu dürfen, bei Freunden übernachten zu dürfen und so weiter", sagt ein junger Vater. „Jedes Mal, wenn sie unsere Antwort auf ihre Frage, warum wir es nicht erlauben, hören, beleidigen wir sie, ohne es zu wollen, weil sie sich für das Gegenteil entschieden haben."

Wir brauchen Kraft, um dem verzweifelten Flehen eines gleichaltrigenorientierten Kindes standzuhalten und um den unvermeidlichen Ärger und Proteststurm zu überstehen. Vor allem aber brauchen wir das Vertrauen in uns selbst, dass wir für unser Kind die beste Wahl sind. Es ist hilfreich, ein Konzept zur Unterstützung der eigenen elterlichen Intuition zu haben – und dieses Buch soll diesen Zweck erfüllen –, aber es erfordert trotzdem Mut, gegen den Strom zu schwimmen. *Wir empfehlen, dass Eltern unsere Vorschläge erst dann übernehmen sollten, wenn sie das Selbstvertrauen, die Geduld und die Wärme spüren, sie auch in die Tat umzusetzen. Man darf ein Kind nicht nach einem Buch erziehen – nicht einmal nach diesem!*

Unsere Ansichten und unser Handeln müssen aus einer tiefen Sicherheit heraus erfolgen, dass das, was wir tun, das Beste für unser Kind ist – und das erfordert volles Vertrauen in unsere eigenen Erkenntnisse und ein unerschütterliches Bekenntnis zu unseren eigenen Überzeugungen.

KAPITEL 16

Disziplin, die nicht spaltet

Dem Verhalten eines Kindes Beschränkungen aufzuerlegen, gehört zu den größten Herausforderungen in der Kindererziehung. Wie kann man ein Kind kontrollieren, das sich selbst nicht unter Kontrolle hat? Wie bringt man ein Kind dazu, etwas zu tun, das es nicht tun will? Wie halten wir ein Kind davon ab, ein Geschwisterkind zu attackieren? Wie gehen wir mit einem Kind um, das sich unseren Weisungen widersetzt?

In unserer Kultur der schnellen Lösungen, mit ihrem Fokus auf kurzfristigen Erfolgen, wird das Verhalten selbst zum A und O erklärt. Wenn wir – wenn auch nur vorübergehend – Gehorsam erreichen, halten wir die Methode für erfolgreich. Wenn wir jedoch die Faktoren der Bindung und der Verletzlichkeit berücksichtigen, erkennen wir, dass Verhaltensansätze – auferlegte Sanktionen, künstlich konstruierte Konsequenzen und der Entzug von Privilegien – zum Scheitern verurteilt sind. Bestrafung schafft eine feindselige Beziehung und führt zu emotionaler Verhärtung.

Auszeiten zur Erteilung einer Lektion, „strenge Liebe", um das Verhalten zurechtzurücken, und die „1-2-3-Magic"*, damit Kinder gehorchen, sind Taktiken, die die Beziehung belasten. Wenn wir ein Kind als Reaktion auf einen Wutanfall ignorieren, es isolieren oder ihm unsere Zuneigung entziehen, untergraben wir das Gefühl der Sicherheit des Kindes. Herumkommandieren provoziert Gegenwillen – ebenso wie die Bestechung

*„1-2-3-Magic" ist eine Erziehungsmethode des gleichnamigen Bestsellers.

mit Belohnungen. All diese Techniken setzen das Kind der Gefahr aus, in den Strudel der Gleichaltrigenorientierung hineingezogen zu werden.

Welche Ansätze bleiben den Eltern dann noch?

Es gibt viele sichere natürliche und wirksame Methoden, um Verhaltensänderungen herbeizuführen. Einige dieser Methoden ergeben sich spontan, wenn wir uns weniger damit beschäftigen, was zu tun ist, als vielmehr mit dem, was für den Erziehungsprozess entscheidend ist – mit anderen Worten: wenn wir uns der Bindung immer bewusst sind. Konzentrieren wir uns stattdessen auf das Verhalten, gehen wir Risiken ein, die die Grundlage unserer Macht zu erziehen, gefährden – die Beziehung zu unseren Kindern.

Dieses Kapitel ist kein umfassender Leitfaden für den Umgang mit problematischem Verhalten. Es bietet jedoch Alternativen zu Methoden, die rücksichtslos über Beziehungen und Gefühle hinweggehen, und stellt die Grundprinzipien einer Disziplin vor, die nicht spaltet. Diese Leitlinien stellen größtenteils eine 180-Grad-Wende zu den heute vorherrschenden Praktiken dar. Es kann einige Zeit dauern, bis man sie verinnerlicht hat und beherzigen kann. Für einige Eltern erfordert dieser Ansatz eine deutliche Veränderung ihres Denkens und ihrer Schwerpunkte, während er für andere lediglich eine Bestätigung dessen darstellt, was sie schon immer praktiziert haben.

Echte Disziplin: Was ist das überhaupt?

Lassen Sie uns zunächst unser Verständnis von Disziplin erweitern. Im Zusammenhang mit elterlicher Erziehung denkt man bei Disziplin normalerweise an Bestrafung. Bei näherer Betrachtung zeigt sich jedoch, dass Disziplin eigentlich ein vielschichtiges Wort mit einer Reihe von verwandten Bedeutungen ist. Es kann sich auch auf eine Lehre, ein Fachgebiet, ein Regelwerk und die Selbstbeherrschung beziehen. In diesem Sinne sind es die Eltern, die sich zuerst Disziplin aneignen müssen. Wenn es um Kinder geht, verwenden wir den Begriff *Disziplin* nicht im engeren Sinne von Bestrafung, sondern in seiner tieferen Bedeutung von Training, Kontrolle ausüben, eine Ordnung auferlegen. Es steht außer Frage, dass Kinder Disziplin brauchen. Wir müssen die Disziplin auf eine Art und Weise sicherstellen, welche die Beziehung nicht beschädigt, keine lähmenden emotionalen Abwehrmechanismen auslöst oder die Orientierung an Gleichaltrigen fördert.

Im Laufe der vielen Jahre, in denen ich nun schon Eltern berate, habe ich meine Gedanken zu diesem Thema in *sieben Prinzipien einer natürlichen Disziplin* zusammengefasst. Mit natürlich meine ich entwicklungs- und bindungsfreundlich, das heißt, mit Rücksicht auf die Eltern-Kind-Beziehung und den langfristigen Reifungsprozess des Kindes. Dies sind Richtlinien, keine Formeln. Wie sie umgesetzt werden, ist von Situation zu Situation, von Kind zu Kind, von Elternteil zu Elternteil, von Persönlichkeit zu Persönlichkeit unterschiedlich und hängt von den Bedürfnissen und Absichten sowohl des Kindes als auch der Eltern ab.

Die derzeitige Tendenz in der Erziehungsliteratur geht dahin, die Nachfrage nach Erziehungsmethoden oder Erziehungsstrategien zu befriedigen. Das ist aber nicht das, was Eltern brauchen. Strategien sind viel zu endgültig und beschränkend für eine so komplexe und anspruchsvolle Aufgabe wie die elterliche Erziehung. Sie beleidigen die Intelligenz der Eltern und in der Regel auch die Intelligenz der Kinder. Strategien machen uns abhängig von den Experten, die sie propagieren. Elternschaft ist vor allem eine Beziehung, und Strategien werden Beziehungen nicht gerecht, weil diese auf Intuition basieren. Die folgenden sieben Prinzipien sollen die elterliche Intuition, die wir alle besitzen, wecken und stärken. Wir brauchen keine Fähigkeiten oder Strategien, sondern Mitgefühl, Prinzipien und Erkenntnis. Der Rest wird sich ganz natürlich von selbst ergeben – auch wenn ich nicht behaupte, dass es einfach werden wird.

Während wir daran arbeiten, die Werte der Bindung in die Tat umzusetzen, werden die meisten von uns mit ihren eigenen impulsiven Reaktionen und ihrer eigenen Unreife, mit ihren eigenen inneren Konflikten zu kämpfen haben. Vor allem aber werden wir mit dem Gefühl der Vergeblichkeit konfrontiert sein. Die wenigsten Eltern sind Naturtalente. Elternschaft entsteht aus Bindung und Adaption. Die Bindung ist natürlich die Bindung des Kindes zu uns, die uns zur Elternschaft befähigt und ermächtigt. Der Aspekt der Adaption hat mit unserer fortlaufenden persönlichen Entwicklung zu tun, wenn wir merken, dass wir mit unseren Bemühungen scheitern und uns die Vergeblichkeit unseres Handelns bewusst wird. Dieser Versuch-und-Irrtum-Prozess kann nicht abgekürzt werden. Wir müssen uns jedoch erlauben, unsere Traurigkeit und Enttäuschung wirklich zuzulassen, wenn wir ein Gefühl des Scheiterns erleben. Emotionale Verhärtung wird unserer Entwicklung als Eltern nur ein Ende setzen und uns starr und handlungsunfähig zurücklassen.

Kurz gesagt, diese sieben Prinzipien der natürlichen Disziplin könnten genauso gut als *sieben Prinzipien für Eltern* bezeichnet werden. Es geht darum, sich selbst unter Kontrolle zu bringen und systematisch auf ein Ziel hinzuarbeiten. Unsere Fähigkeit, ein Kind effektiv zu erziehen, ist in hohem Maße das Ergebnis unserer Fähigkeit, uns selbst in den Griff zu bekommen. Wir müssen das gleiche Mitgefühl für uns selbst aufbringen, das wir auch für unser Kind aufbringen wollen. Die Antwort auf einen Mangel an Selbstbeherrschung unsererseits besteht beispielsweise nicht darin, uns zu bestrafen oder uns einzubläuen, uns zu bessern. Solche Methoden funktionieren bei uns genauso wenig wie bei unseren Kindern. Die Antwort liegt in der Akzeptanz der Tatsache, dass auch wir fehlbar sind und unsere negativen Gefühle uns übermannen können. Manchmal können wir trotz all unserer Liebe zu unserem Kind und trotz unseres Engagements für sein Wohlergehen in Wut geraten. In manchen Situationen müssen wir, sofern es möglich ist, ohne nachlässig zu werden, uns als Eltern in die Warteschleife begeben, bis die liebevollen Impulse wieder die Oberhand gewinnen. Wir können dann beispielsweise die Erziehungsaufgabe an unseren Partner oder einen anderen vertrauenswürdigen Erwachsenen abgeben, während wir uns eine Auszeit nehmen – nicht, um das Kind zu bestrafen, sondern um inmitten unserer eigenen widerstreitenden Gefühle eine positive und fürsorgliche Haltung unserem Kind gegenüber zurückzuerlangen. Inmitten all dieser widersprüchlichen Elemente streben wir nach Kontrolle, Ausgewogenheit, Durchblick und Weisheit.

Disziplin sollte und muss nicht konfliktreich sein. Es ist nicht die Schuld unserer Kinder, dass sie unzivilisiert und unreif geboren werden, dass ihre Impulse sie beherrschen oder dass sie hinter unseren Erwartungen zurückbleiben. Die Eltern müssen sich dahingehend disziplinieren, dass sie nur im Kontext der Beziehung handeln. Manchmal, wenn frustrierte Eltern in der Sicherheit meines Büros über ihr Kind schimpfen, schlage ich ihnen vor, eine Minute innezuhalten, um ihrer emotionalen Verbundenheit mit dem Kind nachzuspüren, und dann noch einmal mit mir über ihre Sorgen zu sprechen. Es ist erstaunlich, wie anders uns die Dinge erscheinen, wenn wir den Weg auf die Seite des Kindes zurückgefunden haben.

Genau wie beim Reifungsprozess haben wir auch hier in der Natur einen Verbündeten. Wir müssen uns nicht um alles selbst kümmern. Die Disziplin ist Bestandteil des Entwicklungskonzepts. Es sind natürliche Prozesse am Werk, durch die ein Kind spontan korrigiert wird. Ein Teil der Aufgabe der Eltern besteht darin, *mit* der Natur zu arbeiten, nicht gegen sie. Die wichtigste dieser Dynamiken ist natürlich die Bindung, aber es gibt auch den Emergenzprozess – den angeborenen Drang des Kindes zur Selbstverwirklichung –, den *Adaptionsprozess* – die Fähigkeit, aus dem zu lernen, was nicht funktioniert – und den *Integrationsprozess* – die Fähigkeit, gemischte Gefühle und Konzepte zu ertragen. Jeder dieser Mechanismen der natürlichen Entwicklung bringt Ordnung in das Verhalten eines Kindes und befähigt es, sich in der Gesellschaft zurechtzufinden. Schwierigkeiten entstehen, wenn diese Prozesse stagnieren oder gestört werden – und aus den Gründen, die ich in den Kapiteln 9 und 13 erläutert habe, bleiben sie bei einem an Gleichaltrigen orientierten Kind tatsächlich stehen. Es bleibt wenig Handlungsspielraum, wenn die natürliche und spontane Dynamik der Entstehung von Disziplin beeinträchtigt oder verzerrt ist.

Wenn wir zu den sieben Prinzipien kommen, werden wir zunächst Ansätze zur Disziplin betrachten, die mit der natürlichen Entwicklung Hand in Hand gehen. Diese Grundsätze sollten nicht als unabänderliche Vorgaben verstanden werden. Bei ihnen geht es um Werte, die wir anstreben sollten, um Kerngedanken, zu denen wir zurückkehren können, wenn die unvermeidlichen Frustrationen bei der elterlichen Erziehung uns dazu verleiten, die kontraproduktiven Techniken der „guten alten Disziplin" anzuwenden.

Die sieben Prinzipien der natürlichen Disziplin

Setzen Sie auf Verbindung statt auf Trennung, um ein Kind auf Kurs zu bringen

In der Kindererziehung wird die Trennung seit jeher als Trumpfkarte ausgespielt. Heutzutage ist sie unter dem Deckmantel der Auszeit zu einer Modeerscheinung erhoben worden. Ohne die euphemistischen Bezeichnungen sind diese Instrumente der Verhaltensmodifikation lediglich neu aufbereitete Formen des Meidens – Isolieren, Ignorieren, die kalte Schulter zeigen, Zuneigung vorenthalten. Sie haben schon immer mehr Probleme verursacht, als sie gelöst haben. Heute bringen sie einen zusätzlichen Nachteil mit sich: Sie tragen zur Schaffung von Bedingungen bei, welche die Anfälligkeit der Kinder für die Orientierung an Gleichaltrigen erhöhen.

Der Entzug von Nähe (oder die Androhung ihres Verlustes) ist deshalb ein so wirksames Mittel der Verhaltenskontrolle, weil er die schlimmste Angst des Kindes auslöst – die Angst, verlassen zu werden. Wären Kontakt und Nähe für ein Kleinkind oder ältere Kinder nicht wichtig, würde eine Trennung von uns kaum Wirkung zeigen. Wenn wir den Kontakt abbrechen oder die Verbindung kappen (oder wenn das Kind erwartet, dass dies geschehen könnte), versetzen wir das Bindungssystem im Gehirn des Kindes in höchste Alarmbereitschaft. In jedem Fall wird die Reaktion des Kindes aus einem Zustand der Angst heraus entstehen. Die Art und Weise, wie das Kind dies zum Ausdruck bringt, hängt jedoch von seiner jeweiligen Bindungsart ab. Ein Kind, das daran gewöhnt ist, den Kontakt zu den Eltern aufrechtzuerhalten, indem es ein „gutes Kind" ist, wird verzweifelt versprechen, sich nie wieder etwas zuschulden kommen zu lassen. Sein Versuch, die Verbindung wiederherzustellen, wird von einer Vielzahl von Entschuldigungen begleitet sein. Ein Kind, das seine Nähe durch liebevolle Gesten und Worte bewahrt, wird auf die Bedrohung seiner Bindung durch den Elternteil mit wiederholtem „Ich hab dich lieb" reagieren – das ist seine Art zu versuchen, die Nähe wiederherzustellen. Wenn der körperliche Kontakt von zentraler Bedeutung ist, wird das Kind möglicherweise ein paar Stunden lang extrem anhänglich sein und wird Sie nicht aus den Augen lassen. Die Eltern müssen verstehen, dass diese Formen des Ausdrucks nicht auf echte Einsicht oder Reue hindeuten, *sondern nur auf die Angst des Kindes, das die Beziehung zu den Eltern wiederherstellen will.* Es ist naiv zu glauben, dass wir den Kindern mit solchen Methoden eine Lektion erteilen oder sie zur Erkenntnis ihres Fehlverhaltens bewegen können.

Das Ausspielen der Trennungskarte hat einen hohen Preis: Unsicherheit. Das Kind, das durch Trennung diszipliniert wird, kann nur dann mit Nähe und Kontakt zu den Eltern rechnen, wenn es ihren Erwartungen gerecht wird. Unter solchen Bedingungen erfährt es keine Entlastung, kein Ausruhen vom Bindungstrieb und damit auch keine Freiheit für die Entfaltung seiner Individualität und Unabhängigkeit. Das Verhalten des Kindes kann sehr „gut" werden, aber es wird keine emergenten Energien entfalten können. Seine Entwicklung wird sabotiert.

Die Androhung der Trennung funktioniert nur, weil das Kind eine Bindung zu uns hat, sich nach unserer Nähe sehnt und noch keine emotionale Abwehrhaltung gegen Verletzlichkeit entwickelt hat. Es ist also noch fähig, seine Sehnsucht nach Bindung und seinen Schmerz über die Trennung zu erfahren. Wenn diese Voraussetzungen nicht gegeben sind, ist die Trennung als Instrument zur Erzielung von Gehorsam unwirksam. Andererseits wird jeder „Erfolg" auch nur vorübergehend sein. Ob es sich nun um eine physische Trennung oder eine emotionale Abkehr handelt, die Empfindsamkeit des Kindes wird aller Voraussicht nach erdrückt. Wenn wir als Erwachsene uns verletzt fühlen, wenn wir ignoriert oder gemieden werden, wie viel tiefer wird eine solche Behandlung unsere Kinder treffen? Es mag für Eltern, die Auszeiten nur mit den besten Absichten einsetzen, schwer zu akzeptieren sein, aber die Konsequenzen dieser Trennungstechnik sind für das sensible Kleinkind letztlich extrem negativ. Die Trennung greift das Kind an seinem verletzlichsten Punkt an – seinem Bedürfnis, mit den Eltern verbunden zu bleiben. Früher oder später wird das Kind gezwungen sein, sich davor zu schützen, auf diese Weise verletzt zu werden. Es wird sich emotional verschließen – oder besser gesagt, das Bindungssystem in seinem Gehirn wird sich abschotten. (Siehe Kapitel 8 für die Erörterung der defensiven Bindungsabwehr).

Indem wir die Beziehung gegen das Kind einsetzen, fordern wir das Bindungssystem in seinem Gehirn dazu auf, uns auszuschließen, wodurch eine klaffende Verbindungslücke entsteht. Damit bringen wir das Kind dazu, seine Bindungsbedürfnisse anderweitig zu befriedigen, und es dürfte inzwischen klar sein, wie die Folgen aussehen. Indem wir Auszeiten verwenden und auf eine Weise reagieren, die unsere Verbindung zum Kind unterbricht, treiben wir unsere Kinder im Grunde genommen in die Arme seiner Altersgenossen.

Außerdem kann es vorkommen, dass sich das Gehirn des Kindes gegen die Verletzlichkeit durch die Trennung wehrt, indem es sich dem Kontakt mit dem Elternteil widersetzt. Ein solches Kind versteckt sich vielleicht unter dem Bett oder im Schrank und weist die Versöhnungsangebote der Eltern zurück. Oder es rennt in Erwartung von Problemen in sein Zimmer oder verlangt, allein gelassen zu werden. So oder so wird die Trennungserfahrung die instinktive Reaktion des Kindes bewirken, sich von uns zu lösen.

Trennung ist besonders schädlich, wenn sie als Strafe bei Aggression eingesetzt wird. Wie ich in Kapitel 10 erläutert habe, ist der Nährboden der Aggression die Frustration. Das Resultat des Einsatzes von Trennungsmaßnahmen ist mehr Aggression, nicht weniger. Jede Art von Gehorsam, die wir bei einem aggressiven Kind durch Auszeiten, „strenge Liebe“ und andere Trennungsmethoden erreichen können, ist nur von kurzer Dauer, da sie auf nichts anderem beruht als auf der kurzfristigen Sorge des Kindes um seine Beziehung. Sobald die Nähe zum Elternteil wiederhergestellt ist, wird die Aggression stärker denn je zurückkehren, wobei der zusätzliche Treibstoff von der Bindungsfrustration beigesteuert wird, die wir zuvor selbst provoziert haben. Unsere unzulänglichen Versuche, die Aggression im Keim zu ersticken, fördern nur ihr Wachstum.

Ein Kind unnötigen Trennungserfahrungen auszusetzen, selbst wenn es in bester Absicht geschieht, ist kurzsichtig und ein Fehler, den die Natur nicht leicht verzeiht. Es ist töricht, unsere zukünftige Macht zu erziehen, für ein bisschen mehr Einfluss im Jetzt aufs Spiel zu setzen.

Die positive und natürliche Alternative zur Trennung ist die *Bindung*. Die Bindung ist die Quelle unserer elterlichen Macht und unseres Einflusses, sowie der Ursprung des kindlichen Wunsches, gut zu sein. Bindung sollte sowohl unser kurzfristiges als auch unser langfristiges Ziel sein. Der Trick besteht darin, die Bindung im Auge zu behalten, bevor ein Problem überhaupt auftritt, anstatt im Nachhinein eine Trennung aufzuerlegen, zukünftigen Problemen vorzubeugen, anstatt strafend auf sie zu reagieren, wenn das Verhalten des Kindes aus dem Ruder läuft.

Die grundlegende Erziehungspraxis, die sich aus diesem Umdenken ergibt, nenne ich „Verbindung vor Anweisung“. Es geht darum, das Kind einzusammeln und seine Bindungsinstinkte anzusprechen, wie es in Kapitel 14 beschrieben wurde, um ihm Orientierung zu geben und es zu leiten. Indem wir zuerst die Bindung pflegen, minimieren wir das Risiko, auf Widerstand zu treffen, und verringern die Wahrscheinlichkeit, dass unsere eigenen negativen Reaktionen die Oberhand gewinnen könnten. Egal ob es sich um ein unkooperatives Kleinkind oder einen widerspenstigen Jugendlichen handelt: Die Eltern müssen das Kind zuerst an ihre Seite holen und emotionale Nähe herstellen, bevor sie Gehorsam erwarten können.

Dieses einfache Prinzip lässt sich anhand eines einzigen Beispiels veranschaulichen. Der elfjährige Tyler war mit seiner Schwester und ein paar Freunden im Swimmingpool im Garten. Sie amüsierten sich prächtig, bis Tyler sich mitreißen ließ und begann, seine Spielkameraden mit einer Schwimmnudel zu schlagen. Die Mutter sagte ihm, er solle aufhören – aber er hörte nicht auf. Der Vater wurde wütend, schrie Tyler an, weil er seiner Mutter nicht gehorchte, und befahl ihm, den Pool zu verlassen. Tyler weigerte sich. Schließlich sprang der Vater ins Wasser, zerrte ihn heraus und schickte ihn auf sein Zimmer, um ihm eine Lektion zu erteilen und ihn zum Nachdenken zu bringen, was er angerichtet hatte. Ein solches Verhalten, so erklärten mir die Eltern, sei völlig untragbar und dürfe nicht mehr vorkommen. Sie hatten mir allerdings aufmerksam zugehört, als ich über die Risiken der Trennung als Erziehungsmaßnahme gesprochen hatte, und wollten wissen, was sie hätten anders machen können.

Nachdem sich die Situation so zugespitzt hatte, brauchten die Eltern wahrscheinlich erst einmal eine Verschnaufpause, bevor sie die Sache wieder angehen konnten. Wenn es Probleme gibt, gilt es, die Nähe zu stärken, nicht sie zu schwächen. *Der Wille zur Verbindung muss bei den Eltern gegeben sein, sonst gibt es nichts Positives, worauf das Kind reagieren kann.* Wenn sich dieser Wille bei den Eltern wieder bemerkbar macht, besteht der erste Schritt darin, die Verbindung wiederherzustellen. Ein gemeinsamer Spaziergang, eine gemeinsame Fahrt im Auto, ein Ballspiel – die menschliche Verbindung muss intakt sein, bevor wir etwas bewirken können. In diesem Fall fehlte bereits zu Beginn der Interaktion etwas Entscheidendes, und genau das war das Problem. Tyler war völlig in sein Handeln vertieft. In dieser Verfassung orientierte er sich nicht an seinen Eltern und hatte auch nicht den Wunsch, ihren Anweisungen zu folgen. Unter solchen Umständen ist es unerlässlich, sich zuerst wieder mit dem Kind zu verbinden, bevor man weitere Schritte unternimmt. Ein Versuch, eine Verbindung herzustellen, hätte etwa so aussehen können: „Wow, Tyler, du hast ja richtig Spaß." Damit würde man wahrscheinlich ein Grinsen und ein zustimmendes Nicken zurückbekommen. Wenn man die Augen, das Lächeln und das Nicken erreicht hat, wäre die nächste sinnvolle Maßnahme, das Kind zu sich herzuholen. „Tyler, ich muss kurz mit dir unter vier Augen sprechen. Komm mal eben zu mir." Sobald das Kind abgeholt ist, befindet sich der Elternteil wieder in einer Position der Macht und des Einflusses. Er könnte Anweisungen geben, um die Situation zu beruhigen und den Spaß für alle zu retten. Außerdem wären dadurch Tylers Bindungen nicht belastet worden, was für seine Entwicklung von viel größerer Bedeutung ist, als Tyler eine Lektion zu erteilen. Anstatt am Ende eine Trennung einzusetzen, hätten Tylers Eltern direkt am Anfang der Interaktion eine Verbindung herstellen müssen.

Das ist kein komplizierter Tanz – er ist sogar überraschend einfach. Der Trick ist der kleine Bindungsschritt am Anfang. Das Prinzip *Verbindung vor Anweisung* gilt für fast alles, ob man nun nach den Hausaufgaben fragt, um Hilfe beim Tischdecken bittet, das Kind darin erinnert, seine Sachen aufzuhängen, ihm mitteilt, dass es Zeit ist, den Fernseher auszuschalten, oder mit einer Interaktion unter Geschwistern konfrontiert ist. Wenn die Beziehung eine solide Basis hat, sollte dieser Schritt nur ein paar Sekunden dauern. Wenn die Bindung schwach ist oder abgewehrt wird, sollte uns das beim Versuch, das Kind einzusammeln, deutlich werden. Es ist sehr schwierig, das Verhalten eines Kindes zu regulieren, wenn die Bindung gestört ist. Wenn es uns nicht gelingt, das Kind einzusammeln, sollte uns das ein Ansporn sein, die Besorgnis um das Verhalten des Kindes hintanzustellen und unsere Bemühungen und Aufmerksamkeit auf den Aufbau der Beziehung zu richten.

Wenn wir diese Methode der *Verbindung vor Anweisung* erstmalig anwenden, mag sie uns ein wenig unbeholfen und verkrampft erscheinen. Sobald sie jedoch zur Gewohnheit wird, sollte sich die Beziehung deutlich entspannen. Wenn Eltern dies gut beherrschen, ernten sie oft ein Lächeln und ein freundliches Nicken, bevor sie eine Bitte äußern oder etwas verlangen. Die Ergebnisse können verblüffend sein.

Arbeiten Sie bei Problemen an der Beziehung, nicht am Vorfall selbst

Wenn etwas schiefläuft, besteht die übliche Reaktion darin, das betreffende Verhalten so schnell wie möglich zu thematisieren. In der Psychologie wird dies als *Prinzip der Unmittelbarkeit* bezeichnet und basiert auf der Vorstellung, dass die Gelegenheit zum Dazulernen verloren geht, wenn das Verhalten nicht sofort angesprochen wird. Das Kind wird sonst mit seinem Fehlverhalten „davonkommen". Diese Sorge ist unbegründet.

Das Prinzip der Unmittelbarkeit hat seine Ursprünge in der Erforschung des Lernverhaltens von Tieren, die weder ein Bewusstsein haben, mit dem man arbeiten könnte, noch irgendeine Möglichkeit der Kommunikation. Wenn wir unsere Kinder so behandeln, als wären sie Geschöpfe ohne Bewusstsein, zeugt das von tiefem Misstrauen, und es schmälert ihre Menschlichkeit. Wie Erwachsene sind auch Kinder nicht daran interessiert, sich an diejenigen zu halten, die ihre Absichten falsch einschätzen und ihre Fähigkeiten missachten – vor allem dann nicht, wenn Ersatzbindungen leicht verfügbar sind.

Inmitten eines ärgerlichen Ereignisses Fortschritte machen zu wollen, ist auch aus anderen Gründen nicht sinnvoll. Während einer solchen Episode ist das Kind vermutlich außerhalb jeder Kontrolle. Einen solchen Moment zu wählen, um zu berichtigen, zu lenken oder „Lektionen" zu erteilen, ist reine Zeitverschwendung. Was uns betrifft, so werden wir von dem unangemessenen Verhalten unseres Kindes oft überrascht und es führt auch bei uns zu heftigen emotionalen Reaktionen. Daher wird auch unser eigenes Verhalten – genau wie das unserer Kinder – eher spontan und unbeherrscht sein. Das Ansprechen von Problemen erfordert eine sorgfältige Vorbereitung. Inmitten einer Situation, in der die Wellen hochschlagen, ist das Kind wohl kaum am aufnahmefähigsten und wir definitiv nicht am achtsamsten und kreativsten.

Mit Blick auf die Beziehung besteht das unmittelbare Ziel darin, das problematische Verhalten – falls erforderlich –zu beenden, ohne dabei die Bindung zu gefährden. Wir können später jederzeit auf den Vorfall und das Verhalten zurückkommen, wenn sich die intensiven Gefühle beruhigt haben und die Verbindung wiederhergestellt ist.

Es gibt Verhaltensweisen, die uns auf die Palme bringen und unsere Fähigkeit, die Bindung zu unserem Kind aufrechtzuerhalten, auf eine harte Probe stellen. Ganz oben auf der Liste stehen Aggression und Gegenwille. Wenn wir beleidigt werden, man uns „Ich hasse dich" an den Kopf wirft oder wir sogar körperlichen Aggressionen ausgesetzt sind, besteht die unmittelbare Herausforderung darin, den Angriff zu überstehen, ohne der Beziehung Schaden zuzufügen. Jetzt ist nicht der richtige Zeitpunkt, um die Art des Verhaltens oder seine verletzenden Auswirkungen zu kommentieren. Es ist auch nicht der richtige Zeitpunkt, um Drohungen und Sanktionen auszusprechen oder das Kind in die Isolation zu schicken. Um sich auf die bevorstehende Intervention vorzubereiten, müssen die Eltern ihre Würde bewahren. Wir müssen vermeiden, die Situation durch unkontrollierte Gefühlsausbrüche zu verschlimmern. Wenn wir zulassen, dass unsere Opfergefühle dominieren, können wir die Rolle des verantwortlichen Erwachsenen nicht aufrechterhalten.

Oft hilft es, sich auf die Frustration des Kindes zu konzentrieren, anstatt den Angriff persönlich zu nehmen: „Du bist sauer auf mich", „Du bist völlig frustriert", „Das hat bei dir nicht funktioniert", „Du wolltest, dass ich ja sage, und ich habe nein gesagt", „Du denkst an all die schlimmen Wörter, die du zu mir sagen kannst", „Diese Gefühle sind wieder mit dir durchgegangen." Entscheidend ist nicht die Wortwahl, sondern die Anerkennung der Frustration des Kindes sowie ein Tonfall, der deutlich macht, dass das Geschehene die Beziehung nicht zerstört hat. Um unsere funktionierende Bindung zu einem Kind zu erhalten, müssen wir irgendwie signalisieren, dass die Beziehung nicht in Gefahr ist.

Manchmal ist es auch hilfreich, die Verhandlungen aktiv zu vertagen. „Das ist nicht gut. Wir reden später darüber." Auch hier sind die Worte weniger wichtig als der Ton, der freundlich und warm sein sollte, nicht bedrohlich. Die wichtigste Verbindung, die es zu bewahren gilt, ist die zwischenmenschliche. Wir müssen die Ruhe wiederherstellen, in uns selbst und in dem Kind. Die Klärung folgt zu gegebener Zeit. Zuerst sammeln wir das Kind ein und erst dann versuchen wir, gemeinsam Lehren aus dem Geschehenen zu ziehen.

Wenn es mal nicht so gut läuft: Das Kind besser weinen lassen, als ihm eine Lektion zu erteilen

Ein Kind muss viel lernen: Es muss lernen, seine Mama zu teilen, Platz für ein Geschwisterchen zu machen, mit Frustration und Enttäuschung umzugehen, mit Unvollkommenheit zu leben, Forderungen loszulassen, darauf zu verzichten, im Mittelpunkt der Aufmerksamkeit zu stehen, ein Nein zu akzeptieren. Denken Sie daran, dass eine der Hauptbedeutungen von Disziplin das Lehren ist. Ein großer Teil unserer Aufgabe als Eltern besteht also darin, unseren Kindern beizubringen, was sie wissen müssen. Aber wie?

Diese Lektionen fürs Leben sind viel weniger das Ergebnis von folgerichtigem Denken als von gelungener Adaption. Der Schlüssel zur Adaption liegt darin, die Vergeblichkeit anzuerkennen, wenn wir mit etwas konfrontiert sind, das nicht funktionieren wird und das wir nicht ändern können. Wenn der Adaptionsprozess auf natürliche Weise abläuft, werden die entsprechenden Lektionen spontan gelernt. Die Eltern sind nicht allein.

Der Adaptionsprozess erfüllt seine Aufgabe, unsere Kinder auf mehrere natürliche Weisen zu „disziplinieren": indem er einem Verhalten ein Ende setzt, das nicht funktioniert – indem er das Kind in die Lage versetzt, Grenzen und Beschränkungen zu akzeptieren – indem er das Loslassen von vergeblichen Forderungen erleichtert. Nur ein solcher Adaptionsprozess kann ein Kind auf unabänderliche Umstände vorbereiten. Durch diesen Prozess entdeckt ein Kind auch, dass es mit unerfüllten Wünschen leben kann. Die Adaption ermöglicht es dem Kind, sich von traumatischen Erfahrungen zu erholen und Verluste zu verkraften. Diese Lektionen können nicht unmittelbar gelehrt werden, weder durch vernünftige Argumente noch durch disziplinarische Konsequenzen. Sie müssen vom Leben gelehrt und vom Herzen verstanden werden, und dafür ist die Erfahrung der Vergeblichkeit unerlässlich.

Für die Eltern gilt es, sowohl Vermittler der Vergeblichkeit als auch Engel des Trostes zu sein. Ein zwischenmenschlicher Kontrapunkt in seiner schönsten und anspruchsvollsten Form. Um die Adaption zu erleichtern, muss der Elternteil das Kind im gemeinsamen Bindungstanz zu seinen Tränen führen, zum Loslassen und zum tiefen Gefühl der Ruhe, das mit dem Loslassen einhergeht.

Der erste Teil dieses Adaptionstanzes besteht darin, dem Kind eine „Wand der Vergeblichkeit“ vor Augen zu führen. Manchmal wird diese Wand von uns selbst errichtet, aber meistens besteht sie aus den Realitäten und Beschränkungen des täglichen Lebens: „Deine Schwester hat nein gesagt“, „Das geht nicht“, „Das kann ich dir nicht erlauben“, „Es ist nicht genug da“, „Das ist alles für heute“, „Er hat dich nicht eingeladen“, „Sie war nicht daran interessiert, dir zuzuhören“, „Sally hat das Spiel gewonnen“, „Oma kann nicht kommen“. Diese Tatsachen müssen mit Nachdruck vorgetragen werden, damit sie nicht zum Problem werden. Zweideutig zu sein – zu argumentieren, zu erklären, zu rechtfertigen – bedeutet, dem Kind nichts zu geben, worauf es sich einstellen kann. Wenn es eine Chance zu geben scheint, die Situation zu ändern, wird es nicht zur Adaption kommen. Es geht darum, das Kind an den Stand der Dinge zu gewöhnen, und nicht daran, wie es – oder auch Sie selbst – die Dinge gerne hätten.

Wird im Falle einer unabänderlichen Situation kein klarer Standpunkt eingenommen, so provoziert dies das Kind, sich der Realität zu entziehen – der Adaptionsprozess wird korrumpiert. Für die Vermittlung der Gründe wird es noch ausreichend Gelegenheit geben, jedoch erst, nachdem das Kind akzeptiert hat, dass sein Wunsch, etwas zu verändern, vergeblich ist.

Der zweite Schritt des Adaptionstanzes besteht darin, die Frustrationserfahrung des Kindes zu begleiten und ihm Trost zu spenden. Sobald die Wand der Vergeblichkeit errichtet wurde – ohne Härte, aber mit Entschiedenheit –, ist es an der Zeit, dem Kind zu helfen, in der Frustration seine Tränen zu finden. *Es sollte nicht darum gehen, eine Lektion zu erteilen, sondern Frustration in Traurigkeit umzuwandeln.* Die Lektion wird spontan gelernt, sobald diese Aufgabe erfüllt ist. Wir können Dinge sagen wie: „Es ist schlimm, wenn etwas nicht klappt“, „Ich weiß, dass du das wirklich wolltest“, „Du hattest gehofft, dass ich eine andere Antwort habe“, „Das ist nicht das, was du erwartet hast“, „Ich wünschte, es wäre anders gelaufen“. Auch hier gilt: Viel wichtiger als unsere Worte ist, dass das Kind spürt, dass wir bei ihm und nicht gegen es sind. Wenn der richtige Zeitpunkt gekommen ist, kann unsere Stimme durchaus eine gewisse Traurigkeit zum Ausdruck bringen, um die Tränen der Enttäuschung zu erleichtern. Es braucht vielleicht etwas Übung, um diesen Punkt zu erspüren, da zu schnelles Handeln oder zu viele Worte auch nach hinten losgehen können. Für diesen Tanz gibt es keine Choreographie. Die Eltern müssen sich in die Situation hineinfühlen. Auch hier lernen wir durch Versuch und Irrtum.

Es kann vorkommen, dass ein Elternteil alles richtig macht und trotzdem kläglich daran scheitert, den Adaptionsprozess in Gang zu setzen. Das Problem könnte darin bestehen, dass das Kind den Elternteil nicht als sichere Quelle des Bindungstrostes wahrnimmt. Häufiger fließen die Tränen aber deshalb nicht, weil der Adaptionsprozess festgefahren ist und das Kind aus diesem Grund eine Abwehrhaltung gegen seine Verletzlichkeit entwickelt hat. Die Akzeptanz der Vergeblichkeit bleibt aus.

Die Adaption ist nicht nur beim Kind vonnöten. Manchmal müssen wir Eltern uns an die mangelnde Adaptionsfähigkeit unserer Kinder adaptieren. Wenn der Prozess, der die natürliche Disziplin fördert, in unserem Kind nicht aktiv ist, müssen wir davon ablassen, unser Kind zu drängen. In solchen Momenten müssen wir unsere eigene Traurigkeit zulassen und uns von unseren vergeblichen Erwartungen trennen. Wenn wir das loslassen, was nicht funktioniert, werden wir vermutlich eher zufällig auf etwas stoßen, das funktioniert. Wenn die typischen Anzeichen der Adaption ausbleiben – wenn die Augen des Kindes nicht feucht werden, wenn ein Verlust keinen Kummer hervorruft, wenn die Wut nicht in Traurigkeit umschlägt –, müssen die Eltern einen anderen Weg finden, um Ordnung in das Chaos zu bringen. Glücklicherweise gibt es diese anderen Wege.

Gute Absichten fördern, statt gutes Verhalten fordern

Die vierte Veränderung im Denken erfordert eine Verlagerung des Fokus vom Verhalten auf die Absicht. Intentionen werden stark unterbewertet. Die vorherrschende Meinung in unserer Gesellschaft besagt, dass Absichten nie ausreichen und dass nur angemessenes Verhalten akzeptiert und gelobt werden sollte. Ist nicht der Weg zur Hölle mit guten Vorsätzen gepflastert? Aus entwicklungspsychologischer Sicht könnte nichts weiter von der Wahrheit entfernt sein. Gute Absichten sind Gold wert: Die Absicht ist der Grundstein der Werte und der Wegbereiter des Verantwortungsbewusstseins. Sie schafft die Voraussetzungen für den Umgang mit gemischten Gefühlen. Wenn man Intentionen ignoriert, übersieht man eine der wertvollsten Ressourcen im Erfahrungshorizont des Kindes.

Unser Ziel sollte es sein, die guten Absichten des Kindes zu fördern, wann immer sich dazu die Gelegenheit bietet. Voraussetzung für den Erfolg ist wiederum, dass das Kind ein gutes Kind für uns sein will und bereit ist, sich von uns beeinflussen zu lassen. Der erste Schritt muss wie immer darin bestehen, das Kind einzusammeln und die Verbindung zu pflegen, die uns die Macht gibt.

Als Nächstes nutzen wir unseren Einfluss, um das Kind in die richtige Richtung zu lenken – oder zumindest in eine Richtung, in der Ärger vermieden wird. Es reicht nicht aus, dass Kinder wissen, was wir wollen. Sie müssen auch die Absicht haben, unseren Wünschen zu entsprechen. Bei einem Kleinkind etwa, das nicht mit der Mama mitgehen will, müsste es auf die besprochene Weise eingesammelt und ihm dann ein Anstoß für die Absicht gegeben werden, die es in die gewünschte Richtung lenkt. „Meinst du, du könntest Oma jetzt in den Arm nehmen und dich von ihr verabschieden?", Ich brauche Hilfe, um das zum Auto zu tragen. Meinst du, du kannst mir dabei helfen?" Der Trick besteht darin, das Kind dazu zu bringen, sein eigenes kleines Steuerrad in die Hand zu nehmen – so wie in Vergnügungsparks viele Fahrgeschäfte kleine Steuerräder haben, die den Zug oder das Auto nicht wirklich lenken, sondern dem kleinen Fahrer das Gefühl geben, dass er das Geschehen lenkt. Noch besser ist es, Probleme im Voraus zu vermeiden, indem man rechtzeitig an das Gefühl der Selbstbestimmung des Kindes appelliert. Wenn Sie zum Beispiel wissen, dass Sie auf Widerstand stoßen werden, wenn es Zeit ist zu gehen, sammeln Sie das Kind vorher schon ein und bitten Sie es darum, später mitzukommen, wenn es so weit sein wird. „Bist du bereit, deine Schuhe anzuziehen, wenn wir gleich gehen müssen?" Wenn wir dem Kind zeigen, dass ihm dies möglicherweise schwerfallen wird, es aber fragen, ob es ihm trotzdem möglich sein wird, wird es sich höchstwahrscheinlich nicht dagegen sträuben.

Will man in älteren Kindern gute Absichten wecken, muss man ihnen seine eigenen Werte vermitteln – oder in den Kindern die Saat der eigenen Werte aufspüren. Zum Beispiel könnte ein Elternteil seine eigenen Ziele in Bezug auf den Umgang mit Frustration weitergeben: „Ich bin immer stolz auf mich, wenn ich frustriert sein kann, ohne jemanden zu beleidigen. Ich denke, du bist jetzt alt genug, um es zu versuchen. Was meinst du dazu? Hast du Lust, daran zu arbeiten?" Bei Kindern, die dazu neigen, in den Sog der eigenen Intensität zu geraten, kann es sinnvoll sein, vorbeugend mit dem Kind zu sprechen, bevor es sich in eine Aktivität stürzt, bei der Probleme auftreten könnten. „Ich weiß, dass du dich manchmal mitreißen lässt, wenn du Spaß hast, und dann vergisst aufzuhören, wenn jemand dich darum bittet. Kann ich mich darauf verlassen, dass du heute darauf achtest? Ich weiß, dass du es liebst, wenn die anderen Kinder zum Spielen hier sind, und ich möchte, dass ihr so lange wie möglich Spaß haben könnt."

Damit soll nicht gesagt sein, dass der Aufruf zur guten Absicht automatisch zum gewünschten Verhalten führt. Selbst bei Erwachsenen führen gute Absichten nicht immer zu Taten. Aber irgendwo muss das Kind ja anfangen, und das Zielen in die richtige Richtung ist ein guter Anfang.

Indem wir eine gute Absicht wecken, lenken wir die Aufmerksamkeit nicht auf unseren eigenen Willen, sondern auf den des Kindes. Anstelle von „Ich will, dass du …", „Es ist erforderlich, dass du …", „Du solltest …", „Ich habe dir gesagt, du sollst …", „Du musst …", können Sie versuchen, eine Absichtserklärung oder zumindest ein die Absichtserklärung bestätigendes Nicken zu bewirken: „Kann ich mich darauf verlassen, dass du –?", „Bist du bereit, es zu versuchen?", „Glaubst du, du könntest …?", „Bist du bereit zu …?", „Denkst du, du kannst jetzt damit umgehen?", „Versuchst du, daran zu denken?" Es gibt natürlich Situationen, in denen wir unseren Willen durchsetzen müssen. So notwendig das auch sein mag, es führt nicht von selbst zu guten Absichten auf Seiten des Kindes. Und das Durchsetzen unseres Willens ist immer kontraproduktiv, wenn es zwanghaft oder ohne eine gute Verbindung geschieht.

Das Wecken von guten Absichten ist eine sichere und äußerst wirksame Erziehungsmethode. Sie verändert die Kinder von innen heraus. Was durch das Wecken guter Absichten nicht erreicht werden kann, wird wahrscheinlich auch nicht mit anderen Mitteln erreicht werden.

Es ist unerlässlich, die guten Absichten eines Kindes anzuerkennen, anstatt es mit seinen Impulsen, Handlungen oder Misserfolgen gleichzusetzen. Eltern müssen so unterstützend und ermutigend wie möglich sein: „Ich weiß, dass du das nicht gewollt hast", „Ist schon gut, du schaffst das schon", „Ich bin froh, dass du das nicht gewollt hast, das ist mir wichtig, das zu wissen". Wenn wir den unvermeidlichen Misserfolgen nicht den Stachel nehmen, wird das Kind in Versuchung geraten aufzugeben. Absichten müssen sorgfältig genährt werden, damit sie Früchte tragen können.

Wenn wir es nicht schaffen, gute Absichten zu wecken, ist entweder das Kind noch nicht reif oder wir sind nicht überzeugend genug – oder die Bindungsbeziehung ist von Problemen belastet. Die Bindung des Kindes zu uns ist möglicherweise unterbrochen – das Kind hat eine Bindungsabwehr aufgebaut – oder aber sie ist unzureichend entwickelt. Unsere Unfähigkeit, beim Kind gute Absichten zu wecken, sollte uns auf diese zugrunde liegenden Probleme aufmerksam machen und uns dazu bewegen, entsprechende Schritte zu unternehmen. Selbst unsere kurzfristigen Misserfolge können auf diese Weise langfristig einem positiven Zweck dienen. Auf dem „schlechten"

Benehmen eines Kindes herumzureiten, wenn es uns nicht einmal gelingt, die Absicht in ihm zu wecken, sich „gut“ zu verhalten, bedeutet, das Pferd von hinten aufzuzäumen.

Locken Sie gemischte Gefühle hervor, anstatt zu versuchen, impulsives Verhalten zu unterbinden

„Hör auf zu schlagen“, „Unterbrich mich nicht“, „Lass das“, „Lass mich in Ruhe“, „Hör auf, dich wie ein Baby zu benehmen“, „Sei nicht so unhöflich“, „Reiß dich zusammen“, „Spiel dich nicht so auf“, „Sei nicht albern“, „Hör auf, sie zu nerven“, „Sei nicht so gemein“. Impulsives Verhalten unterbinden zu wollen, ist, als würde man sich vor einen Güterzug stellen und ihm befehlen anzuhalten. Wenn das Verhalten eines Kindes von Instinkten und Gefühlen gesteuert wird, besteht kaum eine Chance, durch Konfrontation und das Brüllen von Befehlen für Ordnung zu sorgen.

In der Geschichte der Psychologie gab es eine Zeit, in der das kindliche Gehirn als Tabula rasa, als unbeschriebenes Blatt, angesehen wurde, frei von inneren Kräften, die dem Kind diktieren, auf die eine oder andere Weise zu handeln. Wäre dies der Fall, ließe sich das Verhalten eines Kindes relativ leicht entweder durch Anweisungen oder durch Konsequenzen unter Kontrolle bringen. Während viele Eltern und Pädagogen immer noch von dieser Illusion geleitet werden, hat die moderne Wissenschaft eine völlig andere Sichtweise entwickelt. Neuropsychologen, die das menschliche Gehirn studieren, sind dabei, die instinktiven Wurzeln des menschlichen Verhaltens freizulegen. Viele Reaktionen eines Kindes werden von Instinkten und Emotionen gesteuert, die spontan und automatisch auftreten und nicht auf bewussten Entscheidungen beruhen. In den meisten Lebenslagen unterliegen Kinder (und andere unreife Menschen) einem inneren Impuls, sich auf eine bestimmte Weise zu verhalten. Das ängstliche Kind folgt dem instinktiven Befehl, sich der Situation zu entziehen. Das verunsicherte Kind unterliegt in vielen Fällen dem inneren Zwang, sich festzuhalten und zu klammern. Frustration veranlasst ein Kind oft dazu, Forderungen zu stellen, zu schreien oder anzugreifen. Das beschämte Kind ist dem inneren Auftrag unterworfen, sich zu verstecken oder sein Handeln zu verbergen. Das widerspenstige Kind widersetzt sich automatisch dem Willen seines Gegenübers. Wenn ein Kind impulsiv ist, regieren die Impulse. Es herrscht eine Ordnung in diesem Universum, nur nicht die Art von Ordnung, die wir gerne sehen würden. Das Gehirn tut nur seine Pflicht, indem es das Kind den aktivierten Emotionen und Instinkten gemäß leitet.

Es gibt eine Alternative zur Konfrontation. Der Schlüssel zur Selbstkontrolle ist nicht Willenskraft, wie wir früher dachten, sondern gemischte Gefühle. Wenn sich widersprüchliche Impulse miteinander vermengen, heben sich die Befehle gegenseitig auf, sodass das Kind das Steuer übernehmen kann. Es entsteht eine neue Ordnung, in der das Verhalten weniger auf Impulsen als auf Absichten beruht. Ein solches Verhalten ist viel weniger getrieben und daher viel leichter zu steuern. Unsere Aufgabe ist es, dem Kind die widersprüchlichen Gefühle und Gedanken, die in ihm vorhanden sind, bewusst zu machen. Wie wir in Kapitel 9 erörtert haben, ist die ursprüngliche Bedeutung von *temperare*, verschiedene Elemente richtig miteinander zu vermischen. Genau das gilt es zu erreichen. Anstatt zu versuchen, sein Verhalten zu ändern, versuchen wir, sein „vermischendes" *mäßigendes Element* hervorzulocken, um den Impuls zu dämpfen, der das Kind in Schwierigkeiten bringt.

Bei einem Kind, das voller Angriffsgefühle ist, wollen wir zum Beispiel die Gefühle, Gedanken und Impulse ins Bewusstsein rufen, die dem kämpferischen Impuls entgegengesetzt sind. Dieses Ziel kann nicht durch Konfrontation erreicht werden. Konfrontation führt bestenfalls zu einer willenlosen Einwilligung oder eben zu einer Haltung des Trotzes. Sie trägt nicht dazu bei, die Impulskontrolle von innen heraus entstehen zu lassen. Die mäßigenden Elemente könnten Gefühle der Zuneigung, der Fürsorge oder der Besorgnis sein. Das Kind könnte sich Sorgen machen, verletzt zu werden, oder Angst haben, in Schwierigkeiten zu geraten. Wenn das Kind von Impulsen des Gegenwillens getrieben wird, sollten wir ihm starke Gefühle der Verbundenheit, des Wunsches, zu gefallen und Erwartungen zu erfüllen, ins Bewusstsein rufen. Der Trick besteht darin, alle gemischten Gefühle gleichzeitig ins Bewusstsein zu rufen.

Wenn wir widersprüchliche Gefühle ins Bewusstsein locken wollen, müssen wir die Ebene des problematischen Vorfalls verlassen und uns auf die Ebene der Beziehung begeben, wo wir die Führung übernehmen können. Diese Aufgabe sollte erst dann in Angriff genommen werden, wenn die Intensität der Gefühle etwas nachgelassen hat.

Es ist immer klüger, das Kind zuerst an die mäßigenden Impulse zu erinnern und erst danach an die unkontrollierten Gefühle, die es in Schwierigkeiten gebracht haben. Sobald uns das Kind freundlich zugewandt ist, können wir ihm die vorangegangene Frustration wieder ins Gedächtnis rufen. „Wir haben gerade so viel Spaß miteinander. Ich erinnere mich an heute Morgen, als du nicht sehr glücklich mit mir warst. Du warst sogar so wütend, dass du es mir richtig gezeigt hast." Wir müssen diesen gemischten Gefühlen Raum geben. „Ist es nicht komisch, dass wir auf die, die wir lieben, so wütend werden können?“ Das Gleiche gilt für Gefühle des Gegenwillens. „Im Moment scheint es dir leicht zu fallen, das zu tun, worum ich dich bitte. Vor ein paar Stunden hattest du noch das Gefühl, ich würde dich rumkommandieren.“

Problematisches Verhalten anzugehen, indem dass mäßigende Element hervorgelockt wird, ist eine bindungsfreundliche Vorgehensweise. Wir als Eltern übernehmen die Führung, indem wir sowohl „das eine“ als auch „das andere“ im Kind sehen. Wir laden widersprüchliche Elemente ein, nebeneinander zu existieren, und vermitteln Akzeptanz für das Seelenleben des Kindes. Diese Art von Disziplin bringt uns unsere Kinder näher, anstatt sie von uns wegzustoßen.

Wie oft sagen wir unseren Kindern, sie sollen endlich Ruhe geben – als könnten sie ihre eigene Psyche zum Schweigen bringen! Wir können ein Verhalten, das so tief in Instinkt und Gefühl verwurzelt ist, nicht aus dem Verhaltensrepertoire eines Kindes verbannen. Unsere Impulse begleiten uns, solange wir leben. Wenn wir nicht völlig abgestumpft sind, sollten wir all diese Impulse spüren können, die mit Scham, Unsicherheit, Eifersucht, Besitzdenken, Angst, Frustration, Schuld, Gegenwillen, Furcht und Wut verbunden sind. Die Antwort der Natur besteht nicht darin, etwas zum Schweigen zu bringen, sondern darin, dem Bewusstsein etwas hinzuzufügen, das den fraglichen Impuls gegebenenfalls in Schach hält.

Einem impulsiven Kind eher gewünschtes Verhalten vermitteln, als Reife einzufordern

Nicht alle Kinder sind bereit für die bisher erörterten fortgeschrittenen Methoden, sie zu ermutigen und ihnen Disziplin zu vermitteln. Wenn ein Kind zum Beispiel noch keine gemischten Gefühle entwickelt hat, ist es nicht in der Lage, mäßigende Erfahrungen zu machen, egal wie geschickt oder gewissenhaft wir auch vorgehen mögen.

Kindern mit Problemen im Bereich der Selbstbeherrschung fehlt es außerdem an der Fähigkeit, die Auswirkungen ihres Verhaltens zu erkennen oder die Konsequenzen vorauszusehen. Sie sind nicht in der Lage, sich ihr Handeln zweimal zu überlegen – oder zu erkennen, wie es sich auf andere Menschen auswirkt. Sie sind nicht in der Lage, den Standpunkt eines anderen gleichzeitig mit ihrem eigenen zu berücksichtigen. Diese Kinder werden oft als unsensibel, egoistisch, unkooperativ, unzivilisiert und sogar lieblos wahrgenommen. Wenn wir sie so einstufen, verleiten wir uns nur selbst dazu, über ihr Verhalten in Rage zu geraten und Forderungen zu stellen, die sie unmöglich erfüllen können. Kinder, deren Bewusstsein eindimensional ist, können nicht einmal so banale Forderungen erfüllen wie: Sei brav, sei nicht unhöflich, unterbrich nicht, sei nett, sei fair, sei nicht gemein, sei geduldig, mach keine Szene, versuch dich mit den anderen zu vertragen – oder all die anderen Befehle, die wir ihnen entgegenschleudern. Wir können unsere Kinder nicht dazu bringen, reifer zu sein als sie sind, egal wie sehr wir darauf bestehen, dass sie „erwachsen" werden. Von ihnen Unmögliches zu erwarten, ist frustrierend und – was noch schlimmer ist – suggeriert, dass mit ihnen etwas nicht stimmt. Kinder können ein solches Gefühl der Scham nicht ertragen, ohne in die Defensive zu gehen. Um die Beziehung zu einem Kind zu bewahren, das schlichtweg noch nicht in der Lage ist, sich erwachsen zu verhalten, müssen wir unrealistische Forderungen und Erwartungen über Bord werfen.

Im Umgang mit unreifen Kindern gibt es eine Alternative: Anstatt zu verlangen, dass sie aus heiterem Himmel reifes Verhalten an den Tag legen, können wir ihnen eine Art Drehbuch für das gewünschte Verhalten an die Hand geben. Das Befolgen unserer *Regieanweisungen* wird das Kind nicht reifer machen, aber es wird ihm ermöglichen, in sozialen Situationen zu funktionieren, für die es sonst entwicklungsbedingt noch nicht bereit wäre.

Regieanweisungen für das Verhalten eines Kindes anzubieten, bedeutet, dass wir ihm Hinweise geben, was zu tun ist und wie es sich verhalten soll. Wenn Kinder noch nicht in der Lage sind, sich spontan zu integrieren, müssen ihre Handlungen von jemandem inszeniert oder choreografiert werden, von dem das Kind die Stichworte erhält: „So hält man ein Baby", „Jetzt ist Matthew an der Reihe", „Wenn du Oma umarmen möchtest, ist jetzt ein guter Zeitpunkt dafür", „So streicheln wir die Katze", „Jetzt ist Papa an der Reihe zu sprechen", „Jetzt ist es an der Zeit, leise zu sprechen".

Erfolgreiche Regieanweisungen erfordern, dass der Erwachsene sich selbst als Stichwortgeber für das Kind versteht. Auch hier beginnen wir mit den Grundlagen: Wir sammeln das Kind zuerst ein, um dann aus der Beziehung heraus wirken zu können. Es ist so ähnlich wie bei der Gänsemutter mit ihren Gänseküken: Wir holen den Nachwuchs in unseren Windschatten, bevor wir sein Verhalten auf Kurs bringen. Sobald ein Kind uns folgt, können wir die Führung übernehmen. Natürlich ist unsere Fähigkeit, einem Kind sein Verhalten vorzuschreiben, nur so gut wie die Bindung des Kindes zu uns. Sie muss nicht einmal besonders tief oder vertraut sein, nur stark genug, um den Instinkt zur Nacheiferung und Imitation zu wecken.

Für eine erfolgreiche Regie müssen unsere Anweisungen, was zu tun ist und wie es sich zu verhalten gilt, auf eine Art und Weise gegeben werden, der das Kind folgen kann. Negative Anweisungen funktionieren nicht, da sie dem Kind nicht wirklich vermitteln, was es tun soll. Unreife und besonders festgefahrene Kinder nehmen tatsächlich oftmals ausschließlich den Teil des Befehls wahr, der sich auf eine Handlung bezieht! Das „nicht" wird oft aus dem Bewusstsein gestrichen, was zum genauen Gegenteil des gewünschten Verhaltens führt. Wir müssen unsere Aufmerksamkeit verlagern, und zwar weg vom problematischen Verhalten und hin zu den konkret erwünschten Handlungen. Noch effektiver ist es, dem Kind das gewünschte Verhalten vorzuführen. Wie ein Regisseur, der mit Schauspielern arbeitet, oder ein Choreograf, der mit Tänzern arbeitet, entsteht das Resultat zuerst in den Köpfen der Erwachsenen.

Ein Beispiel für eine solche Situation mit Regieanweisungen, die das gewünschte Verhalten herbeiführen sollen – eine Situation, in der diese Herangehensweise intuitiv leichter fällt als in vielen anderen –, ist, wenn wir versuchen, einem Kind das Skifahren beizubringen. In diesem Fall sind wir uns der Tatsache vollkommen bewusst, dass es sinnlos wäre, einem Kind zu befehlen: „Halte das Gleichgewicht", „Fall nicht hin", „Fahr langsamer", „Behalte die Kontrolle", „Fahr in Schwüngen". Dies sind zwar die Ergebnisse eines richtig vermittelten Verhaltens, sie können aber nicht das sein, was wir verlangen, zumindest nicht, bis das Kind das Skifahren erlernt hat. Stattdessen können wir einem Kind zeigen, wie es seine Skier zu einem Pizzastück – oder Schneepflug – zusammenbringt, und ihm dann Hinweise geben, die es befolgen kann, z. B. „Mach ein Pizzastück", „Verlagere dein Gewicht nach rechts", „Berühre deine Knie" und so weiter. Das Endergebnis werden ein gutes Gleichgewicht, kontrolliertes Bremsen und Wenden sein. Es sieht dann so aus, als ob der Skianfänger Skifahren könnte, in Wirklichkeit folgt das Kind nur den Anweisungen, bis die einzelnen Schritte verinnerlicht sind und schließlich selbstständig ausgeführt werden können. Anders als beim Skifahren erlangen wir in der menschlichen Interaktion erst mit der Reife die Fähigkeit, aus uns selbst heraus die angemessenen Handlungen und Reaktionen hervorzubringen.

Beim Sozialverhalten dürfen wir uns nicht auf die Beziehungen zwischen Kindern konzentrieren. Bei diesem Prozess der Anweisungen folgt das Kind dem Erwachsenen. Regieanweisungen dienen nicht dazu, dem Kind soziale Fähigkeiten beizubringen – was im Allgemeinen eine sinnlose Übung ist –, sondern dazu, die soziale Interaktion zu koordinieren, bis Reifung und echte

Sozialisation eintreten. Aus diesem Grund liegt der Schwerpunkt nicht auf der Beziehung zwischen den Kindern, sondern darauf, dass den Hinweisen des Erwachsenen gefolgt wird.

Die folgende Geschichte wurde mir von einer guten Freundin erzählt, die beruflich Supervisionen von Lehrern leitet. Der Vorfall ereignete sich, als sie den Unterricht einer Lehrerin einer zweiten Klasse begleitete, die aufgrund ihres ideenreichen Umgangs mit den Schülern einen hervorragenden Ruf genoss. Ein Förderschüler hatte darum gebeten, den Raum verlassen zu dürfen, um auf die Toilette zu gehen. Als er wieder in die Klasse kam, verkündete er, dass er es dieses Mal ganz allein geschafft habe. Er war sich der Tatsache gar nicht bewusst, dass seine Hose und Unterhose noch an seinen Knöcheln hingen. Was dann geschah, war erstaunlich. Statt des beschämenden Gelächters, das man bei einer solchen Gelegenheit erwarten würde, wandten sich die Schüler zu ihrer Lehrerin um und sahen sie fragend an. Sie applaudierte anerkennend, und alle Schüler folgten ihrem Beispiel.

Die Interaktion war wunderbar zivilisiert und von bemerkenswerter Würde. Die Verletzlichkeit eines anderen zu spüren und sie zu schützen, erfordert sowohl Reife als auch Geschick. Die Reife und das Geschick lagen jedoch bei der Lehrerin, nicht bei den Schülern. In ihrem Fall war das, was wie soziale Kompetenz aussah, einfach das Befolgen von Regieanweisungen. Die Antwort lag nicht in den Beziehungen zwischen den Schülern, sondern in der Beziehung der einzelnen Schüler zu ihrer Lehrerin. Unreife Wesen sollten in der sozialen Interaktion nicht sich selbst überlassen werden.

Viele Verhaltensweisen lassen sich einstudieren: Fairness, Helfen, Teilen, Kooperation, Konversation, Sanftmut, Rücksichtnahme und „Miteinanderauskommen". Kinder dazu zu bringen, sich reif zu verhalten, macht sie zwar nicht reifer, aber es hält sie von Ärger fern, bis die grundlegenden Hürden ihres Entwicklungsprozesses überwunden sind und sie an Reife aufgeholt haben. Kindern zu helfen, mit Hilfe von Regieanweisungen Schwierigkeiten zu umschiffen, sichert die Beziehung und wirkt in beide Richtungen – es fördert ihre Bindung zu uns und unsere Bindung zu ihnen.

Wenn Sie das Kind nicht ändern können, versuchen Sie, seine Welt zu ändern

Je weniger Kinder diszipliniert werden müssen, desto wirksamer wird jede Methode sein. Umgekehrt gilt: Je disziplinierungsbedürftiger ein Kind ist, desto weniger wirksam werden die üblichen Disziplinierungsmaßnahmen sein.

Was die Disziplinierung von Kindern so schwierig macht, ist das Fehlen der Voraussetzungen, welche die Grundlage für unsere, der natürlichen Ordnung entsprechende, strukturgebende Rolle bilden. Es ist schwierig, ein Kind zu disziplinieren, das sich nur schwer dazu bewegen lässt, jenen Gedanken und Gefühlen Raum zu geben, welche die belastenden Impulse im Zaum halten würden, das nicht dazu gebracht werden kann, gute Vorsätze zu fassen, oder das nicht in der Lage ist, die Vergeblichkeit einer Vorgehensweise zu spüren, und dem es an Motivation mangelt, für seine Bezugspersonen gut zu sein. Bei solchen Kindern ist die Versuchung groß, mit harter Hand durchzugreifen. Leider geht die Anwendung von Zwang in der Regel aus denselben Gründen nach hinten los, aus denen das Kind von vornherein schwieriger zu disziplinieren ist: Zwang ruft Gegenwillen hervor, Bestrafung provoziert Vergeltung, Anschreien führt zum Verstummen, Sanktionen rufen Aggressionen hervor, Auszeiten führen zu emotionaler Distanzierung. Wenn vernünftige Disziplinierungsversuche nicht funktionieren, besteht die Antwort nicht darin, härter zu disziplinieren, sondern anders.

Angesichts der Tatsache, dass Zwangsmethoden letztlich aussichtslos sind, kommen wir nun zum letzten, aber keineswegs unwichtigsten Instrument im Werkzeugkasten der natürlichen Disziplinierungstechniken: Ordnung in die Umgebung des Kindes bringen. Hier geht es nicht darum, „schlechtes" Verhalten zu ändern oder zu unterbinden, sondern darum, die Erfahrungen zu verändern, die das Verhalten hervorrufen. Anstatt in diesen Fällen weiter zu versuchen, das Kind zu ändern, kann es sinnvoller sein, die Situationen und Umstände zu verändern, die das Problemverhalten auslösen.

Dieser disziplinarische Ansatz erfordert von den Eltern drei Dinge: (1) Die Fähigkeit, die Vergeblichkeit anderer Disziplinierungsmaßnahmen zu erkennen und von dem abzulassen, was nicht funktioniert, (2) Erkenntnisse darüber, welche Faktoren im Umfeld des Kindes das problematische Verhalten auslösen, und (3) eine Befähigung, diese ungünstigen Faktoren zu verändern oder zu kontrollieren. Nur ein wirklich adaptionsfähiger Elternteil spürt, dass es sinnlos ist, auf dem Verhalten des Kindes herumzureiten und gegen das anzukämpfen, was er nicht ändern kann: in diesem Fall das impulsive Benehmen des Kindes. Hier sind wirklich kluge Eltern gefragt, die sich auf das konzentrieren, worauf das Kind reagiert – auf die Umstände und Situationen in der Umgebung des Kindes. Mit anderen Worten, Eltern müssen zunächst von ihren Versuchen ablassen, das Kind ändern zu wollen.

Verständnis ist der Schlüssel. Man muss das problematische Verhalten ausblenden, um zu sehen, worauf das Kind eigentlich reagiert. Wie wir das Problem wahrnehmen, bestimmt letztlich, was wir dagegen tun. Wenn wir feststellen, dass ein Kind eigensinnig ist, neigen wir dazu, uns darauf zu konzentrieren, sein Verhalten zu korrigieren, welches uns missfällt und ärgert. Würden wir stattdessen erkennen, dass das Kind sich lediglich von seinen Impulsen mitreißen lässt, läge unser Fokus viel eher darauf, die Situation zu verändern, die diese Impulse überhaupt erst hervorgerufen hat. Wenn wir nur sehen, dass ein Kind einen Wutanfall bekommt oder jemanden angreift, konzentrieren wir uns wahrscheinlich auf die Aggression. Wenn wir hingegen erkennen, dass ein Kind nicht in der Lage ist, mit seiner Frustration umzugehen, können wir versuchen, die Umstände zu ändern, die es frustrieren. Wenn wir ein Kind sehen, das sich unserer Aufforderung widersetzt, zur Schlafenszeit in seinem Zimmer zu bleiben, können wir das als einen Fall von Ungehorsam deuten. Wenn wir jedoch erkennen, dass ein kleines Kind von Trennungsängsten oder seiner Angst vor der Dunkelheit überwältigt wird, werden wir alles daransetzen, sein Zubettgehen weniger bedrohlich zu gestalten. Wenn wir sehen, dass ein Kind sich weigert, zu tun was ihm gesagt wird, wollen wir seinen Ungehorsam unterbinden. Wenn wir aber stattdessen entdecken, dass der Gegenwille des Kindes durch unseren Erwartungsdruck ausgelöst wird, werden wir nach Möglichkeiten suchen, diesen Druck zu verringern. Wir können ein Kind auf seine „schlechten" Manieren aufmerksam machen, wenn wir feststellen, dass es einem Erwachsenen gegenüber unhöflich ist, weil es sich weigert, mit ihm zu kommunizieren. Erkennen wir aber, dass es nur die angeborene Schüchternheit des Kindes ist, die es daran hindert, mit ihm unbekannten Menschen zu kommunizieren, würden wir alles in unserer Macht Stehende tun, um es zu beruhigen. Hätten wir die Weisheit zu erkennen, dass ein Kind die Wahrheit nur deshalb verschweigt, weil es sich unserer Liebe nicht sicher genug ist, um unseren Zorn oder unsere Enttäuschung zu riskieren, würden wir tun, was wir können, um ihm das Gefühl der absoluten Sicherheit zurückzugeben. „Wer allein hat Gründe, sich wegzulügen aus der Wirklichkeit? Der an ihr leidet!", schrieb Friedrich Nietzsche.

In all diesen Situationen wird unser Eingreifen nur so effektiv sein, wie unser Verständnis für unser Kind tief ist. Wenn aber die Umgebung des Kindes sein Verhalten beeinflusst und dieses Verhalten sich sowohl seiner als auch unserer Kontrolle entzieht, dann ist das einzig Sinnvolle, unseren Fokus vom Verhalten des Kindes auf das zu verlagern, was dieses Verhalten provoziert.

Aber wenn wir die Situation des Kindes ständig verändern, um die Frustration oder den Druck, den es erlebt, zu verringern, riskieren wir dann nicht, die Adaption des Kindes an seine Umwelt zu untergraben? Fördern wir damit nicht eine ungesunde Abhängigkeit von uns? Das ist durchaus wahr. In meiner Beratungspraxis mit Eltern treffe ich auf viele einfühlsame und fürsorgliche Eltern, die unwissentlich die Adaption ihres Kindes beeinträchtigen, indem sie diesen Ansatz bis zum Äußersten ausreizen. Er sollte niemals andere Methoden der Disziplinierung ausschließen – so sollten wir zum Beispiel weiterhin Gefühle der Vergeblichkeit hervorlocken, wenn Dinge nicht geändert werden können oder sollen. Wir dürfen es nie versäumen, dem Kind zu helfen, von der Frustration zur Vergeblichkeit überzugehen, wann immer sich die Gelegenheit bietet, gemischte Gefühle hervorzurufen und gute Absichten zu wecken. Wenn wir in der Lage sind, das Kind selbst zu einer positiven Veränderung zu bewegen, sollten wir definitiv nicht versuchen, stattdessen die Welt des Kindes zu verändern.

Kommen wir noch einmal kurz auf die Strukturen zu sprechen, die ich im letzten Kapitel kurz erwähnt habe. Der Einsatz von Strukturen und Routine ist ein wirksames Mittel, um die Welt eines Kindes – und damit auch sein Verhalten – zu ordnen. Je weniger ein Kind für andere Formen der Disziplinierung empfänglich ist, desto mehr müssen wir dies durch die Strukturierung seines Lebens ausgleichen. Strukturen schaffen eine vorhersehbare Umgebung für das Kind und sorgen für die notwendigen Rituale und Routinen. Das war eine der traditionellen Funktionen der Kultur, da aber nun Bräuche und Traditionen untergraben werden, verliert das Leben an Struktur und wird zunehmend chaotischer. In einer solchen Atmosphäre geraten Kinder, die in ihrer Entwicklung noch nicht weit genug sind, aus dem Gleichgewicht. Die Eltern reagieren, indem sie immer mehr Vorschriften machen und Druck ausüben – eine verhängnisvolle Kombination.

Es müssen Strukturen geschaffen werden für Mahlzeiten und Schlafenszeiten, für Trennungen und Wiedersehen, für Hygiene und Aufräumen, für familiäre Interaktionen und Nähe, für Üben und Hausaufgaben, für selbstbestimmtes Spiel und kreative Einsamkeit. Gute Strukturen lenken die Aufmerksamkeit nicht auf sich selbst oder auf die zugrunde liegende Absicht und sie minimieren Bevormundung und Zwang. Gute Strukturen sind nicht nur Einschränkungen, sie sind auch ein kreativer Rahmen. Eine sehr wichtige Routine ist zum Beispiel, dass dem Kind an einem bestimmten Ort und zu einer bestimmten Zeit vorgelesen wird. Der Hauptzweck dieser Struktur besteht darin, eine Gelegenheit für persönliche Nähe und Verbindung zu schaffen und das Kind mit guter Literatur vertraut zu machen, ohne Druck auszuüben.

Je festgefahrener ein Kind in seiner Entwicklung ist, desto wichtiger sind Strukturen. Strukturen bieten Vertrautheit, etwas, wonach sich entwicklungsgehemmte Kinder instinktiv sehnen. Sie schaffen positive Gewohnheiten. Am wichtigsten ist es, dass Strukturen die Notwendigkeit des Herumkommandierens und des Zwangs seitens der Erwachsenen verringern und so unnötige Konflikte verhindern.

In diesem Kapitel haben wir auf Methoden verzichtet, mit denen wir das Kind von uns stoßen würden. Eltern in früheren Zeiten mögen mit solchen Techniken davongekommen sein, aber wenn das der Fall war, dann nur deshalb, weil sie keinen Grund hatten, die konkurrierenden Bindungen zu fürchten, mit denen die Eltern von heute konfrontiert sind. Es gab keine Orientierung an Gleichaltrigen, die die Kinder aus dem Kreis der Familie herausgezogen hätte. Heute bleibt uns als vernünftige Methode nur eine Form der Disziplin, die unsere Verbindung zu unserem Kind bewahrt und seinen Reifungsprozess fördert. Reife – die ultimative Lösung für Probleme in Sachen Disziplin – kann nicht über Nacht erreicht werden, aber unsere Geduld wird sich auszahlen. Und selbst auf kurze Sicht haben wir Eltern sicherlich schon genug zu tun, auch ohne unsere Kinder zu provozieren.

TEIL V

Vermeidung der Gleichaltrigenorientierung

KAPITEL 17

Kein Umwerben der Konkurrenz

Wir müssen aufhören, die Altersgenossen unserer Kinder in die Lage zu versetzen, unseren Platz einzunehmen, und dürfen dabei natürlich nicht vergessen, dass nicht die gleichaltrigen Freunde unseres Kindes der Feind sind, sondern die Gleichaltrigenorientierung.

Wir haben uns von der Gleichaltrigenorientierung täuschen lassen, ganz ähnlich wie die Bewohner Trojas vom Trojanischen Pferd. Da die Trojaner dieses große hölzerne Pferd für ein Geschenk der Götter hielten, brachten sie es in ihre Stadt und ebneten damit den Weg für deren Zerstörung. Auf die gleiche Weise sehen heute Eltern und Lehrer eine frühe und häufige Interaktion mit Gleichaltrigen in einem positiven Licht. Wir ermutigen dazu, ohne uns der Risiken bewusst zu sein, die mit einer solchen Interaktion ohne Lenkung und ohne Beteiligung von Erwachsenen einhergehen. Wir unterscheiden nicht zwischen Beziehungen zu Gleichaltrigen, die sich unter der bewussten und wohlwollenden Anleitung von Erwachsenen bilden, und den Kontakten mit Gleichaltrigen, die aufgrund von Bindungslücken entstehen. Wir fördern unbewusst die Gleichaltrigenorientierung und ermöglichen damit, dass die Bindungen unserer Kinder zu uns untergraben werden. Hätten die Trojaner ihre griechischen Feinde, die in dieser trügerischen Vorrichtung lauerten, sehen können, hätte man sie nicht täuschen können. Genau das ist heute unser Problem. Das trojanische Pferd der Gleichaltrigenorientierung wird eher als ein Geschenk denn als die Bedrohung wahrgenommen, die sie tatsächlich ist.

Es ist verständlich, dass wir die negativen Auswirkungen nicht vorhersehen, da sie für uns zunächst verlockend und verführerisch sind. Auf den ersten Blick scheinen Kinder, die sich an Gleichaltrigen orientieren, unabhängiger zu sein, weniger zu klammern, in der Schule weniger Probleme zu haben, umgänglicher und kultivierter zu sein. Kein Wunder, dass wir darauf hereinfallen – wir sind uns der Mechanismen, die hier am Werk sind, und der Kosten, die langfristig folgen werden, nicht bewusst. Wie kann man diese Falle dann vermeiden?

Lassen Sie sich von den ersten positiven Anzeichen der Gleichaltrigenorientierung nicht blenden

Viele Erwachsene halten die Tatsache, dass Kinder sich gemeinsam die Zeit vertreiben können, für ein Zeichen von Selbstständigkeit. Gleichaltrige scheinen für ein Kind die besten Babysitter zu sein. Vor allem in einer Zeit, in der Eltern, wenn es um die Betreuung von Kindern geht, nicht mehr auf Großeltern, andere Familienmitglieder und die Gemeinschaft, in der sie leben, zurückgreifen können, können Gleichaltrige wie ein Geschenk des Himmels erscheinen, da sie müden und erschöpften Eltern und Lehrern eine Pause verschaffen. Wie viele von uns waren nicht schon einmal dankbar, wenn die Einladung eines Freundes unseres Kindes uns am Wochenende einen kinderfreien Tag verschafft hat, an dem wir uns entspannen konnten oder die dringend benötigte Zeit und den Raum fanden, um an dringenden Projekten zu arbeiten. Die Kinder scheinen glücklich zu sein und wir haben weniger Arbeit. Wir können uns kaum vorstellen, wie viel mehr Zeit, Energie, Kosten und gegensteuernde Erziehung diese Erfahrungen in späteren Jahren fordern werden, sollte sich die Gleichaltrigenorientierung verfestigen.

Kinder, die sich an Gleichaltrigen orientieren, wirken im Vergleich zu erwachsenenorientierten Kindern weniger bedürftig und reifer. Sie drängen uns nicht mehr, etwas mit ihnen zu unternehmen, an ihrem Leben teilzuhaben, uns ihre Sorgen anzuhören oder ihnen bei ihren Problemen hilfreich zur Seite zu stehen. Angesichts des hohen Stellenwerts, den wir in unserer Gesellschaft der Unabhängigkeit beimessen – unserer eigenen und der unserer Kinder –, hat die Gleichaltrigenorientierung gute Chancen. Wir vergessen völlig, dass das Aufwachsen Zeit braucht. In unserer postindustriellen Kultur haben wir es immer nur eilig. Wir würden vermutlich nicht auf den falschen Schein hereinfallen, wenn wir nicht so ungeduldig darauf warten würden, dass unsere Kinder erwachsen werden.

Diese Kinder können sich nur deshalb früher von uns lösen, weil sie sich aneinander festhalten. Langfristig gesehen werden sie vermutlich eher in ihrer psychischen Unreife verharren. Es ist weitaus weniger wahrscheinlich, dass sie selbstständig denken werden, ihre eigenen Entscheidungen treffen, sich ihre eigene Meinung bilden und zu eigenständigen Menschen werden.

Die Tatsache, dass Kinder, die sich an Gleichaltrigen orientieren, zumindest anfangs weniger Probleme in der Schule haben, trägt dazu bei, uns in Selbstgefälligkeit zu wiegen. Der Preis für diesen falschen Schein – der Verlust der Unterrichtbarkeit – wurde in Kapitel 13 erörtert. Gleichaltrigenorientierung kann dazu führen, dass ein Kind vorübergehend besser lernt, da sich die Trennung von den Eltern auf das Lernen auswirkt. Die Schule zwingt Kinder, ihr Elternhaus zu verlassen, und trennt elternorientierte Kinder von den Erwachsenen, zu denen sie eine Bindung haben. Solche Kinder empfinden eine intensive Trennungsangst und leiden an einem akuten Gefühl der Orientierungslosigkeit, wenn sie in der Schule sind. Viele von uns können sich an ihre eigenen ersten Tage in einer neuen Schule erinnern – ein flaues Gefühl im Magen, man fühlt sich verloren und verwirrt und sucht verzweifelt nach jemandem, den man kennt, oder einer Sache, die einem vertraut ist. Für kleine Kinder ist diese Orientierungslosigkeit oft unerträglich und die dadurch erzeugte erhöhte Angst beeinträchtigt das Lernen. Angst lässt uns dümmer werden und senkt unseren funktionalen Intelligenzquotienten. Beunruhigung wirkt sich auf unsere Fähigkeit aus, uns zu konzentrieren und zu erinnern. Angst macht es schwer, Signale zu erkennen und Anweisungen zu befolgen. Ein Kind kann einfach nicht gut lernen, wenn es sich verloren fühlt und beunruhigt ist.

Kinder, die sich bei Schuleintritt bereits an Gleichaltrigen orientieren, stehen nicht vor einem derartigen Dilemma. Ein bereits an Gleichaltrigen orientiertes Kind wird in den ersten Schultagen klüger und selbstbewusster erscheinen und besser in der Lage sein, von der Schulerfahrung zu profitieren. Das durch Trennungsangst beeinträchtigte Kind mit Elternorientierung wird dagegen ungeschickter und unfähiger erscheinen – zumindest bis es eine gute Bindung zu seinem Lehrer aufbauen kann. Gleichaltrigenorientierte Kinder sind in Situationen, in denen wenige Erwachsene und viele Kinder sind, immer im Vorteil. Da viele Gleichaltrige anwesend sind, die leicht zu erkennen sind, muss sich das Kind nie verloren oder orientierungslos fühlen. Auf kurze Sicht erscheint die Gleichaltrigenorientierung deshalb wie ein Geschenk des Himmels. Wenn die Forschung die Vorzüge der Vorschulerziehung entdeckt hat, ist es zweifellos diese Dynamik, die sie sich zunutze macht.

Langfristig werden natürlich die positiven Auswirkungen der verminderten Angst und Orientierungslosigkeit allmählich durch die negativen Auswirkungen der Gleichaltrigenorientierung in den Hintergrund gedrängt werden. Dies erklärt auch die Forschungsergebnisse, dass die frühen Vorzüge einer Vorschulerziehung über einen längeren Zeitraum nicht von Dauer sind.[1] Gleichaltrigenorientierte Kinder gehen zur Schule, um mit ihren Freunden zusammen zu sein, nicht um zu lernen. Können diese Freunde auch keine Begeisterung fürs Lernen aufbringen, werden die schulischen Leistungen nachlassen. Wenn Kinder zur Schule gehen, um zusammen zu sein, sind sie nur bereit, gerade so viel zu lernen, dass sie nicht auffallen, um nicht von ihren Altersgenossen getrennt zu werden. Ansonsten hat das Lernen für sie keine Bedeutung und kann sogar eine Belastung für ihre Beziehungen zu Gleichaltrigen sein.

Auch die gleichaltrigenorientierten Schüler werden von Ängsten geplagt. Da die Bindungen zu Gleichaltrigen von Natur aus unsicher sind, wird die Angst häufig zu einem chronischen Zustand. Kinder, die sich an Gleichaltrigen orientieren, gehören zu den unruhigsten und permanent rastlosen Kindern, die chronisch in Alarmbereitschaft sind. Wenn man auf eine Gruppe gleichaltrigenorientierter Kinder trifft, kann man die Aufgedrehtheit fast greifen. Da Kinder, die sich an Gleichaltrigen orientieren, taub gegenüber verletzlichen Gefühlen der Angst sind, zeigt sich diese bei ihnen nur auf der körperlichen Ebene in Form von Aufgeregtheit und Rastlosigkeit. Ob die innere Alarmbereitschaft bewusst oder unbewusst empfunden wird, sie macht das Lernen unmöglich. Die Gleichaltrigenorientierung mag anfangs die Leistung steigern, sabotiert aber letztlich akademische Erfolge. Die Bindung eines Kindes zu seinen Altersgenossen wird intensiver, die Lücke zwischen seiner Intelligenz und seinen Leistungen wird größer werden. Genau die Bedingung, die Kindern normalerweise einen Vorsprung verschafft, wird sie letztlich ins Stolpern bringen.

Interessanterweise wird sogenannten „Homeschoolern“, Kindern, die zu Hause unterrichtet werden, an einigen renommierten Universitäten heute bei der Bewerbung ein Vorzug eingeräumt.[2] Laut Jon Reider, der an der *Stanford University* in Kalifornien für die Zulassung von Studenten zuständig ist, sind sie als Bewerber gern gesehen, weil sie als „Homeschooler bestimmte Fähigkeiten mitbringen – Motivation, Neugier, die Fähigkeit, die Verantwortung für ihre Bildung selbst zu übernehmen –, die an High Schools weniger gut vermittelt werden.“[3] Mit anderen Worten, Kinder, die eine Vorschulerziehung genossen haben, haben vielleicht den besten Start, aber

„Homeschooler“ haben am Ende die besten Ergebnisse, weil wir in unserem Bildungssystem die entscheidende Rolle der Bindung vernachlässigt haben.

Vorschulunterricht ist nicht das Hauptproblem und Hausunterricht ist nicht die ultimative Antwort. Die Schlüsselrolle spielt die Bindungsdynamik. Kinder Erfahrungen auszusetzen, die sie von Gleichaltrigen abhängig machen, funktioniert nicht. Die Erfahrungen unserer Kinder im Kindergarten und in der Schule müssen auf Bindungen zu Erwachsenen basieren.

Schüchternheit ist nicht das Problem, für das wir es halten

Schüchternheit ist in unseren Augen meistens eine negative Eigenschaft, die unsere Kinder am besten überwinden sollten. Im Hinblick auf die Entwicklung erfüllt jedoch selbst dieser scheinbare Nachteil eine nützliche Funktion. Schüchternheit ist eine Bindungskraft, die darauf abzielt, das Kind sozial abzuschotten, indem sie jede Interaktion des Kindes mit Menschen außerhalb seines sicheren Umfeldes erschwert.

Ein schüchternes Kind ist im Umgang mit Menschen, zu denen es keine Bindung hat, befangen. Wie nicht anders zu erwarten, sind erwachsenenorientierte Kinder im Umgang mit anderen häufig naiv und wirken unbeholfen, wenn sie mit ihren Altersgenossen zusammen sind. Gleichaltrigenorientierte Kinder dagegen scheinen gesellschaftlich erfolgreich zu sein. Das ist ihre Stärke. Sie wissen, was cool ist und was nicht, was man gerade trägt und wie man spricht – sie verwenden einen Großteil ihrer Intelligenz darauf, von den anderen Hinweise zu bekommen, wie man sein muss und wie man sich verhalten sollte.

Ein Großteil der Kontaktfreudigkeit gleichaltrigenorientierter Kinder ist das Ergebnis des Verlusts ihrer Schüchternheit. Wenn Gleichaltrige die Erwachsenen ersetzen, kehrt sich die Schüchternheit um. Das Kind wird schüchtern gegenüber Erwachsenen, im Umgang mit Gleichaltrigen dagegen gesellig. Wir erleben, wie das Kind unter Gleichaltrigen aus seinem Schneckenhaus herauskommt, gesprächig wird und selbstbewusster auftritt. Die Veränderung seiner Persönlichkeit ist beeindruckend und wir sind geneigt, sie der Interaktion mit Gleichaltrigen zugutezuhalten. Wir sagen uns, dass ein so wünschenswertes Ergebnis sicherlich nicht aus etwas Problematischem entstehen kann. Wahre soziale Integration und echte soziale Fähigkeiten – sich um andere zu kümmern und Rücksicht zu nehmen auf die Gefühle von Menschen, die sie nicht kennen – werden auf lange Sicht nicht zu den Eigenschaften des gleichaltrigenorientierten Kindes gehören.

Bei Kindern, die sich an Erwachsenen orientieren, dauert es viel länger, bis sie ihre Schüchternheit im Umgang mit Gleichaltrigen verlieren. Was diese Schüchternheit schließlich verblassen lässt, ist nicht die Gleichaltrigenorientierung, sondern die psychische Reife, die ein starkes Selbstempfinden und die Fähigkeit zu gemischten Gefühlen mit sich bringt. Die beste Methode, mit Schüchternheit umzugehen, ist die Förderung herzlicher Beziehungen zu den Erwachsenen, die für das Kind sorgen und es unterrichten. Hinsichtlich der Bindung sollten wir uns nicht um die Schüchternheit Sorgen machen, sondern darum, dass sie vielen Kindern heute völlig fehlt.

Der Stress der Tagesbetreuung bei fehlender Bindung

Die gegenwärtige Situation in den Kindertagesstätten ist ein Beispiel dafür, wie wir die Konkurrenz, wenn auch unbewusst, umwerben. Millionen von Kindern auf der ganzen Welt werden heute einen Teil, wenn nicht sogar den größten Teil ihrer wachen Zeit außer Haus betreut. Jüngsten Statistiken zufolge kehrt die Mehrheit der berufstätigen Mütter in den Vereinigten Staaten vor dem ersten Geburtstag ihres Kindes an ihren Arbeitsplatz zurück.[4] Die Tagesbetreuung, vor allem wie sie in Nordamerika praktiziert wird, ist eine riskante Angelegenheit. Neuere Studien haben gezeigt, dass Kinder Tagesbetreuung als stressig empfinden. Bei Kindern in der Tagesbetreuung ist der Spiegel des Stresshormons Cortisol höher als zu Hause.[5] Die stressreichen Auswirkungen der Tagesbetreuung nehmen mit der Schüchternheit eines Kindes zu. Wie wir gesehen haben, ist Schüchternheit Ausdruck eines Mangels an emotionaler Bindung. Ein Kind würde nicht den Anschein der Schüchternheit erwecken, wenn es mit seiner Betreuungsperson vertraut wäre. Besteht keine herzliche Beziehung, ist das Kind der doppelten Belastung ausgesetzt, von den Eltern getrennt zu sein und mit Menschen zusammen sein zu müssen, die es sonst instinktiv zurückweisen würde.

Eine andere Forschungsarbeit hat ergeben, dass Drei- bis Siebenjährige umso stärker von Gleichaltrigen beeinflusst werden, je mehr Zeit sie mit ihnen verbringen.[6] Dieser Einfluss ist bereits innerhalb eines Zeitraums von nur wenigen Monaten messbar. Jungen sind viel anfälliger, sich an Gleichaltrigen zu orientieren, als Mädchen. Diese Feststellung stimmt mit der Beobachtung überein, dass die Elternbindungen von Jungen häufig schwächer entwickelt sind. Aus diesem Grund neigen sie eher dazu, ihre Eltern durch Gleichaltrige zu ersetzen. Von besonderer Bedeutung ist die Feststellung, dass Jungen sich, je stärker sie sich mit ihren Altersgenossen identifizieren, umso heftiger gegen Kontakt mit den für sie verantwortlichen Erwachsenen wehren.

Der Keim der Gleichaltrigenorientierung wird nicht nur in der Tagesbetreuung gesät, er trägt auch bereits im fünften Lebensjahr Früchte. Im Rahmen einer der umfangreichsten Studien, die je zu diesem Thema durchgeführt wurden, wurden mehr als tausend Kinder von der Geburt bis zum fünften Lebensjahr begleitet.[7] Je mehr Zeit ein Kind in der Tagesbetreuung verbracht hatte, desto größer war die Wahrscheinlichkeit, dass es sowohl zu Hause als auch in der Tagesbetreuung aggressiv und ungehorsam war. Wie in den vorangegangenen Kapiteln erläutert, sind Aggression und Ungehorsam ein Vermächtnis der Gleichaltrigenorientierung. Je mehr Zeit diese Kinder in der Tagesbetreuung verbracht hatten, desto mehr Gegenwillen zeigten sie, der sich in Form von Streitereien, Heimlichtuerei, Widerworten gegenüber den Betreuern und der Weigerung, Anweisungen zu befolgen, äußerte. Ihr hoher Frustrationspegel zeigte sich in Wutanfällen, Kämpfen, Schlagen, Grausamkeit gegen andere und in der Zerstörung der eigenen Sachen. Diese Kinder waren darüber hinaus in ihrem Bindungsverhalten zum Äußersten entschlossen: Sie gaben an, prahlten, redeten ununterbrochen und strebten nach Aufmerksamkeit, wie wir es erwarten würden, wenn Bindungen nicht funktionieren.

Die Gleichaltrigenorientierung ist nicht die einzige Ursache für gestörte Bindungen, aber in der Welt unserer Kinder ist sie die Hauptursache. Durch die Linse der Bindung betrachtet, könnten die Erkenntnisse dieser drei Forschungsarbeiten nicht deutlicher auf die Gefahr der Gleichaltrigenorientierung hinweisen, der unsere Kinder in unseren Kinderbetreuungsstätten ausgesetzt sind. Die nächstliegende Lösung bestünde darin, sie zu Hause zu behalten, vor allem die schüchternsten und verletzlichsten, bis sie reif genug sind, mit dem Stress der Trennung von den Eltern umzugehen. Als Reaktion auf diese Forschungsergebnisse haben etliche Experten, darunter Stanley Greenspan[8] und Eleanor Maccoby[9], Eltern geraten, genau das zu tun, wenn die finanziellen Mittel hierfür vorhanden sind. Dieser Ratschlag ist angesichts der Ergebnisse zwar sinnvoll, verfehlt aber das Ziel. Kinder müssen nicht zu Hause sein, sie müssen sich jedoch bei den Menschen, die für sie verantwortlich sind, ohne jede Einschränkung zu Hause fühlen. *Zu Hause* ist eine Frage der Bindung, und Bindung ist etwas, für das wir sorgen können.

In der Kinderbetreuung kommt es nicht darauf an, miteinander *verwandt* zu sein, sondern einzig und allein darauf, miteinander *verbunden* zu sein.

Die Schüchternheit eines Kindes in einem bestimmten Umfeld sollte für uns ein Hinweis darauf sein, dass der geeignete Kontext noch nicht gegeben ist, in dem dieses Kind betreut werden kann. Wir erzeugen diesen Kontext, indem wir Verbindung zu ihm aufnehmen. Für mich trifft das sogar auf meine eigenen Enkelkinder zu. Meine erste Aufgabe ist es, sie in meine Nähe zu holen. Ist das gelungen, schmilzt die Schüchternheit dahin, und sie werden empfänglich für mich, ihren Großvater.

Die Tagesbetreuung muss nicht unbedingt mit einem Risiko behaftet sein, aber um das Risiko zu reduzieren, müssen wir uns der Bindung bewusst sein. Die beteiligten Erwachsenen müssen bereit sein, einen Kontext der Verbindung zu unseren Kindern zu schaffen. In der Zwischenzeit können wir als Eltern einiges tun, indem wir die Einrichtung, die unsere Kinder besuchen sollen, sorgfältig auswählen und indem wir die Verbindung zwischen unseren Kindern und den zuständigen Erwachsenen wann immer möglich fördern. Keine Frage, eine Lösung kann darin bestehen, unsere Kinder so lange zu Hause zu behalten, bis sie uns auch bei einer physischen Trennung emotional nah bleiben können – oder bis sie reif genug sind, getrennt von ihren Bindungen die Situation in den Griff zu bekommen. Die andere Lösung besteht für sie darin, eine Bindung zu ihren Betreuungspersonen und Lehrern aufzubauen. Dies wird unsere Kinder (und diese Erwachsenen) vor Stress bewahren und uns Eltern davor schützen, vorzeitig ersetzt zu werden. Mehr dazu, wie wir dies umsetzen können, folgt in unserem nächsten und letzten Kapitel.

Mit anderen zurechtzukommen entsteht nicht durch Kontakt zu Gleichaltrigen

„Als mein Sohn drei Jahre alt war, hielt ich es für sehr wichtig, ihn in Gruppen anzumelden und mit ihm an Orte zu gehen, wo er mit anderen Kindern zusammen sein konnte", erinnert sich ein Vater. „Je weniger Erfolg er hatte, Freundschaften zu schließen, desto verzweifelter ermunterte ich ihn zu Interaktionen mit anderen Kindern und versuchte, Situationen zu schaffen, in denen er die Gelegenheit haben würde, mit Altersgenossen zu spielen und Beziehungen zu ihnen aufzubauen." Viele Eltern verspüren einen ähnlichen Drang, ihre Kinder früh in die Welt der Gleichaltrigen einzuführen. Sogar die Eltern, die ihre Kinder instinktiv länger bei sich behalten wollen, bevor sie sie den Einflüssen von Altersgenossen aussetzen möchten, fühlen sich von der Familie, Freunden oder Erziehungsexperten enorm unter Druck gesetzt, das Kind allmählich „vom Rockzipfel zu lassen".

Fast überall ist die Überzeugung vorherrschend, dass Kinder früh mit Gleichaltrigen in Kontakt kommen müssen, um zu lernen, um miteinander zurechtzukommen und sich in eine Gemeinschaft einzufügen. Viele Eltern suchen Spielgruppen für ihre Kleinkinder. Das Organisieren von Kontakten für unsere Kinder, wenn diese drei bis fünf Jahre alt sind, ist oft schon zu einer Besessenheit geworden. „Freunde zu finden und zu lernen, ein Freund zu sein, ist wichtiger als alles andere. Es ist von grundlegender Bedeutung, das schon vor der Schule zu lernen", so lauten die typischen Kommentare vieler Eltern von kleinen Kindern. „Als Eltern müssen wir unsere Kinder zwingen, Kontakte zu knüpfen", sagte der Vater eines Vierjährigen. „Ohne den Kindergarten hätte unser Sohn nicht genug mit anderen Kindern zu tun, um zu lernen, wie man mit anderen zurechtkommt." Eine Erzieherin erklärte mir, im „Kindergarten gehe es vorrangig darum, den Kindern zu helfen, Sozialkompetenz zu erwerben. Wenn Kinder keine Freunde haben, wenn sie in die Schule kommen, werden sie später jede Menge Schwierigkeiten haben, nicht nur in sozialer Hinsicht, sondern auch in Bezug auf ihr Selbstwertgefühl und ihr Lernverhalten." Je weniger Kinder in der Lage sind, mit anderen auszukommen und sich einzufügen, desto größer ist die Wahrscheinlichkeit, dass die Interaktion mit ihren Altersgenossen verordnet wird, um das Problem zu lösen. In unserer Gesellschaft ist es häufig so, dass Eltern und Lehrer alles daransetzen, ihren Kindern und Schülern die Möglichkeit zu bieten, mit ihren Altersgenossen Kontakte zu knüpfen.

Man ist davon überzeugt, dass die Tatsache, dass Kinder untereinander Kontakte pflegen, die Sozialisation fördert, und sie auf diese Weise die Fähigkeit erlangen, auf geschickte und reife Weise mit anderen Menschen umzugehen. Es gibt keine Belege, die diese weit verbreitete Annahme stützen würden. Wenn die Kontaktpflege mit gleichaltrigen Kindern dazu führen würde, dass Kinder besser zurechtkommen und zu verantwortungsbewussten Mitliedern der Gesellschaft werden, dann wären Kinder umso besser dazu in der Lage, je mehr Zeit sie mit ihren Altersgenossen verbringen würden. Tatsache ist aber, dass es, je mehr Zeit Kinder miteinander verbringen, desto weniger wahrscheinlich ist, dass sie miteinander auskommen und sie sich in die Gesellschaft einfügen. Wenn wir die Annahme der Sozialisation auf die Spitze treiben – und sie auf Waisenkinder, Straßenkinder und Kinder in Banden anwenden –, wird der Denkfehler offensichtlich. Wäre das Knüpfen von Kontakten entscheidend für die Sozialisation, wären Kinder in Banden und Straßenkinder vorbildliche Bürger.

Dr. Urie Bronfenbrenner und sein Forscherteam an der *Cornell University* in Ithaca, New York, verglichen Kinder, die sich mehr zu ihren Altersgenossen hingezogen fühlten, mit Kindern, die sich eher zu ihren Eltern hingezogen fühlten. Unter diesen Sechstklässlern wiesen Kinder, die es vorzogen, Zeit mit ihren Eltern zu verbringen, deutlich mehr Merkmale eines positiven Sozialverhaltens auf. Bei den Kindern, die einen Großteil ihrer Zeit mit Gleichaltrigen verbringen, ist die Wahrscheinlichkeit, dass sie in Schwierigkeiten geraten, am höchsten.[10]

Solche Ergebnisse sind nicht überraschend. Sie spiegeln nur das wider, was wir erwarten würden, wenn wir die natürliche Ordnung der menschlichen Entwicklung verstehen. Bindung und Individuation sind unerlässlich für die Reifung, und diese ist unerlässlich für eine echte Sozialisation. Soziale Integration bedeutet viel mehr als einfach nur sich einzufügen oder zurechtzukommen. Sie erfordert nicht nur, dass wir mit anderen zusammenkommen, sondern dass uns dies gelingt, ohne unsere Selbstbestimmung oder Identität zu verlieren.

Ohne Frage spielt der Umgang mit anderen bei der Befähigung eines Kindes zu echter sozialer Integration eine Rolle, aber er dient nur als letzter Schliff. Das Kind muss vor allem fähig sein, in der Interaktion mit anderen an sich selbst festzuhalten und die anderen als eigenständige Menschen wahrzunehmen. Das fällt nicht einmal Erwachsenen leicht. Wenn ein Kind seine eigene Gedankenwelt und Werte kennt und die Gedankenwelt eines anderen Menschen wertschätzt, dann – und nur dann – ist es bereit, an seinem Selbstgefühl festzuhalten und gleichzeitig das des anderen zu respektieren. Ist dieser Meilenstein in der Entwicklung erst einmal erreicht, wird die soziale Interaktion die Individualität des Kindes sowie seine Beziehungsfähigkeiten weiter verfeinern.

Die eigentliche Herausforderung besteht darin, den Kindern zu helfen, sich bis zu einem Punkt weiterzuentwickeln, an dem sie von ihren Erfahrungen im Umgang mit Altersgenossen profitieren können. Zur Verfeinerung des Rohmaterials, wenn es erst einmal den Zustand der Bereitschaft erreicht hat, ist nur sehr wenig Sozialisierung erforderlich. Es ist das Rohmaterial, das kostbar und selten ist – eine Individualität, die widerstandsfähig genug ist, um den dauernden Druck der Gleichaltrigeninteraktion zu überstehen. Wahlloser und verfrühter Umgang mit anderen Kindern ohne Erwachsene als primäre Bindungsfiguren wird entweder zu Konflikten führen, da jedes Kind versuchen wird, die anderen zu dominieren, oder weil es sich dagegen wehren muss, dominiert zu werden. Oder es führt dazu, dass Kinder sich gegenseitig kopieren und hierfür ihr Selbstgefühl unterdrücken, um von den anderen akzeptiert zu werden. „Wir waren der Meinung, dass es für unsere Jungs sehr wichtig war, mit anderen Kindern zu spielen, als sie noch sehr klein waren", sagt Robert, ein Vater von zwei Söhnen, die heute im Teenageralter sind. „Frankie, unser Ältester, hat seine Spielkameraden mit seinen Forderungen, dass jedes Spiel so gespielt werden sollte, wie er es wollte, geradezu verrückt gemacht. Er bekam Wutanfälle, wenn die anderen ihm nicht folgten, und es wurde schließlich schwierig, überhaupt Kinder zu finden, die mit ihm spielen wollten. Rickie, der Jüngere, wurde zum Mitläufer. Er machte einfach alles nach, was andere Kinder spielen wollten. Er hat nie gelernt, ein Anführer zu sein oder auch nur allein zu spielen."

Ich kann mir gut vorstellen, dass viele Leser sich jetzt fragen: „Aber müssen Kinder nicht lernen, miteinander auszukommen?" Ich bestreite nicht, dass es von Vorteil ist, mit anderen zurechtzukommen. Ich will damit nur sagen, dass wir das Pferd von hinten aufzäumen, wenn wir dies zum wichtigsten Ziel erklären. Indem wir das Auskommen mit anderen für unreife Menschen ganz oben auf die Tagesordnung setzen, drängen wir sie in Wirklichkeit in Muster der Gefügigkeit, der Imitation und der Konformität. Wenn die Bindungsbedürfnisse eines Kindes stark und auf Gleichaltrige gerichtet sind, kann es passieren, dass es sich selbst herabsetzt, damit dies gelingen kann, und es wird seine Individualität verlieren. Viele von uns sehen sich selbst als Erwachsene einem ähnlichen Risiko gegenüber, wenn wir verzweifelt bemüht sind, eine Beziehung zu jemandem herzustellen oder aufrechtzuerhalten: Wir verlieren uns selbst, geben zu schnell nach, weichen Konflikten aus und vermeiden jede Verstimmung. Kinder haben sogar noch größere Schwierigkeiten, in der Interaktion mit anderen sie selbst zu bleiben. Was bei Kindern als „gut zurechtkommen" gepriesen wird, würde man im Erwachsenenalter als „sich bloßstellen", „sich unter Wert verkaufen" oder „sich selbst nicht treu bleiben" bezeichnen.

Würden wir uns wirklich im Einklang mit dem Entwicklungsplan befinden, wären wir nicht so besorgt, ob Kinder gut miteinander auskommen. Wir würden mehr Wert darauf legen, dass sie die Fähigkeit entwickeln, sich selbst nicht aufzugeben, wenn sie mit anderen interagieren. Alle Sozialisierung der Welt mit Gleichaltrigen kann sie nicht dazu bringen, dies zu erreichen. Nur eine funktionierende Beziehung mit fürsorglichen Erwachsenen kann zu wahrer Unabhängigkeit und Individualität führen, Eigenschaften, die wir uns alle als Eltern am meisten für unsere Kinder wünschen. Nur in diesem

Kontext kann sich ein Kind zu einer voll entwickelten Persönlichkeit entfalten, zu einem Menschen, der in der Lage ist, sich selbst zu respektieren und die Persönlichkeit anderer Menschen wertzuschätzen.

Freunde sind nicht das, was unsere Kinder brauchen

Aber haben Kinder keine sozialen Bedürfnisse? Eine der dringlichsten Sorgen und Fragen der Eltern und Pädagogen, mit denen ich spreche, hat mit dem von ihnen wahrgenommenen Bedürfnis nach Freunden zu tun. „Kinder müssen doch Freunde haben" – diesen Ausspruch höre ich vermutlich am häufigsten, wenn es darum geht, kleine Kinder mit Gleichaltrigen zusammenzubringen.

Das Konzept der Freundschaft ist bedeutungslos, wenn es um unreife Menschen geht. Wir als Erwachsene würden jemanden nicht als wahren Freund betrachten, wenn er keine Rücksicht auf uns nähme, unsere Grenzen nicht anerkennen würde und uns als Individuum nicht respektieren würde. Ein wahrer Freund unterstützt unsere Entwicklung und unser Wachstum, unabhängig davon, wie sich dies auf die Beziehung auswirken könnte. Dieses Freundschaftskonzept basiert auf einem soliden Fundament gegenseitigen Respekts und der Individualität. Wahre Freundschaft ist daher erst dann möglich, wenn ein gewisses Maß an Reife und eine Fähigkeit zur sozialen Integration erreicht wurden. Viele Kinder sind nicht einmal im Entferntesten zu solchen Freundschaften fähig.

Solange Kinder nicht zu echter Freundschaft fähig sind, brauchen sie im Grunde genommen keine Freunde, sondern nur Bindungen. Und die einzigen Bindungen, die ein Kind braucht, sind die zu seiner Familie und zu denen, die zusätzlich Verantwortung für das Kind tragen. Was ein Kind wirklich braucht, ist die Fähigkeit zu echter Freundschaft, die ein Ergebnis des Reifungsprozesses ist und die sich nur in einer funktionsfähigen Beziehung zu einem fürsorglichen Erwachsenen entwickeln kann. Unsere Zeit ist sinnvoller damit verbracht, die Beziehungen zu den Erwachsenen im Leben unseres Kindes zu pflegen, als uns andauernd über die Beziehungen der Kinder zueinander Gedanken zu machen.

Wenn ein Kind seine Eltern durch Gleichaltrige ersetzt, versteht es sich von selbst, dass die Freunde dann wichtiger werden als die Familie. Wir erklären dann, dass dies wohl normal ist, und vollziehen den irrationalen Sprung zu der Annahme, dies müsse dann wohl auch natürlich sein. Wir geben uns große Mühe sicherzustellen, dass unsere Kinder „Freunde" haben und setzen damit die Beziehungen zur Familie aufs Spiel. Gleichaltrige verdrängen die Eltern immer mehr, und der Teufelskreis dreht sich immer weiter.

Noch ein Wort zur Freundschaft. In Bezug auf ihre Entwicklung haben Kinder ein viel größeres Bedürfnis nach einer Beziehung zu sich selbst als nach Beziehungen zu Altersgenossen. Zunächst muss es zu einer Trennung zwischen dem Selbstgefühl und der inneren Erfahrung kommen (Kapitel 9). Ein Mensch muss die Fähigkeit erlangen, über seine Gedanken und Gefühle zu reflektieren, und diese Fähigkeit ist ein Ergebnis des Reifungsprozesses. Wenn jemand eine Beziehung zu sich selbst hat, kann er das Alleinsein schätzen, kann sich selbst zustimmen oder nicht zustimmen, kann sich selbst gutheißen oder missbilligen und so weiter. Häufig kommen Beziehungen zu anderen einer Beziehung zu sich selbst zuvor oder sie sind Versuche, das Vakuum zu füllen, in dem eine solide Beziehung zum eigenen Selbst vorhanden sein sollte. Wenn ein Mensch nicht gern allein ist, wird er viel eher die Gesellschaft anderer suchen oder er wird die gesamte Zeit, in der er allein ist, mit Unterhaltungstechnologien wie Fernsehen oder Videospielen füllen. Gleichaltrigenorientierte Beziehungen beeinträchtigen – genau wie zu viel Fernsehen – die Beziehung zu sich selbst. Solange ein Kind keine Beziehung zu sich selbst aufgebaut hat, ist es nicht fähig, echte Beziehungen zu anderen Kindern einzugehen. Es ist viel besser für das Kind, seine Zeit mit fürsorglichen Erwachsenen zu verbringen oder allein kreativ zu spielen.

Gleichaltrige sind keine Lösung für Langeweile

In unserer Welt, in der sich alles nur noch um Gleichaltrige zu drehen scheint, sind diese fast schon zu einem Allheilmittel für jedes Wehwehchen geworden, das unsere Kinder quält. Sie werden oft als Lösung für Langeweile, Exzentrizität und Probleme mit dem Selbstwertgefühl angepriesen. Eltern von Einzelkindern können in ihnen auch einen Ersatz für Brüder und Schwestern sehen. Auch hier schürfen wir nach Katzengold.

„Mir ist so langweilig“ oder „das ist langweilig“ sind nur allzu bekannte Aussprüche von Kindern. Viele Eltern versuchen, die Langeweile ihres Kindes zu lindern, indem sie auf die eine oder andere Weise die Interaktion mit Gleichaltrigen fördern. Diese Lösung mag vorübergehend funktionieren, sie verschärft jedoch die zugrunde liegende Dynamik. Vergleichen kann man dies mit einem hungrigen Baby, das durch einen Schnuller nur noch hungriger wird, oder einem Trinker, der versucht, seine Sorgen in Alkohol zu ertränken, am Ende aber nur noch unglücklicher sein wird. Und das Schlimmste daran ist, dass wir die Gleichaltrigenorientierung fördern, wenn wir Gleichaltrige zur Linderung von Langeweile heranziehen.

Welches sind die wahren Gründe von Langeweile? Die bei Langeweile empfundene Leere ist keinesfalls, wie gemeinhin angenommen wird, ein Mangel an Anregungen oder sozialer Aktivität. Kinder fangen an, sich zu langweilen, wenn ihre Bindungsinstinkte nicht ausreichend beschäftigt sind und ihr Selbstwertgefühl nicht aktiv wird, um diese Leere zu füllen. Es ist, als würden sie sich im Leerlauf befinden, in einer Art Warteschleife, in der sie darauf warten, dass das Leben beginnt. Kinder, welche die Form dieser Leere spüren können, sind eher in der Lage, darüber zu sprechen, dass sie einsam sind, dass sie jemanden oder etwas vermissen und dass sie sich abgetrennt fühlen. Oder aber ihre Worte lassen erkennen, dass es ihnen an Emergenz fehlt: „Mir fällt überhaupt nichts ein, was ich tun könnte“, „Im Moment interessiere ich mich für gar nichts“, „Ich habe keine Ideen mehr“, „Ich habe keine Lust, kreativ zu sein.“ Kinder, die sich dieser Leere nicht auf verletzliche Weise bewusst sind, fühlen sich lustlos und abgekoppelt und sagen, dass ihnen langweilig ist.

Mit anderen Worten, die Leere, die in der Regel als Langeweile erfahren wird, ist das Ergebnis einer doppelten Lücke von Bindung und Emergenz: Das Kind ist einerseits nicht mit jemandem zusammen, an den es sich binden und bei dem es sich wohlfühlen kann, und verfügt andererseits nicht über ausreichend Neugier und Vorstellungskraft, um sich kreativ allein zu beschäftigen. Ein Kind, das sich zum Beispiel im Klassenzimmer langweilt, ist weder daran interessiert, es seinem Lehrer recht zu machen, noch an dem Stoff, der unterrichtet wird. Sowohl die Bindung zum Lehrer als auch die Emergenz der selbstmotivierten staunenden Neugier fehlen. Die psychischen Abwehrmechanismen gegen Verletzlichkeit hindern das Kind daran, die Leere als das zu registrieren, was sie ist, eine Leere in seinem eigenen Inneren. Es glaubt, die Langeweile komme von außen und sei eine Eigenschaft oder ein Merkmal der Umstände oder der Situation, in der es sich gerade befindet. „Die Schule ist so langweilig“ oder „Mir ist so langweilig, es gibt nichts, was ich tun könnte“, wenn es zu Hause ist.

Eine solche Leere wird im Idealfall mit dem emergenten Selbst des Kindes gefüllt: Initiative, Interessen, kreative Einsamkeit und Spiel, originelle Ideen, Fantasie, Nachdenken, unabhängige Impulse. Wenn dies nicht geschieht, entsteht der dringende Impuls, dieses Vakuum mit etwas anderem zu füllen. Langeweile verspüren Kinder oder Erwachsene, denen die wahren Ursachen für ihre Leere nicht bewusst ist. Da die Leere so indirekt empfunden wird, ist auch die Lösung entsprechend vage. Anstatt uns auf unsere inneren Ressourcen zu besinnen, suchen wir nach einer Lösung von außen – etwas zu essen, etwas, um uns abzulenken, oder jemanden, mit dem wir uns beschäftigen können. In der Regel sucht das kindliche Gehirn dann nach Stimulation oder sozialer Aktivität. Fernsehen, elektronische Spiele oder Stimulation von außen können die Leere zwar vorübergehend verschleiern, können sie aber niemals füllen. Sobald die ablenkende Aktivität beendet ist, kehrt die Langeweile zurück.

Diese Dynamik wird in der frühen Adoleszenz besonders akut, vor allem dann, wenn die Bindungen zu Erwachsenen noch nicht tief genug sind und das emergente Selbst noch nicht ausreichend entwickelt ist. Aber ob das Kind nun drei oder dreizehn Jahre alt ist, wir als Eltern neigen dazu, diese Lücke mit den Altersgenossen des Kindes zu füllen. Wir arrangieren vielleicht eine Verabredung zum Spielen für die jüngeren Kinder oder wir ermutigen sie, sich mit Gleichaltrigen zu treffen. „Warum fragst du nicht, ob soundso mit dir spielen möchte?", sagen wir dann zum Beispiel. Doch gerade wenn Kinder sich langweilen, sind sie auch am anfälligsten dafür, Bindungen aufzubauen, die mit uns konkurrieren. Im Grunde genommen sagen wir damit: „Geh mit deinem Bindungshunger zu deinen Freunden und guck, ob sie dir helfen können" oder „Wenn du es nicht ertragen kannst, allein zu sein, geh zu deinen Altersgenossen, vielleicht bekommst du dort an Bindung, was du brauchst" oder „Warum schaust du nicht, ob jemand anders das Selbstgefühl ersetzen kann, das dir zu fehlen scheint." Wenn wir die Wurzeln der Langeweile wirklich verstehen würden, wären sie für uns ein Zeichen dafür, dass unsere Kinder noch nicht bereit sind, mit anderen zu interagieren. Je anfälliger sie für Langeweile sind, desto mehr brauchen sie uns und desto mehr von ihrem eigenen Selbst muss noch entstehen. Je mehr sie sich langweilen, desto weniger sind sie für die Interaktion mit Gleichaltrigen bereit. Einem solchen Kind sollten wir diese Interaktion mit Gleichaltrigen nicht erleichtern, sondern Verbindungen zu Erwachsenen fördern oder ihm Gelegenheit geben, Zeit für sich selbst zu haben.

Die Gleichaltrigenorientierung verschärft das Problem der Langeweile sogar noch. Kindern, die eine sehr enge Bindung zueinander haben, erscheint das Leben öde, wenn sie nicht zusammen sind. Viele Kinder empfinden nach einer längeren Zeit des Zusammenseins mit Gleichaltrigen, zum Beispiel nach einer Übernachtung oder einem Ferienlager, extreme Langeweile, wenn sie wieder zu Hause sind, und versuchen umgehend, sich wieder mit ihren

Altersgenossen zu verbinden. Dadurch, dass die Gleichaltrigenorientierung den Reifungsprozess aufhält und eine Flucht vor der Verletzlichkeit auslöst, blockiert sie die Emergenz eines vitalen, neugierigen und interessierten Selbst im Kind. Wenn die Eltern die Situation überhaupt in irgendeiner Form unter Kontrolle haben, ist eine Zeit der Langeweile eine Gelegenheit, das Kind in seine Nähe zu holen und die Bindungslücke mit den Menschen zu füllen, zu denen das Kind wirklich eine Bindung braucht – zu uns selbst.

Wann ist Kontakt zu Gleichaltrigen akzeptabel und wie viel sollten wir erlauben?

Es ist möglich, dass einige Leser, obwohl ich weiter oben in diesem Buch mehrfach auf das Gegenteil hingewiesen habe, den Eindruck gewonnen haben, dass ich dagegen bin, dass Kinder mit anderen Kindern spielen oder Freunde haben, selbst wenn diese unreif sind. Das wäre wohl kaum möglich und auch völlig unnatürlich. Kinder haben schon immer in allen Gesellschaften und zu allen Zeiten mit anderen Kindern ihres Alters gespielt, aber in den meisten dieser Gesellschaften gab es nicht die Gefahr, dass aus Kontakten zu Gleichaltrigen eine Orientierung an Gleichaltrigen wurde. Interaktionen zwischen Kindern fanden im Kontext starker Erwachsenenbindungen statt. Zudem kann man von den Eltern von heute nicht erwarten, dass sie ihren Kindern den Kontakt mit Altersgenossen verbieten, aber sie müssen sich der Gefahren bewusst sein.

Wann und unter welchen Umständen sollten wir Kinder dazu ermutigen oder ihnen erlauben, mit anderen Kindern zusammen zu sein? Es versteht sich von selbst, dass Kinder in Tagesstätten, im Kindergarten, auf dem Spielplatz und in der Schule auf andere Kinder treffen. Würden wir dafür sorgen, dass unsere Kinder eine starke Bindung zu uns haben, müssten wir keine Angst davor haben, dass sie Zeit miteinander verbringen, obwohl wir solche Zeiten einschränken und darauf achten sollten, dass ein fürsorglicher Erwachsener in der Nähe und involviert ist. Es geht nicht darum, dass wir die Interaktion mit Gleichaltrigen vollständig verbieten sollten, sondern darum, dass wir nicht allzu viel davon erwarten sollten: Das Spielen mit anderen Kindern macht Spaß, und das war‘s. Nach jedem Spielen sollten wir sicherstellen, unsere Kinder wieder einzusammeln. Und verbringt ein Kind einen Großteil der Woche oder des Tages in der Gesellschaft von Gleichaltrigen, dann ist es ohne Frage ein Umwerben der Konkurrenz, wenn wir dann auch noch für die Zeit nach der Schule und am Wochenende Verabredungen zum Spielen arrangieren.

Welche Art von Kinderfreundschaft ist in Ordnung? Obwohl ich, wie ich bereits erläutert habe, die meisten Beziehungen in der Kindheit kaum als Freundschaft im eigentlichen Sinne bezeichnen würde, ist es nur natürlich, dass Kinder Freunde wollen. Die Freundschaften, die wir für unsere Kinder positiv bewerten können, sind diejenigen, die sie nicht von uns entfernen – idealerweise sind es andere Kinder, deren Eltern unsere Werte teilen und die ebenfalls die Bedeutung von Erwachsenenbindungen anerkennen. Bei solchen Kindern ist die Wahrscheinlichkeit geringer, dass sie unbewusst zu unseren Konkurrenten werden. Und hier können wir aktiv werden – wir können die Freunde unserer Kinder dazu ermutigen, Beziehungen zu uns aufzubauen. Darauf werde ich in unserem letzten Kapitel noch näher eingehen.

Und welche Art von Spiel? Ich würde davon abraten, sich beim Spielen auf die Technologie zu verlassen, weil dadurch Originalität und Kreativität gehemmt werden. Aber wir müssen unseren Kindern nicht vorschreiben, wie und was sie spielen sollen – Kinder haben schon immer gewusst, wie man spielt. Wir müssen nur sicherstellen, dass ihre Bindungen zu uns stark genug sind, damit ihr im Entstehen begriffenes, neugieriges, motiviertes, fantasievolles Selbst nicht durch die Orientierung an Gleichaltrigen stillgelegt wird.

Wie ich in diesem Kapitel immer wieder betone, besteht das Problem in unserer Gesellschaft nicht einfach nur darin, dass unsere Kinder Zeit miteinander verbringen, sondern darin, dass wir den intensiven Kontakt mit Gleichaltrigen sogar fördern, weil wir darin die Lösung für Probleme wie Sozialisation, Langeweile oder, wie ich gleich erklären werde, ihr Selbstwertgefühl sehen.

Gleichaltrige sind keine Lösung für „Exzentrizität"

Darüber hinaus wird die Interaktion mit Gleichaltrigen routinemäßig auch zu einem anderen Zweck verordnet: Sie soll bei den Kindern, die wir für ein wenig zu exzentrisch halten, die Ecken und Kanten abschleifen. In Nordamerika scheinen wir wie besessen davon zu sein, „normal" zu sein und uns nahtlos überall einzufügen. Vielleicht orientieren wir, die Erwachsenen, uns mittlerweile selbst so stark an Gleichaltrigen, dass wir, anstatt unsere Individualität zum Ausdruck zu bringen, unsere Hinweise, wie wir sein und uns verhalten sollten, voneinander bekommen. Vielleicht erinnern wir uns noch an unsere eigene Kindheit und die grausame Unduldsamkeit von Kindern gegenüber denen, die anders waren, und wollen unseren Kindern ein solches Schicksal ersparen. Vielleicht fühlen wir uns in gewisser Weise auch durch Bekundungen der Individualität und der Unabhängigkeit bedroht. Was auch immer der Grund sein mag, Individualität und Exzentrizität sind nicht mehr gefragt. Cool zu sein bedeutet, sich an eine äußerst enge Bandbreite akzeptabler Verhaltensweisen und Erscheinungsformen anzupassen. Wir wollen nicht auffallen, um uns nicht zum Gespött zu machen, und es ist wenig überraschend, dass auch Kinder so denken. Bedauernswert ist, dass wir als Erwachsene diese gleichmacherische Dynamik würdigen, indem wir sie akzeptieren und ihr nachgeben.

Je mehr ein Kind von Erwachsenen abhängig ist, die es akzeptieren, desto mehr Raum ist vorhanden, in dem sich seine Einzigartigkeit und Individualität entfalten können, und desto besser ist sein Schutz vor der Intoleranz von Gleichaltrigen. Wenn wir unsere Kinder in die Hände ihrer Altersgenossen geben, verlieren sie den Schutzschild der Erwachsenenbindungen. Sie werden dann umso anfälliger für die Intoleranz ihrer Altersgenossen. Je mehr sie sich von uns lösen, desto mehr müssen sie sich an die Gruppe ihrer Altersgenossen anpassen und desto verzweifelter sind sie bemüht, nicht anders zu sein. Sie verlieren auf diese Weise vielleicht ihre „Exzentrizität", was für uns wie ein begrüßenswerter Fortschritt in ihrer Entwicklung aussehen mag, in Wirklichkeit aber auf ihre lähmende Unsicherheit zurückzuführen ist.

Der Kontakt zu Gleichaltrigen stärkt nicht automatisch das Selbstwertgefühl eines Kindes

Ein weiterer, weit verbreiteter – und schädlicher – Mythos ist, dass Interaktionen mit Gleichaltrigen das Selbstwertgefühl eines Kindes stärken. Wir alle wollen, dass unsere Kinder mit sich im Reinen sind und sich gut fühlen. Wer von uns würde nicht wollen, dass seine Kinder das Gefühl haben, von Bedeutung zu sein, dass sie wissen, dass sie wichtig, erwünscht und liebenswert sind. Die populärwissenschaftliche Literatur will uns glauben machen, dass Gleichaltrige eine entscheidende Rolle für die Entwicklung des Selbstwertgefühls eines Kindes spielen. Die zentrale Botschaft scheint zu sein, dass Kinder eine Gruppe von Freunden brauchen, von denen sie gemocht werden, um Selbstwertgefühl entwickeln zu können. Wir erhalten außerdem die Information, dass ein Kind, das von seinen Altersgenossen gemieden oder abgelehnt wird, zu lähmendem Selbstzweifel verurteilt ist. Es besteht kein Mangel an Medienberichten oder Artikeln in Unterhaltungszeitschriften, die über den Schaden berichten, der im Leben von Kindern angerichtet wird, die von ihren Altersgenossen nicht akzeptiert werden. Eine Autorin, die früher Lehrbücher zur Entwicklungspsychologie geschrieben hat, kam zu dem Schluss, dass das Selbstwertgefühl eines Kindes wenig damit zu tun hat, wie es von den Eltern gesehen wird, sondern einzig und allein davon abhängt, welchen Status das Kind in seiner Gruppe von Gleichaltrigen hat.[11]

In Anbetracht der Bedeutung des Selbstwertgefühls und der vermeintlichen Bedeutung von Gleichaltrigen für dessen Bildung scheint es daher nur richtig zu sein, dass wir alles in unserer Macht Stehende tun, um unsere Kinder dabei zu unterstützen, Freundschaften zu pflegen und im Wettstreit mit ihren Altersgenossen erfolgreich zu sein, sowie dafür zu sorgen, dass sie für die anderen so liebenswert wie möglich sind. Die Eltern von heute werden von der Angst beherrscht, ihre Kinder könnten ausgeschlossen werden. Viele Eltern ertappen sich dabei, die Kleidung zu kaufen, die Aktivitäten zu unterstützen und die Interaktionen zu erleichtern, von denen sie annehmen, dass ihre Kinder damit Freunde gewinnen und auch behalten können. Solche Ansätze scheinen richtig zu sein, aber sie sind nur *scheinbar* richtig.

Gleichaltrige spielen tatsächliche eine zentrale Rolle für das Selbstwertgefühl vieler Kinder – und genau das bedeutet es, gleichaltrigenorientiert zu sein. Will man sich in der Welt zurechtfinden, ist es von entscheidender Bedeutung, seinen eigenen Wert und seine eigene Bedeutung als Mensch zu kennen. Da Gleichaltrige die Eltern ersetzen, werden sie es sein, die das Gefühl des Kindes, was es an sich selbst und anderen wertschätzen sollte, beeinflussen werden. Die Feststellung, dass Gleichaltrige Einfluss auf das Selbstwertgefühl eines Kindes haben, sollte uns nicht überraschen. Dies ist jedoch nicht so, wie es immer war, wie es sein sollte oder wie es sein muss. Zudem ist das Selbstwertgefühl, das seinen Ursprung in der Interaktion mit Gleichaltrigen hat, nicht einmal gesund.[12]

Zunächst einmal haben wir es hier mit einem oberflächlichen Verständnis des Begriffs „Selbstwertgefühl“ zu tun. Letztlich geht es beim Selbstwertgefühl nicht darum, wie gut man mit sich selbst im Reinen ist, sondern um die *von den Urteilen anderer unabhängige Selbsteinschätzung.* Die Herausforderung beim Selbstwertgefühl besteht darin, seine eigene Existenz wertzuschätzen, wenn sie von anderen nicht wertgeschätzt wird, an sich selbst zu glauben, wenn andere an einem zweifeln, sich selbst zu akzeptieren, wenn andere über einen richten. Selbstwertgefühl ist nur dann von irgendeinem Wert, wenn es das Ergebnis eines Reifeprozesses ist: Man muss eine Beziehung zu sich selbst haben, muss zu gemischten Gefühlen fähig sein, muss etwas trotz widersprüchlicher Gefühle für wahr halten. Der Kern eines gesunden Selbstwertgefühls ist im Grunde genommen das Gefühl, als eigenständige Person lebensfähig zu sein. Wir können förmlich sehen, wie ein Kind von Stolz überflutet wird, wenn es in der Lage ist, etwas allein herauszufinden, für sich selbst einzustehen oder zu wissen, dass es mit einer Sache allein fertig werden kann. Die echte Herausforderung beim Selbstwertgefühl besteht deshalb darin, Schlussfolgerungen über die Gültigkeit und den Wert der eigenen Existenz zu ziehen. Wahres Selbstwertgefühl erfordert eine psychische Reife, die nur in warmen, liebevollen Beziehungen zu verantwortlichen Erwachsenen entstehen kann.

Da es gleichaltrigenorientierten Kindern schwerfällt, erwachsen zu werden, ist die Wahrscheinlichkeit sehr viel geringer, dass sie ein Selbstwertgefühl entwickeln, das unabhängig davon ist, wie andere über sie denken. Ihr Selbstwertgefühl wird nie zu einem Teil ihrer inneren Persönlichkeit werden und wird nie in einer Wertschätzung wurzeln, die in ihrem Inneren erzeugt wurde. Es wird an Bedingungen geknüpft und von der Gunst anderer abhängig sein. Folglich wird es auf äußeren und vergänglichen Faktoren wie gesellschaftlichem Status, Aussehen oder Einkommen basieren, die allerdings kein Maßstab für das Selbstwertgefühl sind. Echtes Selbstwertgefühl bedeutet nicht, dass ich etwas wert bin, weil ich dies oder jenes tun kann. Es verkündet vielmehr: Ich bin wertvoll, ob ich dies oder jenes tun kann oder nicht.

Wenn diese Betrachtungsweise des Selbstwertgefühls manchen Menschen seltsam erscheint, dann nur deshalb, weil wir in einer Kultur leben, die uns eine Vorstellung vom Selbstwertgefühl vermittelt, die auf dem Bild basiert, das andere von uns haben. Wir alle wollen mit den anderen mithalten, wir alle sehnen uns danach, mit unserem neuen Auto oder unserem Traumpartner anzugeben, und wir sind voller Stolz, wenn andere unsere Errungenschaften anerkennen oder uns darum beneiden. Aber schätzen wir wirklich unser eigenes Selbst? Nein, wir schätzen, was andere von uns denken. Ist das die Art von Selbstwertgefühl, die wir für unsere Kinder erstreben?

Das Fehlen eines unabhängigen Kerns des Selbstwertgefühls schafft ein Vakuum, das von außen gefüllt werden muss. Der Versuch, diese Leere des unabhängigen Selbstwertgefühls mit Ersatzmaterial wie Bestätigung, Status und Errungenschaften zu füllen, ist vergeblich. Egal wie positiv die Erfahrungen auch sein mögen, nichts davon ist von Dauer: Je mehr Lob man erhält, desto hungriger wird man danach, je beliebter man wird, desto beliebter möchte man sein, je mehr Wettkämpfe man gewinnt, desto mehr strebt man nach weiteren Siegen. Wir alle wissen dies intuitiv. Wir sind herausgefordert, unseren Einfluss auf unsere Kinder zu nutzen, damit sich ihre Abhängigkeit von Beliebtheit, Aussehen, Noten oder Errungenschaften nicht darauf überträgt, wie sie über sich selbst denken und fühlen.

Nur ein von diesen Dingen unabhängiges Selbstwertgefühl wird einem Kind wirklich dienlich sein. Ist ein Kind in Bezug auf etwas so Wichtiges wie sein Selbstwertgefühl auf seine Altersgenossen angewiesen, könnte das verheerende Folgen haben. Steht das Selbstwertgefühl eines Kindes auf einem so unsicheren Fundament, so wird es, je höher sein Selbstwertgefühl ist, umso unsicherer werden und umso besessener nach Bestätigung suchen. Kinder sind in ihren Beziehungen notorisch wankelmütig. Es mangelt ihnen an jeglichem Verantwortungsgefühl, ihre Launen in Schach zu halten, und sie empfinden keinerlei Verpflichtung für das Wohlergehen der anderen. Ein Kind von derart unvorhersehbaren Bewertungen abhängig zu machen, bedeutet, es zu ständiger Unsicherheit zu verurteilen. Nur die bedingungslose, liebevolle Akzeptanz, die Erwachsene ihm geben können, kann ein Kind davon befreien, wie besessen nach Zeichen der Zuneigung und der Zugehörigkeit zu suchen.

Solange Kinder nicht in der Lage sind, eine unabhängige Selbsteinschätzung vorzunehmen, ist es unsere Pflicht, sie in einem so hohen Maße zu bestätigen, dass sie nicht dazu getrieben werden, anderswo danach zu suchen. Solche Bestätigungen gehen viel tiefer als positive Liebes- und Lobesphrasen – sie müssen aus unserem ureigenen Selbst kommen und zum Kern des Kindes durchdringen: So weiß es, dass es geliebt wird und uns willkommen ist, dass wir uns an ihm erfreuen und dass seine bloße Existenz für uns ein Grund zur Freude ist, unabhängig davon, was es uns in einem bestimmten Moment an „Gutem" oder „Schlechtem" präsentiert. Es ist unter keinen Umständen zum Besten eines Kindes, wenn wir alles daransetzen, dass es von seinen Altersgenossen gemocht wird. Wir können die Bedeutung von Gleichaltrigen nur dadurch schwächen, dass wir selbst wichtiger werden.

Gleichaltrige sind kein Ersatz für Geschwister

Ein weiteres Problem, für das Gleichaltrige gern als bevorzugte Lösung gewählt werden, ist das des Einzelkindes. Der Mythos, dass Kinder andere Kinder brauchen, um sich gut entwickeln zu können, hält sich beharrlich.

Eltern mit nur einem Kind sind häufig ziemlich betrübt über ihre missliche Lage und versuchen, diesen vermeintlichen Mangel dadurch auszugleichen, dass sie den Vermittler für ihr Kind spielen und Verabredungen zum Spielen sowie Treffen mit anderen Kindern organisieren. Wie sollen Kinder denn ohne Spielkameraden spielen oder ohne Freunde lernen, mit anderen auszukommen?, denken sie.

Wir müssen zunächst einmal verstehen, dass Gleichaltrige nicht dasselbe sind wie Geschwister, und dass Geschwister mehr sind als Spielkameraden. Geschwister teilen sich denselben Orientierungspunkt. Die einzigartige Bindung zu einem Geschwisterkind ist das natürliche Ergebnis der Bindung zu den Eltern. Auch wenn es Ausnahmen gibt, sollten die Bindungen zu den Geschwistern von Natur aus in friedlicher Koexistenz zu den Elternbindungen bestehen. Bindungen zwischen Geschwistern sollten den Beziehungen der Planeten ähneln, die um dieselbe Sonne kreisen, bei denen die Beziehungen untereinander im Vergleich zur Beziehung der einzelnen Planeten zur Sonne sekundärer Natur sind. Im Gegensatz zu Gleichaltrigen eignen sich Cousins und Cousinen besser als Geschwisterersatz. Sind Cousins und Cousinen rar, unerreichbar oder üben sie einen schlechten Einfluss aus, wäre es angemessener, die Art von Familienfreundschaften zu pflegen, in denen die Erwachsenen bereit sind, für die Kinder der anderen die Rolle eines Ersatzonkels oder einer Ersatztante zu übernehmen. Beziehungen zu Erwachsenen sollten für ein Kind die wichtigsten aktiven Bindungen sein.

Um es noch einmal zu verdeutlichen, das Problem besteht nicht darin, dass Kinder miteinander spielen, sondern darin, dass sie sich selbst überlassen werden, wenn ihre grundlegenden Bindungsbedürfnisse von den für sie verantwortlichen Erwachsenen nicht erfüllt wurden. Genau dann ist die Gefahr am größten, dass unsere Kinder Bindungen aufbauen, die mit der Bindung zu uns konkurrieren. Je stärker die Bindung eines Kindes zu den fürsorglichen Erwachsenen ist, desto weniger Bedenken müssen wir haben, wenn sie mit anderen Kindern spielen.

Aber müssen Kinder nicht miteinander spielen? Wir müssen uns hier den Unterschied zwischen dem, was Kinder wollen, und dem, was sie brauchen, klarmachen. Für eine gesunde Entwicklung brauchen Kinder emergentes, kein soziales Spielen. Emergentes Spielen (oder kreatives Alleinsein) umfasst keine Interaktionen mit anderen. Für kleine Kinder müssen die Nähe und der Kontakt zu der Person, zu der eine Bindung besteht, so sicher sein, dass sie als selbstverständlich betrachtet werden. Dieses Gefühl der Sicherheit ermöglicht es dem Kind, sich in eine Welt der Fantasie und Kreativität vorzuwagen. Wenn Spielkameraden am Spiel beteiligt sind, stammen sie aus der Fantasiewelt des Kindes, wie beispielsweise Pu der Bär und seine Freunde für Christopher Robin. Die beste Wahl für diese Art von Spiel sind immer die Eltern, da sie als Bindungsanker dienen. Aber auch Eltern dürfen es hier nicht übertreiben, damit aus dem emergenten Spielen kein gemeinsames Spielen wird, was für das Kind viel weniger förderlich ist. Kinder sind nicht in der Lage, für andere Kinder die Funktion eines Bindungsankers zu erfüllen, sodass emergentes Spielen bei sozialen Interaktionen fast immer ausgeschlossen ist. Da heute sehr viel Wert auf die Sozialisation durch Gleichaltrige gelegt wird, ist das emergente Spielen, das aus der Kreativität, der Vorstellungskraft und der Neugier des Kindes auf die Welt entsteht, zum großen Teil in Vergessenheit geraten.

Ich möchte an dieser Stelle noch einmal betonen, dass soziales Spielen in Maßen der Entwicklung eines Kindes nicht schadet, aber es fördert diese auch nicht. Noch einmal, es ist nicht so, dass Kinder keine Zeit miteinander verbringen sollen, aber wir dürfen nicht erwarten, dass diese Art von Spiel ihre tiefsten Bedürfnisse befriedigt. Dazu sind nur fürsorgliche Erwachsene in der Lage. Weil wir unbedingt wollen, dass unsere Kinder soziale Kontakte knüpfen, bleibt wenig Zeit, die wir mit unseren Kindern verbringen können, oder dafür, kreativ allein zu spielen, was ich als emergentes Spiel bezeichnet habe. Wir füllen ihre freie Zeit mit Verabredungen zum Spielen oder mit Videos, Fernsehen und elektronischen Spielen. Wir müssen ihnen viel mehr Raum zugestehen, damit sich ihr Selbst entwickeln kann.

Und das bringt uns zu der Frage zurück, ob Gleichaltrige als Geschwisterersatz dienen sollten. Erwachsene sind für Kinder viel wichtiger als andere Kinder. Eltern haben keinen Grund sich schlecht zu fühlen, weil ihr Kind keine Geschwister hat, und sie sollten sich nicht gezwungen fühlen, die Lücke mit Gleichaltrigen zu füllen.

Wenn wir die wahre Hinterlassenschaft der Gleichaltrigenorientierung von Anfang an kennen würden – den zunehmenden Gegenwillen, den Verlust von Respekt und Achtung vor Autorität, die anhaltende Unreife, die zunehmende Aggression, die emotionale Verhärtung, die fehlende Bereitschaft, erzogen oder unterrichtet zu werden –, würden wir uns schnell darum bemühen, das Problem anzugehen. Wir würden keine Zeit verlieren und umgehend daran arbeiten, unseren rechtmäßigen Platz im Leben unserer Kinder zurückzuerobern. Aber die ersten Früchte der Gleichaltrigenorientierung sehen so verlockend aus, dass wir nicht ahnen, was uns erwartet. Wir halten

Gleichaltrige für die Lösung vieler der Probleme, mit denen wir bei der Kindererziehung konfrontiert sind. Wir werden einen hohen Preis dafür zahlen müssen. Wir müssen der Versuchung widerstehen, das trojanische Pferd in unseren eigenen vier Wänden willkommen zu heißen.

KAPITEL 18

Der Wiederaufbau des Bindungsdorfes

Viele Erwachsene, die heute schon etwas älter sind, können sich noch an eine Kindheit erinnern, in der das Bindungsdorf noch vorhanden war. Die Nachbarn kannten sich und besuchten sich gegenseitig zu Hause. Die Eltern von Freunden konnten für andere Kinder als Ersatzeltern einspringen. Kinder spielten auf der Straße unter den Blicken freundlicher, schützender Erwachsener. Es gab Geschäfte vor Ort, in denen man Lebensmittel, Eisenwaren, Backwaren und viele andere Dinge kaufen konnte, und in diesen Geschäften waren die Händler mehr als nur gesichtslose Lieferanten von Massenware einer Ladenkette. Ähnlich wie Herr Huber in der „Sesamstraße" waren sie Personen, die man kennen und sogar schätzen lernte. Die Großfamilie – Onkel, Tanten, Schwiegereltern – stand in regem Kontakt zueinander und konnte bei Bedarf die Eltern bei der Betreuung der Kinder unterstützen. Die Verhältnisse waren nicht ideal. Das waren sie in der Geschichte der Menschheit wohl nie, aber es herrschte ein Gefühl der Verwurzelung, der Zugehörigkeit und der Verbundenheit, das als unsichtbare Struktur diente, in der Kinder heranreifen und ihr Verständnis für die Welt entwickeln konnten. Das Bindungsdorf war ein Ort der Orientierung an Erwachsenen, an dem Kultur und Werte vertikal von einer Generation an die nächste weitergegeben wurden und an dem Kinder, zum Guten wie zum Schlechten, den Erwachsenen folgten.

Für viele von uns gibt es dieses Bindungsdorf nicht mehr. Die sozialen und wirtschaftlichen Grundlagen, die den traditionellen kulturellen Strukturen als Gerüst dienten, sind verschwunden. Fort sind die eingeschworenen Gemeinschaften, in denen die Mitglieder der Großfamilien in unmittelbarer Nähe zueinander lebten, Kinder unter der Obhut von Erwachsenen aufwuchsen, die ihre Arbeit nicht weit entfernt von zu Hause verrichteten, und in denen kulturelle Aktivitäten die Generationen zusammenführten. Die meisten von uns müssen die Aufgabe der Erziehung ihrer Kinder mit Erwachsenen teilen, die weder wir noch unsere Kinder im Vorfeld überhaupt kennengelernt haben. Die Mehrheit der Kinder in Nordamerika verlässt fast täglich ihr Zuhause, um an Orte zu gehen, an denen Erwachsene für sie die Verantwortung übernehmen, zu denen sie keinerlei Bindung haben. Unsere Kinder zu Hause zu behalten, wäre für die meisten von uns nicht machbar. Wenn wir sie aus der Gleichaltrigenorientierung zurückholen oder verhindern wollen, dass sie sich an Gleichaltrigen orientieren, haben wir nur eine andere Möglichkeit: Wir müssen funktionierende Dörfer der Bindung schaffen, in denen wir unsere Kinder aufziehen. Wir können die Vergangenheit vielleicht nicht wiederauferstehen lassen und wir können wohl kaum die sozialen und ökonomischen Strukturen unserer gesamten Gesellschaft umgestalten, aber wir *können* eine Menge tun, um es uns und unseren Kindern leichter zu machen.

Ein Haus ist, wie man so schön sagt, noch kein Zuhause. Das Problem mit gleichaltrigenorientierten Kindern ist, dass sie zwar noch in unseren Häusern leben, aber nicht mehr bei uns zu Hause sind. Sie verlassen unsere Häuser, um sich mit Gleichaltrigen zu Hause zu fühlen. Sie benutzen unsere Telefone, um „zu Hause" anzurufen. Sie gehen zur Schule, um sich mit ihren Freunden zu Hause zu fühlen. Ohne Kontakt zu den anderen haben sie „Heimweh". Ihr „Heimfinde-Instinkt" ist so verzerrt, dass er sie zueinander führt. Anstatt sich gern im Haus der Eltern aufzuhalten, werden gleichaltrigenorientierte Jugendliche zu Nomaden, die sich in Gruppen zusammenfinden oder in Einkaufszentren abhängen. Sie mögen zu unserem Haushalt gehören, aber sie fühlen sich bei uns nicht mehr zu Hause.

Nur im Rahmen eines Bindungsdorfes können wir im wahrsten Sinne des Wortes ein Zuhause für unsere Kinder schaffen. Sowohl das Zuhause als auch das Dorf entstehen durch Bindung. Was das Dorf zu einem Dorf macht, sind die Bande zwischen den Menschen. Auch das Zuhause beruht auf Bindungen, sowohl zu dem Haus selbst als auch zu den Menschen darin. Wir fühlen uns nur bei denjenigen, zu denen wir eine echte Bindung haben, wirklich „zu Hause".

Nur wenn Kinder sich bei den Menschen zu Hause fühlen, die für sie verantwortlich sind, können sie ihr Entwicklungspotenzial voll entfalten. Kindern zu helfen, sich bei den Erwachsenen wohlzufühlen, denen wir sie anvertrauen, und die Schaffung eines Bindungsdorfes, in dem sie aufwachsen können, ist ein und dieselbe Aufgabe. In den traditionellen Bindungsgemeinschaften musste ein Kind nie sein Zuhause verlassen – es war zu Hause, wohin es auch ging. Auch heute sollten Kinder ihr Zuhause, oder zumindest das Gefühl, bei vertrauten Erwachsenen zu Hause zu sein, so lange nicht missen müssen, bis sie reif genug sind, um in ihrem eigenen wahren Selbst zu Hause zu sein.

Bindungsdörfer *können* geschaffen werden, wenn wir unsere Vorstellungskraft mobilisieren und den nötigen Elan aufbringen. Wie die Bindung selbst muss auch der Aufbau von Bindungsdörfern eine bewusste Tätigkeit sein. Es besteht kein Grund, dem nachzutrauern, was nicht mehr existiert, aber es gibt viele Gründe, wiederherzustellen, was fehlt.

Ein unterstützendes Umfeld aufbauen

Wir müssen unsere erwachsenen Freunde, die sich für unsere Kinder interessieren, wertschätzen – und Wege finden, ihre Beziehungen zu ihnen zu fördern. Außerdem gilt es, Bräuche und Traditionen zu schaffen, die unsere Kinder mit der erweiterten Familie verbinden. Es reicht nicht aus, verwandt zu sein. Es muss eine echte Beziehung bestehen. Leider sind auch viele Großeltern zu sehr auf Gleichaltrige ausgerichtet, um ihre Rolle in der Bindungshierarchie wahrzunehmen. Viele wären lieber mit ihren Freunden zusammen als mit ihren Enkelkindern, und in unserer mobilen und zersplitterten Gesellschaft leben außerdem viele weit entfernt. Wenn der Kontakt zu unserer erweiterten Familie nicht möglich ist oder aus irgendeinem Grund nicht im Interesse unseres Kindes, müssen wir Beziehungen zu Erwachsenen aufbauen, die bereit sind, diese Aufgabe zu übernehmen.

Auch die Art und Weise, wie wir unsere sozialen Kontakte pflegen, muss sich ändern. In Nordamerika ist das soziale Miteinander in der Regel auf Gleichaltrige ausgerichtet, die sich entlang der Generationengrenzen in Gruppen trennen. Selbst wenn mehrere Generationen zusammen sind, scheinen die Aktivitäten so ausgerichtet zu sein, dass Erwachsene mit Erwachsenen verkehren und Kinder mit Kindern. Um Bindungsdörfer zu schaffen, müssen wir hierarchische Bindungsmuster pflegen. Während unseres Aufenthalts in der Provence konnten wir feststellen, dass die Kinder fast immer in die sozialen Prozesse einbezogen wurden. Bei der Zubereitung der Mahlzeiten, der Planung von Aktivitäten und der Organisation von Ausflügen waren sie immer mitten im Geschehen. Die Erwachsenen übernahmen die Verantwortung dafür, die Kinder einzusammeln. Diese Art des familiären Zusammenseins überraschte uns zunächst, aber aus der Perspektive der Bindung ergab sie durchaus Sinn. Je mehr fürsorgliche Erwachsene es im Leben eines Kindes gibt, desto immuner ist es gegen die Orientierung an Gleichaltrigen. Wir sollten mit unseren Kindern so oft wie möglich an dorfähnlichen Aktivitäten teilnehmen, die Kinder mit Erwachsenen in Kontakt bringen, sei es in religiösen oder ethnischen Zentren, bei sportlichen Aktivitäten, kulturellen Veranstaltungen oder in der Gemeinschaft im Allgemeinen.

In einem Wohnblock in der Nähe des Hauses meines Koautors haben sich die Eltern in einer Gruppe organisiert, die sie „The litte Block that can" nennen. Die sozialen Beziehungen zwischen den in diesem Block lebenden Familien werden bewusst gepflegt. Vor mehreren Häusern stehen Bänke und Picknicktische, an denen Eltern und Kinder jeden Alters zusammenkommen. Die Kinder haben gelernt, alle Erwachsenen in dieser Straße als Bezugspersonen zu betrachten, als Ersatztanten und -onkel. Einmal im Jahr wird die Straße für den Verkehr gesperrt, und es findet ein Dorffest statt. Es werden Spiele gespielt, Essen serviert und aus Lautsprechern ertönt Musik. Die örtliche Feuerwehr fährt mit einem Wagen vor, und die Kinder toben im Sprühnebel des Feuerwehrschlauchs.

Alle Eltern brauchen ein unterstützendes Umfeld, und je weniger dies auf natürliche Weise vorhanden ist, desto mehr muss es durch aktive Gestaltung gepflegt werden. Wir alle brauchen von Zeit zu Zeit jemanden, der für uns einspringt, und die meisten von uns sind darauf angewiesen, ihre Erziehungsaufgaben mit anderen zu teilen. Die sorgfältige Auswahl dieser Stellvertreter und die Förderung der Bindung unseres Kindes zu diesen Erwachsenen sollte für uns Priorität haben. Es reicht nicht aus, dass ein Kindermädchen oder ein Babysitter zur Verfügung steht, vertrauenswürdig ist und die erforderlichen Kurse absolviert hat. Entscheidend ist, dass das Kind diesen elterlichen Ersatz als Orientierungspunkt akzeptiert und sich bei diesem Menschen zu Hause fühlt. Diese Art von Beziehung muss vorbereitet und gepflegt werden. Die Einbeziehung des potenziellen Kandidaten in Familienaktivitäten und die Einladung zu einem Familienessen können genau die Art von Struktur geben, die erforderlich ist, um eine Verbindung herzustellen.

Unter den heutigen Bedingungen müssen in vielen Familien beide Elternteile arbeiten, ganz zu schweigen von der wachsenden Zahl der Alleinerziehenden. Wir können die Uhr nicht in eine idealisierte Vergangenheit zurückdrehen, in der ein Elternteil, in der Regel die Mutter, zu Hause blieb, bis die Kinder erwachsen oder zumindest in der Schule waren. Wirtschaftlich und kulturell haben wir ein anderes Stadium erreicht. Aber wir müssen dafür sorgen, dass unsere Kinder starke Beziehungen zu den Erwachsenen aufbauen, denen wir unseren Nachwuchs anvertrauen, wie ich im nächsten Abschnitt erläutere.

Mein Koautor Gabor besuchte kürzlich zum ersten Mal Mexiko. Er war beeindruckt von der schieren Lebensfreude der Kinder, denen er in den wirtschaftlich schwachen Maya-Dörfern entlang seiner Route begegnete. „Die Freude strahlte aus den Gesichtern dieser Kinder", sagt er, „wir haben nichts von der Entfremdung und den Aggressionen bemerkt, die man bei Kindern in Nordamerika oft beobachten kann. Sie strahlten trotz des harten Lebens ihrer Eltern eine naive Offenheit und Unschuld aus." Die Maya praktizieren, wie alle indigenen Gruppen, „Bindungselternschaft", ohne sich dessen bewusst zu sein. Sie tragen ihre Kinder in den ersten Jahren überall mit hin und erziehen sie im Allgemeinen in traditionellen Bindungsdörfern. Der Gedanke, dass sich Eltern von Säuglingen oder Kleinkindern trennen könnten, käme ihnen seltsam vor. Einem kürzlich erschienenen Zeitungsbericht zufolge erklärte eine Unternehmerin in Nairobi, Kenia, die ein Geschäft eröffnet hatte, in dem sie Kinderwagen an junge Mütter verkaufte, warum das Geschäft so schleppend lief. „Die Frauen hier sehen nicht ein, wozu sie ein Gefährt brauchen sollen, in dem sie ihre Kinder herumschieben können", sagte sie. Jeder Besucher Afrikas kommt nicht umhin, die freudige Spontaneität, das natürliche Lächeln und die ungezwungene Körpersprache der afrikanischen Kinder zu bemerken. All das ist das Ergebnis des engen Kontakts mit liebevollen Erwachsenen in ihren Bindungsdörfern. Leider ist auch diese Kultur heute vielerorts durch Krieg und Hungersnot zerstört.

Ich erwähne diese Beispiele nicht, um unsere eigene Kultur anzuprangern, sondern um zu zeigen, was uns durch den Verlust einer instinktiven, bindungsbasierten Erziehung wirklich abhandengekommen ist. Vielleicht ist es uns nicht möglich, zu solchen Strukturen zurückzukehren, aber wir müssen den Verlust auf jede erdenkliche Weise kompensieren. Daher meine Forderung, unser Bestes zu tun, um Bindungsdörfer wiederherzustellen – soweit es die Umstände eben erlauben.

Ich werde oft gefragt, in welchem Alter ein Kind bereit ist, mit der Trennung von einem Elternteil umzugehen, wenn dieser wieder arbeiten geht oder vielleicht das Kind zurücklässt, um in den Urlaub zu fahren. Meine Antwort ist fast immer eine Frage nach der Art des unterstützenden Umfeldes. Nur die Bindung kann einen Elternersatz schaffen; daher müssen wir diese Bindungen kultivieren. Unsere gesellschaftliche Kultur erfüllt diese Aufgabe nicht mehr. Wenn wir ein Kind in die Welt setzen, sind wir auch dafür verantwortlich, dass wir ein uns unterstützendes Umfeld aufbauen. Wenn wir uns der Bindung bewusst werden und diese Rolle übernehmen, könnten Gespräche wie dieses zustande kommen:

„Wie läuft's mit der Suche nach einem guten Babysitter für Samantha?",

„Es scheint, als hätten wir jemanden gefunden – es sieht sehr vielversprechend aus. Samantha scheint sie zu mögen. Im Moment sind sie in der Küche und kochen Riesenmengen. Mir ist es recht, wenn sie erstmal genug Zeit miteinander verbringen, bis Samantha sich absolut wohl mit ihr fühlt, bevor ich die beiden allein lasse. Danach sollte es laufen wie am Schnürchen."

Bindungen zu Erwachsenen sind besonders in der Pubertät wichtig. Wenn sie sich von ihren Eltern abwenden, wozu Heranwachsende in der Regel neigen, kann ein anderer Erwachsener sie davon abhalten, sich an Gleichaltrige zu wenden. Damit sie diese Funktion erfüllen können, müssen die Beziehungen allerdings lange vor dem Eintritt in die Pubertät aufgebaut werden. Wenn wir schon ersetzt werden, dann lieber durch jemanden, den wir selbst sorgfältig ausgesucht haben.

Für eine Verbindung zwischen unseren Kindern und den für sie Verantwortlichen sorgen

Im traditionellen Dorf entstanden die Bindungen der Kinder aus den Bindungen der Eltern. In den meisten Fällen haben wir heute kaum noch die Wahl, wem wir unsere Kinder anvertrauen – zum Beispiel, von welchen Lehrern sie unterrichtet werden. Angesichts einer solchen Situation besteht die Herausforderung darin, den Boden für eine Verbindung zwischen unseren Kindern und denen, die für sie verantwortlich sind, zu bereiten. Dafür ist es entscheidend, Vorbereitungen zu treffen, die die Wahrscheinlichkeit erhöhen, dass zwischen den beiden eine Bindung entsteht. Häufig geschieht dies ganz instinktiv, um herzliche Beziehungen zwischen Geschwistern oder zum Beispiel zwischen unseren Kindern und ihren Großeltern zu fördern.

Für den Aufbau eines Bindungsdorfes müssen wir uns diesen instinktiven Bindungstanz zunutze machen.

Manchmal binden sich Kinder spontan an ihre Bezugspersonen: Tagesmütter, Lehrer, Babysitter, Großeltern. Aber wenn dies nicht der Fall ist, müssen wir nicht tatenlos zusehen. Wir können viel tun, um eine funktionierende Beziehung zwischen dem Kind und demjenigen, der unseren Posten übernimmt, herzustellen. Heiratsvermittler haben in dieser Hinsicht in der Regel eine Reihe von Tricks auf Lager. Wenn wir uns über das Ziel im Klaren sind, ist es erstaunlich, wie mühelos sich alles Weitere ergibt.

Eines der wichtigsten Instrumente ist der erste Kontakt. Das Kennenlernen ist eine Gelegenheit, einen freundlichen ersten Eindruck zu hinterlassen. Außerdem ist es eine natürliche Art, der Bindung unseren Segen zu geben. Unser Kind muss uns in freundlichem Umgang mit der Person erleben, an die wir den Staffelstab weitergeben wollen, ganz gleich, ob es sich dabei um eine Erzieherin, eine Kinderbetreuerin, einen Klavierlehrer, einen Skilehrer, die Schulleiterin oder den Klassenlehrer handelt. Der Trick besteht darin, beim Kennenlernen die Initiative zu ergreifen und die beiden dann miteinander bekannt zu machen. Dies ist eine einmalige Gelegenheit, um für eine Verbindung zwischen den beiden zu sorgen.

Würden wir in einer Welt leben, die mit dem natürlichen Entwicklungsprozess in Einklang steht, würden Eltern und Lehrer zunächst freundliche Beziehungen zueinander aufbauen, und dann würden die Eltern, so wie ihre Rolle es vorsieht, die Kinder mit den Lehrern bekannt machen. Schulveranstaltungen würden, anstatt Kinder mit Gleichaltrigen zusammenzubringen, die Interaktion zwischen den Mitgliedern des erwachsenen Bindungsteams erleichtern. Es gäbe Strukturen, um die reibungslose Übergabe unserer Kinder von einem Erwachsenen zum anderen vorzubereiten. Doch wie sieht die Realität heute aus? Mein Koautor und ich wurden kürzlich eingeladen, in einer Stadt in British Columbia ein Seminar für ein Fachpublikum zu leiten. Zu unserer Überraschung erfuhren wir, dass die örtliche High School in diesem Jahr eine Abschlussfeier ohne Eltern abhalten wollte, weil die Schülerzahlen so hoch waren, dass keiner der Räume groß genug war, um alle Schüler und ihre Angehörigen gleichzeitig aufzunehmen. Die Stadt verfügt jedoch über mehrere große Einrichtungen, darunter eine Eishockeyhalle. Nicht Platzmangel, sondern mangelndes Bewusstsein ist das Problem!

Ein weiteres wichtiges Instrument der Herstellung einer Verbindung besteht darin, dafür zu sorgen, dass sich die beiden noch nicht verbundenen Parteien sympathisch finden. Sei es durch die Weitergabe von Komplimenten oder durch Zeichen der Wertschätzung – das Ziel des Vermittlers ist es, es den Parteien leicht zu machen, Sympathien füreinander zu entwickeln. Allzu oft überspringen wir als Eltern diesen Schritt und reden direkt von nichts anderem mehr als von unseren Sorgen und den Dingen, die schiefgelaufen sind. Die Beziehung ist der Rahmen für die Arbeit mit dem Kind und hat daher Priorität. Sie gilt es zuallererst aufzubauen, bevor wir uns mit dem befassen, was schiefläuft. Als Eltern müssen wir die Führung übernehmen. Es genügt, wenn wir uns dieses Ziel bewusst machen, der Rest sollte sich dann ziemlich automatisch ergeben. Zum Beispiel können wir dem Lehrer gegenüber Dinge sagen wie: „Sie haben unsere Tochter stark beeindruckt", „Wir haben bemerkt, dass unser Sohn Sie wirklich mag und Sie nicht enttäuschen will", „Unser Sohn hat nach Ihnen gefragt, als Sie nicht da waren. Er hat Sie wirklich vermisst." Zu unserem Kind können wir Dinge sagen wie: „Dein Lehrer hat ein paar nette Dinge über dich gesagt", „Er würde sich nicht so für dich interessieren, wenn du ihm nicht wichtig wärst", „Deine Lehrerin hat gesagt, dass sie dich vermisst und hofft, dass du bald wieder gesund wirst". In der Regel lässt sich etwas finden, das positiv interpretiert werden kann, um eine Verbindung zwischen dem eigenen Kind und dem verantwortlichen Erwachsenen zu fördern.

Alle Kinder brauchen erwachsene Bezugspersonen, damit in ihrer Bindungsstruktur keine Lücken entstehen, durch die sie fallen könnten. Wenn ein Kind genügend Erwachsene hat, auf die es sich verlassen kann, wenn es das eigene Zuhause verlässt und zur Schule, zur Kindertagesstätte und zum Spielplatz geht, besteht kaum die Gefahr, dass es sich an Gleichaltrigen orientiert. Unsere Aufgabe ist es, dafür zu sorgen, dass das Kind zu jeder Zeit eine funktionierende Bindung zu einem Erwachsenen hat und dass wir mit diesen Erwachsenen als Team zusammenarbeiten. Wir müssen sicherstellen, dass wir den Staffelstab erfolgreich übergeben haben, bevor wir ihn loslassen. Wenn wir den Staffelstab fallen lassen, besteht die Gefahr, dass jemand anderes ihn aufhebt.

Es gibt unendlich viele Möglichkeiten, Verbindungen zwischen Kindern und Erwachsenen herzustellen. Ein Schulprogramm, das von Dr. Mel Shipman in den 1980er-Jahren ins Leben gerufen wurde, brachte in Torontos East Side Senioren mit Grundschulkindern zusammen. Das Programm umfasste nur eine Stunde Kontakt pro Woche, aber die positiven Auswirkungen der generationenübergreifenden Interaktionen zeigten in der gesamten Schule ihre Wirkung. Viele Schüler empfanden diese Beziehungen als lebensverändernd, ebenso wie viele der teilnehmenden Senioren. Der Erfolg des Riverdale

Intergenerational Project gab den Anstoß zu einer Bewegung in der gesamten Provinz, an der inzwischen mehrere hundert Einrichtungen beteiligt sind, die das fürsorgliche Miteinander der Generationen fördern.[1] Dieses beliebte Programm hat sich auch auf eine Reihe von Bundesstaaten an der Ostküste ausgeweitet. Es ist bemerkenswert, dass die Initiatoren dieser wunderbaren Bewegung, die nichts vom Phänomen der Gleichaltrigenorientierung wussten, den Erfolg ihres Programms nicht hinreichend erklären konnten. Wenn wir die Gleichaltrigenorientierung berücksichtigen, können wir die positiven Auswirkungen des generationenübergreifenden Kontakts leicht nachvollziehen. Sowohl für die jungen als auch für die älteren Menschen befriedigte er ein tiefes Bedürfnis.

Ein Lehrer, der eine gut funktionierende Beziehung zu einem Schüler aufgebaut hat, hat die Macht, dem Kind als Vermittler zu dienen und den Kontakt zu anderen Lehrern und Mitarbeitern, die für das Kind verantwortlich sind, zu fördern – zum Bibliothekar, zum Spielplatzwart, zum Schulleiter, zum Vertrauenslehrer – und insbesondere zum Lehrer, der den Unterricht des Kindes im Folgejahr übernehmen wird. Was für einen Unterschied würde es machen, wenn Lehrer ihre bestehende Bindungsmacht nutzen würden, um funktionierende Beziehungen zu den anderen Erwachsenen zu schaffen, von denen der Schüler abhängig ist! Meine geliebte Lehrerin Frau Ackerberg war das Beste, was mir in der ersten Klasse hätte passieren können, aber hätte sie zwischen mir und meiner Lehrerin in der zweiten Klasse vermittelt und den Staffelstab weitergegeben, hätte ich vielleicht nicht bis zur fünften Klasse warten müssen, bis sich eine Bindung zu einer anderen Lehrkraft entwickeln konnte.

Der Konkurrenz den Wind aus den Segeln nehmen

Wir leben in einer Welt voller Bindungskonkurrenz. Jedes Mal, wenn unser Kind eine neue Bindung zu jemandem aufbaut, zu dem wir keine Beziehung haben, besteht die Gefahr eines Konflikts. Die Schule erzeugt konkurrierende Bindungen. Scheidung und Wiederheirat erzeugen konkurrierende Bindungen. Bestehende Bindungsdörfer lösen sich oft im Kielwasser konkurrierender Bindungen auf, wodurch Kinder viel anfälliger für die Orientierung an Gleichaltrigen werden. Wir müssen diesen Wettbewerb bewusst so weit wie möglich entschärfen, unabhängig davon, ob die konkurrierenden Bindungen zu verschiedenen Erwachsenen im Leben des Kindes oder zwischen den Eltern und den Gleichaltrigen bestehen.

Manchmal kann die konkurrierende Bindung zu einem anderen Elternteil bestehen – einem geschiedenen Elternteil, einem Stiefelternteil, einem Pflegeelternteil. Soweit dies möglich ist, ist es wichtig, dem Kind zu vermitteln, dass die Nähe zu dem einen Elternteil nicht gleichbedeutend mit der Distanz zum anderen sein muss. Es gilt, scheinbare Entweder-oder-Beziehungen in Sowohl-als-auch-Beziehungen zu transformieren. Dies können wir erreichen, indem wir wohlwollend über den jeweils anderen sprechen und den Kontakt mit dem abwesenden Elternteil erleichtern. Manchmal entschärft sich der Konkurrenzkampf für das Kind, wenn es sieht, dass die Elternteile freundschaftlich miteinander umgehen: nebeneinander zu sitzen bei einer Schulveranstaltung, gemeinsam anzufeuern beim Baseballspiel des Kindes, das Kind gemeinsam bei einem musikalischen Vortrag zu unterstützen. So schwierig es für die Erwachsenen auch sein mag, ihre Differenzen hintanzustellen, es ist der Mühe wert. Wenn die Nähe zum einen Elternteil nicht die Distanz zum anderen voraussetzt, kann das Bindungsdorf nicht nur erhalten, sondern sogar erweitert werden.

In den meisten Fällen findet sich die tatsächliche oder potenzielle Konkurrenz nicht bei den anderen Erwachsenen, sondern bei den Altersgenossen des Kindes. Es gibt Hunderte von Möglichkeiten, dieses Spannungsverhältnis zu entschärfen. In erster Linie können wir selbst Beziehungen zu den Freunden unseres Kindes pflegen und dafür sorgen, dass wir auf dem Laufenden bleiben und an seinen Beziehungen teilhaben können. Das kann zum Beispiel bedeuten, dass Sie ans Telefon gehen, die Anrufer Ihres Kindes mit Namen begrüßen und sich mit ihnen unterhalten. Wenn Kinder in hohem Maße auf Gleichaltrige fixiert sind, tun sie gern oft so, als gäbe es uns gar nicht. Unsere einzige Hoffnung, dem entgegenzuwirken, besteht darin, auf unsere Präsenz zu bestehen – auf freundliche Art, versteht sich. Das Gleiche gilt für das Betreten des Hauses. Wenn wir den Freunden unserer Kinder erlauben, durch eine Hintertür oder eine Seitentür hereinzukommen, ermöglichen wir ihnen, den normalen familiären Bindungsritualen der Begrüßung und Vorstellung zu entkommen. Außerdem ist die Einrichtung eines separaten Bereichs innerhalb des Hauses, in dem sich die Kinder von uns abkapseln können, das Letzte, was wir tun sollten. Wir wollen sie in die gemeinsamen Lebensbereiche bringen, wo wir die Verbindung aufrechterhalten und die Entweder-oder-Mentalität unterlaufen können. In Sachen Bindung werden diejenigen, zu denen wir keine Beziehung haben, vermutlich zu unserer Konkurrenz. Was manchmal das Eis bricht und eine Beziehung zu uns möglich macht, ist das Angebot, gemeinsam mit uns zu essen. Mir ist klar, dass diese Art der Intervention nicht einfach ist, aber ich spreche aus persönlicher Erfahrung, wenn ich sage, dass es der Mühe wert ist, trotz der Unbeholfenheit, die man beim ersten Versuch möglicherweise empfindet

Wenn Kinder in die Pubertät kommen, stehen Eltern in der Regel unter Druck, Treffen und Partys mit Gleichaltrigen zu ermöglichen. Orientieren sich die Kinder bereits an Gleichaltrigen, lautet ihre implizite oder explizite Botschaft an die Eltern, sich in dieser Zeit zurückzuziehen. Auch hier ist es wichtig, dass die Eltern die Initiative ergreifen, die Polarisierung durchkreuzen und einen Präzedenzfall schaffen. Als Bria, unsere dritte Tochter, in dieses Alter kam, waren wir in diesem Manöver bereits geübt. Als die unvermeidliche Aufforderung kam, sich unsichtbar zu machen, ergriffen wir die Initiative. Ja, natürlich konnte sie eine Party feiern. Nein, natürlich würden wir uns nicht in Luft auflösen. Wir würden sogar sehr aktive Gastgeber sein und ein Festmahl auftischen, dem keiner ihrer Freunde würde widerstehen können. Ich beschloss zu grillen, damit ich jeden Gast fragen konnte, was er wollte und wie er es gern zubereitet hätte. Gleichzeitig bestand mein heimliches Projekt darin, ihnen freundlich ins Gesicht zu sehen, wenn möglich Augenkontakt herzustellen, ein Lächeln und ein Nicken zu erwirken, die Namen zu erfragen und zu versuchen, sie mir zu merken – und mich selbst ebenfalls vorzustellen. Ich habe Brias kleine Brüder als Kellner angeheuert. Die Botschaft war klar: Wer mit Bria zu tun hat, der hat auch mit ihrer Familie zu tun – sozusagen als Gesamtpaket. Als wir Bria unseren Plan unterbreiteten, aktive und präsente Gastgeber zu sein, war sie zunächst gekränkt. Sie bezweifelte, dass das jemals funktionieren würde. Sie befürchtete, dass keiner ihrer Freunde kommen würde, und wenn doch, würden sie nie wieder mit ihr sprechen. Ihre Befürchtungen waren unbegründet. Es ist mir sicherlich nicht gelungen, bei allen Jugendlichen zu punkten, aber ich glaube diejenigen, bei denen es nicht gelungen ist, hätten sowieso kaum Lust gehabt wiederzukommen. Die Wahrscheinlichkeit, dass die anderen Kinder, bei denen es funktioniert hat, eine Beziehung zu unserer Tochter aufbauen würden, die keine Konkurrenz zu uns darstellte, war in jedem Fall viel größer.

Eine weitere Möglichkeit, potenzielle Konkurrenzsituationen zu entschärfen, ist die Pflege von Beziehungen zu den Eltern der Freunde unserer Kinder. In einem bereits existierenden Bindungsdorf bestünde eine solche Bindung bereits. Da wir aber in einer solchen Welt nicht leben, haben wir nur die Möglichkeit, das Dorf – von den Altersgenossen unseres Kindes bis zu deren Eltern – von Grund auf neu zu errichten. Gelingt uns das nicht, bleibt die Bindungswelt unserer Kinder gespalten und fragmentiert und ist von Konkurrenzdenken geprägt. Wir können vielleicht nicht kontrollieren, wer die Freunde unserer Kinder sind, aber wenn wir freundschaftliche Verbindungen zu den Eltern herstellen können, bringen wir ein Stück Harmonie und Geschlossenheit in ihre Bindungswelt. Kann uns das immer gelingen? Nein, natürlich nicht. Die Unterschiede können unüberbrückbar sein. Aber wir sollten es zumindest versuchen. Es steht zu viel auf dem Spiel, als dass wir eine Chance wie diese ungenutzt lassen könnten.

Meine Frau und ich hatten in dieser Hinsicht Glück mit Bria. Die Eltern von zwei ihrer engsten Freundinnen waren sehr aufgeschlossen für die Idee, Verbindungen zu knüpfen, um die Lebenswelten der Mädchen zusammenzuführen. Wir hatten bereits eine Beziehung zu Brias Freundinnen aufgebaut, und auch die anderen Eltern hatten ihre Hausaufgaben gemacht. Mein Ziel war es, den potenziellen Wettbewerb zu neutralisieren und eine Umgebung zu schaffen, in der die Nähe zu Gleichaltrigen nicht auf Kosten der Nähe zu den Eltern geht. Der Aufbau des Dorfes hat besser funktioniert, als ich es je für möglich gehalten hätte. Die Krönung war der Silvesterabend zur Jahrtausendwende. Im Vorfeld hatte jeder von uns den anderen Familienmitgliedern mitgeteilt, was an diesem besonderen Abend geschehen sollte und welche Bedeutung er haben sollte. Bria wünschte sich, nicht nur mit ihren besten Freundinnen zusammen zu sein, sondern auch mit deren Familien und Gästen. Wir luden sie alle zu uns nach Hause ein und verbrachten den Abend in fröhlicher Runde. Wir stießen auf die jungen Frauen an, die uns dazu inspiriert hatten, von Grund auf ein Dorf zu erschaffen und Verbindungen zu knüpfen, die sonst nie zustande gekommen wären. Der Abend war ein Zeugnis dafür, dass unsere Kinder beides haben können, wenn Gleichaltrige und Eltern nicht miteinander konkurrieren.

Nur wenn sich ihre Bindungswelt aufspaltet, leben Gleichaltrige und Eltern in unterschiedlichen Sphären. Unsere Herausforderung besteht darin, die Art von Bindungsbeziehungen zu unseren Kindern zu schaffen und die Art von Bindungsdorf für sie zu errichten, die ermöglichen, dass Gleichaltrige präsent sein können, ohne dass die Eltern verdrängt werden.

Da die Kindheit vom Zustand der Reife abhängig ist, dauert sie in unserer Gesellschaft zunehmend länger. Gleichzeitig nimmt die Zeitspanne der echten Elternschaft rapide ab, da diese eine Beziehungsfrage ist und nur besteht, solange das Kind aktiv an uns gebunden ist. Hier kommt die

Orientierung an Gleichaltrigen ins Spiel: Wenn die Bindungen verzerrt sind, verlieren wir unsere Elternschaft. Geschieht dies vor dem Ende der Kindheit, ist das sowohl für die Eltern als auch für das Kind katastrophal. Wenn wir unserer Elternschaft beraubt werden, gehen unseren Kindern die positiven Aspekte der Kindlichkeit verloren. Sie bleiben unreif, werden aber der Unschuld, der Verletzlichkeit und der kindlichen Offenheit beraubt, die sie für ihr Wachstum benötigen sowie für die ungetrübte Freude an all dem, was das Leben zu bieten hat. Sie werden um ihr volles Erbe als menschliche Wesen betrogen.

Wer soll unsere Kinder erziehen? Die eindeutige Antwort, die einzige Antwort, die mit der Natur in Einklang ist, lautet: Wir, die Eltern und andere Erwachsene, die mit den Erziehungsaufgaben betraut sind. Wir müssen ihre Mentoren, ihre Ratgeber, ihre Ernährer und ihre Vorbilder sein. Wir müssen sicherstellen, dass unsere Kinder uns nah bleiben, bis unsere Arbeit getan ist. Nicht etwa aus egoistischen Gründen, sondern damit sie sich nach vorn wagen können. Nicht um sie zurückzuhalten, sondern damit sie ihre Entwicklungsaufgaben bewältigen können. Wir müssen sie so lange in unserer Nähe behalten, bis sie bei sich selbst angekommen sind.

TEIL VI

Postskriptum für das digitale Zeitalter

(Wie wir unseren Kindern im Zeitalter von Internet, Mobiltelefonen und Computerspielen nah bleiben)

KAPITEL 19

Die aus den Fugen geratene digitale Revolution

Seit der ersten Veröffentlichung von *Unsere Kinder brauchen uns!* hat sich etwas Außerordentliches ereignet. Rückblickend lässt sich sagen, dass dieses Buch die Auswirkungen der digitalen Revolution, die in den vergangenen Jahren unsere Welt – und die Welt unserer Kinder – geprägt hat, nur erahnen, nicht aber vollständig erfassen konnte. Diese Auswirkungen sind, gelinde gesagt, beunruhigend. Technologische Fortschritte, die ein immenses positives Potenzial hatten und immer noch haben, haben stattdessen einen großen kulturellen Rückschritt bewirkt. Wenn wir nicht zur Vernunft kommen, werden die Auswirkungen des digitalen Wandels die gesunde Entwicklung unserer Kinder über Generationen hinweg beeinträchtigen.

Was ist geschehen? Wie können wir die Richtung, in die uns die digitale Revolution geführt hat, richtig einordnen? Was sind die Konsequenzen für die Kindererziehung im digitalen Zeitalter?

Im Jahr 2010 waren 73 Prozent der Jugendlichen Mitglied in mindestens einem sozialen Online-Netzwerk, und im Jahr 2012 gab es weltweit eine Milliarde Facebook-Nutzer. Studien haben ergeben, dass Millionen von Kindern bereits Facebook-Mitglieder sind, obwohl die Website vorschreibt, dass niemand unter dreizehn Jahren ein Konto anlegen darf. Der typische Teenager verschickt jeden Monat über dreitausend Textnachrichten![1]

„In den letzten fünf Jahren ist die Zahl der vorpubertären Kinder und Jugendlichen, die Sites [sozialer Medien] nutzen, drastisch gestiegen", stellte die Zeitschrift *Pediatrics* im Jahr 2011 fest. „Laut einer kürzlich durchgeführten Umfrage loggen sich 22 % der Teenager mehr als zehnmal täglich auf ihrer bevorzugten Social-Media-Seite ein, und mehr als die Hälfte der Jugendlichen loggt sich mehr als einmal pro Tag auf einer Social-Media-Seite ein. 75 % der Teenager besitzen heute Mobiltelefone, und 25 % nutzen sie für soziale Medien, 54 % für SMS und 24 % für Instant Messaging. Die Ergebnisse, so die Schlussfolgerung dieser viel beachteten Publikation, sind bedrohlich: „Ein großer Teil der sozialen und emotionalen Entwicklung dieser Generation findet also im Internet und auf den Bildschirmen von Mobiltelefonen statt."[2]

Bedenkt man außerdem die beunruhigenden Statistiken zur Rolle der Internet-Pornografie und zum Cybermobbing, sowie die Vorherrschaft von Computerspielen, gibt es genug Gründe, darüber besorgt zu sein, dass junge Menschen zwischen acht und achtzehn Jahren sich durchschnittlich mehr als zehn Stunden pro Tag mit der einen oder anderen Form von Technologie beschäftigen.

Wir, die Autoren, sind oft von Eltern angesprochen worden, die sich über die Auswirkungen digitaler Medien auf Kinder Sorgen machen und wissen wollen, wie sie den Zugang ihrer Kinder zu Computern, Spielen und anderen digitalen Geräten kontrollieren können und wann sie Kinder an diese Technologien heranführen sollten. Diese letzten beiden Kapitel wurden geschrieben, um auf genau diese Fragen einzugehen. Wie bei der elterlichen Erziehung im Allgemeinen geht es jedoch nicht um spezifische Praktiken oder Empfehlungen. Wir haben immer wieder betont, dass elterliche Erziehung nicht eine Reihe von Fähigkeiten und Verhaltensweisen ist, sondern in erster Linie eine *Beziehung*. Wie es im Vorwort zu diesem Buch heißt, wird jeder Handlungsansatz ohne Verständnis für die Beziehung nur zu Konflikten führen. Was wir hier anbieten, ist kein konkretes Rezept, sondern eine Hilfestellung zum Verständnis, eine Erklärung, begleitet von allgemeinen Richtlinien. Inwieweit diese auf jedes Kind und jede Familie anwendbar sind, hängt von der Fähigkeit der Eltern ab, die unverzichtbare Beziehung zu ihren Sprösslingen zu pflegen. Altersspezifische Empfehlungen sind nicht möglich – die Beziehung des Kindes zu seinen Eltern und sein emotionaler Reifegrad bestimmen, was zu tun ist. Es ist nicht sinnvoll, vermeintlich allgemeingültige starre Regeln anzubieten.

Wie also lassen sich die Auswirkungen des digitalen Wandels auf das Leben unserer Kinder abschätzen? Die Konturen eines Phänomens zu erfassen, das so weitreichend ist und in dem wir uns noch mittendrin befinden, ist wie der Versuch, die Form einer Wolke zu bestimmen, die uns umhüllt. Ohne ein fundiertes Wissen über den bedeutendsten menschlichen Trieb – die Bindung – lässt sich das Geschehen nicht erklären.

Die Bindung ist der Schlüssel zur Erklärung der Formen, die die digitale Revolution angenommen hat, und insbesondere ein Verständnis der Gleichaltrigenorientierung ist notwendig, um die damit verbundenen Fakten und Zahlen zu verstehen. Ohne ein solches Verständnis sind diese Fakten und Zahlen verwirrend. Ebenso wenig können wir die ungezügelte Popularität sozialer Medien, die Dynamik des Cyber-Mobbings oder die verführerische Anziehungskraft von Videospielen und Online-Pornografie erklären, ohne die zentrale Bedeutung von Bindungen im menschlichen Leben zu verstehen – all diese Themen werden in diesen beiden Kapiteln über das digitale Zeitalter näher beleuchtet werden.

Das kulturelle Milieu, in dem unser Buch geschrieben wurde, war bereits durch die zunehmende Gleichaltrigenorientierung der Jugendlichen gekennzeichnet, aber das war, bevor Facebook und Twitter auf den Plan traten, bevor Videospiele unsere Jugend in ihren Bann schlugen und Online-Pornografie 30 Prozent der gesamten Internetaktivität ausmachte, und bevor irgendjemand auf die Idee kam, dass innerhalb weniger Jahre 90 Prozent der Kinder im Alter von acht bis sechzehn Jahren Pornografie im Internet gesehen haben würden. Damals hat noch kein Arzt seine Besorgnis über die schädlichen Auswirkungen der langen Bildschirmzeiten auf die Gesundheit der Kinder geäußert und auch noch nicht vor der zunehmenden Internetabhängigkeit gewarnt.

Abgesehen von der Pornografie mögen sich einige fragen: „Was ist falsch daran, dass junge Menschen so viel Zeit im Internet verbringen, um sich zu informieren oder abzulenken? Haben wir hier wirklich ein Problem?“

Als die ersten digitalen Geräte zur Informationsverarbeitung aufkamen, ging man davon aus, dass sie entweder für geschäftliche Zwecke, für die Bildung oder zur Unterhaltung genutzt werden würden. Wissenschaftler entwickelten das Internet als Weg für eine schnelle und effiziente Übermittlung komplexer Daten. Die erste Zielgruppe für Mobiltelefone war die Geschäftswelt, für PCs war es das Bildungswesen. Schließlich sind wir für wissenschaftliche Forschungen oder geschäftliche Aktivitäten auf Informationen angewiesen, und die Schule dient vor allem dazu, den Schülern Informationen zu vermitteln. Google ging 2004 mit dem Ziel an die Öffentlichkeit, die Informationsströme der Welt zu organisieren und sie allgemein zugänglich und nutzbar zu machen. Das Informationszeitalter war offiziell angebrochen. In diesem Kontext haben wir unseren Kindern digitale Geräte zur Verfügung gestellt.

Der fundamentale Fehler: Die Vernachlässigung der Bindung

Die Annahmen, auf denen die digitale Revolution beruhte, enthielten eine grundlegende Fehleinschätzung. Im Kern seines Wesens sucht der Mensch nicht nach Informationen über die Welt, nicht einmal nach Unterhaltung. Wenn es darum geht, die Aufmerksamkeitsmechanismen unseres Gehirns zu aktivieren, haben weder Informationen noch Unterhaltung Priorität. Tatsächlich rangieren Informationen in der Relevanzhierarchie unseres Gehirns sehr weit unten: Sie werden viel öfter ausgeblendet als beachtet. Das Gehirn filtert die meisten wahrgenommenen sensorischen und kognitiven Daten aus, um nicht den Blick für das Wesentliche des Augenblicks zu verlieren.

Wie wir in diesem Buch gesehen haben, ist unser primäres und vorherrschendes Bedürfnis das Zusammensein. Es ist die Verbundenheit, nach der wir uns sehnen, nicht die sachliche Kenntnis der Welt. Der Mensch – oft auch als Erwachsener, besonders aber als unreifes junges Wesen – ist zwar hungrig nach Informationen, aber nicht über die Welt, sondern über den Status seiner Bindungen. Wir wollen die Gewissheit, zu denen zu gehören, die uns wichtig sind. Es geht uns darum, denen zu ähneln, die wir schätzen, dass wir für sie eine Rolle spielen und von ihnen gemocht werden, dass wir von ihnen gewollt und verstanden werden – dass wir ihnen wichtig sind. Wir wollen wissen, ob wir in den Kreis der anderen eingeladen sind oder nicht, und wir präsentieren uns in der Hoffnung, dass diese Einladung ausgesprochen wird.

Geschäftliches hat für uns nicht die höchste Priorität, ebenso wenig wie das Lernen oder die Unterhaltung. Was unsere Interaktionen mehr als jeder andere Faktor prägt, ist die Bindung, ob wir nun persönlich, per Post, per Telefon oder über das Internet miteinander kommunizieren. Die Technologie mag neu sein, aber die Dynamik ist so alt wie die Menschheit.

Es ist nicht überraschend und entspricht der in diesem Buch dargelegten Perspektive, dass die erstaunliche Technologie, die ursprünglich für Informationsgewinn konzipiert wurde, stattdessen in den Dienst der Suche nach Bindungen gestellt wurde. Und durch Ablenkung und Zerstreuung dient sie zugleich als Kompensation für die frustrierten Bindungsbedürfnisse unserer Kinder. Aber Ablenkung kann ein grundlegendes Problem niemals lösen, sondern es nur verschlimmern. Wer besonders gefährdet ist, gerät durch die digitalen Medien in die Abhängigkeit. Unsere Kinder nutzen diese Ressourcen weniger zum Lernen als zum Aufbau und zur Pflege von Beziehungen, weniger zur Lösung von Problemen als zur Problemvermeidung.

Wenn man einmal das Bedürfnis nach Zusammensein verstanden hat, wird das grundlegende menschliche Dilemma deutlich: *Wie kann man einander nahe sein, wenn man voneinander getrennt ist?* Dieses Problem hat viele Aspekte: Wie kann man sich mit Menschen verbunden fühlen, von denen man physisch getrennt ist? Wie kann man ein Gefühl der Nähe erfahren, wenn man sich eigentlich nicht gewollt fühlt? Wie kann man ein Gefühl der Bedeutsamkeit erfahren? Wie kann man sich wichtig fühlen, wenn man denen, die einem selbst wichtig sind, nichts zu bedeuten scheint?

Wir können das Problem „lösen", indem wir Dutzende oder Hunderte von „Freunden" auf Facebook rekrutieren, die uns „mögen" bzw. „liken", ohne dass es zu einer echten Intimität kommt. Ein solches Szenario ist unglaublich verlockend, da es uns die flüchtigen Empfindungen verschafft, die wir uns so sehr wünschen. Szenarien wie diese sind unsere modernen Alarmglocken. Sie führen uns dorthin, wo wir hinwollen, ohne dass wir ein Risiko eingehen würden oder eine Ahnung davon hätten, was uns auf dem Weg erwartet. Diese Bindungs-Placebos können attraktiver sein als das wirkliche Leben, und für viele junge Menschen sind sie das schon längst. Es ist zum Beispiel keine Seltenheit, dass junge Eltern ihre Kinder ignorieren, während sie sich mit Textnachrichten und anderer digitaler Kommunikation beschäftigen.

Gibt es also keinen sicheren oder sinnvollen Weg, um unsere Jugend an die Vorteile des digitalen Zeitalters heranzuführen? Wie wir im nächsten Kapitel zeigen werden, ist es eine Frage des richtigen Zeitpunkts. Kindern und Jugendlichen kann auf sichere Weise Zugang zu Technologie gewährt werden, aber erst dann, wenn sie dafür bereit sind und sich so weit entwickelt haben, dass die Nutzung der Technologie ihr Wachstum fördert, anstatt es zu beeinträchtigen. Bis dahin besteht unsere Aufgabe darin, Versuchungen von ihnen fernzuhalten.

Solange sie noch nicht so weit sind, ist das Angebot der digitalen Welt nicht das, was junge Menschen brauchen – im Gegenteil, es beeinträchtigt die Befriedigung ihrer Bedürfnisse, wie wir im nächsten Abschnitt sehen werden.

Digitale Verbindungen ermöglichen es Kindern zusammenzubleiben, auch wenn sie getrennt sind

Die traditionelle Gesellschaft war auf hierarchische, generationenübergreifende Bindungen ausgerichtet, nicht auf Bindungen zu Gleichaltrigen. Das Haus war der Sitz der Familie, und die Dorfgemeinschaft sorgte für die unterstützenden Bindungen. Ich erinnere mich, dass ich die Leute in dem Dorf Rognes in der Provence, in dem wir ein Sabbatjahr verbrachten, gefragt habe, warum so wenige von ihnen in digitalen sozialen Netzwerken aktiv waren.* Die Antwort lautete in der Regel: „Warum sollten wir das wollen, wir sind doch alle hier." Es gibt keinen Grund, die Bindung digital zu ersetzen, wenn man bereits mit den Menschen zusammen ist, die einem am wichtigsten sind. Eine ähnliche Erfahrung haben wir kürzlich auf Bali gemacht.

Als jedoch die Gleichaltrigenorientierung in der westlichen Zivilisation Fuß fasste, begann ein Problem sich immer stärker bemerkbar zu machen. Die Schule wurde zur Brutstätte der Orientierung an Gleichaltrigen und zugleich zum Sammelbecken für gleichaltrigenorientierte Kinder. Die Pausen und die Aktivitäten mit Gleichaltrigen nach der Schule entwickelten sich zu Bindungsstrukturen, die das gemeinsame Mittagessen der Familie, den Familienspaziergang und die Spiel- und Lesezeit im Schoß der Familie ersetzten. Die meisten gleichaltrigenorientierten Kinder gehen in die Schule, um mit ihren Freunden zusammen zu sein, nicht um etwas über ihre Welt zu lernen.

Wie halten diese Kinder abends, an Wochenenden und in den Ferien Kontakt zu ihren Altersgenossen? Und was geschieht, wenn sie von der Schule abgehen? Wie wir alle wissen und am eigenen Leib erfahren haben, gibt es psychisch nichts Schwerwiegenderes als die Trennung von den Menschen, die uns nahestehen. Die daraus resultierende Beunruhigung ist immens und das Streben nach Nähe ein geradezu verzweifeltes. Die Notwendigkeit, die Bindungslücke zu schließen, wird zur alles beherrschenden Motivation.

Ich glaube, dass es diese Kraft war, welche der digitalen Revolution die Form gab, in der wir sie heute erleben. Bedenken Sie, dass die Bindung die stärkste Kraft im Universum ist. Die digitalen Geräte, die eigentlich für Bildung und Wirtschaft gedacht waren, wurden umfunktioniert, um Gleichaltrigenorientierte miteinander zu verbinden. Die digitale Revolution ist in jeder Hinsicht zu einem Phänomen der sozialen Vernetzung geworden.

Die Statistiken sprechen für sich. Datenerhebungen zufolge nutzen 100 Prozent der 12- bis 24-Jährigen das Internet, wobei 25 Prozent der Zeit auf die Interaktion in sozialen Medien entfallen. Das ist ein beträchtlicher Zeitaufwand, wenn man bedenkt, dass der durchschnittliche 8- bis 18-Jährige zehn Stunden und 45 Minuten pro Tag mit digitalen Geräten verbringt, wie wir bereits festgestellt haben.

---

*Wie in den vorherigen Kapiteln des Buches bezieht sich das Personalpronomen „ich" auf Gordon Neufeld.

Facebook und Renren (das chinesische Äquivalent) haben es ermöglicht, dass die Schulpausen ewig andauern – Kinder können jetzt permanent miteinander in Kontakt bleiben. Diese Social-Networking-Websites wurden ursprünglich an Hochschulen ins Leben gerufen, um ihren gleichaltrigenorientierten Studierenden zu Diensten zu sein – und sind inzwischen zu Verbindungsinstrumenten für Gleichaltrigenorientierte auf der ganzen Welt geworden.

Ich frage mich oft, was wohl passiert wäre, wenn die digitale Revolution stattgefunden hätte, bevor sich die Gleichaltrigenorientierung durchgesetzt hat, aber nachdem zunehmende Mobilität, Jobknappheit und hohe Scheidungsraten uns bereits von den Menschen, die wir lieben, getrennt hätten. Ohne Gleichaltrigenorientierung hätte sich vielleicht eine Kultur entwickelt, die Kinder digital mit ihren Eltern und Lehrern, Onkeln und Tanten, Großmüttern und Großvätern verbindet. Eltern, die ihren Kindern mithilfe dieser digitalen Hilfsmittel Gute-Nacht-Geschichten vorlesen, wenn sie nicht zu Hause sind. Lehrer und Schüler, die sich miteinander verbinden, um den Lernprozess zu erleichtern. Großeltern, die aus der Ferne mit ihren Enkelkindern kommunizieren können.

Als meine Frau und ich im Urlaub auf Bali waren, nutzten wir die schwache Internetverbindung, um alle paar Tage mit unseren Enkeln zu skypen. Das war gar nicht so einfach, denn die Antenne auf unserem Grundstück, die uns mit dem Internetzugang im Dorf verband, wurde oft von den darauf landenden Vögeln lahmgelegt. Dank meiner hohen Motivation, eine Verbindung zu unseren Enkeln auf der anderen Seite des Globus herzustellen, wurde ich zum Experten im Steinewerfen. Bis heute erlebe ich eine wunderbare pawlowsche Reaktion auf den Skype-Klingelton, weil ich ihn mit einer erfüllenden Zeit der Kommunikation mit meinen Lieben in weiter Ferne verbinde. Viele nutzen digitale Geräte und soziale Medien zu diesem Zweck, und das ist begrüßenswert. Aber die Zahlen und Fakten legen nahe, dass eine solche Nutzung nicht den Löwenanteil des Phänomens ausmacht. Es sind die Gleichaltrigenorientierten, die das Netz beherrschen.

Die digitale Revolution begünstigt und fördert die Gleichaltrigenorientierung

Die Orientierung an Gleichaltrigen hat die digitale Revolution geprägt – und wird wiederum von der digitalen Revolution sowohl begünstigt als auch gefördert. Erstens ist es für diejenigen, die über digitale Geräte und die technische Kompetenz zu deren Nutzung verfügen, erheblich wahrscheinlicher, miteinander in Kontakt zu treten. Wie jeder technisch wenig versierte Erwachsene bezeugen kann, der schon einmal mit einer komplizierten Fernbedienung zu kämpfen hatte, begünstigt diese Dynamik zweifellos die Jugendlichen und ihre Beziehungen untereinander. Zum Vergleich: Ein gemeinsames Essen begünstigt in der Regel generationenübergreifende Beziehungen.

Zweitens diktieren die sozialen Netzwerke, aber auch die digitale Technologie selbst, die Form der Verbindung, indem sie den oberflächlichen Kontakt der emotionalen und geistigen Intimität vorziehen. Soziale Medien im Allgemeinen und digitale Geräte im Besonderen machen es nicht leicht, sein Herz mit jemandem zu teilen, geschweige denn, ihm sein Herz auszuschütten. Was geteilt wird, ist oft aufgesetzt und oberflächlich. Es ist schwierig, in einer SMS seine Freude und Begeisterung zu kommunizieren. Das Funkeln in den Augen und die warme, einladende Stimme sind schwer zu vermitteln. Stattdessen wird die oberflächliche Dynamik der Gleichartigkeit betont – mögen wir die gleichen Dinge und die gleichen Menschen – und nicht, wer wir im Innersten sind. Es findet keine echte Offenbarung der eigenen Person statt, die dazu führen würde, dass man wirklich in seinem Innersten verstanden wird. Bedeutsamkeit – denjenigen wichtig zu sein, mit denen wir eine Verbindung anstreben – wird zu einer Frage des positiven Eindrucks, der den Wunsch nach der zarten Einladung, als unser wahrhaftiges Selbst für anderen Menschen zu existieren, überflüssig macht. So lockt und belohnt die Technologie diejenigen, deren Bindungen oberflächlich bleiben: die Unreifen, die charakterlich schwach Entwickelten und die an Gleichaltrigen Orientierten.

Die MIT-Psychologin Sherry Turkle befragte für ihr Buch *Alone Together* Hunderte von jungen Menschen über ihr Leben im Internet. Die *Newsweek* berichtete: „Die Leute sagen ihr, ihre Handys und Laptops seien in ihrem Leben die ‚Quelle der Hoffnung', ‚wo sich das süße Leben abspielt'."

Drittens: Die Traditionen, Rituale und Tabus, die sich im Lauf der Geschichte zum Schutz der Familie und der Bindungen zwischen den Generationen entwickelt haben, haben in der digitalen Welt keine Gültigkeit. In traditionellen Kulturen, in denen Mehrgenerationenbeziehungen noch geschätzt werden, existieren zahlreiche Bräuche: wer mit wem sprechen darf, welche Art von Berührung erlaubt ist, wer mit wem essen darf, mit wem Geheimnisse geteilt werden und so weiter. Diese Aktivitäten fördern die

Bindung und müssen deshalb kontrolliert werden. Damit eine Kultur sich reproduzieren kann und damit die Erziehung von Kindern möglich und effektiv ist, müssen hierarchische Bindungen erhalten bleiben. In der digitalen Welt gibt es relativ wenig Bräuche, Rituale oder Tabus, die familiäre Bindungen und hierarchische Beziehungen schützen würden. Die Informationen selbst sind nicht hierarchisch geordnet, was ihre Bedeutung oder Aussagekraft anbelangt. Alles ist abgeflacht: Gleichheit ist die Regel. Selbst Großbuchstaben verschwinden immer mehr. So ist die Orientierung an Gleichaltrigen nicht nur zur treibenden Kraft der digitalen Revolution und ihrer Werkzeuge geworden, sondern auch zu deren Resultat. Wir mögen unseren Kindern aus vernünftigen Gründen digitale Geräte in die Hand gegeben haben, aber sie haben diese Geräte dazu verwendet, sich miteinander zu verbinden, sowohl auf individueller Ebene als auch in großem Maßstab. Das Ergebnis ist eine zusätzliche katastrophale Erosion des Fundaments gesunder menschlicher Entwicklung.

Die Leere digitaler Intimität

Warum sollten wir so besorgt darüber sein, dass unsere Kinder und Jugendlichen über digitale Geräte miteinander in Kontakt treten? Selbst wenn es nicht das ist, was sie wirklich brauchen, solange sie von den Erwachsenen in ihrem Leben bekommen, was sie wirklich brauchen, sollte das doch in Ordnung sein, oder? Kann es nicht verschiedene Arten von Bindungsaktivitäten geben, von denen die digitale soziale Verbindung nur eine von vielen darstellt?

Diese Argumentation scheint logisch – wenn nur die ihr zugrunde liegenden Annahmen zutreffen würden. Das Problem ist, dass die technologischen Bindungsaktivitäten unserer Kinder wie ein hartnäckiges und allgegenwärtiges Unkraut wirken, das schließlich den gesamten Garten erobert und alle anderen Pflanzen verdrängt. Beunruhigend ist, dass digital vermittelte soziale Beziehungen mit dem kollidieren, was Kinder wirklich brauchen.

Der ganze Zweck der Bindung besteht darin, sich entspannen zu können, sich von dem dringlichen Bedürfnis nach Bindung ausruhen zu können. Von diesem Ort der Ruhe geht das Wachstum aus. Wenn keine Ruhe einkehrt, wird die Entwicklung gehemmt. Wenn die Bindungsaktivität nicht zur Erfüllung führt, kann sie die Reifung nicht vorantreiben: Die Angst ist zu groß, die Verletzlichkeit zu schwer zu ertragen. Um emotional zu wachsen, müssen

Kinder verletzlich bleiben, und um verletzlich bleiben zu können, müssen sie sich sicher und geborgen fühlen.

Durch fruchtloses Streben und leere Verbindungen wird das Verlangen nur noch schlimmer, und die Sorgen werden immer dringlicher und obsessiver. Wenn wir nährstoffarmes Essen verzehren, steigt unser Konsum. Ich glaube, die sozialen Netzwerke haben den gleichen Effekt. Paradoxerweise ist Facebook nicht erfolgreich, weil es so gut funktioniert, sondern aus genau dem entgegengesetzten Grund: Es funktioniert nicht. Die Bindungen kommen nie zur Ruhe. Das Streben nach Nähe wird nie befriedigt. Der Arzt und Forscher Vincent Felitti hat es treffend formuliert: „Es ist schwierig, von etwas genug zu bekommen, das fast funktioniert." Der Bindungshunger unserer internetaffinen Jugend ist unersättlich und führt sie daher in die Sucht. In den Gehirnen von Internetsüchtigen haben Forscher biochemische Veränderungen und Wandlungsprozesse innerhalb der weißen Materie festgestellt, die denen in den Gehirnen von Drogen- oder Alkoholabhängigen ähneln.[3]

Die Wurzel des Problems ist, dass digitale Intimität zu keinem Ergebnis führt. Sie ist im Wesentlichen frei von den Elementen, die erforderlich sind, um Intimität zu verwirklichen. Wie ein Keks, dem die notwendigen Nährstoffe fehlen, ist sie nicht nur leere Nahrung, sondern verdirbt auch den Appetit auf die Nahrungsmittel, die der Körper wirklich braucht.

Sechs Gründe, warum digitale Intimität leer ist

In der digitalen Interaktion wird die Einladung zur Bindung nicht wahrgenommen

Die Leere der digitalen Intimität wird durch eine Studie veranschaulicht, in der die jeweiligen physiologischen Effekte von direkter sprachlicher Kommunikation und der Kommunikation via SMS zwischen jungen Mädchen und ihren Müttern miteinander verglichen wurden.[4] Die Mädchen wurden durch einen Test unter Stress gesetzt und anschließend aufgefordert, mit ihren Müttern Kontakt aufzunehmen, entweder per Anruf oder per Textnachricht. Nur bei ersterem sanken die Stresshormone der Mädchen und es wurden beruhigende Bindungshormone gebildet.

Warum ist die digitale Verbindung so unwirksam? Das hat mit dem zu tun, wonach wir alle streben: der Bestätigung, dass wir dazu aufgefordert werden, in der Gegenwart des anderen zu existieren. Diese Botschaft ist gerade dann besonders wichtig, wenn wir scheitern oder uns unzulänglich fühlen. Wie wird sie normalerweise überbracht? Worte sind nur ein Teil davon und für sich genommen wahrscheinlich völlig unzureichend, vor allem in der für Textnachrichten so typischen verknappten Sprache. Normalerweise erkennen wir diese Einladung an der Wärme in der Stimme des Gegenübers, an dem Lächeln, das wir in seinen Augen wahrnehmen. Wenn wir gefunden haben, wonach wir suchen, können wir uns wieder unserer Welt widmen, weil wir uns der Einladung gewiss sind, komme was wolle. Die Alarmsirene verklingt, Adrenalin und Kortisol werden abgebaut und unsere Bindungskreisläufe werden mit dem Liebeshormon Oxytocin durchflutet. Digital vermittelte Bindungen können uns diese erfüllende Wärme der Zusammengehörigkeit in den meisten Fällen nicht geben und bleiben unerfüllt zurück. Wie wir bereits festgestellt haben und im weiteren Verlauf vertiefen werden, können einige Formen des digitalen Kontakts (z. B. Skype) auch gesunden Bindungen dienen. Es kommt nur darauf an, wer sie nutzt und zu welchem Zweck. Im Großen und Ganzen sind digitale Verbindungen jedoch ein unbefriedigender Ersatz für echte Bindungen.

Die Abwehrmechanismen, die für eine ungeschützte soziale Interaktion erforderlich sind, machen eine solche Interaktion unbefriedigend

Erfüllung ist nur möglich, wenn die Einladung zur Existenz in der Gegenwart eines anderen tatsächlich ankommt. Emotional erfüllt zu sein, ist im Wesentlichen eine Erfahrung von großer Verletzlichkeit. Das Gefühl der Erfüllung entspringt demselben Ort in unserem Inneren, an dem wir auch unsere Verletzungen spüren können. Wenn also irgendein Abwehrmechanismus gegen die Möglichkeit einer Verletzung aktiv ist, geht auch die Fähigkeit verloren, sich erfüllt zu fühlen.

So verhält es sich mit der digitalen Intimität. Sie ist im Wesentlichen ungeschützt – ungeschützt, weil ihr die Sicherheit der fürsorglichen Beziehungen zu Erwachsenen fehlt – und beschwört daher eine Verletzlichkeit herauf, die zu schwer zu ertragen ist. Das Gehirn hat keine andere Wahl, als sich gegen verletzende Interaktionen zu rüsten.

Wenn das Ziel psychische Nähe ist, das heißt, erkannt und verstanden zu werden, ist die Möglichkeit einer Verletzung so groß, dass alles getan werden muss, um sicherzustellen, dass ein Fortfahren keine Gefahr birgt. Psychische Nähe ist in dieser Hinsicht mit sexueller Intimität vergleichbar. Selbst in einer sicheren und festen Beziehung würden die meisten von uns nicht auf die Idee kommen, sexuell zu interagieren, ohne sich vorher aneinander heranzutasten. Wir durchlaufen in der Regel einen Prozess des Einsammelns und Testens, auch wenn dies nicht bewusst geschehen muss. Wenn wir in den Augen unseres Partners keine Einladung und kein Lächeln erkennen können, wissen wir intuitiv, dass es kein guter Moment ist, um sicher fortfahren zu können. Sogar in der alltäglichen Interaktion richten wir uns nach den Augen, dem Lächeln und dem wohlwollenden Zunicken, bevor wir handeln. Dadurch werden die Bindungsinstinkte der anderen Person aktiviert, was die Wahrscheinlichkeit, dass sie nett zu uns ist, sich um uns kümmert, uns in die Karten spielt, uns zustimmt, sich auf unsere Seite schlägt, unsere Geheimnisse bewahrt und uns gut tun will, erheblich erhöht. Wenn wir auf dieses Aufwärmritual verzichten, ist Ärger vorprogrammiert: Unhöflichkeit, Gemeinheiten, Bösartigkeit, Verletzungen, Beschämen und natürlich Mobbing in all seinen Formen und Ausprägungen.

Das Grundproblem ist, dass digitale Intimität ohne Wärme stattfindet. Es ist eine Pseudo-Intimität. Es findet kein Bindungsvorspiel statt, das die erste Interaktion einleitet, und kein Test, der sicherstellt, dass man gefahrlos fortfahren kann. Im Kontext von Textnachrichten und E-Mails geschieht dies jeden Tag, ganz zu schweigen von der Selbstdarstellung, die in den sozialen Medien stattfindet.

Wenn dann noch die Anonymität hinzukommt, lässt sich die dunkle Seite der Bindung kaum noch eindämmen. Rufen wir uns ins Gedächtnis, dass die meisten Kinder nicht von Natur aus einfach so freundlich sind, es sei denn, sie sind zu unsicher, um sich anders zu verhalten. Sie werden im Allgemeinen erst im Kontext einer Bindung freundlich. Das Internet ist ein Ort, an dem es an Umgangsformen und Regeln des menschlichen Miteinanders fehlt. Wir sollten nicht überrascht sein von den Gemeinheiten, die daraus resultieren können. Im Vergleich dazu können die Flure der Schulen friedlich wirken.

Wie passen sich unsere Kinder einer solchen Umgebung an? Unbewusst rüstet ihr Gehirn sie für ein verletzendes Umfeld durch die üblichen Abwehrmechanismen wie emotionale Abschottung oder Verschlossenheit. Das Problem ist der hohe Preis dafür: Wenn wir uns emotional abkapseln oder zurückziehen, können wir nicht gleichzeitig erfüllt sein. Die Gehirne unserer Kinder können sie nicht gleichzeitig schützen *und* trotzdem ihre Fähigkeit zur Erfüllung bewahren. Die Folge ist, dass keine noch so große Anzahl an Verbindungen jemals genug ist. Es gibt keine Erfüllung, keine Sublimierung, keine Erlösung. Unsere auf Gleichaltrige ausgerichteten Kinder sind zu Geiseln ihres eigenen digitalen Strebens nacheinander geworden, gefangen in ihrem unstillbaren Bindungshunger. Je mehr sie suchen, desto weniger finden sie.

Wie wir noch sehen werden, können solche Abwehrmechanismen gegen Verletzlichkeit auch zu Cybermobbing sowie zur Sucht nach Videospielen und Pornografie führen.

Die Präsentation des Selbst funktioniert nur unter vier Augen

Bei Facebook geht es vor allem darum, uns zu präsentieren – in der Hoffnung, dass es denjenigen gefällt, die uns wichtig sind. Es ist das Nonplusultra in Sachen Effizienz, da nur eine einzige Präsentation erforderlich ist. Wir senden die gleichen Informationen an viele Menschen zur gleichen Zeit. Dann ist es an den Betrachtern, darauf zu reagieren. Genau in dieser eleganten Effizienz liegt der Kern des Problems. Psychologische Intimität funktioniert anders.

Das Gefühl, gekannt zu werden, ist nur im Rahmen einer intensiven persönlichen Beziehung möglich. Man fühlt sich nicht gekannt, wenn man sein Inneres in einem Buch, einem Vortrag oder gar auf YouTube zur Schau stellt. Auch die Empfänger unserer Selbstpräsentationen oder -enthüllungen fühlen sich nicht im Geringsten als etwas Besonderes, wenn wir uns in der Gruppe offenbaren. Der Partner in der psychischen Intimität muss, wie beim Liebesspiel, das Gefühl haben, dass er oder sie speziell auserwählt wurde und unser Selbst speziell ihm oder ihr zum Geschenk gemacht wird. Alles andere wertet die Interaktion ab. Sich zu präsentieren hat nur dann einen Sinn, wenn es persönlich gemeint ist. Sowohl für den Empfänger als auch für den Absender. Die Darstellung des Selbst ist sinnlos, wenn sie aus dem Kontext einer intensiven persönlichen Beziehung und aus dem Prozess der Entscheidung, sich einem anderen zu offenbaren, herausgelöst ist.

Aus diesem Grund können viele von uns, die echte psychische Intimität schätzen, Facebook nichts abgewinnen. Ich für meinen Teil würde niemals die Posts meiner erwachsenen Kinder lesen oder auf diese Weise etwas über sie erfahren wollen. *Ich möchte sie wirklich kennen, nicht über sie Bescheid wissen – das ist ein himmelweiter Unterschied.* Um sie zu kennen, müssen sie sich freiwillig und persönlich gegenüber ihrem Vater offenbaren. Ich würde nichts anderes wollen und erwarten. Alles andere würde dazu führen, dass wir uns beide leer fühlen.

Es kann keine Erfüllung geben, wenn Manipulation im Spiel ist

Für die meisten Kinder und Jugendlichen geht es in den sozialen Medien darum, ihr Image zu pflegen, um Eindruck zu schinden und ihren Status unter Gleichaltrigen zu erhöhen. Das Ergebnis ist das, was der *Newsweek*-Autor Tony Dokoupil unter Berufung auf die Arbeit von Sherry Turkle als „Verflüchtigung des authentischen Selbst" bezeichnet hat. „Was ich in der Schule gelernt habe", sagte ein Teenager zu Dr. Turkle, „waren Profile, Profile, Profile; wie man sich ein Ich schneidert".

Natürlich wollen wir alle gemocht werden. Aber je mehr wir tun, um das Urteil zu beeinflussen, desto weniger erfüllend wird es sein. Wenn es uns gelingt, ein positives Urteil zu erzielen, bezieht sich dieses nur auf unser Tun – oder auf den Eindruck, den wir erweckt haben –, nicht aber auf unser wahres Ich. So wächst unsere Unsicherheit und mit ihr unsere Besessenheit, unser Image fortwährend aufzubessern. Es ist ein sich ständig intensivierender Teufelskreis. Warum sollten wir uns diese neurotischen Selbstdarstellungen unserer Kinder jemals ansehen wollen?

Sie werden wohl eher heute als morgen damit konfrontiert werden, aber mit einer gewissen Reife werden sie in der Lage sein, der Versuchung zu widerstehen, Abkürzungen ins Nirgendwo zu nehmen. Trotz seiner Verheißungen und Verlockungen ist Imagemanagement in jeder Hinsicht ein Spiel, das man nur verlieren kann. Schon die Natur des Unterfangens entwertet das Ergebnis.

Es ist nicht überraschend, dass die Jugendlichen, die sich am meisten mit dem Internet beschäftigen, auch anfälliger für emotionale Probleme sind. Dr. Larry Rosen, ehemaliger Lehrstuhlinhaber und Professor für Psychologie an der *California State University*, Dominguez Hills, hat in seinen Untersuchungen festgestellt, dass es einen „starken Zusammenhang zwischen Internetnutzung, Instant Messaging, E-Mailing, Chatten und Depressionen bei Jugendlichen" sowie „einen starken Zusammenhang zwischen Videospielen und Depressionen" gibt.

Unsere Kinder brauchen ihre Unschuld so lange, wie wir sie ihnen geben können. Soziale Raffinesse – die Präsentation von Äußerlichkeiten unter Vorgabe der Gleichgültigkeit dem Ergebnis gegenüber –, die wir als „Coolness-Krankheit" bezeichnen könnten, wird unseren Kindern die für die Reifung erforderliche emotionale Nahrung entziehen.

Es kann keine Erfüllung geben, wenn nicht mehr gegeben wird, als gewünscht wurde

Wie bereits erwähnt, ist ein Schlüsselelement nährender Bindungsinteraktionen, dass das Gegebene größer sein muss als das Erstrebte. Bei der Erfüllung geht es nicht um Gleichheit oder Gegenseitigkeit oder um

Kontakt auf Abruf. Die Interaktion ist unvollständig und fruchtlos, wenn die Umarmung nicht mit einer noch engeren Umarmung erwidert wird, wenn das „Ich liebe dich" nicht mit einem „Ich liebe dich viel mehr" beantwortet wird, wenn der Wunsch nach Bestätigung nicht übertrumpft wird. Dies liegt jedoch nicht in der Natur einer gleichaltrigenorientierten Interaktion im Allgemeinen oder in der Natur einer Interaktion im Internet oder digitalen Verbindung im Besonderen, wo die Interaktionen in der Regel gleichwertig, neutral und cool sind. Diese enthusiastische Einladung, in der Gegenwart des anderen zu existieren, ist die Domäne von Erwachsenen, die für Kinder verantwortlich sind. Sie ist nicht der Stoff, aus dem das digitale soziale Netz gemacht ist.

Digitale Intimität verdirbt den Appetit auf das, was ein Kind wirklich braucht

Wie bereits erwähnt, wird die Leere der digitalen Intimität durch die Tatsache intensiviert, dass sie den Appetit auf die Art von Verbindung verdirbt, die tatsächlich fördernd wäre. Indem sie die Orientierung an Gleichaltrigen und süchtig machende Aktivitäten fördert, verdrängt sie gesunde Beziehungen zu Erwachsenen und verweigert damit Kindern ihr wesentliches Bedürfnis nach erfüllenden zwischenmenschlichen Interaktionen.

Mäuse, deren Belohnungskreisläufe ständig elektrisch stimuliert werden, verhungern – weil sie nicht nach Nahrung suchen. Die Stimulierung der Gehirne unserer Kinder mit digitaler Technologie lenkt sie in ähnlicher Weise von dem ab, was sie wirklich nährt. Diese Dynamik steckt hinter den negativsten und heimtückischsten Auswirkungen von Videospielen, Pornografie und digital geknüpften sozialen Kontakten. Diese Aktivitäten reizen die Bindungs-Belohnungs-Zentren in den Gehirnen unserer Kinder unmittelbar und korrumpieren so ihr Interesse an der Art von Interaktion, die zu echter Erfüllung und Zufriedenheit führen könnte. Auch die Art der Selbstdarstellung, die sie auf Facebook betreiben, befeuert dieselben Bindungs-Belohnungs-Schaltkreise.[5] Diese Bindungsfixierungen verderben den Appetit auf die Interaktionen, die wirklich nähren und befriedigen könnten.

Es sollte nicht überraschen, dass die gemeinsam verbrachte Zeit im Kreise der Familie in den letzten zehn Jahren um ein Drittel zurückgegangen ist, während sie in den Jahrzehnten davor auf konstantem Niveau lag[6], oder dass diejenigen, die mehr Zeit mit Videospielen verbringen, ihren Eltern gegenüber negativer eingestellt sind.[7] Eine australische Studie ergab, dass sich Facebook-Nutzer ihrer Familie deutlich weniger nahe fühlten. Die Studie gab keine Antwort auf die Frage, was für sie an erster Stelle stand, aber sie verdeutlicht die konkurrierende Natur der Bindungen.[8]

Die meisten von uns haben das Gefühl, dass die Bildschirme uns unsere Kinder wegnehmen. Wir brauchen keine Forschung, um das zu sehen. Eines muss uns allerdings klar werden: Durch die Bildschirme werden sie nicht das bekommen, was sie wirklich brauchen. Für sie sind wir immer noch die beste Wahl.

John Cacioppo, der wohl weltweit führende Experte auf dem Gebiet der Einsamkeitsforschung, zitiert in seinem 2008 veröffentlichten Buch *Loneliness* ein Experiment, in dem die Auswirkungen verschiedener Arten von Kontakten hinsichtlich ihres Potenzials zur Verringerung der Einsamkeit verglichen werden. Die Ergebnisse sind eindeutig. Diejenigen, die häufiger im Internet unterwegs waren, waren am einsamsten von allen. Diejenigen mit einem höheren Anteil an persönlichen Kontakten waren am wenigsten einsam.

Sherry Turkle beschreibt die Leere der digitalen Intimität in ihrem Buch *Alone Together* sehr eindrücklich. Der Titel sagt eigentlich schon alles, und intuitiv bringt sie das Problem auch im Text auf den Punkt. „Heutzutage, da wir in unseren Beziehungen unsicher sind und Angst vor Intimität haben, suchen wir in der Technologie nach Wegen, um Beziehungen zu führen und uns doch gleichzeitig vor ihnen zu schützen." Sie fährt fort: „Die Bande, die wir über das Internet knüpfen, sind letztendlich nicht die, die uns verbinden. Aber sie sind die Bande, die uns beschäftigen."

Die Unvollständigkeit der Intimität ist der Grund für das obsessive Streben. Diese unerbittliche Dringlichkeit wird durch die Tatsache veranschaulicht, dass fast die Hälfte der 18- bis 34-jährigen Facebook-Nutzer sich nur Minuten nach dem Aufwachen einloggt, die meisten sogar noch vor dem Aufstehen.[9] Es ist daher nicht überraschend, dass digitale Intimität süchtiger machen kann als Zigaretten oder Alkohol.[10]

Der Gipfel der Ironie ist also: Digitale Geräte können in der Tat eine scheinbare Lösung für unser grundlegendes menschliches Problem darstellen: Wie wir uns nahe sein können, wenn wir getrennt sind. Diese Lösung reicht aber nicht aus, um uns von unserem unablässigen Streben nach Nähe zu befreien. Für Gleichaltrigenorientierte ist die digitale Verbindung tragischerweise zur einzigen Möglichkeit geworden, denjenigen nahe zu sein, die ihnen wichtig sind – zur einzigen Möglichkeit, sich zu verbinden, ohne verletzlich sein zu müssen.

Computerspiele, Cybermobbing und Pornografie als Bindungsphänomene

Videospiele scheinen auf den ersten Blick harmlos zu sein, aber gerade weil sie eine Pseudobefriedigung für unbefriedigte Bindungsbedürfnisse bieten, können sie außerordentlich süchtig machen.

Sich wichtig zu fühlen, das Gefühl zu haben, jemandem etwas zu bedeuten, ein Selbstbild von echter Kompetenz zu entwickeln, all das kann nur in nährenden Beziehungen zu Menschen entstehen, die etwas für uns empfinden. Diese Gefühle sind das Ergebnis gesunder Bindungen. Wenn diese Bedürfnisse nicht befriedigt werden, was bei gleichaltrigenorientierten Kindern der Fall ist, können wir dies durch Fantasie und Täuschung kompensieren. Anders als bei kreativer Fantasie oder zum Beispiel bei Büchern taucht man in Computerspiele tief ein – mit unmittelbaren Belohnungsstrukturen und einem echten Suchtfaktor. Wir können „Herren unseres eigenen Schicksals" und „Gewinner" in einer virtuellen Realität werden, die auch zu dem Ort wird, an dem wir einen Teil unserer aufgestauten Aggressionen ausleben können, die wiederum ebenfalls ein Ergebnis unbefriedigter Bindungsbedürfnisse sind.

Wie in Kapitel 11 erörtert, ist Mobbing ein weiteres fehlgeleitetes Bindungsphänomen. Unsere Alphainstinkte – der Drang, in einer Beziehung zu dominieren – sollten uns dabei unterstützen, Verantwortung zu übernehmen, um uns um die Schwachen kümmern zu können. Wenn die Alphapersönlichkeit jedoch eine Abwehrhaltung gegen die mit Fürsorge und Verantwortung einhergehenden Verletzlichkeit entwickelt, wird sie dazu verleitet, den Schwächeren stattdessen auszubeuten und anzugreifen. Ich habe diese spezielle Fehlentwicklung als „Alphaverzerrung" bezeichnet. Anstatt sich dazu veranlasst zu fühlen, das Ungeschützte zu schützen, das Verletzliche zu hegen und das Unbedarfte zu verteidigen, wird die verzerrte Alphapersönlichkeit dazu veranlasst, andere bloßzustellen, zu beschämen und ihre Überlegenheit durch Herabsetzung zu behaupten. Genau das erleben wir im Internet, da es potenziellen Tyrannen den Schutz der Anonymität bietet.

Mobbing, darunter sexuelles Beschämen und Übergriffe auf Homosexuelle, ist in sozialen Netzwerken und in der Online-Kommunikation leider nur allzu häufig anzutreffen. Wie wir sehen, spiegeln die meisten Interaktionen in der Kindheit die Bindungsdynamik wider – das Streben nach Nähe. Auch beim Sex geht es um Nähe. Unsere Sexualität ist nie weiter entwickelt als unsere Fähigkeit zur Intimität. Wenn Probleme in der Entwicklung unserer Bindungsfähigkeit vorliegen, sind entsprechende Probleme auch in unserer

Sexualität vorprogrammiert. Idealerweise sollte der Liebesakt eine Antwort auf eine Einladung zu einer Intimität sein, die nicht nur exklusiv, sondern auch sicher ist. Andernfalls ist das Verletzungspotenzial zu groß.

Wenn Bindungen vorzeitig sexualisiert werden, wie es bei Gleichaltrigenorientierten der Fall ist, kann die sexuelle Interaktion als eine Chance zur Erfüllung unserer Bindungsbedürfnisse erscheinen, sogar dann, wenn dies nur in der Fantasie geschieht.

Angesichts des virtuellen Spielplatzes, auf dem unsere Kinder zur Schau gestellt sind und sich oft auch selbst zur Schau stellen, erleben wir heute, wie sich Probleme des Mobbings mit unreifer Sexualität verbinden. Für den Tyrannen ist die Versuchung, Schwächere auszunutzen, zu groß, um ihr widerstehen zu können. Unter solchen Bedingungen wird jemand Sex eher mit dem Wunsch nach Besitz oder Zugehörigkeit in Zusammenhang bringen als mit einer tiefen, emotionalen Verbindung. Statt der Sehnsucht nach Intimität sind die Fantasien eher von Dominanz und Ausbeutung geprägt. Kein Wunder also, dass sexuelles Mobbing unter Kindern und Jugendlichen im Internet weit verbreitet ist, ganz zu schweigen von unreifen Erwachsenen, die sich von der in Bezug auf Verletzlichkeit ungefährlichen Verlockung der Pornografie angezogen fühlen. Menschen können heute intensive sexuelle Gefühle haben, ohne sich in irgendeiner Weise verletzlich zu machen. Das kann natürlich auch ohne digitale Medien der Fall sein, aber die Unpersönlichkeit, Unmittelbarkeit und Anonymität des Internets begünstigen diese Dynamik.

Wenn wir unsere Kinder erst an die Cyberwelt verloren haben, können wir sie nicht mehr vor den Wölfen schützen.

KAPITEL 20

Eine Frage des Timings

Haben digitale Geräte grundsätzlich etwas Schlechtes an sich? Sollten wir unsere Kinder daran hindern, sich mit ihnen zu befassen? Sicherlich nicht, und sie ganz und gar davon abzuhalten, würde uns auch kaum gelingen. Die digitale Revolution ist irreversibel. Diese Geräte sind nicht von Natur aus schlecht. Bedenklich ist nur die Art der Nutzung, insbesondere in den Händen unserer Kinder. Die Frage ist, ab wann wir ihnen erlauben sollten, sie zu benutzen, und wann wir es verhindern sollten.

Es dauert lange, bis sich eine Gesellschaft an größere technologische Fortschritte gewöhnt und die Rituale, Routinen und Restriktionen entwickelt hat, die ihren Nutzen maximieren und ihre Gefahren minimieren. Dies ist uns noch nicht einmal in Bezug auf Filme und Fernsehen gelungen, geschweige denn, wenn es um Handys, Computer, Google und soziale Netzwerke geht. Angesichts des bereits angerichteten Schadens haben wir nicht viel Zeit, um das Problem in den Griff zu bekommen.

Es gibt bereits viele Beispiele für den Umgang mit Dingen, die nicht wegzudenken und sogar gut für uns sind, potenziell aber schädliche Auswirkungen auf Kinder haben. Nehmen wir zum Beispiel Sex. Sex ist gut, aber nicht für Kinder. Er ist eine einzigartige Bindungserfahrung, die im Gehirn den chemischen Superkleber freisetzt, der uns für die Fortpflanzung und die anschließende elterliche Verantwortung zusammenhält. Man sollte jedoch nicht damit herumspielen – vor allem Kinder nicht. Wir sollten ihre sexuellen Aktivitäten so lange kontrollieren, bis sie in ihrer Entwicklung eine gewisse Bereitschaft erreicht haben.

Alkohol kann zu festlichen Anlässen ein soziales Bindemittel sein, ein Teil von Ritualen und Festen, aber auch er ist für Kinder ungeeignet. Er betäubt das Alarmsystem, das uns vor Ärger bewahren soll. Alkohol ist überall, aber als Eltern versuchen wir, den Zugang zu ihm zu kontrollieren, bis das Kind reif genug ist, damit umzugehen.

Kekse sind lecker und können, wie die meisten Süßspeisen, sehr verlockend sein. Die Welt eines Kindes ist voller Süßigkeiten, Kekse und Desserts. In den meisten Fällen gelingt es uns recht gut, den Zugang zu ihnen zu kontrollieren. Wir erlauben Desserts, obwohl sie relativ nährstoffarm sind. Wir kontrollieren den Zeitpunkt. *Nach dem Abendessen* ist die Regel, zumindest bis das Kind reif genug ist, um gesunde Vorsätze zu fassen und seine Impulse zu kontrollieren. Mit anderen Worten: Kekse sind in Ordnung, solange das Kind sich zuerst mit guten Speisen satt gegessen hat. Je weniger ein Kind das Bedürfnis nach einem Keks verspürt, desto weniger schädlich ist diese an sich leere Nahrung.

Der Schlüssel zu einer gesunden Entwicklung ist immer das richtige Timing. Alles zu seiner Zeit. Das Geheimnis des richtigen Umgangs mit potenziell schädlichen Erfahrungen ist nicht das Verbot, das eine Lektion in Sachen Vergeblichkeit und ein wirkmächtiger Auslöser des Gegenwillens sein kann.*

Das Geheimnis der Schadensbegrenzung ist das richtige Timing. *Wir wollen erreichen, dass unsere Kinder zuerst von dem satt werden, was sie wirklich brauchen, bevor sie Zugang zu dem haben, was ihnen den Appetit darauf verderben würde.*

Der richtige Zeitpunkt für Sex ist sicherlich *erst dann* erreicht, wenn die Beziehungsfähigkeit voll entwickelt ist und *erst dann*, wenn eine exklusive Beziehung entstanden ist, in der emotionale und seelische Intimität besteht – und *erst dann*, wenn die Fähigkeit entwickelt wurde, Verpflichtungen einzugehen und einzuhalten. Verfrühte sexuelle Interaktion verdirbt ebenso wie der verfrühte Zugang zu Keksen den Appetit auf das Wesentliche: tiefe Liebe voller Hingabe.

Beim Alkohol ist der richtige Zeitpunkt erst dann erreicht, wenn man den Mut entwickelt hat, sich seinen Ängsten zu stellen. Die Rituale zur Regulierung des Konsums müssen zuerst akzeptiert und dann auch befolgt werden. Alkohol reduziert das Gefühl der Verletzlichkeit und kann in diesem Zusammenhang leicht missbraucht werden. Diese Versuchung wäre übermächtig, wenn man nicht zuvor die Realität mit all ihren blauen Flecken und Beulen kennengelernt und Gefühle der Leere und des Verlustes akzeptiert hätte. Das Problem bei verfrühtem Alkoholkonsum ist, dass er den Appetit auf die Realität verdirbt.

---

*Die Dynamik des Gegenwillens wird in Kapitel 6 erläutert.

Für den Umgang mit den Gefahren, denen junge Menschen in Form von potenziellen Verführungen auf dem Weg zu ihrer Ganzheit begegnen, gibt es zwei wichtige Grundsätze. Für solche Verführungen *sollten sie zuerst von dem erfüllt sein, was sie wirklich brauchen, und sie sollten reif genug sein, um mit den dazugehörigen Entscheidungen umgehen zu können.* In Bezug auf Kekse und andere Süßigkeiten tanzen wir diesen Tanz schon seit Tausenden von Jahren. Aber wir sind ja auch schon seit Tausenden von Jahren mit Süßigkeiten vertraut. Wir haben einfach nicht die Zeit, das Rad neu zu erfinden. Es gilt, das gelernte Wissen auf die neuen Herausforderungen anzuwenden.

Solange es noch in unserer Macht steht, müssen wir den Zugang unserer Kinder zur digitalen Welt regeln, um das richtige Timing für diese Dingen wählen zu können. Wir müssen die verlockenden Versuchungen außer Sichtweite und die Sirenen außer Hörweite halten. Wir müssen einen ausreichenden Puffer zur digitalen Welt bilden, um Raum und Zeit für die erfüllende Interaktion zu sichern, die ein Kind braucht, um reif genug für Entscheidungen zu werden, die seine Verbindung zur Welt betreffen. Wir müssen die Dinge verlangsamen, sie etwas hinauszögern.

Dieses Bewusstsein ist unter Eltern und Lehrern gleichermaßen selten anzutreffen. Laut einer Umfrage der *University of Southern California* sehen heute 89 Prozent der Eltern die Zeit, die ihre Kinder im Internet verbringen, nicht als problematisch an.[1]

Jean-Jacques Rousseau hat gesagt, dass eine der wichtigsten Aufgaben der Eltern darin besteht, als Puffer zwischen dem Kind und der Gesellschaft zu fungieren. Wenn dies im achtzehnten Jahrhundert zutraf, wie viel mehr noch muss es heute gelten! Die Eltern von heute sind zu Vermittlern der Gesellschaft geworden, anstatt als Puffer gegen die Gesellschaft zu fungieren. Die meisten Eltern gehen davon aus, dass Kinder den Kontakt zu Gleichaltrigen brauchen, dass sie unterhalten werden müssen, um der Langeweile zu entgehen, und dass sie auf sofortigen Zugang zu Informationen angewiesen sind. Ganze 10 Prozent der befragten Eltern waren sogar besorgt, dass ihre Kinder nicht oft genug im Internet unterwegs sein könnten.[2] Sie hatten Angst, dadurch würden sie vielleicht den Anschluss verlieren. Die Eltern von heute sind eher bereit, ihre Kinder einer digitalisierten Gesellschaft anzuvertrauen als dem Entwicklungsplan der Natur.

Da wir unsere Pufferfunktion verloren haben und nun als Vermittler der Gesellschaft agieren, ist es eher wahrscheinlich geworden, dass wir den Weg unserer Kinder mit Verlockungen pflastern. Was würde passieren, wenn wir die Kekse auf den Küchentisch stellen, den Alkohol für sie aus dem Schrank holen und alle Beschränkungen für sexuelle Kontakte aufheben würden? Und doch stellen wir Fernsehgeräte in ihre Schlafzimmer, stecken Handys in ihre Taschen und gewähren ihnen unbegrenzten, selbstbestimmten Zugang zu digitalen Geräten.

Nur wenige Erwachsene sind in der Lage, vernünftig mit dem Internet umzugehen, warum also erwarten wir von unseren Kindern, dazu fähig zu sein?

Ein Bericht von Gwenn Schurgin O'Keeffe aus dem Jahr 2010 zeigt, dass selbst Familien, die um ihr tägliches Brot kämpfen, „ihren Kindern ein digitales Gerät besorgen, weil sie wollen, dass sie Teil der Gesellschaft sind".[3]

Eltern sind allzu besorgt, dass ihre Kinder zu Außenseitern werden, wenn sie nicht vernetzt sind. Wir sollten viel eher darauf bedacht sein, unseren Kindern zu helfen, ihr Potenzial als menschliche Wesen zu entfalten.

Die Blindheit in Bezug auf diese digitale Technologie ist ähnlich ausgeprägt wie die Blindheit in Bezug auf das Phänomen der Gleichaltrigenorientierung. Was normal ist, wird danach beurteilt, was typisch ist, und nicht danach, was natürlich oder gesund ist. Diese Blindheit hat sich durch unsere Liebe zur Technologie noch verstärkt – und durch die naive Annahme, alles was für Erwachsene gut ist, müsse auch für Kinder gut sein.

Wie lässt sich diese Botschaft am besten vermitteln? Viele Menschen neigen zu dem Verdacht, dass jeder Digitalisierungsskeptiker entweder ein Sonderling oder ein Reaktionär sein muss. Kritiker werden oft als Panikmacher abgetan. Wie kann man also Eltern und Lehrer davon überzeugen, dass ein Kind den nötigen Freiraum braucht, um zu reifen? Die heutige Gesellschaft wird das nicht für uns übernehmen. Wir sind auf uns selbst gestellt. Deshalb brauchen wir ein kollektives Bewusstsein und eine Sprache, in der wir miteinander reden können.

Es gibt eine angemessene Zeit und einen richtigen Zeitpunkt in der Entwicklung für digitale soziale Kontakte

Die *Zeit* ist gekommen, nachdem die Kinder durch ausreichend Umgang mit Erwachsenen emotional gesättigt sind.

Wenn das Kind erst einmal satt ist von der Nahrung, die es wirklich stärkt, sind Nachspeisen ein relativ harmloses Vergnügen. Dann können wir es uns leisten, unsere Kontrolle etwas entspannter zu handhaben. Das Gleiche gilt für den Bindungshunger. Das Kind hungrig von uns wegzuschicken, ist das

Schlimmste, was wir tun können. Damit schaffen wir bloß die Voraussetzungen für die Orientierung an Gleichaltrigen und im gleichen Atemzug für die ausufernde Nutzung digitaler Geräte, die es unreifen jungen Menschen ermöglichen, mit ihren Altersgenossen in Kontakt zu bleiben.

Einmal mehr muss ich die Notwendigkeit betonen, Rituale, Routinen und Aktivitäten zu pflegen, bei denen wir die Blicke, das Lächeln und das Nicken der Kinder hervorlocken, um sie emotional aufzutanken und sie gegen die Bindungsabhängigkeit zu impfen, von der ihre Freunde geplagt werden. Sie brauchen diese Dosis an erfüllender Verbundenheit am Morgen, bevor sie zur Schule gehen. Sie brauchen sie nach der Schule, wenn sie nach Hause kommen. Sie brauchen sie bei den Familienmahlzeiten und zu Festen. Sie brauchen sie, bevor sie zu Bett gehen. Unsere Aufgabe ist es, ihnen unsere Einladung deutlich zu machen, in unserer Gegenwart unverfälscht zu existieren, so dass sie nicht anderswo nach Ersatz suchen müssen. Die beste Immunisierung gegen die Nutzung digitaler Geräte für soziale Kontakte ist ein zufriedenes und emotional gut gesättigtes Kind.

Der *Zeitpunkt* für digitale Kontakte ist gekommen, wenn ein Kind ausreichend entwickelt und reif genug ist, um seine eigene Persönlichkeit bewahren zu können. Wann dies der Fall ist, lässt sich nicht pauschal bestimmen, sondern hängt vom bestmöglichen intuitiven Gespür der Eltern für ihr Kind ab.

Je intensiver wir die Beziehung zu unseren Kindern kultivieren können, desto besser können sie sich auch dann an uns orientieren, wenn wir physisch nicht bei ihnen sind. Wenn sie in der Lage sind, sich auf tiefere Weise als die digitale mit uns zu verbinden, besteht für sie kein Bedarf an digitalen Beziehungen. Soziale Netzwerke werden dadurch weitgehend überflüssig. Wir können die Notwendigkeit digitaler Verbindungen verringern, indem wir die natürliche Lösung für das Problem des Festhaltens an ihnen trotz Abwesenheit kultivieren. Die Natur, so werden wir uns erinnern, hat bereits Antworten auf die Frage, wie Nähe aufrechterhalten werden kann, wenn man voneinander getrennt ist. Wie schon erwähnt, sehen diese Antworten aus wie folgt: Wir werden gemocht von, gehören zu, stehen auf derselben Seite wie, sind lieb und teuer für, sind wichtig für, sind im Herzen verbunden mit und haben letztlich das Gefühl, im Innersten gekannt zu werden von. Diese natürlichen Bindungsmodalitäten brauchen jedoch sowohl Zeit als auch die richtigen Bedingungen, um sich entwickeln zu können. Wir brauchen Geduld, um diese Entwicklung zu ermöglichen. Sobald ein Kind sich auch in unserer Abwesenheit an uns gebunden fühlt, gibt es wenig Grund zur Besorgnis.

Das Gleiche gilt für den Umgang unserer Kinder mit ihren Freunden. Sobald sich ihre Beziehungsfähigkeit solide entwickelt hat, werden sie sich ihre Freunde nach diesen Vertrautheitsstandards selbst aussuchen. Kinder, die sich im Herzen binden können, werden sich auch eher zu Freunden hingezogen fühlen, die ebenso fühlen wie sie. Kinder, die wirklich im Innersten gekannt werden wollen, werden sich eher Freunde aussuchen, die dieses Verständnis von Nähe ebenfalls haben. Wenn Kinder tiefere Bindungen zueinander pflegen, werden sie an ihren Freunden auch dann festhalten können, wenn sie voneinander getrennt sind. Dadurch werden soziale Netzwerke für sie weniger attraktiv und sie entwickeln weniger Suchtpotenzial.

Der umgekehrte Zusammenhang zwischen der Fähigkeit zur innigen Vertrautheit und der Nutzung von Facebook wurde in einer Studie der Universitäten von Buffalo und Georgia erfasst. Die Kernaussage war, dass die Menschen umso weniger Zeit auf Facebook verbrachten, je tiefer ihre emotionalen Verbindungen waren.[4] Dies ergibt durchaus Sinn, wenn man die zugrundeliegende Dynamik sozialer Netzwerke versteht. Oberflächlichere Verbindungen sind dann unnötig und auch weniger reizvoll. Je weiter ein Kind in seiner Entwicklung fortgeschritten ist, desto besser ist sein Schutz gegen das Verlangen nach digitalen Verbindungen. Die bei Weitem beste Vorbeugung gegen eine obsessive Hinwendung zur digitalen Vertrautheit ist also eine gesunde Beziehungsgestaltung. Es gibt einen angemessenen Zeitpunkt für digitale Verbindungen, der aber nicht zu früh und vor allem erst dann eintreten sollte, wenn die Natur bei unseren Kindern ihr Werk der Reifung verrichten konnte. Unsere Aufgabe ist es, bei diesem Prozess die Hebamme zu sein und es unseren Kindern so leicht wie möglich zu machen, sich mit uns zu verbinden.

Die ultimative Lösung für die Problematik einer übermäßigen Beschäftigung mit den eigenen Bindungen besteht darin, nicht in derart hohem Maße auf Bindungen angewiesen zu sein, um funktionieren zu können. Der einzige Weg zu dieser Lösung ist der, als eigenständiges Wesen lebensfähig zu werden. Dies ist die höchste Stufe der Entwicklung, erfordert aber viel Zeit und günstige Bedingungen. Je ausgeprägter die Individualität eines Kindes entwickelt ist, je selbstständiger es auf emotionaler Ebene ist, desto weniger ist es auf die digitalen Lösungen angewiesen, die von einer im Verfall begriffenen Gesellschaft ersonnen wurden.

Es gibt keine Abkürzung zur Individuation. Die Persönlichkeit muss wachsen. Heranwachsende, die sie selbst sein wollen und in der Gesellschaft Gleichaltriger wirklich zu sich selbst stehen können, brauchen keine sozialen Netzwerke, um zu funktionieren. Je weniger die Kinder auf soziale Netzwerke angewiesen sind, desto unwahrscheinlicher ist es, dass sie durch sie Schaden erleiden. Aber um Heranwachsende an diesen Punkt in ihrer Entwicklung zu bringen, müssen wir zunächst dafür sorgen, dass sie in unserer Nähe bleiben. Ein bereits erwähnter Grundsatz sei hier erneut betont: *Um Unabhängigkeit zu fördern, müssen wir zur Abhängigkeit einladen.*

Vorschläge für die zwischenzeitliche Regelung des digitalen Zugangs

Um den Raum für eine förderliche Interaktion zu schaffen und um Zeit zu gewinnen, bis sich das Bedürfnis der Kinder nach digital vermittelten Kontakten gelegt hat, müssen wir versuchen, sie nicht in Versuchung kommen zu lassen.

Und zwar am besten so früh wie möglich. Wie beim Fernsehkonsum, der bei meinen eigenen Kindern auf eine halbe Stunde pro Tag beschränkt war, sollten wir Strukturen und Rituale einführen, um den Zugang zur digitalen Welt unter Kontrolle zu halten.

Meines Wissens gibt es hier kein Patentrezept. Es sieht so aus, als müssten alle Eltern hier ihre eigenen Lösungen finden. Zweifellos gibt es für uns als Eltern aber noch eine Menge zu verbessern, auch was das Fernsehen betrifft. Statistiken zeigen, dass wir nicht sonderlich gut abschneiden. In 64 Prozent der Haushalte läuft der Fernseher während der Mahlzeiten. In 45 Prozent der Haushalte ist der Fernseher die meiste Zeit über eingeschaltet. 71 Prozent der Kinder geben an, dass sie einen Fernseher in ihrem Zimmer haben, und 50 Prozent besitzen eine Videospielkonsole. Nur 28 bis 30 Prozent der Kinder geben an, dass ihre Eltern Regeln für das Fernsehen und die Nutzung von Videospielen aufgestellt haben. Nur 30 Prozent der Eltern begrenzen die Computerzeit ihrer Kinder.[5]

Auch hier liegt der beste Zeitpunkt, um digitale Kontakte zu erlauben, im Anschluss an Momente intensiver, erfüllender Verbindung. Man sollte nicht einfach einschränken, ohne wirklich auf das zugrunde liegende Bedürfnis einzugehen. Um diese Zeiten der erfüllenden Verbindung zu schützen, müssen wir in unseren Wohnungen und in unseren Tagesabläufen Räume ohne digitale Geräte schaffen. Essenszeiten, Familienzeiten, Abende und Schlafenszeiten sollten am ehesten von digitalen Aktivitäten befreit werden, um Raum für die Bindungen zu schaffen, die unsere Kinder wirklich brauchen, und um die

Möglichkeiten, süchtig zu werden, so gering wie möglich zu halten.

Wenn es um ältere Kinder geht, ist es wichtig, in ihnen die gute Absicht zu wecken, die Grenzen und Strukturen zu respektieren, die wir geschaffen haben und von denen wir glauben, dass sie für sie am besten sind. (Wir erinnern uns, dass wir in Kapitel 16 die Absichtserklärungen der Kinder erörtert haben.) Aufgrund der Natur des Internets und des Ausmaßes, in dem die meisten Kinder Zugang zum Internet haben, sind wir in diesen Fragen auf ihre Kooperation angewiesen. Die Versuche, sie auf unsere Seite zu bringen, sollten dann unternommen werden, wenn die Eltern-Kind-Beziehung am stabilsten und der Einfluss am größten ist – nicht wenn Frustration und Ärger vorherrschen. Wenn die Eltern die guten Absichten des Kindes tatsächlich wecken können, ist das Problem nicht allzu ernst. Zumindest noch nicht.

Wenn das Kind seine Vorsätze nicht in die Tat umsetzen kann oder heimlich die Regeln missachtet, liegt die Ursache des Problems tiefer in der Beziehung zwischen Eltern und Kind und muss behoben werden. Kommt es einmal dazu, sollten wir nicht allzu überrascht sein. Eine solche Bindungsabhängigkeit zeigt uns, dass das Kind die Kontrolle verloren hat. Es braucht jetzt unsere Hilfe, kein weiteres Gezeter.

Wenn ein Kind außer Kontrolle geraten ist, werden Zwang und „Konsequenzen" das Problem nur vergrößern und die Dynamik nur durch noch mehr Gegenwillen und Frustration verstärken. Wir können ein Kind nicht kontrollieren, das sich selbst nicht unter Kontrolle hat. Dieses Problem muss gelöst werden, indem digitale Aktivitäten durch solche ersetzt werden, die das Kind mit uns verbinden. Wir müssen den digitalen Zugang so weit wie möglich indirekt einschränken, indem wir dem Kind Dinge zu tun geben, die nichts mit Bildschirmen und technischen Geräten zu tun haben. Diese Maßnahmen sollen uns Zeit verschaffen und uns ermöglichen, in Sachen Beziehung den Fuß in die Tür zu bekommen. Es ist die Bindung unserer Kinder zu uns, die neue Wärme braucht und gestärkt werden muss. Nur wenn wir ihren Bindungshunger stillen, kann ihr Verlangen nach digitaler Verbindung nachlassen.

Wenn man sich mit Suchtverhalten auseinandersetzt, darf man sich nicht in einen Kampf gegen die Symptome verstricken, sondern muss einen Schritt zurücktreten, um das eigentliche Problem ins Auge zu fassen. Wie immer geht es zuallererst um die Beziehung: Alle Taktiken und Methoden ergeben sich aus dieser Grundvoraussetzung. Dazu mehr im weiteren Verlauf des Textes.

Wann sollten Kinder an Videospiele herangeführt werden?

Trotz der Argumente, dass Videospiele zu einer Verbesserung bestimmter kognitiv-motorischer Fähigkeiten führen können, gibt es keine Belege dafür, dass diese vereinzelten Verbesserungen nur bei Videospielen auftreten oder dass sie nicht auch im Rahmen einer normalen Entwicklung auftreten würden. Darüber hinaus gibt es keinerlei Hinweise auf eine gesteigerte Gehirnleistung, Gehirnreifung oder psychische Reifung. Es gibt hingegen zahlreiche Bedenken hinsichtlich der physiologischen Nebenwirkungen und der entwicklungshemmenden Auswirkungen in Bezug auf die Zeit, die vor einem Bildschirm verbracht wird. Praktisch jeden Monat werden neue Beweise für die nachteiligen Auswirkungen auf den Schlafzyklus, die Entwicklung des Sehvermögens, die körperliche Entwicklung usw. vorgelegt.

Wie wir bereits festgestellt haben, stellen Videospiele eine Bindungsaktivität dar. Die am Spiel beteiligten Belohnungszentren sind dieselben, die dafür sorgen sollen, dass Kinder echte Beziehungen führen. Traditionell war es Aufgabe der Kultur, die Bindungsinfrastruktur aufzubauen. Die Entwicklung der Spielkultur hat allerdings nicht unter Berücksichtigung der Kindererziehung stattgefunden. Daher sind Videospiele in der Regel eine konkurrierende Bindungsaktivität. Kinder suchen beim Spielen von Videospielen nicht die Nähe zu ihrer Familie – schlimmer noch, die Aktivität selbst verdirbt den Wunsch nach familiärer Bindung.

Spiele waren schon immer wichtig für die Entwicklung. Aber es sind bestimmte Arten von Spielen, denen wirklich Bedeutung zukommt: Spiele, die den Körper trainieren, Spiele, die zur Aneignung von Alltagskompetenzen geeignet sind, Spiele, die die Generationen miteinander verbinden und die Zusammenarbeit fördern. Man kann schwerlich behaupten, dass die meisten der heutigen Videospiele diese Funktionen erfüllen würden.

Eine wichtige Funktion von Spielen besteht darin, Kindern dabei zu helfen, angesichts von Verlusten, Niederlagen und Defiziten Resilienz zu entwickeln. Das Leben ist voller Rückschläge, und Spiele geben Kindern die Möglichkeit, sich an solche Erfahrungen zu gewöhnen. Ob sie beim Kartenspiel, bei Ratespielen, beim Fußball oder beim Bowling verlieren –, all das bereitet sie auf den Umgang mit Verlust und Entbehrungen im Alltag und in Beziehungen vor.

Um für die unvermeidlichen Verluste und Niederlagen zu trainieren, die das Leben uns beschert, müssen wir – um uns anzupassen – die Trauer über einen Verlust und die Vergeblichkeit des Wunsches, er wäre nicht eingetreten, erfahren und akzeptieren. Die heutigen Videospiele sind in dieser Hinsicht bemerkenswert unzureichend. Die Konfrontation mit der Vergeblichkeit dauert nie lange genug an, als dass man sie wirklich empfinden könnte, und kann daher nicht die erforderliche Adaption und Widerstandsfähigkeit fördern. Stattdessen geht das Kind zur nächsten Runde, zum nächsten Level, zur nächsten Herausforderung über. Computerspiele sind in erster Linie eine tränenlose Aktivität und daher wenig hilfreich, um ein Kind auf das Spiel des Lebens vorzubereiten. Es gibt keine Niederlage, die nicht verwunden werden, kein Versagen, das nicht ungeschehen gemacht werden könnte – es gibt also auch keinen Lernprozess, keine Adaption.

Aber sind Videospiele nicht auch Spiele und müssen Kinder nicht spielen? Das müssen sie definitiv. Die Belege für die zentrale Rolle des Spiels für eine gesunde Entwicklung werden immer zahlreicher. Nicht nur, dass alle jungen Säugetiere spielen, diese Tätigkeit ist für sie auch von zentraler Bedeutung. Entwicklungsforscher gehen heute davon aus, dass das Spiel der wichtigste Motor der Gehirnentwicklung ist und mit dem Fortschritt des Reifungsprozesses in direktem Zusammenhang steht. Im Spiel entsteht zum ersten Mal ein *Gefühl der Handlungsfähigkeit.* Erstmals wird man mit inneren Dissonanzen konfrontiert, und es folgen die ersten Adaptionsprozesse. Es ist also vollkommen richtig: Das Spiel ist für eine gesunde Entwicklung unerlässlich.

Und genau hier liegt das Problem. Videospiele haben trotz ihres Namens und der Tatsache, dass sie gespielt werden, nicht den gleichen Effekt auf unser Gehirn. Eine Aktivität ist nur dann ein echtes Spiel, wenn sie nicht ergebnisorientiert ist. Beim echten Spiel liegt der Spaß *in der Aktivität selbst*, nicht im Resultat. Echtes Spiel findet um des Spielens willen statt, nicht um zu gewinnen oder Punkte zu sammeln. Einige Videospiele erfüllen diesen Zweck, aber nicht viele. *Myst*, bei dem der Spieler in ein verzaubertes Abenteuer eintaucht, ohne irgendjemanden besiegen zu müssen, ist wahrscheinlich ein gutes Beispiel für ein Videospiel, das als echtes Spiel gelten kann.

Videospiele treten an die Stelle der Art von Spiel, die im Leben eines Kindes stattfinden sollte. Die wichtigste Art des Spiels aus entwicklungspsychologischer Sicht ist das emergente Spielen – wenn das wahre, kreative, neugierige und selbstbewusste Wesen des Kindes zum Vorschein kommt. Diese Art des Spielens ist auf wunderbare Weise unternehmungslustig und kann nur im Anschluss an eine produktive Bindungsaktivität stattfinden. Kinder, auch Jugendliche, brauchen viele Spielaktivitäten dieser Art und damit viele Stunden erfüllender Bindungsaktivitäten.

In Anbetracht der Auswirkungen von Videospielen ist der beste Zeitpunkt, sie zu gestatten, nachdem das Kind die Art von Spiel erfahren hat, die ihm guttut. Was Spiele und Spielen betrifft, so sollten Videospiele nie das Hauptgericht sein. Wenn das der Fall ist, hat das Kind Probleme. Je weniger ein Kind auf Videospielen beharrt, desto weniger Sorgen müssen wir uns um sein geistiges Gleichgewicht und seine Entwicklung machen.

Die Realitätsflucht ist ein legitimes Anliegen, aber nur dann produktiv, wenn diese Flucht uns darauf vorbereitet, die Realität nach unserer Rückkehr zu meistern. Viele Kinder beschäftigen sich mit Videospielen, bevor sie sich bei sich selbst wohl fühlen oder die Realität als Idealzustand begrüßt haben. In den Zeiten vor der Verbreitung des Films und vor der digitalen Revolution reichte den Kindern ihre Fantasie, um der Realität von Zeit zu Zeit zu entkommen. Das Gehirn konnte leicht zwischen dem unterscheiden, was real war und was nicht. Dank der digitalen Revolution hat sich diese Grenze aufgeweicht. Jetzt kann alles so gestaltet werden, dass es real aussieht und sich auch so anfühlt. Kommerzielle Unternehmen nehmen den Kindern die Aufgaben ab, die zuvor der Fantasie zufielen. Es besteht keine Notwendigkeit, in die Realität zurückzukehren, zumindest nicht für einen längeren Zeitraum, denn die nächste Flucht ist nur einen Mausklick entfernt. Es scheint, dass unser Bedürfnis nach Realitätsflucht in direktem Verhältnis zu unserem Unvermögen steht, uns an das reale Leben anzupassen.

Solange ein Kind noch nicht reif genug ist, vorzuziehen, es selbst zu sein, solange es noch nicht bereit ist, die Realität anzunehmen, und noch nicht in der Lage ist, sich selbst zu kontrollieren, sollten wir dem Wunsch eines Kindes, sich in Videospielen und digitaler Unterhaltung zu verlieren, nicht nachgeben. Die Realität muss immer das Hauptgericht sein und die Vergeblichkeit der Flucht vor der Realität die wichtigste Lektion. Ein Kind sollte über die Vergeblichkeit des Versuchs, die Realität seinen Vorstellungen anzupassen, weinen dürfen. Wenn es diese Vergeblichkeit erst einmal verinnerlicht hat, wird die gelegentliche Realitätsflucht zu einem großen Spaß und harmlosen Vergnügen werden.

Aber was, so fragen sich manche Eltern, ist mit den Hänseleien oder der Ausgrenzung durch Gleichaltrige, wenn ein Kind entgegen der Norm keine Videospiele oder keinen Internetzugang haben darf? Das kann in der Tat unangenehm für ein Kind sein. Wir betonen jedoch erneut, dass es Schlimmeres gibt, als von unreifen Gleichaltrigen verspottet zu werden. Ein Kind, das gute Beziehungen zu Erwachsenen hat, kann solche Hänseleien unbeschadet überstehen, weil es die emotionale Sicherheit hat, nicht von der

Meinung Gleichaltriger abhängig zu sein. Das langfristige Ziel einer gesunden Entwicklung muss vor dem temporären Stachel der Missbilligung durch Gleichaltrige immer Vorrang haben.

Es gibt eine Zeit und einen Zeitpunkt in der Entwicklung für freien Zugang zu Informationen im Netz

Das Informationszeitalter birgt ein tiefes und beunruhigendes Paradoxon in sich. Menschen, und ganz sicher Kinder, sind nicht dafür geschaffen, die Menge an Informationen zu verarbeiten, der sie heutzutage ausgesetzt sind. Sogar vor der digitalen Revolution war die Reizüberflutung bereits ein Problem. Die einzige Möglichkeit für unser Gehirn, Informationen überhaupt zu verarbeiten, besteht in der Ausblendung von 95–98 Prozent der Sinneseindrücke. Das Problem des Menschen ist nicht ein Mangel an Informationen, sondern dass wir viel mehr Informationen erhalten, als wir überhaupt nutzen können. Der letztendliche und paradoxe Effekt des zunehmenden Zugangs zu Informationen besteht darin, dass noch mehr Abwehrmechanismen gegen ihre Verwertung mobilisiert werden.

Ich glaube, es ist kein Zufall, dass die Epidemie von Aufmerksamkeitsschwierigkeiten, die unsere Kinder heute plagen, parallel zum Anstieg der auf sie einstürzenden Informationsflut verläuft. Unsere Aufmerksamkeitsmechanismen – vor allem wenn sie noch nicht ausgereift sind – sind einfach nicht dafür ausgelegt, eine solche Fülle von Informationen zu verarbeiten. Es ist bekannt, dass eine solche Überlastung Konzentrationsprobleme, Gedächtnisprobleme, Abrufschwierigkeiten und leichte Ablenkbarkeit zur Folge hat. Unsere Aufmerksamkeitssysteme können sich nicht richtig entwickeln, wenn sie ständig derart mit Informationen überflutet werden. Studien zeigen, dass wir Ruhezeiten brauchen, um die empfangenen Informationen zu verarbeiten. Wenn wir ständig mit Medien konfrontiert sind, wird unsere Fähigkeit zur Informationsaufnahme eher gemindert als verbessert.

Anders ausgedrückt: Man sollte nicht mehr zu sich nehmen, als man verdauen kann. Dies ist in Sachen Nahrung eine Grundregel für alle Kleinkinder. Wenn sich die Verdauungsfähigkeit entwickelt hat, können wir unsere Kontrolle lockern. Aber auch als Erwachsener spüre ich, dass es mir nicht guttut, wenn ich mehr zu mir nehme, als mein Körper verkraften kann. Das gleiche Prinzip gilt für Informationen. Wenn Kinder mehr Informationen aufnehmen, als sie verarbeiten können, werden ihre Aufmerksamkeitsmechanismen überstrapaziert und können sich daher nicht richtig entfalten. Zu den Symptomen eines gestressten und unreifen Aufmerksamkeitssystems gehören Konzentrations- und Gedächtnisprobleme sowie ein hohes Maß an Ablenkbarkeit. Die meisten von uns erleiden diese Art von Aufmerksamkeitsstörung, wenn wir mehr Informationen aufnehmen, als wir verarbeiten können. Heutzutage sehne ich mich förmlich nach Momenten, in denen ich nicht mit mehr Informationen konfrontiert werde, als ich bewältigen kann. Wenn wir nicht in der Lage sind, die aufgenommenen Informationen produktiv zu nutzen, benötigen wir ironischerweise nicht mehr, sondern weniger Informationen.

Es muss ein hohes Maß an Entwicklungsbereitschaft vorhanden sein, damit wir von den erhaltenen Informationen profitieren können. Die Kindheit ist die Zeit, in der sich diese Bereitschaft entwickeln sollte. Auch wenn *wir* als Erwachsene im Informationszeitalter leben, muss das nicht zwangsläufig auch für *unsere Kinder* gelten. Bei der Vorbereitung auf die Welt gibt es keine Abkürzungen, und wer es zu eilig hat, wird einen hohen Preis dafür zahlen müssen. In der Kindheit sollte es in erster Linie darum gehen, seine Kindlichkeit auszuleben, nicht um die Aufnahme von Inhalten. Der permanente Zustrom von Informationen behindert die Entstehung von neuen Ideen, die eigentlich Priorität haben sollte. Erst die Neugier, die Bereitschaft zu lernen und zu empfangen – *dann* die Information.

Eines der deutlichsten Anzeichen für einen Mangel an aufkeimenden eigenen Gedanken bei Kindern ist das Erleben von Langeweile. Schon das Wort impliziert Ereignislosigkeit. Wenn im System des Kindes ein Mangel an kreativen Impulsen besteht – das heißt, ein Mangel an Interesse, Neugier, Initiative und Ambitionen –, wird die daraus resultierende Leere als Langeweile empfunden. Ironischerweise halten die meisten Menschen mehr Stimulation für die beste Antwort auf Langeweile. Dadurch wird das zugrunde liegende Problem aber nur noch verschlimmert und der Teufelskreis eskaliert. Im Zeitalter einer nie dagewesenen Informations- und Unterhaltungsvielfalt mehren sich die Anzeichen und Hinweise, dass die Langeweile bei unseren Kindern zunimmt. Langeweile ist ein Zeichen dafür, dass einem Kind die emergenten Prozesse fehlen, die zum Verständnis der Welt erforderlich sind.

Daher ist die beste Zeit für Kinder, ihre Welt zu erfassen, *nachdem* sie von ihren eigenen Ideen, Gedanken, Sinnzusammenhängen und Überlegungen erfüllt worden sind. Dies entspricht der natürlichen Entwicklungsordnung der Dinge: Ausströmen vor Einströmen.

Die Herausforderung, unsere Rolle als Informationsgeber zu bewahren

Es gibt einen Aspekt des Informationszeitalters, der für Elternschaft und Kindheit gleichermaßen beunruhigend ist. Es lag schon immer in der Verantwortung der Erwachsenen, ihren Kindern Informationen zu vermitteln. Dabei kommt es nicht nur auf den Inhalt der Informationen an, sondern auch auf den Kontext, den Zeitpunkt und den Rahmen.

Kindern Antworten zu geben, bevor sie Fragen stellen, verhärtet sie gegen den positiven Einfluss von Informationen. Es ist geradezu grausam, sie über ihre existenzielle Ungewissheit aufzuklären, etwa darüber, dass sie sterben könnten oder dass Mama oder Papa sterben könnten, bevor sie das Gefühl entwickelt haben, dass solche Beziehungen ewig währen. Auch eine verfrühte Aufklärung über Sexualität schadet der Entwicklung.

Informationsvermittlung war schon immer einer der Hauptbestandteile der Erziehung unserer Kinder. Wir sagen unseren Kindern, was sie wissen müssen, aber nicht mehr, als sie wissen müssen, und wir sagen es ihnen erst dann, *wenn* sie es wissen müssen und *wenn* wir überzeugt davon sind, dass sie bereit dazu sind, mit dem Vermittelten umzugehen. Man kann mit Fug und Recht behaupten, dass ein großer Teil unserer Erziehungsarbeit und unseres Unterrichts darin besteht, Geheimnisse zu hüten, bis wir entscheiden, dass Wissen besser ist als Nichtwissen. Entscheidungen darüber zu treffen, was, wann und wie ein Kind etwas erfährt, war schon immer unser Vorrecht als Eltern und Lehrer. Zumindest bis jetzt.

Das Informationszeitalter hat das grundlegend verändert. Wir haben nicht mehr die Möglichkeit, diese wichtigen Entscheidungen über Kontext, Inhalt und Zeitpunkt selbst zu treffen. Und wenn wir uns entscheiden, die Wahrheit zum Wohle des Kindes zu verfremden, können wir innerhalb weniger Sekunden eines Besseren belehrt werden. Was bedeutet das für die Erziehung, für den Unterricht, für die Kindheit?

Zu unserer Alpharolle als Lieferant gehört es auch, Informationen weiterzugeben, wann und wo sie gebraucht werden. Heute wissen unsere Kinder über viele Dinge mehr als wir, sie finden die Informationen schneller als wir und sehen uns nicht mehr als Quelle für das von ihnen benötigte Wissen an. Dies kann unsere Rolle als Orientierungspunkt in ihrem Leben erheblich gefährden. Wenn sie uns nicht mehr als Orientierungspunkt ansehen, lassen sie sich auch nicht mehr von uns leiten und lenken, um sich zu orientieren, ihre Werte zu formen und zu unterscheiden, was richtig und was falsch ist.

Wenn wir ihnen nicht mehr als Orientierungspunkt dienen, verlieren sie viel von dem, was wir als die für sie verantwortlichen Erwachsenen ihnen bieten können. Die gesunde Entwicklung ist gefährdet. Neil Postman argumentiert, dass die Kindheit selbst auf dem Spiel steht, wenn Erwachsene keine Geheimnisse mehr vor Kindern haben.

In diesem Zusammenhang sagte Postman: „Wenn Eltern ihren Kindern die Kindheit bewahren wollen, müssen sie die Erziehung als einen Akt der Rebellion gegen die Kultur begreifen."[6] Noch einmal: Eltern müssen zum Puffer gegen die Gesellschaft werden, nicht zum Vermittler der Gesellschaft. Je umfassender wir diese Pufferrolle in Bezug auf den Zugang unserer Kinder zu Informationen spielen können, desto besser. Aber selbst wenn uns das nicht gelingt, ist noch nicht alles verloren.

Wir sind vielleicht nicht in der Lage, mit Google als Informationsvermittler zu konkurrieren, aber zum Glück müssen wir das auch gar nicht. Das Wichtigste, worüber unsere Kinder informiert werden müssen, ist nicht die Welt um sie herum, sondern sie selbst. Sie müssen wahrnehmen, dass sich ihr Wert und ihre Bedeutung in unseren Augen widerspiegeln, durch unsere Stimme bekräftigt werden und durch unsere Gesten zum Ausdruck kommen. Das kann Google nicht leisten. Was sie am dringendsten brauchen und was das Internet ihnen nicht geben kann, ist die unzweideutige Einladung, in unserer Nähe sie selbst zu sein. Deshalb müssen wir an unseren Kindern festhalten.

Gleichaltrigenorientierte Kinder werden sich diese Information von Gleichaltrigen holen, zu denen sie jetzt über Messenger-Dienste und soziale Medien unmittelbaren Zugang haben. Ich glaube, dass wir diesen Angriff auf unsere Rolle als Versorger überleben können. Wenn wir nicht konkurrieren können, wenn es darum geht, ihnen Antworten zu *geben*, müssen wir tief graben, um selbst die Antworten für unsere Kinder zu *werden*. Trotz ihres universellen und unmittelbaren Zugangs gibt es immer noch Informationen, die nur von uns kommen können.

Es gibt auch noch andere Möglichkeiten, die Tatsache zu kompensieren, dass wir unsere Rolle als Informationslieferant zunehmend verlieren. In der Vergangenheit war diese Rolle eine primäre Ursache der Abhängigkeit unserer Kinder von uns. Wir müssen andere Bereiche finden, in denen wir unsere Kinder dazu einladen können, von uns abhängig zu sein. Viele von uns haben Fähigkeiten und Hobbys, von denen unsere Kinder profitieren können. Es gehört zum Tanz der Abhängigkeit vom Alpha, diese Aktivitäten weiterzugeben. Zu viele von uns geben die Vermittlung dieser Fähigkeiten an andere weiter: Fahrrad fahren, Drachen steigen lassen, Holzarbeiten, Stricken,

Schwimmen, Ballspielen. Wir schicken unsere Kinder in Gemeindezentren, Kindertagesstätten und Sommerlager, um diese Fähigkeiten zu erlernen. Wir sollten diese Gelegenheiten nutzen, um unsere Kinder einzuladen, sich an uns zu wenden. Viel wichtiger als die Fähigkeiten, die es zu erlernen gilt, ist die Beziehung, die sich durch solche Interaktionen entwickelt. Angesichts der Tatsache, dass wir nicht mehr die natürlichen Vermittler der Informationen und die Hüter der Geheimnisse sind, können wir es uns nicht erlauben, noch mehr an Boden zu verlieren.

Ein „verlorenes" Kind zurückgewinnen

Viele von uns verzweifeln daran, im Wettbewerb, der von digitalen Geräten und dem Internet ausgeht, um die Aufmerksamkeit unserer Kinder zu bestehen. Dies stellt für Eltern von Jugendlichen, die sich an Gleichaltrigen orientieren, oft ein ernstes Problem dar, das kaum zu bewältigen ist.

Es gibt wirklich keinen anderen Weg: Wir müssen das Problem an der Wurzel packen, und zwar geduldig, gewissenhaft und selbstbewusst. Wie bereits erwähnt, müssen wir unsere Kinder möglicherweise zunächst zurückgewinnen. Wir sind nicht in der Lage, sie zu nähren, wenn sie nicht an unserem Tisch sitzen. Wenn die Altersgenossen zur Welt unserer Kinder geworden sind, dann wird ihr Denken von Textnachrichten beherrscht sein und Facebook wird ihr Lebensmittelpunkt sein. Es mag zu spät sein, diese Probleme der digitalen Verbindung anzugehen, aber es ist nie zu spät, die eigentliche Ursache des Problems, die in der Gleichaltrigenorientierung liegt, anzugehen. Hier geht es um Beziehungen, und jeder Fortschritt in diesem Bereich wird den entsprechenden Drang nach sozialen Kontakten verringern. Denken Sie daran, dass es ohne die Orientierung an Gleichaltrigen kein Facebook gäbe, deshalb sollte sie es auch sein, um die wir uns zuerst kümmern müssen.

Auch hier gilt: Wenn das Kind zwanghaft handelt oder sein Tun verheimlicht, sollte man unbedingt davon Abstand nehmen, es kontrollieren zu wollen. Solche Anzeichen deuten darauf hin, dass mediales Entertainment, Videospiele oder digitale Kontakte bereits eine Funktion im Leben des Kindes eingenommen haben, die ihnen nicht zusteht. Ein solches Kind braucht unsere Hilfe und nicht noch mehr belastende Interaktion. Wir sollten ein bereits süchtiges Kind nicht offen herausfordern, indem wir versuchen, sein Verhalten zu kontrollieren.

Die einzige Antwort auf die digitale Bedrohung liegt in der Beziehung zu unseren Kindern. Alle Versuche, den Zugang zu kontrollieren, zu verbieten oder zu verweigern, werden scheitern – wenn das, was wir als „Beziehungsmacht“ bezeichnet haben, nicht gegeben ist. Es ist besser, uns auf die Zunge zu beißen, unsere Betroffenheit zu akzeptieren und die Vergeblichkeit von Zwangsmaßnahmen anzuerkennen, die die Eltern-Kind-Beziehung nur weiter vergiften würden. Das ist schwer, wenn unsere eigene Frustration und Sorge uns eigentlich gebieten würden, energischer einzugreifen – und wenn so viele sogenannte Autoritäten zu autoritärem Durchgreifen aufrufen. In solchen Fällen ist der hier empfohlene geduldige und liebevolle Ansatz durch nichts zu ersetzen.

Marshall McLuhan hat darauf hingewiesen, dass technologische Innovationen nicht anhand ihres Inhalts verstanden werden sollten, sondern in Bezug auf die mit ihnen einhergehenden gesellschaftlichen Veränderungen. Immer wenn wir eine neue Technologie erschaffen, verändern wir uns ebenfalls auf grundlegende Weise. Und jede Expansion bringt den entsprechenden Verlust mit sich.

Digitale Geräte haben die Möglichkeiten unserer Kinder, sich miteinander zu verbinden, erweitert, aber ihre lebenswichtige Verbindung zu uns unterbrochen. Die Technologie hat unsere Flügelspannweite zwar vergrößert, hat aber damit auch unsere Wurzeln beschädigt.

Die soziale Vernetzung unter unseren Jugendlichen ist nahezu allgegenwärtig: Mehr als drei Viertel unserer Schüler und Studenten sind über ihr Handy in ihrem bevorzugten sozialen Netzwerk miteinander verbunden. Das ist der Klebstoff, der sie zusammenhält, aber es ist auch der Keil, der zwischen sie und diejenigen getrieben wird, deren liebevolle Verbindung ihren Bindungshunger wirklich stillen und ihre Reifung fördern könnte.

Viele von uns kennen diesen Moment der Unterbrechung eines familiären Beisammenseins, wenn unsere Söhne und Töchter (und sogar unsere Partner) zu ihren Handys greifen, während sie mit uns zusammen sind, oder wenn sie sich bei den Mahlzeiten oder bei wichtigen Zusammenkünften beeilen, um sich endlich wieder ihren Textnachrichten, E-Mails und sozialen Netzwerken widmen zu können – aus purer Angst, durch die Risse im Fundament ihrer Bindungen hindurchzufallen. Es reicht nicht mehr aus, zusammen zu sein, damit eine Verbindung entsteht. Früher bekamen wir unsere Kinder wenigstens nach der Schule oder nach der Kindertagesstätte zurück, wenn ihre Altersgenossen nicht mehr erreichbar oder verfügbar waren. Wir hatten die Chance, sie wieder zu uns zurückzuholen und die Verbindung wiederherzustellen, mit deren Hilfe wir unsere Erziehungsaufgaben meistern konnten.

Dank der Technologie sind Altersgenossen heute im Leben unserer Kinder allgegenwärtig.

Unsere Herausforderung besteht mehr denn je darin, an unseren Kindern festzuhalten. Wenn uns dies gelingt, können wir sie gegen die Schattenseiten der digitalen Revolution immunisieren. Wir müssen ihnen die Chance zur Reifung geben, damit die neuen Wunder der Technik ihnen zu Diensten stehen, anstatt sie zu ihren Sklaven zu machen.

Glossar

Abwehrhaltung gegen Verletzlichkeit

Das menschliche Gehirn ist so konzipiert, dass es uns vor zu starken Gefühlen der Verletzlichkeit schützt. Sind diese Schutzmechanismen chronisch und immer und überall vorhanden, entsteht ein Zustand, in dem man vor Verletzlichkeit geschützt ist. Zu diesen Schutzmechanismen zählen Gefühls- und Wahrnehmungsfilter, die Informationen ausblenden, die von dieser Person als verletzend und schmerzhaft empfunden würden.

Adaption/adaptieren (anpassen)/Adaptionsprozess

Der Adaptionsprozess bezieht sich auf die natürliche Wachstumskraft, durch die sich ein Kind verändert, emotional weiterentwickelt oder neue Realitäten kennenlernt, indem es sich damit abfindet, sich in Unabänderliches zu fügen. Hierbei handelt es sich um den Prozess, durch den Kinder aus ihren Fehlern lernen und von Fehlschlägen profitieren. Dies ist darüber hinaus der Prozess, durch den Widrigkeiten ein Kind zum Besseren verändern.

Adoleszenz

Ich verwende den Begriff *Adoleszenz* für die Brücke zwischen Kindheit und Erwachsensein. Er bezieht sich im Allgemeinen auf die Zeitspanne zwischen dem Einsetzen der Pubertät und der Übernahme von Erwachsenenaufgaben in der Gesellschaft.

Affäre

Siehe *Bindungsaffäre.*

Alarm

Siehe *Bindungsalarm.*

Bindung

Wissenschaftlich gesehen bezieht sich der Begriff Bindung auf ein Bestreben oder eine Beziehung, die durch das Verfolgen und die Aufrechterhaltung von Proximität gekennzeichnet sind. Proximität ist das lateinische Wort für „Nähe". Im weitesten Sinne umfasst die menschliche Bindung das Streben nach jeder Art von Nähe: physischer, emotionaler und psychischer.

Bindungsabwehr

Dieser Begriff bezieht sich auf den Widerstand gegen Nähe als Schutzmaßnahme gegen Verletzlichkeit. In den meisten Fällen werden Kontakt und Nähe abgewehrt, um die Verletzung durch eine Trennung zu vermeiden. Diese instinktive Reaktion ist ein häufiger Abwehrmechanismus, der allerdings, wenn er sich verfestigt und ununterbrochen aktiv ist, den Rahmen für die Erziehung und eine gesunde Entwicklung zerstört.

Bindungsaffäre

Lässt man die sexuelle Konnotation außer Acht, kann dieser Begriff analog auch auf die Gleichaltrigenorientierung angewendet werden. Das Wesen einer außerehelichen Affäre besteht darin, dass eine Bindung außerhalb der Ehe mit dem Kontakt oder der Nähe zu einem Ehepartner in Konkurrenz tritt oder diese schmälert. Wenn Gleichaltrigenbindungen ein Kind von seinen Eltern entfernen, schaden sie der Entwicklung des Kindes.

Bindungsalarm

Das Gehirn eines Menschen ist darauf ausgerichtet, Alarm zu schlagen, wenn eine Trennung von den Menschen droht, zu denen er eine Bindung hat. Der Bindungsalarm funktioniert auf zahlreichen Ebenen: Instinkt, Emotion, Verhalten, Chemie und Gefühl. Wird der Alarm wahrgenommen, kann er als

Furcht, Angst, Schuldbewusstsein, Nervosität oder Beklommenheit erfahren werden und veranlasst das Kind im Allgemeinen zur Vorsicht. Wird der Alarm nicht bewusst wahrgenommen, kann er sich in Form von Anspannung oder Erregung bemerkbar machen.

Bindungsdominanz

Zur Erleichterung der Abhängigkeit weist die Bindung einer Person automatisch die abhängige, Schutz suchende Position oder die dominante, Schutz gewährende Position zu. Dies trifft insbesondere auf unreife Menschen wie zum Beispiel Kinder oder unreife Erwachsene zu. Kinder sollten sich im Verhältnis zu den für sie verantwortlichen Erwachsenen in einer abhängigen, Schutz und Fürsorge suchenden Position befinden.

Bindungsdorf

Das Netzwerk aus Bindungen, in dessen Geflecht ein Kind großgezogen wird. In traditionellen Gesellschaften entsprach das Bindungsdorf dem tatsächlichen Dorf, in dem die Menschen lebten und aufwuchsen. In unserer heutigen Gesellschaft müssen wir das Bindungsdorf selbst erschaffen.

Bindungsfrustration

Die Frustration, die entsteht, wenn Bindungen nicht funktionieren: wenn der Kontakt behindert wird oder die Verbindung verloren geht.

Bindungsgewissen

Gemeint sind die negativen Gefühle, die in einer Person – vor allem in einem Kind – ausgelöst werden, wenn diese Person etwas denkt, tut oder in Betracht zieht, das bei den Menschen, zu denen sie eine Bindung hat, Missfallen, Distanzierung oder Enttäuschung hervorrufen würde. Das Bindungsgewissen hilft Kindern, die Nähe zu ihren Bindungsfiguren – idealerweise ihren Eltern – aufrechtzuerhalten. Wenn ein Kind sich an Gleichaltrigen orientiert, steht das Bindungsgewissen im Dienst der Gleichaltrigenbeziehung.

Bindungslücke

Das Gefühl, zu den Menschen, zu denen eine Bindung bestehen sollte, keinen Kontakt oder keine Verbindung zu haben.

Bindungsreflex

Es gibt viele elementare Bindungsreflexe zur Aufrechterhaltung von Nähe über die Sinne. Ein Beispiel hierfür ist der Säugling, der nach dem Finger seiner Mutter oder seines Vaters greift, wenn diese ihn in seine Handfläche legen.

Bindungssystem im Gehirn

Ein Begriff für die Bereiche des Gehirns und des Nervensystems, die für die Bindung zuständig sind. Er steht nicht für einen bestimmten Ort, sondern eher für eine bestimmte Funktion des Gehirns, an der mehrere Hirnregionen beteiligt sind. Bei vielen anderen Lebewesen ist diese Bindungsfunktion als Teil des Gehirns vorhanden, aber nur der Mensch besitzt die Fähigkeit, sich des Bindungsprozesses bewusst zu werden.

Bindungstanz

Siehe *Einsammeltanz.*

Bindungsunvereinbarkeit

Bindungen sind unvereinbar, wenn ein Kind ein Gefühl der Nähe oder der Verbundenheit nicht in zwei Beziehungen gleichzeitig aufrechterhalten kann. Bindungsunvereinbarkeit entsteht, wenn das Kind beispielsweise von seinen Eltern Signale bekommt, wie es sich zu verhalten und wie es zu sein hat, und gleichzeitig völlig andere Signale von Gleichaltrigen erhält. Je unvereinbarer die vorhandenen Bindungen sind, desto größer ist die Wahrscheinlichkeit, dass es zu einer Polarisierung der Bindungen kommt.

Bipolare Natur von Bindung

Wie beim Magnetismus erfolgt auch bei der Bindung eine Polarisierung. Immer dann, wenn die Nähe zu einer Person oder Gruppe gesucht wird, werden der Kontakt und die Nähe zu anderen Personen abgelehnt. Das Kind wird sich vor allem denjenigen widersetzen, die es als Konkurrenz zu den Personen wahrnimmt, zu denen es aktiv eine Bindung sucht. Wenn das Kind beginnt, sich an Gleichaltrigen zu orientieren, sind diese anderen die Eltern und andere für die Fürsorge zuständige Erwachsene.

Defensive Bindungsabwehr

Siehe *Bindungsabwehr.*

Differenzierung

Bezieht sich auf den Wachstumsprozess der Trennung oder der Individuation. Die Bindung zu fürsorglichen Erwachsenen findet in der ersten Entwicklungsphase statt, die Differenzierung in der zweiten. Eine ausreichende Differenzierung ist für jede erfolgreiche Integration erforderlich. Aus diesem Grund muss der Sozialisierung eine gesunde Differenzierung vorausgehen, da der Mensch sonst nicht fähig ist, Zusammengehörigkeit zu erfahren, ohne das Gefühl für sein Selbst zu verlieren.

Dominanz

Siehe *Bindungsdominanz.*

Einsammeltanz

Ein Begriff, der sich auf die menschlichen Instinkte des Umwerbens bezieht, die darauf abzielen, andere an uns zu binden. Ich habe den Begriff *einsammeln* gewählt, um die sexuellen Konnotationen, die mit dem Umwerben und Hofieren verbunden sind, zu vermeiden. Der „Tanz" bezieht sich auf den interaktiven Aspekt dieses Prozesses.

Elterliche Machtlosigkeit

Ich verwende diesen Begriff im engsten Sinne des Wortes: *nicht über ausreichend Macht verfügen.* Eltern müssen durch die Bindung, die das Kind zu ihnen hat, ermächtigt sein, ihre elterlichen Pflichten zu erfüllen. Je schwächer diese Bindung ist, desto machtloser werden die Eltern.

Elternschaft

Elternschaft ist für mich das Amt des Elternseins, so wie die alten Römer das Wort Amt verstanden haben – eine besondere Aufgabe, Verantwortung oder Position, die einer Person übertragen wird. Den alten Römern wurde diese besondere Aufgabe durch ihre Regierung übertragen. Eltern kann dieses spezielle Amt nur durch die Bindung eines Kindes übertragen werden. Die Tatsache, die biologischen Eltern, Adoptiveltern oder Stiefeltern zu sein, bedeutet in diesem Sinne daher nicht automatisch Elternschaft, da ein Elternteil nur durch die Bindung des Kindes in sein Amt eingeführt und für die Aufgabe gerüstet wird.

Emergenz

Siehe *Emergenzprozess.*

Emergenzenergie

Siehe *Emergenzprozess.*

Emergenzprozess

Hier geht es um den Prozess der Differenzierung, dessen Ziel die Lebensfähigkeit eines Kindes als eigenständiges Wesen ist. Er ist gekennzeichnet durch eine experimentierfreudige Energie, die spontan in dem sich entwickelnden Kind entsteht und schon bei Kleinkindern beobachtet werden kann. Dieser Prozess findet spontan, aber keineswegs zwangsläufig statt – er hängt davon ab, ob die Bindungsbedürfnisse eines Kindes erfüllt werden. Der Emergenzprozess erzeugt viele der Eigenschaften, die wir uns für ein Kind wünschen: Verantwortungsbewusstsein, Gewissenhaftigkeit, Neugier, Interesse, Gespür für Grenzen, Respekt für andere, Individualität, Persönlichkeit.

Emotion

Dieser Begriff hat zwei grundlegende Bedeutungen: „Aufruhr“ und „Bewegung“. Emotionen prägen das Handeln des Kindes zumindest so lange, bis Vorsätze stark genug geworden sind, um sein Verhalten zu bestimmen. Jedes Lebewesen mit einem limbischen System – der für die Emotionen zuständige Teil des Gehirns – hat Emotionen, aber nur Menschen sind in der Lage, sich ihrer Emotionen bewusst zu werden. Den bewussten Teil bezeichnen wir als Gefühle. Emotionen haben viele Aspekte: chemische, physiologische und motivationsbedingte. Emotionen müssen nicht gefühlt werden, um uns zu bewegen – unser Antrieb sind häufig unbewusste Emotionen.

Emotionale Intimität

Ein Gefühl der Nähe und Verbundenheit, das auf emotionaler Ebene empfunden wird.

Flucht vor Verletzlichkeit

Siehe *Abwehrhaltung gegen Verletzlichkeit.*

Gefühl der Handlungsfähigkeit

Als Vergleich könnte man hier das Bild eines Wagenlenkers anführen. Das Gefühl der Handlungsfähigkeit bedeutet, das Gefühl zu haben, selbst am Steuer des Lebens zu sitzen – es bestehen Handlungsoptionen, und Entscheidungen sind möglich. Kinder kommen nicht mit einem Gefühl der Handlungsfähigkeit auf die Welt, es ist vielmehr das Ergebnis des Reifungsprozesses, der Emergenz und der Individuation.

Gegenwille

Dieser Begriff bezeichnet den menschlichen Instinkt, sich Druck und Zwängen zu widersetzen. Dieser Instinkt dient der Bindung, indem er Kinder davon abhält, übermäßig von Personen beeinflusst zu werden, zu denen sie keine Bindung haben. Wenn er nicht durch die Gleichaltrigenorientierung oder andere Faktoren verstärkt wird, dient der Gegenwille darüber hinaus der Entwicklung des Kindes, da er durch die Abwehr des Willens anderer Menschen, Raum für die Bildung des eigenen kindlichen Willens schafft.

Identifikation

Eine Form der Bindung, bei der man mit der Person oder Sache, an die man gebunden ist, identisch wird. Fühlt man sich beispielsweise an eine Rolle gebunden, identifiziert man sich mit dieser.

Individualismus

Dieser Begriff wird häufig mit dem der Individualität verwechselt und gibt diesem einen unangenehmen Beigeschmack. Individualismus bezieht sich auf die Vorstellung, dass die Bedürfnisse des Individuums wichtiger sind als die Bedürfnisse der Gruppe oder der Gemeinschaft. Diese Verwechslung führt häufig dazu, dass Menschen annehmen, Individuation sei das Gegenteil von Gemeinschaft, während sie doch eine der Grundvoraussetzungen für echte Gemeinschaft ist.

Individualität

Der Teil der Persönlichkeit, der untrennbar mit einer Person verbunden ist und von niemandem geteilt wird. Individualität ist das Ergebnis des Prozesses, ein psychisch eigenständiges Individuum zu werden, der in der vollen Entfaltung der eigenen Einzigartigkeit gipfelt. Ein Individuum zu sein, bedeutet, seine eigene Meinung, seine eigenen Vorstellungen und Grenzen zu haben. Es bedeutet, seine eigenen Präferenzen, Prinzipien, Intentionen, Perspektiven und Ziele wertzuschätzen. Es bedeutet, an einem Platz zu stehen, der von niemandem sonst eingenommen wird.

Individuation

Der Prozess, ein Individuum zu werden, das sich von anderen unterscheidet, von anderen abgrenzt und als eigenständiges Wesen lebensfähig ist. Dieses Konzept wird häufig mit dem weiter oben definierten Individualismus verwechselt.

Instinkt

Instinkt steht für die tiefen Bedürfnisse oder Handlungsimpulse, die allen Menschen gemeinsam sind. Da die Bindung unser zentraler Antrieb ist, dient die Mehrheit unserer Instinkte der Bindung. Die Quelle dieser Handlungsimpulse ist tief im limbischen System unseres Gehirns verankert. Die menschlichen Instinkte benötigen jedoch, wie die Instinkte anderer Lebewesen auch, die geeigneten Stimuli aus der Umwelt, um angemessen ausgelöst zu werden. Sie werden nicht zwingend automatisch ausgelöst.

Integrationsprozess (Integratives Funktionieren)

Die natürliche Wachstumskraft, die die Zusammenführung separater Einheiten umfasst. In diesem Buch verwenden wir diesen Begriff für den Entwicklungsprozess, der stattfindet, wenn sich verschiedene Elemente der Persönlichkeit zu einem neuen Ganzen vereinen – zum Beispiel können feindselige Emotionen auf relativierende Gefühle wie Mitgefühl oder Angst abgestimmt werden. Es ist genau diese Mischung, die eine Betrachtungsweise von einem bestimmten Standpunkt aus, Ausgeglichenheit sowie emotionale und soziale Reife erzeugt. Das Wesen der Integration im sozialen Bereich ist das Vermischen ohne Verschmelzen oder die Zusammengehörigkeit ohne den Verlust des Getrenntseins. Dies erfordert im Vorfeld eine ausreichende Differenzierung.

Integratives Denken

Wenn der Integrationsprozess aktiv ist, sammelt der Geist Gedanken oder Gefühle, die mit dem, was gerade im Fokus ist, in Konflikt geraten würden. Dadurch wird Ausgewogenheit und Perspektive erzeugt.

Intuition

Wenn ich diesen Begriff verwende, beziehe ich mich gewöhnlich auf Wissen, das eher gefühlt als gewusst wird und unbewusst Einfluss nimmt. Unsere Intuition wird jedoch nur so gut sein wie unsere Einsicht. Je genauer wir etwas wahrnehmen, desto mehr können wir unserer Intuition vertrauen.

Kind-unter-7-Syndrom

Ich verwende diesen Begriff, um einige Eigenschaften und Probleme zu beschreiben, die sich aus einem Mangel an integrativer Kompetenz bei Kindern ergeben. Diese für Kinder unter 7 Jahren normalen Eigenschaften und Probleme nenne ich Kind-unter-7-Syndrom, wenn sie bei Kindern, die älter als sieben Jahre sind, und bei Jugendlichen auftreten, die dieses Entwicklungsdefizit noch nicht hinter sich gelassen haben. In unserem Kulturkreis ist die Gleichaltrigenorientierung die häufigste Ursache für eine Entwicklungshemmung.

Konkurrierende Bindungen

Siehe *Bindungsunvereinbarkeit.*

Macht zu erziehen

Viele Menschen verwechseln Macht mit dem Potenzial, Druck auszuüben. Mit Macht meine ich nicht Zwang oder Strafe, sondern die natürliche Autorität, über die Eltern verfügen, wenn ihre Kinder aktiv mit ihnen verbunden sind und sich auf sie verlassen, um Signale dafür zu bekommen, wie sie sein sollten, wie sie sich verhalten sollten und welche Werte wichtig sind. Je mehr Macht wir haben, desto weniger Druck müssen wir ausüben – und umgekehrt.

Mäßigendes Element

Die Gedanken, Gefühle oder Absichten, die die Impulse zu unangemessenen Verhaltensweisen eindämmen – so würde beispielsweise Liebe den Impuls, zu verletzen, die Angst vor Konsequenzen den Drang, zu zerstören, und die Fähigkeit, den Standpunkt eines anderen Menschen zu verstehen, den Hang zum Dogmatismus mäßigen. Eine solche Mäßigung bringt die Persönlichkeit ins Gleichgewicht und relativiert die Wahrnehmung.

Orientieren/Orientierung

Sich zu orientieren heißt sich heißt, sich zurechtzufinden. Für uns Menschen bedeutet dies nicht nur, ein Gefühl dafür zu bekommen, wo wir sind, sondern auch dafür, wer wir sind und wie viel wir bedeuten. Es geht dabei außerdem darum, seiner Umgebung einen Sinn zu geben. Ein wesentlicher Teil der Orientierung besteht darin, Signale dafür zu erhalten, wie man sich verhalten und was man tun sollte, sowie dafür, was wichtig ist und was erwartet wird. Solange Kinder noch nicht fähig sind, sich selbst zu orientieren, orientieren sie sich an denen, zu denen sie eine Bindung haben. Gleichaltrigenorientierte Kinder orientieren sich an ihren Altersgenossen anstatt an Erwachsenen, um sich zurechtzufinden und Signale zu erhalten, wie sie sich verhalten sollten, wie sie sich selbst sehen sollten und welche Werte wichtig sind.

Orientierungslücke

Da Kinder sich an den Menschen orientieren, zu denen sie eine Bindung haben, fühlen sie sich verloren und orientierungslos, wenn das Gefühl der Verbundenheit abhandenkommt. Dieses Fehlen von Hinweisen und Bedeutungen ist für Kinder unerträglich und zwingt sie gewöhnlich dazu, eine neue Bindung zu jemandem oder etwas zu suchen – in unserer Kultur sind das meistens Gleichaltrige.

Orientierungspunkt

Dieser Begriff bezeichnet hier den menschlichen Bezugspunkt, der durch die Bindung entsteht und von dem das Kind Hinweise für sein Verhalten und andere Signale erhält. Jedes Kind braucht einen menschlichen Orientierungspunkt.

Prinzip der Unmittelbarkeit

Ein Grundsatz der Lerntheorie, der besagt, dass man sofort eingreifen muss, wenn ein Kind sich unangemessen verhält, um eine Änderung seines Verhaltens zu bewirken. Dieses Prinzip wurde aus Studien mit Ratten und Tauben abgeleitet.

Psychische Unreife

Siehe *Reifung*.

Psychische Vertrautheit

Ein Gefühl der Nähe oder Verbundenheit, das darin seinen Ursprung hat, gesehen oder gehört zu werden, im Sinne von gekannt oder verstanden zu werden.

Regieanweisungen

Die Analogie der Regieanweisungen ist der Schauspielerei entlehnt, bei der ein bestimmtes Verhalten nachgespielt wird, das nicht im Schauspieler selbst seinen Ursprung hat. Das gilt auch für die Reife. Gesellschaftliche Situationen erfordern eine Reife, die unsere Kinder vielleicht noch nicht erlangt haben. Wir können sie nicht auf Kommando erwachsen werden lassen, aber wir sind vielleicht dazu in der Lage, sie dazu zu bewegen, in bestimmten Situationen reif zu handeln, indem wir ihnen Signale geben, was zu tun ist und wie es zu tun ist. Damit ein Kind eine solche Regieanweisung akzeptiert, muss der Erwachsene im Leben des Kindes die Position eines Signalgebers innehaben, die sich durch die Bindung des Kindes zu dem Elternteil ergibt. Ein gutes Drehbuch konzentriert sich auf das, was zu tun ist, und nicht auf das, was nicht zu tun ist, und gibt Regieanweisungen, die von dem Kind leicht befolgt werden können.

Reifung

Der Prozess, durch den ein Kind sein menschliches Potenzial auszuschöpfen lernt. Psychisches Wachstum vollzieht sich zwar spontan, findet aber nicht unausweichlich statt. Wenn die Umstände nicht förderlich sind, kann ein Kind älter werden, ohne jemals wirklich erwachsen zu werden. Die drei wichtigsten Prozesse bei der Reifung eines Kindes sind die Emergenz, die Adaption und die Integration.

Rückwärtsgang in die Bindung

Das Herstellen von Ähnlichkeit mit oder einer Verbindung zu jemandem durch die Distanzierung und Entfremdung von anderen. So nähern sich beispielsweise zwei Kinder einander an, indem sie ein drittes Kind beleidigen oder herabsetzen.

Sozialisation

Gemeint ist der Prozess, durch den man gesellschaftsfähig wird. Er wurde traditionell als separater Prozess wahrgenommen, der getrennt von den beiden anderen wichtigen Entwicklungsprozessen, der Bindung und der Individuation, stattfindet. Bei genauerem Hinsehen findet der größte Teil der Sozialisation jedoch durch Bindung und die in ihrem Dienst stehenden Prozesse statt – Identifikation, Nachahmung, Suche nach Bedeutung, die Bewahrung von Nähe. Die Bindung ist der erste dieser drei Entwicklungsprozesse, die Differenzierung der zweite. Wenn diese beiden gut funktionieren, kann eine echte Sozialisation spontan stattfinden.

Temperament

Ich verwende den Begriff Temperament, der aus dem Lateinischen (*temperamentum*) stammt und *Mischung* bedeutet, in seinem ursprünglichen Wortsinn. Das Temperament ist eine *Mischung* aus Wesensarten, die Temperatur eine *Mischung* aus heiß und kalt. Die alten Römer verwendeten diesen Begriff für die richtige Mischung der Inhaltsstoffe für die Herstellung von Töpferton. Der Schlüssel für zivilisiertes Verhalten und Selbstbeherrschung ist das Potenzial, mit gemischten Gefühlen umzugehen. Wenn das Temperament mit jemandem durchgeht, würde dies also bedeuteten, dass die Mischung aus gegensätzlichen Impulsen und Gefühlen, die die Selbstbeherrschung ermöglichen, aus dem Gleichgewicht geraten ist.

Tränen der Vergeblichkeit

Es ist ein menschlicher Reflex zu weinen, wenn ins Bewusstsein dringt, dass etwas vergeblich war, vor allem bei großer Frustration. Die dazugehörigen Gefühle sind Traurigkeit und Enttäuschung. Vergeblichkeit erfahren wir, wenn etwas nicht funktioniert oder nicht funktionieren kann. Wird die Vergeblichkeit gespürt, werden Signale an die Tränendrüsen gesendet und die Augen werden feucht. Dies sind keine Tränen der Frustration. Die Erkenntnis der Ausweglosigkeit einer Situation und die damit einhergehenden Gefühle der Traurigkeit und des Loslassens sind wichtig für die Entwicklung eines Kindes. Kinder, die sich an Gleichaltrigen orientieren, vergießen erstaunlich selten Tränen der Vergeblichkeit.

Unausgewogen

Unausgewogen oder untemperiert steht für unvermischt, ungemildert oder einseitig. Unausgewogen zu sein bedeutet, keinerlei Gespür für einen inneren Dialog, für Konflikte oder Unstimmigkeiten zu haben. Das primäre Zeichen emotionaler und sozialer Unreife ist eine untemperierte Erfahrungs- und Ausdrucksweise. Ein untemperierter Mensch hat in keiner Situation gemischte Gefühle. Siehe auch *Temperament.*

Unterrichtbarkeit

Unterrichtbar zu sein bedeutet, offen dafür zu sein, unterrichtet zu werden und motiviert zu sein, zu lernen. Der Unterrichtbarkeitsfaktor bezieht sich auf die Aspekte des Lernens, die psychologischer, beziehungsorientierter und emotionaler Natur sind. Unterrichtbarkeit ist nicht dasselbe wie Intelligenz. Ein Kind kann sehr schlau und doch absolut nicht unterrichtbar sein und umgekehrt.

Verflachung der Kultur

Der Verlust der traditionellen vertikalen Übermittlung von Kultur, in der Gebräuche und Traditionen von einer Generation an die nächste weitergegeben werden. So wie die flache Linie der Gehirnwellen den Tod des Menschen bedeutet, steht dieser Begriff für den Tod der Kultur.

Verletzlich, Verletzlichkeit

Verletzlich zu sein bedeutet, verwundet werden zu können. Als Menschen können wir nicht nur unsere Wunden, sondern auch unsere Verletzlichkeit spüren. Das menschliche Gehirn ist so konzipiert, dass es uns gegen ein zu starkes Gefühl der Verletzlichkeit schützt. Siehe auch *Abwehrhaltung gegen Verletzlichkeit.*

Anmerkungen

Kapitel 1 – Warum Eltern heute wichtiger sind als jemals zuvor

1. Judith Harris, *The Nurture Assumption* (New York: Simon & Schuster, 1999). (*Ist Erziehung sinnlos? Warum Kinder so werden, wie sie sind* [Hamburg: Rowohlt Verlag, 2002]).
2. Michael Rutter und David J. Smith, eds., *Psychosocial Disorders in Young People: Time Trends and Their Causes* (New York: John Wiley and Sons, Inc., 1995).
3. Zu diesem Schluss kam Professor David Shaffer, ein führender Wissenschaftler und Autor von Lehrbüchern über Entwicklungspsychologie, nach Durchsicht der Literatur zum Einfluss von Gleichaltrigen. Zur aktuellen Forschung stellt er fest: „… man kann mit Fug und Recht behaupten, dass Gleichaltrige die wichtigste Referenzgruppe für Fragen wie ‚Wer bin ich?' darstellen." (David R. Shaffer, *Developmental Psychology: Childhood and Adolescence,* 2nd ed. [Pacific Grove, Calif.: Brooks/Cole Publishers, 1989], S. 65.)
4. Die Selbstmordstatistiken stammen vom National Center for Injury Prevention and Control in den Vereinigten Staaten und von der McCreary Centre Society in Kanada. Die Statistiken über Selbstmordversuche sind sogar noch alarmierender. Urie Bronfenbrenner zitiert Statistiken, aus denen hervorgeht, dass Selbstmordversuche von Jugendlichen sich in den 20 Jahren zwischen 1955 und 1975 fast verdreifacht haben. (Urie Bronfenbrenner, "The Challenges of Social Change to Public Policy and Development Research." Vortrag auf der alle zwei Jahre stattfindenden Konferenz der Society for Research and Child Development, Denver, Colorado, April 1975)
5. *Harper's,* Dezember 2003.
6. Professor James Coleman veröffentlichte seine Erkenntnisse in dem Buch *The Adolescent Society* (New York: Free Press, 1961).

Kapitel 3 – Warum sich das Band gelöst hat

1. John Bowlby, *Attachment,* 2nd ed. (New York: Basic Books, 1982), S. 46. (*Bindung,* [München: Ernst Reinhardt Verlag, 2006])
2. Robert Bly, *The Sibling Society* (New York: Vintage Books, 1977), S. 132. (*Die kindliche Gesellschaft* [München: Kindler, 1997])
3. Zu diesen Erkenntnissen gelangten zwei Wissenschaftler, nachdem sie die Ergebnisse von 92 Studien mit 13 000 Kindern ausgewertet hatten. Sie wiesen nicht nur vermehrt Schul- und Verhaltensprobleme auf, sondern litten darüber hinaus auch verstärkt an einem negativen Selbstkonzept und hatten größere Schwierigkeiten, mit ihren Eltern auszukommen.

Ihre Ergebnisse wurden veröffentlicht im *Psychological Bulletin* 110 (1991): 26-46. Der Titel des Aufsatzes lautet "Parental Divorce and the Well-being of Children: A Meta-analysis." Ein indirekter Zusammenhang besteht zu einer im Jahr 1996 von Statistics Canada durchgeführten Studie, in deren Rahmen festgestellt wurde, dass Kinder von Alleinerziehenden häufiger eine Klasse wiederholt haben, dass bei ihnen Verhaltensstörungen diagnostiziert wurden oder dass sie Probleme mit Angst, Depression und Aggression haben.

4. Die Forschungsarbeit des britischen Psychiaters Sir Michael Rutter macht dies deutlich. Er stellte fest, dass die Wahrscheinlichkeit für Verhaltensauffälligkeiten bei Kindern, die in weiter bestehenden, aber disharmonischen Ehen lebten, sogar noch höher waren als bei Kindern, die nach einer Scheidung in relativ konfliktfreien Familien lebten. (Michael Rutter, "Parent-Child Separation: Psychological Effects on the Children," *Journal of Child Psychology and Psychiatry* 12 [1971]: 233-256.)
5. Bly, *The Sibling Society,* S. 36.
6. Erik Erikson, *Childhood and Society* (New York: W. W. Norton, 1985). (*Kindheit und Gesellschaft* [Stuttgart: Klett-Cotta, 1999])

Kapitel 5 – Aus der Stütze wird ein Hemmschuh: Wenn die Bindung gegen uns arbeitet

1. John Bowlby, *Attachment,* 2nd ed. (New York: Basic Books, 1982), S. 377.

Kapitel 6 – Gegenwille: Warum Kinder ungehorsam werden

1. M. R. Lepper, D. Greene und R. E. Nisbett, "Undermining Children's Intrinsic Interest with Extrinsic Rewards: A Test of the Over-justification Hypothesis," *Journal of Personality and Social Psychology* 28 (1973): 129–137.
2. Edward Deci, *Why We Do What We Do: Understanding Self-Motivation* (New York: Penguin Books, 1995), S. 18 und 25.

Kapitel 7 – Die Verflachung der Kultur

1. Howard Gardner, *Developmental Psychology,* 2nd ed. (New York: Little, Brown & Company, 1982).
2. *The Globe and Mail,* April 12, 2004.
3. *Vancouver Sun,* August 30, 2003.

Kapitel 8 – Die gefährliche Flucht vor Gefühlen

1. Zu den Beispielen für solche Studien gehören:
   - J. D. Coie and A. N. Gillessen, "Peer Rejection: Origins and Effects on Children's Development," *Current Directions in Psychological Science* 2 (1993): 89–92.
   - P. L. East, L. E. Hess, and R. M. Lerner, "Peer Social Support and Adjustment of Early Adolescent Peer Groups," *Journal of Early Adolescence* 7 (1987): 153–163.
   - K. A. Dodge, G. S. Pettit, C. L. McClaskey und M. M. Brown, "Social Competence in Children," *Monographs of the Society for Research in Child Development* 51 (1986).

2. Die umfangreichste Studie war die National Longitudinal Study of Adolescent Health in den Vereinigten Staaten, an der circa 90 000 Jugendliche teilnahmen. Die Studie wurde von dem Psychologen Michael Resnick und einem Dutzend seiner Kollegen durchgeführt. Sie wurde im September 1997 unter dem Titel "Protecting Adolescents from Harm: Findings from the National Longitudinal Study on Adolescent Health" im *Journal of the American Medical Association* veröffentlicht. Zu diesem Schluss kamen auch der verstorbene Julius Segal, einer der Pioniere der Resilienzforschung, sowie die Autoren von *Raising Resilient Children,* Robert Brooks und Sam Goldstein. (R. Brooks and S. Goldstein, *Raising Resilient Children* [New York: Contemporary Books, 2001].)
3. Segal wird zitiert von Robert Brooks, Ph.D., von der Harvard Medical School in seinem Artikel "Self-worth, Resilience and Hope: The Search for Islands of Competence." Dieser Artikel ist im elektronischen Lesesaal des Center for Development & Learning zu finden unter www.cdl.org/resources/reading_room/self_worth.html.
4. John Bowlby, *Loss* (New York: Basic Books, 1980), S. 20. (*Verlust* [München: Ernst Reinhardt Verlag, 2006])

Kapitel 9 – In Unreife gefangen

1. Robert Bly, *The Sibling Society* (New York: Vintage Books, 1977), S. vii.
2. Für eine ausführliche Erörterung der physiologischen Aspekte der Gehirnentwicklung des Menschen und ihre Beziehung zur psychischen Entwicklung siehe Geraldine Dawson und Kurt W. Fischer, *Human Behavior and the Developing Brain* (New York: Guildford Press, 1994), insbesondere Kapitel 10.
3. Carl Rogers, *On Becoming a Person* (New York: Houghton Mifflin, 1995), S. 283. (*Entwicklung der Persönlichkeit*, Stuttgart: Klett-Cotta, 1988])

Kapitel 10 – Ein Vermächtnis der Aggression

1. Diese Statistik wurde zitiert von Linda Clark vom New York City Board of Education in einer Rede auf der 104. Jahrestagung der American Psychological Association.
2. Diese Statistiken wurden zitiert von Michelle Borba, der Autorin von *Building Moral Intelligence,* in einer Rede auf einer nationalen Konferenz mit dem Thema „Sichere Schulen", die am 19. Februar 2001 in Burnaby, British Columbia stattfand.
3. Der Bericht von Barbara Cottrell mit dem Titel *Parent Abuse: The Abuse of Parents by Their Teenage Children* wurde im Jahr 2001 von Health Canada veröffentlicht.
4. Diese Studie wurde von David Lyon und Kevin Douglas von der *Simon Fraser University* in British Columbia durchgeführt und im Oktober 1999 veröffentlicht.
5. Die Selbstmordstatistiken stammen vom National Center for Injury Prevention and Control in den Vereinigten Staaten und von der McCreary Centre Society in Kanada.
6. W. Craig und D. Pepler, *Naturalistic Observations of Bullying and Victimization on the Playground* (1997), LaMarsh Centre for Research on Violence and Conflict Resolution, York University, zitiert in Barbara Coloroso, *The Bully, the Bullied, and the Bystander* (Toronto: HarperCollins, 2002), S. 66.
7. Laut US-Regierungsstatistiken spielt Alkohol bei 68 Prozent der Fälle von Totschlag, 62 Prozent der Körperverletzungen, 54 Prozent der Morde oder versuchten Morde, 48 Prozent der Raubüberfälle, 44 Prozent der Einbrüche und 42 Prozent der Vergewaltigungen eine Rolle. Diese Regierungsstatistiken sind im Internet zu finden unter *www.health.org/govpubs/m1002.*

Kapitel 11 – Von Mobbern und ihren Opfern

1. Natalie Angier, "When Push Comes to Shove," *New York Times,* 20. Mai 2001.
2. S. H. Verhovek, "Can Bullying Be Outlawed," *New York Times,* 11. März 2001.
3. W. Craig und D. Pepler, *Naturalistic Observations of Bullying and Victimization on the Playground* (1997), LaMarsh Centre for Research on Violence and Conflict Resolution, York University, zitiert in Barbara Coloroso, *The Bully, the Bullied, and the Bystander* (Toronto: HarperCollins, 2002), S. 66.
4. Stephen Suomi ist Primatologe am National Institute of Child Health and Human Development in Maryland. Dort untersuchte er die Auswirkungen der Aufzuchtumgebung auf das Verhalten junger Rhesusaffen. Seine Ergebnisse wurden veröffentlicht in S. J. Suomie, "Early Determinants of Behaviour. Evidence from Primate Studies," *British Medical Bulletin* 53 (1997): 170-184. Eine Besprechung seiner Arbeit von Karen Wright findet sich in "Babies, Bonds and Brains" in *Discover Magazine,* October 1997.
5. Natalie Armstrong, "Study Finds Boys Get Rewards for Poor Behaviour," *Vancouver Sun,* 17. Januar 2000.
6. Angier, "When Push Comes to Shove."

Kapitel 12 – Sex und Bindung

1. Die Studie wurde veröffentlicht in *Canadian Journal of Human Sexuality,* darüber berichtet in *Maclean's Magazine,* 9. April 2001.
2. *The Globe and Mail,* 12. April 12 2004, S. A6.
3. Barbara Kantrowitz und Pat Wingert, "The Truth About Tweens," *Newsweek,* 18. Oktober 1999.
4. Unsere Quelle hierfür ist Dr. Helen Fishers Buch *Anatomy of Love* (New York: Ballantine Books, 1992). Dr. Fisher ist Anthropologin am American Museum of Natural History und wurde in Anerkennung ihrer Arbeit mit mehreren renommierten Preisen ausgezeichnet.
5. Zu diesen Schlussfolgerungen kamen Dr. Alba DiCenso von der McMaster University und ihre Kollegen (G. Guyatt, A. Willan, und L. Griffith), als sie die Ergebnisse von 26 früheren Studien aus den Jahren 1970 bis 2000 zusammenstellten und überprüften. Diese umfangreiche Studie wurde im *British Medical Journal* im Juni 2002 (Vol. 324) unter dem Titel „Intervention to Reduce Unintended Pregnancies Among Adolescents: Systematic Review of Randomized Controlled Trials" veröffentlicht.

Kapitel 13 – Nicht unterrichtbare Schüler

1. Ein Beispiel ist die Heimatprovinz des Autors, British Columbia, wo Pädagogen und Schulkuratoren verblüfft waren über eine Studie aus dem Jahr 2003, die einen solchen Rückgang aufzeigte.
2. Dieses Modell schulischen Lernens in Interaktion mit Gleichaltrigen ist aufgrund eines unglücklichen Missverständnisses der Ideen des bedeutenden Schweizer Entwicklungsforschers Jean Piaget in Bildungskreisen immer noch weit verbreitet. Piaget hat tatsächlich dargelegt, dass Kinder am besten lernen, wenn sie miteinander interagieren. Keine Berücksichtigung findet hierbei die Entwicklungsperspektive, im Rahmen derer er seine Theorie entwickelt hat – die Idee, dass ein starkes Selbstgefühl vorhanden sein muss, bevor die Interaktion mit Gleichaltrigen ein echtes Lernen erleichtern kann. Piaget zufolge müssen Kinder zunächst wissen, was sie wollen, damit

die Interaktion miteinander ihr Verständnis schärfen und vertiefen kann. Seiner Ansicht nach haben autoritäre Lehrer eine dämpfende Wirkung auf diesen Prozess der kognitiven Individuation, zumindest im Vergleich zu den eher auf Gleichheit beruhenden Beziehungen von Gleichaltrigen. Piaget hat seine Theorien vor mehr als 60 Jahren in Europa entwickelt, wo die Schüler noch stark an Erwachsenen orientiert waren und das Bildungssystem hierarchisch organisiert war. In Nordamerika wurde Piagets Idee aus dem entwicklungspsychologischen Kontext gerissen und auf ein völlig anderes gesellschaftliches Milieu angewandt. Das Modell des Lernens in Interaktion mit Gleichaltrigen ist, vollständig losgelöst von seiner ursprünglichen Verankerung in der Bindung zu Erwachsenen, unter Bildungstheoretikern allseits sehr beliebt.

Gegen Piagets Idee ist nichts einzuwenden, wenn man sie im richtigen Zusammenhang sieht: Kooperatives Lernen regt in der Tat das Denken an, aber nur bei den Kindern, die zuerst ihre eigenen Ideen zu einem Thema entwickelt haben und die in der Lage sind, gleichzeitig von zwei Standpunkten aus zu agieren. Andernfalls dient die Interaktion dazu, die aufkeimende Individualität zu unterdrücken, die Originalität zu verhindern und die Orientierung an Gleichaltrigen zu fördern.

Kapitel 14 – Wir müssen unsere Kinder einsammeln

1. Allan Schore, *Affect Regulation and the Origin of the Self: The Neurobiology of Emotional Development* (Hillsdale, N. J.: Lawrence Erlbaum Associates, 1994), S. 199-200.
2. Stanley Greenspan, *The Growth of the Mind* (Reading, Mass.: Addison-Wesley, 1996).

Kapitel 17 – Kein Umwerben der Konkurrenz

1. Zu dieser Erkenntnis ist man in zahlreichen Studien gelangt. Ein Beispiel einer solchen Studie ist: R. E. Marcon, "Moving Up the Grades: Relationship Between Preschool Model and Later School Success," *Early Childhood Research & Practice* 4, no. 1 (Spring 2002).
2. Dies geht aus einem speziellen Artikel über Hausunterricht hervor, der am 27. August 2001 in *Time* erschienen ist. Dafür gibt es offensichtlich gute Gründe, da Schüler, die zu Hause unterrichtet werden, in standardisierten Tests die besten Noten erzielen und ihre Leistungen in den College-Aufnahmeprüfungen, einschließlich des Scholastic Aptitude Test (SAT), die der anderen Schüler übertreffen.
3. Jon Reider wurde zitiert in G. A. Clowes, "Home-Educated Students Rack Up Honours," *School Reform News,* Juli 2000.
4. Bureau of Labor Statistics, U. S. Department of Labor, Washington, D. C., 2000.
5. Sarah E. Watamura, Bonny Donzella, Jan Alwin und Megan R. Gunnar, "Morning-to-Afternoon Increases in Cortisol Concentrations for Infants and Toddlers at Child Care: Age Differences and Behavioral Correlates," *Child Development* 74 (2003): 1006-1021.
6. Carol Lynn Martin und Richard A. Fabes, "The Stability and Consequences of Young Children's Same-Sex Peer Interactions," *Developmental Psychology* 37 (2001): 431-446.
7. Early Child Care Research Network, National Institute of Child Health and Human Development, "Does Amount of Time Spent in Child Care Predict Socioemotional Adjustment During the Transition of Kindergarten?" *Child Development* 74 (2003): 976-1005.
8. Stanley I. Greenspan, "Child Care Research: A Clinical Perspective," *Child Development* 74 (2003):1064–1068.

9. Eleanor Maccoby, emeritierte Professorin für Entwicklungspsychologie an der Stanford University, wurde interviewt von Susan Gilbert von der *New York Times* für ihren Artikel "Turning a Mass of Data on Child Care into Advice for Parents," der am 23. Juli 2003 erschien.
10. Diese Studie wird in Professor Urie Bronfenbrenners Buch *Two Worlds of Childhood* erörtert. (New York: Russel Sage Foundation, 1970). Er lehrt an der Cornell University.
11. Bei der Lehrbuchautorin handelt es sich um Judith Harris. Sie äußert diese Behauptung mehrfach in ihrem Buch *The Nurture Assumption* (New York: Simon & Schuster, 1999). (*Ist Erziehung sinnlos?* [Hamburg: Rowohlt Verlag, 2002]).
12. Die erste Fachliteratur zum Thema Selbstwertgefühl war in Bezug auf die Elternrolle eindeutig. Carl Rogers und Dorothy Briggs vertraten – neben vielen anderen – die Ansicht, dass das Bild, das die Eltern von Ihrem Kind haben, den stärksten Einfluss darauf hat, wie ein Kind sich selbst sieht. Unglücklicherweise wurden die Eltern als die Spiegel ersetzt, in denen Kinder heute ein Spiegelbild ihrer selbst suchen.

    Die zeitgenössische Literatur und Forschung zu diesem Thema reflektiert nur das, was *ist*, nicht das, was *sein sollte* oder *sein könnte*. Bei unseren Bemühungen, Informationen über Kinder zu sammeln, haben wir festgestellt, dass häufig erforscht wird, woher Kinder ihr Selbstwertgefühl beziehen und wer für sie am wichtigsten ist. Je stärker Kinder sich an Gleichaltrigen orientieren, desto häufiger geben sie an, dass ihre Altersgenossen für sie wichtig sind. Wenn Forschungsarbeiten dieser Art veröffentlicht werden, werden die mit jungen, an Gleichaltrigen orientierten Probanden gewonnenen Ergebnisse als normal dargestellt, ohne dass der Versuch unternommen würde, sie in irgendeine Art von historischem oder entwicklungspsychologischem Kontext zu stellen. Erschwerend kommt hinzu, dass in den Tests zum Selbstwertgefühl Fragen gestellt werden, die sich auf Beziehungen zwischen Gleichaltrigen konzentrieren, wodurch sich der Kreis der Unlogik schließt. So werden die Psychologen von den verzerrten Instinkten der Kinder, die Gegenstand ihrer Untersuchungen sind, in die Irre geführt. Die Schlussfolgerungen und Empfehlungen, die aus derartigen Untersuchungen abgeleitet werden, sind durch die Dynamik der Gleichaltrigenorientierung verfärbt, die für die Entstehung genau der Probleme verantwortlich war, welche die glücklosen Forscher zu lösen versuchten.

Kapitel 18 – Der Wiederaufbau des Bindungsdorfes

1. Die Chronologie des generationenverbindenden Programms in Ontario wurde von United Generations im Internet veröffentlicht.

Kapitel 19 – Die aus den Fugen geratene digitale Revolution

1. Die Fakten und Zahlen in diesem und im nachfolgenden Kapitel stammen vorrangig vom USC Annenburg Center for the Digital Future und der Kaiser Family Foundation. Weitere Quellen sind der Social-Media-Eintrag bei Wikipedia, die Nielsen-Erhebungen sowie Statistiken zur Mediennutzung.
2. Gwenn Schurgin O'Keeffe, MD, Kathleen Clarke-Pearson, MD, Council on Communications and Media, "The Impact of Social Media on Children, Adolescents, and Families", *Pediatrics* 124, no. 4 (2011): 800–804.
3. Lin F, Zhou Y, Du Y, Qin L, Zhao Z, et al., "Abnormal White Matter Integrity in Adolescents with Internet Addiction Disorder: A Tract-Based Spatial Statistics Study", *PLoS ONE* 7, no. 1 (2012): www.plosone.org/article/info:doi/10.1371/journal.pone.0030253

Haifeng Hou, Shaowe Jia, Shu Hu, et al., "Reduced Striatal Dopamine Transporters in People with Internet Addiction Disorder," *Journal of Biomedicine and Biotechnology*, 2012: www.hindawi.com/journals/bmri/2012/854524/

4. Leslie J. Seltzer, Ashley R. Prososki, Toni E. Ziegler, and Seth D. Pollak, "Instant messages vs. speech: hormones and why we still need to hear each other," *Evolution & Human Behavior* 33, no. 1 (January 2012): 42-45.
5. Diana I. Tamir and Jason P. Mitchell, "Disclosing information about the self is intrinsically rewarding," *PNAS* 109, no. 21 (May 2012): 8038-8043.
6. Jüngste Erhebungen haben den früheren Bericht des USC Annenburg Center for the Digital Future bestätigt, der besagt, dass die gemeinsame Zeit mit anderen Familienmitgliedern in Haushalten mit Internetanschluss seit 2007 stark abgenommen hat. Von durchschnittlich 26 Stunden wöchentlich während der ersten Hälfte des Jahrzehnts war die Familienzeit im Jahr 2010 auf unter 18 Stunden wöchentlich gesunken. Dr. Jeffrey Cole, der Direktor des Annenburg Center, legte dar, dass die Familienzeit in den vorangegangenen Jahrzehnten stabil geblieben war.
7. Linda A. Jackson, Alexander von Eye, Hiram E. Fitzgerald, Edward A. Witt, and Yong Zhao, "Internet use, videogame playing and cell phone use as predictors of children's body mass index (BMI), body weight, academic performance, and social and overall self-esteem," *Computers in Human Behavior* 27, no. 1 (2011): 599-604.
8. Die Stichprobe bestand aus 1324 selbst gewählten australischen Internetnutzern (1158 Facebook-Nutzern und 166 Facebook-Nichtnutzern) im Alter von 18 bis 44 Jahren. Den Autoren zufolge wiesen Facebook-Nutzer eine deutlich höhere Familieneinsamkeit auf als Facebook-Nichtnutzer.

   Tracii Ryan and Sophia Xenos, "Who uses Facebook? An investigation into the relationship between the Big Five, shyness, narcissism, loneliness, and Facebook usage", *Computers in Human Behavior* 27, no. 5 (2011): 1658-1664.
9. Diese Zahlen stammen aus einem Artikel von Stephen Marche, "Is Facebook Making Us Lonely?", der im Mai 2012 in *The Atlantic* erschien.
10. Wilhelm Hofmann, Kathleen D. Vohs, and Roy F. Baumeister, "What People Desire, Feel Conflicted About, and Try to Resist in Everyday Life," *Psychological Science* 23, no. 6 (2012): 582-588.

Kapitel 20 – Eine Frage des Timings

1. Die neunte jährliche Erhebung (2009), durchgeführt vom Annenberg Centre for the Digital Future der USC.
2. Diese Zahlen stammen aus einer von Donald Shifrin im Jahr 2010 durchgeführten Studie für die American Academy of Pediatrics. Dr. Shifrin ist Kinderarzt in Washington State.
3. Gwenn Schurgin O'Keeffe diskutiert diesen Bericht in einem Artikel von Doug Brunk, "Social Media Confuses, Concerns Parents", *Pediatric News* 45, no. 2 (February 2011).
4. Michael A. Stefanone, Derek Lackaff, and Devan Rosen, "Contingencies of Self-Worth and Social-Networking-Site Behavior," *Cyberpsychology, Behavior, and Social Networking* 14, no. 1-2 (January/February 2011): 41-49.
5. Victoria J. Rideout, Ulla G. Foehr, and Donald F. Roberts, *Generation M2: Media in the Lives of 8- to 18-Year-Olds: A Kaiser Family Foundation Study* (January 2010).
6. Neil Postman, *Building a Bridge to the 18th Century: How the Past Can Improve Our Future* (New York: Alfred A. Knopf, 1999).

Danksagung

Sieben Personen haben bei der Vorbereitung und Entstehung dieses Buches unverzichtbare praktische und aktive Unterstützung geleistet: Gail Carney, Christine Dearing, Sheldon Klein, Joy Neufeld, Kate Taschereau, Suzanne Walker und Elaine Wynne. Gemeinsam wurden sie als Dienstagabendgruppe bekannt. Sie haben sich von den ersten geschriebenen Worten bis zur Einreichung des Manuskripts einmal wöchentlich mit uns getroffen. Sie haben zunächst über die Konzepte, die wir vorstellen wollten, beratschlagt, haben sie diskutiert und kritisiert, und dann die Entstehung von *Unsere Kinder brauchen uns!* Kapitel für Kapitel begleitet. Die Gruppe war bestrebt, unsere Botschaft in einer Weise in den Druck zu bringen, welche die Intention des Buches und gleichzeitig die Bedürfnisse und Empfindungen des Lesers respektiert. Wir, die beiden Autoren, haben diesen geistreichen und fruchtbaren Treffen mit wachsender Freude entgegengesehen und haben es als Verlust empfunden und sehr bedauert, als mit der Fertigstellung des Manuskripts auch unsere regelmäßigen Zusammenkünfte beendet waren. Wir sind der Dienstagabendgruppe zu großem Dank verpflichtet: Ohne ihre engagierte Unterstützung wäre unsere Aufgabe schwieriger und das Ergebnis weniger zufriedenstellend geworden.

Stichwortverzeichnis

A

B

C

D

E

H

I

J

K

L

M

N

O

P

R

V

Über die Autoren

© Daryl Kahn

Dr. GORDON NEUFELD ist klinischer Psychologe, international bekannt als Experte auf dem Gebiet der kindlichen Entwicklung und Gründer des *Neufeld Institute International* mit Sitz in Vancouver. Mit seiner Einrichtung bietet er Eltern, Erziehern und Fachleuten zahlreiche Kurse an, die er auf mehreren Kontinenten entwickelt hat. Seine einzigartige Fähigkeit, scheinbar komplexe Probleme der Kindeserziehung und Bildung zu entschlüsseln, hat ihn bekannt gemacht.

© Michael Moster

Dr. med. GABOR MATÉ ist Arzt und Autor von Bestsellern wie „Wenn der Körper nein sagt", „Im Reich der hungrigen Geister" und „Unruhe im Kopf". Er ist anerkannter Experte und international gefragter Redner für Stress, körperliche und geistige Gesundheit, ADHS, Elternschaft sowie das Thema Sucht.

Pressestimmen

„Eine Pflichtlektüre für alle, die Kinder haben."

– OTTAWA CITIZEN

„Aufmerksame, einfühlsame, anpassungsfähige elterliche Erziehung."

– CALGARY HERALD

„Obwohl es sich hier um Gordon Neufelds persönliche Theorie handelt, hat Gabor Maté (*Unruhe im Kopf, Wenn der Körper nein sagt*) die Ideen seines Kollegen in präzise schonungslose Worte gefasst, die komplexe Ideen verständlich machen, ohne sie zu vereinfachen. Das Ergebnis ist ein packendes Buch, das viele Eltern genau in der Situation helfen könnte, in der sie sich gerade befinden."

– EDMONTON JOURNAL

„Ein wunderbares Buch und ein lauter Weckruf an alle Eltern. Die Darstellung der beiden Autoren, wie die Orientierung an Gleichaltrigen einem gesunden emotionalen Reifungsprozess in die Quere kommen kann, ist sowohl eindrucksvoll als auch ernüchternd. Aber das Buch macht auch Hoffnung, da es die große Bedeutung von Bindung in der Erziehung von Kindern betont und wie diese im alltäglichen Leben gestärkt werden kann. Dieses kluge und wichtige Buch ist wohl durchdacht und regt zum Nachdenken an."

– ANTHONY WOLF, Klinischer Psychologe
und Autor von *Get Out of My Life, but First Could You Drive Me & Cheryl to the Mall?: A Parent's Guide to the New Teenager*

„*Unsere Kinder brauchen uns!* ist ein visionäres Buch, das uns mehr als die üblichen Erklärungen liefert, um eine Krise von unerkanntem Ausmaß zu beleuchten. Die Autoren zeigen auf, wie wir den Kontakt zu unseren Kindern verlieren und wie dieser Verlust ihrer Entwicklung schadet und die Grundfeste unserer Gesellschaft bedroht. Vor allem bieten sie Eltern mit konkreten Beispielen und gut verständlichen Vorschlägen eine praktische Hilfe, um ihre Rolle ihren Instinkten folgend erfüllen zu können. Ein brillantes und gut geschriebenes Buch, das sehr, sehr ernst genommen werden sollte."

– PETER A. LEVINE Ph.D.,
Traumaforscher und Psychologe, internationaler Referent und Autor der Bestseller *Trauma-Heilung: Das Erwachen des Tigers* und *Verwundete Kinderseelen heilen. Wie Kinder und Jugendliche traumatische Erlebnisse überwinden können*

„Gordon Neufeld hat auf der Grundlage von 30 Jahren Forschung und Erfahrung eine kohärente überzeugende Theorie der Kindesentwicklung entworfen, die bei den Lesern sofort Anerkennung und Akzeptanz finden wird. Sein Ansatz kann das Leben unserer Kinder verändern, wenn nicht sogar retten."

– NATIONAL POST

„Dieses wichtige Buch legt unerschrocken das Problem dar und zeigt Pläne für seine Lösung auf. Wir sollten die Vorschläge in diesem Buch ernst nehmen, damit wir für unsere Kinder und für deren Kinder gemeinsam die Zukunft verbessern können."

– DANIEL J. SIEGEL, M.D.,
Autor von *Wie wir werden, die wir sind* und *Gemeinsam leben, gemeinsam wachsen.* Gründungsmitglied des UCLA's Center for Culture, Brain and Development und Klinischer Professor für Psychiatrie an der UCLA

„Dieses Buch ist ein großer Schritt nach vorn, weil es den Kummer und das Leid versteht, das unsere Kinder durchleben. Gordon Neufeld sieht die Ursache für dieses Leid im Verlust der Bindung des Kindes zu seinen Eltern und in einer Vertiefung seiner Bindung zu seinen Altersgenossen. Gordon Neufeld hat auf großartige Weise erfasst, in welche Richtung unsere Kultur geht. Dies ist ein herausragendes Buch, vergleichbar mit Paul Goodmans *Growing Up Absurd.* Schenken Sie ein Exemplar dieses Buches allen Eltern, die Sie kennen."

– ROBERT BLY, Schriftsteller und
Autor von *Die kindliche Gesellschaft* und *Eisenhans*

„Die von den beiden Autoren dargelegten Gedanken und Perspektiven sind für alle engagierten Pädagogen informativ und eine Quelle der Inspiration."

– NATIONAL ASSOCIATION OF SECONDARY SCHOOL PRINCIPALS BULLETIN

„Dies ist ein wichtiges neues Buch über Elternschaft und elterliche Erziehung … Die Konzepte, Grundsätze und praktischen Ratschläge werden allen Eltern eine große Hilfe sein."

– LIFE LEARNING MAGAZINE

„Die Autoren zeigen realisierbare Strategien auf, die Eltern helfen, ihren Kindern zu helfen. Werden ihre Ratschläge beherzigt, besteht Hoffnung auf mehr Wärme und Sicherheit in unserer Welt."

– THE GEORGIA STRAIGHT

DR. GABOR MATÉ

Unruhe im Kopf

Über die Entstehung und Heilung der Aufmerksamkeitsdefizit-störung ADHS

Internationaler Bestseller übersetzt in 15 Sprachen.

328 Seiten, kart., € 28,80

ADHS – die immer noch unverstandene Krankheit bedeutet für unzählige Menschen ein Leben in Unruhe und Zerrissenheit. Dass bei der Aufmerksamkeitsdefizitstörung eine Beeinträchtigung der Neurophysiologie besteht, ist auch für den Mediziner DR. GABOR MATÉ unbestritten.

Bei der Ursachenforschung bricht er jedoch mit der bisher gängigen These von der genetischen Veranlagung und legt stattdessen dar, wie Erfahrungen aus der Kindheit sich auf das menschliche Gehirn auswirken. Seine Botschaft an Eltern, Therapeuten, Lehrer und Betroffene: Heilung ist möglich! Sein Rezept: Mehr Einfühlsamkeit und Fürsorge!

DR. GABOR MATÉ

Im Reich der hungrigen Geister

Auf Tuchfühlung mit der Sucht – Stimmen aus Forschung, Praxis und Gesellschaft

496 Seiten, kart., € 26,80

Um den Süchtigen zu heilen, muss man zum Anfang zurückkehren …

DR. GABOR MATÉ gehört zu den weltweit anerkanntesten Experten der Suchtpsychologie. Seine einschneidenden Erkenntnisse, die er durch seine jahrzehntelange Arbeit als Arzt in der Drogenszene Vancouvers erwarb, verändern unsere Sicht auf menschliche Entwicklung, Trauma und Entwurzelung. In seinem internationalen Bestseller IM REICH DER HUNGRIGEN GEISTER nähert er sich mit ganzheitlichem und mitfühlendem Blick der Sucht – sei es nach Alkohol, Heroin, Sex, Tabak oder Glücksspiel. Dabei widerspricht er gängigen Annahmen, Suchtverhalten sei ein Phänomen willensschwacher Menschen oder eine genetische Disposition. Ganz im Gegenteil: Es durchzieht unsere gesamte Gesellschaft und lässt sich nur als komplexes Zusammenspiel von persönlicher Geschichte, emotionaler Entwicklung und neurochemischen Prozessen verstehen.

DR. GABOR MATÉ

Wenn der Körper Nein sagt

Wie chronischer Stress krank macht – und was Sie dagegen tun können

Internationaler Bestseller übersetzt in 15 Sprachen.

328 Seiten, kart., € 24,80

Ein Must Read für Patienten und Ärzte: Es kann Leben retten.
– Peter Levine, Bestseller-Autor

Kann ein Mensch buchstäblich an Einsamkeit sterben? Gibt es einen Zusammenhang zwischen der Fähigkeit, Gefühle auszudrücken, und Alzheimer? Gibt es so etwas wie eine „Krebspersönlichkeit"?

Das Buch WENN DER KÖRPER NEIN SAGT von DR. GABOR MATÉ stützt sich auf wissenschaftliche Forschungsergebnisse und die jahrzehntelange Erfahrung des Autors als praktizierender Arzt. Das Buch gibt Antworten auf diese und andere wichtige Fragen zur Bedeutung der Leib-Seele-Einheit in Bezug auf Krankheit und Gesundheit sowie auf die Rolle, die Stress, Stressbewältigung und die individuelle emotionale Verfassung bei vielen häufig vorkommenden Krankheiten spielen.

MARC BRACKETT

Die Kraft der Gefühle

Nutzen Sie die Energie der Emotionen für sich und Ihr Kind

RULER-METHODE: an tausenden Schulen erfolgreich angewendet

248 Seiten, geb., € 19,90

Das mentale Wohlbefinden von Kindern und Erwachsenen ist aktuell besorgniserregend. Der amerikanische Emotionswissenschaftler DR. MARC BRACKETT sieht eine wesentliche Ursache darin, dass wir es uns nicht erlauben, Gefühle zu haben und zu zeigen. Bereits Kinder lernen, Botschaften aus ihrem tiefsten Inneren zu unterdrücken und zu überspielen. Das Ergebnis ist Stress, Mobbing, Angststörungen oder Depression. Brackett appelliert an Eltern und Lehrer, Kinder mit ihren Empfindungen nicht allein zu lassen.

Dieser praktische Ansatz wird bereits an tausenden amerikanischen Schulen erfolgreich angewendet: Nachweislich nehmen dadurch Stress, Burnout und Mobbing ab, zudem verändert sich die Kultur des Zusammenlebens radikal – was sich auch im Lernerfolg zeigt.

NEDRA GLOVER TAWWAB

Grenzen machen uns frei

Ein Wegweiser sich selbst treu zu bleiben

272 Seiten, geb., € 24,00

Andere nicht enttäuschen wollen, sich schuldig fühlen, wenn man jemandem eine Bitte ausschlägt, das Gefühl, nie Zeit für sich selbst zu haben, öfter mal alles hinschmeißen wollen, um einfach abzuhauen – wer kennt das nicht? Längst wissen wir, dass gesunde Grenzen unerlässlich sind für unsere Work-Life-Balance und um erfüllte Beziehungen zu leben. Doch wie sehen gesunde Grenzen aus? Wie können wir unsere Bedürfnisse ausdrücken und durchsetzen, ohne unsere Mitmenschen zu kränken?

Eine praktische Anleitung mit Selbsttests und Übungen für alle Lebensbereiche von Familie, Partnerschaft, Freundschaft und im Beruf – bis hin zum Umgang mit Sozialen Medien, die uns oftmals mehr im Griff haben, als uns lieb ist.

DR. JOANNE CACCIATORE

Das Unerträgliche annehmen

Wie wir an Verlustschmerz und Trauer wachsen können

240 Seiten, geb., € 19,80

Wenn ein geliebter Mensch stirbt, kann sich der Schmerz des Verlustes unerträglich anfühlen – vor allem, wenn es sich um einen plötzlichen oder traumatischen Tod handelt. Jede Zelle unseres Körpers möchte sich dagegen auflehnen, die ganze Welt um uns herum scheint ihren Sinn zu verlieren. Die Trauer macht uns das Alltagsleben zur Hölle, und manchmal brauchen wir viel mehr Zeit, als andere Menschen uns zugestehen wollen.

Das Unerträgliche annehmen ist nicht nur für Hinterbliebene, sondern auch für Trauerbegleiter und Therapeuten eine wertvolle Lektüre. Das Buch ist in leicht verständliche und in sich geschlossene Kapitel gegliedert, sodass es sich auch hervorragend zum Vorlesen beispielsweise in Selbsthilfegruppen eignet.

„Einfach das beste Buch, das ich jemals über den Prozess der Trauer gelesen habe. Erschütternd und ermutigend zugleich.“

— Ira Israel, The Huffington Post